本书得到国家重点研发计划政府间国际科技创新合作重点专项
"中蒙农牧业供应链协作研究"项目的支持,项目编号:2021YFE0190200

中蒙农牧业供应链协作研究

中蒙农牧业供应链协作研究项目组 著

中国财经出版传媒集团
经济科学出版社
Economic Science Press

·北京·

图书在版编目（CIP）数据

中蒙农牧业供应链协作研究／中蒙农牧业供应链协作研究项目组著． -- 北京：经济科学出版社，2025.4． -- ISBN 978-7-5218-6956-9

Ⅰ．F326.3；F331.163

中国国家版本馆 CIP 数据核字第 2025BJ1237 号

责任编辑：刘　莎
责任校对：郑淑艳
责任印制：邱　天

中蒙农牧业供应链协作研究
ZHONG MENG NONGMUYE GONGYINGLIAN XIEZUO YANJIU
中蒙农牧业供应链协作研究项目组　著
经济科学出版社出版、发行　新华书店经销
社址：北京市海淀区阜成路甲 28 号　邮编：100142
总编部电话：010-88191217　发行部电话：010-88191522
网址：www.esp.com.cn
电子邮箱：esp@esp.com.cn
天猫网店：经济科学出版社旗舰店
网址：http：//jjkxcbs.tmall.com
固安华明印业有限公司印装
710×1000　16 开　22.5 印张　380000 字
2025 年 4 月第 1 版　2025 年 4 月第 1 次印刷
ISBN 978-7-5218-6956-9　定价：109.00 元
(图书出现印装问题，本社负责调换。电话：010-88191545)
(版权所有　侵权必究　打击盗版　举报热线：010-88191661
QQ：2242791300　营销中心电话：010-88191537
电子邮箱：dbts@esp.com.cn)

项目组成员

项目负责人：

乔光华　内蒙古农业大学经济管理学院院长、教授、博士生导师

子课题负责人：

子课题1：宝音都仍：内蒙古农业大学经济管理学院教授、博士生导师
子课题2：张建军：内蒙古农业大学经济管理学院教授、博士生导师
子课题3：侯国庆：内蒙古农业大学经济管理学院教授、硕士生导师
子课题4：张晓东：内蒙古农业大学经济管理学院副教授、硕士生导师
子课题5：高博：内蒙古农业大学经济管理学院副教授

项目主要参加人员：

杜富林：内蒙古农业大学经济管理学院教授、博士生导师
乌云花：内蒙古农业大学经济管理学院教授、博士生导师
包慧敏：内蒙古农业大学经济管理学院副教授
马梅：内蒙古农业大学经济管理学院副教授、硕士生导师
周杰：内蒙古农业大学经济管理学院副教授、硕士生导师
杨艳艳：内蒙古财经大学副教授、硕士生导师
刘贺贺：内蒙古农业大学经济管理学院副教授、硕士生导师
刘桂艳：内蒙古农业大学经济管理学院副教授
刘豫杰：内蒙古农业大学经济管理学院讲师
王攀先：呼伦贝尔学院法学与经济管理学院讲师
杨建国：内蒙古农业大学经济管理学院讲师
祁晓慧：内蒙古农业大学经济管理学院讲师

马志艳：内蒙古农业大学经济管理学院讲师
张宝：内蒙古农业大学经济管理学院讲师
贾丽：内蒙古农业大学经济管理学院讲师
薛芳：内蒙古财经大学会计学院讲师
杨莉：山西工业学院讲师
陆鹏杰：内蒙古自治区党校讲师
马如意：中国农业大学经济管理学院博士研究生
乔婷：内蒙古大学博士研究生
李塁宇：内蒙古农业大学经济管理学院博士研究生
阿荣：内蒙古农业大学经济管理学院博士研究生
高克玮：内蒙古农业大学经济管理学院博士研究生
张晓旭：内蒙古农业大学经济管理学院博士研究生
蔡诗佳：内蒙古农业大学经济管理学院博士研究生
晨德玛：内蒙古农业大学经济管理学院硕士研究生
许红梅：内蒙古农业大学经济管理学院硕士研究生
徐同杰：内蒙古农业大学经济管理学院硕士研究生
周玉贞：内蒙古农业大学经济管理学院硕士研究生
阿如罕：蒙古国生命科学大学经济与商学院博士生
欧德：内蒙古农业大学经济管理学院硕士研究生
珠兰琪琪格：内蒙古农业大学经济管理学院硕士研究生
张新愿：内蒙古农业大学经济管理学院硕士研究生
王宇伦：内蒙古农业大学经济管理学院硕士研究生
王敏：内蒙古农业大学经济管理学院硕士研究生
马文龙：内蒙古农业大学经济管理学院硕士研究生
宋晶：内蒙古农业大学经济管理学院硕士研究生
王媛媛：内蒙古农业大学经济管理学院硕士研究生
张思梦：内蒙古农业大学经济管理学院硕士研究生
盖云昊：内蒙古农业大学经济管理学院硕士研究生
胡恒：内蒙古农业大学经济管理学院硕士研究生

蒙方合作研究人员：

Baasansukh Badarch：蒙古国生命科学大学校长、教授、博士生导师
Altantsetseg Serod：蒙古国生命科学大学副院长、副教授、博士生导师
Yadmaa Zandan：蒙古国生命科学大学副院长、副教授、博士师生导师
Dalkhjav Dorj：蒙古国生命科学大学副教授、博士生导师
Khandsuren Sovd：蒙古国生命科学大学讲师、硕士生导师
Kadirbyek Dagys：蒙古国生命科学大学讲师、硕士生导师
Khishigda vaa Badarch：蒙古国生命科学大学讲师、硕士生导师
Lkhagvadorj Dorjburgedee：蒙古国生命科学大学讲师、硕士生导师
Togtokhbu Yan Ikhagvasuren：蒙古国生命科学大学讲师、硕士生导师

前言

我国的农业资源比较丰富,但人均资源量少,难以满足居民日益增长且多样化的需求。2024年底我国人均耕地面积仅1.37亩,不及世界平均水平的50%。水资源也不及世界人均水平的25%,我国要用占全球9%的耕地和6%的水资源,养活全球18%的人口。因此,我国的粮食安全将是一个长期问题,是"国之大者"。如何在百年未有之大变局下,充分利用好国内国际两种资源、两个市场,保障国内食物供给,是一个重要的问题。粮食安全不仅仅是谷物安全,也包含肉、蛋、奶等食品的安全,牛羊肉的安全供给是国家粮食安全的重要方面,也是"国之大者"。特别是在西北地区,受民族、地理、饮食习惯、文化传统和烹饪方式等多重因素影响,确保牛羊肉的供给更加重要,是一项重要任务。2024年我国牛肉进口量约287万吨,约占全年牛肉消费总量的26.8%;羊肉进口量约36.7万吨,约占全年羊肉消费总量的6.7%,牛羊肉进口连续多年保持较快增长。从进口来源国看,主要集中在巴西、阿根廷、乌拉圭、澳大利亚和新西兰5个国家,市场集中度高。由于畜产品生产和贸易受到天气、疫病、政策和供求等多方面因素影响,市场集中度过高会产生巨大市场风险。扩大进口来源,对于丰富市场、分散风险,更好地满足我国人民群众日益多样化的消费需求具有重要意义。

蒙古国是我国的友好邻邦,是典型的草原畜牧业国家,也是"一带一路"倡议"中蒙俄经济走廊"的重要沿线成员国。中国是蒙古国第一大贸易伙伴国,两国经济具有较高互补性。扩大中蒙农牧业合作,有利于更好地保障我国的食物,特别是牛羊肉供给安全。同时,加强中蒙农牧业合作是我国构建新发展格局、促进国内国际双循环的重要方面。蒙古国发挥着连接欧亚大陆的桥梁和纽带作用,通过落实农牧业领域合作,可以推进中蒙俄经济走廊建设和发展。在此背景下,我们申请了国家重点研发计划"政府间国际科技创新合作"项目。项目的选题为"中蒙农牧业供应链协作研究"，目的是研究中蒙农牧业合作中的市场、制度、标准和政策问题，以及相关的物流、电子商务和价值链问题。经过三次申请，2021年项目获批。项目执行方为内蒙古农业大学和蒙古国生命科学大学。项目研究期间发生COVID-19新冠疫情，调研工作受到影响，项目经批准延期一年。经过项目组全体成员的共同努力，项目最终得以完成，本书就是"中蒙农牧业供应链协作研究"的成果之一。

项目进行期间，项目组成员先后三次到蒙古国调研，实地走访了牛、羊、奶牛养殖户和蔬菜种植户，围绕农牧业生产的模式、规模、结构、技术、投入、产出等开展调研。调研了蒙古国羊绒企业的原料供应、产品销售渠道、销售规模、销售范围、上下游企业的竞合关系以及企业在国际贸易中存在的主要问题等。赴乌兰巴托市近郊的牲畜屠宰场进行调研，了解牲畜屠宰的流程和价格、牲畜的市场交易情况。赴乌兰巴托市主要商超调研中国出口蒙古国果蔬的销售情况，了解中蒙两国果蔬产品的价格差异和民众偏好。赴蒙古国生命科学大学进行交流，了解蒙古国交通、通信、农产品物流和市场的相关情况，并与20多位从事中蒙农畜产品贸易的企业家进行座谈交流。与蒙古国农业与轻工业部领导座谈，围绕蒙古国畜牧业发展中的科技和设备需求、口岸建设、公路路网和铁路建设、防疫、种畜改良等方面进行研讨。与蒙古国海关负责人座谈，围绕中蒙13个陆路口岸的产品通关、口岸建设、农畜产品进出口贸易、蒙古国畜产品检验检疫等问题进行了广泛交流。与蒙古国商务和工业部领导座谈，调研蒙古国对农畜产品贸易的支持政策情况、主要的贸易通道、物流基础设施建设及规划情况、农畜产品电子商务贸易规划、从事中蒙农畜产品贸易的企业规模以及在运营中存在的主要问题等。

项目组成员深入二连浩特市海关、商务局、农牧局以及从事中蒙农畜产品贸易的市场主体（包括英菲蒂克食品公司、二连浩特市昊罡果蔬粮油进出口园区有限责任公司、汇通国际物流有限责任公司、二连浩特市金秋食品有限公司、内蒙古格伊古勒生态发展有限公司）等，围绕中蒙农畜产品贸易、物流通道、口岸通关便利化、贸易政策和标准、农畜产品供应链运作流程等进行调研。走访了二连中蒙经济合作区、跨境电商园区、汇通进口物流园、环宇出口物流园、边民互市贸易区、公路口岸旅检通道及东新粮油公司，并与二连浩特市商务局、海关、边检站、互贸区、跨境办等多部门负责领导进行座谈。对珠恩嘎达布其口岸发展情况进行调研，主要走访了口岸商贸运输有限公司、零启监管库及白音华经济开发区白音华产业园等部门，并与锡林郭勒盟商务局、海关、边检站等多部门负责领导进行座谈交流。实地调研了甘其毛都口岸、策克口岸、满都拉口岸、阿日哈沙特口岸、阿尔山口岸，与口岸相关领导进行了交流，了解了中蒙农畜产品贸易的问题和农牧业供应链的协作状况。与此同时，蒙古国专家三次来华交流，中方协助蒙古国专家开展了对中国农牧业供应链相关调研。

项目积极推动中蒙双方的学术交流，2024 年在呼和浩特市召开了《蒙古高原牧区生态经济社会可持续发展国际会议》，近 20 多所高校教师代表参加了会议。项目开展期间，项目组成员陪同自治区相关领导访问蒙古国，积极参与促成"中蒙现代农牧业示范基地/技术培训中心"的建立，并参加了"中蒙现代农牧业教育科技创新与培训示范机制"成立大会暨"首届中蒙农业绿色创新发展论坛·技术培训会"，为蒙古国农牧业专技人员开展题为"中蒙畜产品市场互补及供应链协作"的培训和互动交流。项目组成员为中国商务部援外培训计划的对蒙培训班蒙古国学员开展了 10 余次讲座，并与学员开展了研讨与交流。这些交流和互动进一步拓展了项目研究的思路。

围绕项目研究内容，项目组成员培养了多名蒙古国留学生，也有多名中国学生赴蒙古国留学。蒙古国生命科学大学教师 YETYEKBAI MYERUY-ERT 在内蒙古农业大学完成了《蒙古国草原畜牧业经营风险评价与管理实证研究》博士论文并获得学位，晨德玛完成了《蒙古国中小农产品加工企业融资分析》硕士论文并获得学位。中方研究生王攀先（博士毕业）完成了《中蒙农产品贸易互利及其潜力研究》。ARIUNBOLD（博士在读）开展了《中蒙农产品贸易便利化研究》，照乐宝（硕士在读）选题为《中蒙畜产品市场互补关系研究》。中方赴蒙古国留学生阿如罕（博士在读）开展了《中蒙肉类市场互补关系、障碍及潜力》的研究，特日格乐（硕士在读）选题为《山羊绒供应链中蒙比较分析》，文辉（硕士在读）选题为《牛羊肉供应链中蒙比较分析》。项目组参与组织了中蒙农牧业经济短视频大赛和管理学知识大赛等，推动了中蒙近 50 位在校大学生的跨国交流与实践教学，为学生层面的交流搭建了平台，取得了良好效果。

项目按照计划任务书的要求，发表了 20 多篇论文，其中双方合作发表论文 5 篇，进一步促进了中蒙双方深层次的学术交流与合作，也为未来的科技合作打下了良好基础。项目完成了 1 个总报告和 5 个分报告，构建了相关数据库和平台。基于已有成果，提交了促进中蒙农牧业合作的多项研究和资政报告，取得了较好的社会效益。

总之，内蒙古在对蒙交流中有地缘优势、口岸优势、语言优势，可以在我国对蒙政策实施中承担更多任务，扮演更重要的角色。中蒙两国拥有 4 710 公里的共同边境线，是山水相连的友好邻邦。我国对蒙古国开放的陆路口岸有 13 个，其中 9 个主要口岸在内蒙古，二连浩特市是中蒙农畜产品贸易量最大的口岸城市。加强两国农牧业供应链协作，既有条件，也有机遇。未来政策方面的重点可以包含但不限于如下几个方面：积极引导国家及内蒙古自治区对蒙援助项目和资金投向草原畜牧业疾控体系，加强对蒙畜牧业技术援助、科技合作，扩大中蒙关于草原退化与治理经验分享，增大对蒙古国农牧业机械出口，加强口岸检验检疫能力建设和政策法律制度协调，完善双方贸易结算体系和电商体系，强化中蒙冷链物流体系的衔接，进一步深化中蒙农牧业合作的研究。

由于跨国研究所面临的共性难题以及三年疫情的特殊影响，项目对很多问题的研究还不够深入、全面。但本项目的研究培养了一支中蒙农牧业供应链协作和农畜产品贸易的研究队伍，积累了比较丰富的研究资源，两校之间、教授老师之间的合作更加顺畅，为今后开展相关研究创造了良好条件。

在本书付梓出版之时，特别感谢中国科学技术交流中心各位领导的支持与指导，感谢蒙古国生命科学大学巴森苏和校长、贺西格玛老师的帮助与支持，感谢蒙古国农业与轻工业部、蒙古国海关、商务和工业部等部门的领导，感谢呼和浩特海关孔令清、冯永胜、刘畅文等领导的支持与帮助，感谢二连浩特、满都拉、策克、甘其毛道、珠恩嘎达布其、阿日哈沙特、阿尔山口岸的领导和同志们，感谢教育厅刘相飞处长的支持与帮助，感谢内蒙古农业大学科技处、国际交流与合作处领导和同志们的指导和协助，感谢吉日木图老师、朝克图在蒙期间的帮助和原英、包慧敏老师的蒙文翻译，感谢吉林大学樊雪梅教授、北京交通大学赵启兰教授在项目中期给予的指导，感谢经济科学出版社刘莎老师的支持与帮助，感谢课题组成员的齐心协力。书中不妥之处，请读者批评指正。

目 录

第一章　导论 ………………………………………………………… 1
　第一节　中蒙农牧业供应链协作的重要意义 …………………… 2
　第二节　研究过程 ………………………………………………… 5

第二章　相关概念、理论与文献综述 …………………………… 11
　第一节　主要概念 ………………………………………………… 11
　第二节　理论基础 ………………………………………………… 18
　第三节　相关研究现状 …………………………………………… 21

第三章　中蒙农畜产品市场互补分析 …………………………… 43
　第一节　中国农牧业产品生产及需求情况 ……………………… 43
　第二节　蒙古国农畜产品供求分析 ……………………………… 53
　第三节　中蒙农产品贸易格局分析 ……………………………… 62

第四章　中蒙农牧业相关政策法律法规与标准的对接 ………… 91
　第一节　中蒙农牧业标准现状分析 ……………………………… 91
　第二节　生产方面的政策法规制度差异 ………………………… 93
　第三节　加工方面的政策法规制度差异 ………………………… 98
　第四节　流通方面的政策法规制度差异 ………………………… 101
　第五节　中蒙主要进出口农产品标准分析 ……………………… 109
　第六节　中蒙贸易政策分析 ……………………………………… 119

第五章　中蒙农牧业跨境物流协作研究 125
　　第一节　中蒙农牧业跨境物流现状分析 125
　　第二节　蒙古国农牧业物流与农业经济协调发展研究 141
　　第三节　中国农牧业物流与农业经济发展的协调性分析 152
　　第四节　中蒙农牧业跨境物流协作效益分析 156
　　第五节　中蒙农牧业跨境物流体系存在的主要问题 161
　　第六节　中蒙农牧业跨境物流需求预测 166
　　第七节　中蒙农牧业跨境物流协作的逻辑框架 171
　　第八节　中蒙农牧业跨境物流协作的对策建议 173

第六章　中蒙农牧业跨境电子商务平台构建研究 186
　　第一节　蒙古国电子商务发展情况 186
　　第二节　中国农牧业领域电子商务运用情况分析 193
　　第三节　中蒙两国农牧业领域跨境电子商务使用情况分析 197
　　第四节　跨境电子商务发展对中蒙两国农牧业发展的影响 202
　　第五节　中蒙农牧业跨境电子商务发展面临的难点问题 209
　　第六节　农牧业跨境电子商务的国际经验 217
　　第七节　推进中蒙农畜产品跨境电子商务发展的对策建议 240

第七章　中蒙农牧业价值链分析 250
　　第一节　中蒙农牧业供应链运作现状 250
　　第二节　中蒙农牧业供应链节点主体行为 263
　　第三节　中蒙农牧业价值链分析与提升 269
　　第四节　中蒙农牧业供应链协同合作机制 299

第八章　提升中蒙农牧业供应链协作的解决方案 308
　　第一节　构建中蒙农牧业供应链协作的理论框架 308
　　第二节　加强政策沟通与机制建设，构建协同发展框架 315
　　第三节　优化贸易结构，提升供应链效率 318

第四节 深化科技合作，提升供应链价值 …………………………… 322
第五节 加强金融合作，提供资金保障 ……………………………… 323
第六节 加强基础设施建设，提升流通效率 ………………………… 324
第七节 加强风险管理，保障供应链稳定 …………………………… 325
第八节 促进人文交流，夯实合作基础 ……………………………… 325

参考文献 ………………………………………………………………… 328

第一章 导 论

农业是事关国家粮食安全的基础产业。稳定和优化农业供应链，强化农业供应链国际协作能力，对于我国充分利用好国内、国外两类资源，国内、国际两个市场，牢牢把握粮食安全的主导权意义重大。

中蒙两国拥有4 600多公里的共同边境，是山水相连的友好邻邦。1949年10月16日两国建立外交关系，至今已有60多年历史。中国连续多年为蒙古国第一大贸易伙伴国和投资来源国。2013年，习近平主席提出共同建设"一带一路"的构想，蒙古国各界高度关注，认为这不仅是蒙古国重振经济的机遇，也将造福沿途各国人民。2016年6月23日，习近平主席与俄、蒙两国总统举行中、俄、蒙元首第三次会晤，签署《建设中蒙俄经济走廊规划纲要》等合作文件。2017年5月12日，习近平主席会见出席"一带一路"国际合作高峰论坛的蒙古国总理额尔登巴特时指出，蒙古国是"一带一路"重要共建国家，发挥连接欧亚大陆的桥梁和纽带作用，双方要落实贸易投资、互联互通、农牧业、产能、能源等领域合作，推进中蒙俄经济走廊建设，助力三方共同发展。

蒙古国是典型的草原畜牧业国家，中国是其第一大贸易伙伴国，两国经济具有较高互补性。一方面，中国高端食品市场需求旺盛，蒙古国农畜产品绿色优质无污染，有能力成为中国高端农畜产品的重要供给者；另一方面，中国物美价廉的农产品、农业技术及设备、农牧业生产资料是蒙古国的必需品。然而，当前中蒙农牧业供应链还不能有效对接，合作潜力还没有充分发挥。加强农牧业供应链协作已成为两国政府共识，在《中国科技部与蒙古教育文化科学体育部关于2019年联合研究项目合作的备忘录》中将物流体系及跨境电商列为五个重点专项任务之一。因此，中蒙农牧业供应链协作不仅对中蒙两国具有重要意义，而且对草原丝绸之路沿线各国开展农牧业协作具有重要价值，值得认真研究。

第一节　中蒙农牧业供应链协作的重要意义

全球农牧业供应链协同是促进贸易联通的重要途径，是推动供给侧结构性改革的重要抓手，是改善我国农牧业主导权的必由之路，也是关系国计民生的关键议题。在贸易全球化背景下，开展相关研究恰逢其时，推动中蒙农牧业供应链协作具有重要意义。

一、深化"一带一路"倡议的需要

2013年，中国国家主席习近平提出"一带一路"倡议，依靠中国与有关国家既有的双多边机制和区域合作平台，高举和平发展的旗帜，积极发展与伙伴国的经济合作关系，共同打造政治互信、经济融合、文化包容的利益共同体、命运共同体和责任共同体。其中，中蒙俄经济走廊是"一带一路"顶层框架下的六大国际合作走廊之一，而中蒙农牧业供应链协同的重要内容之一就是实现公路、铁路、航路等通道以及综合信息网络等基础设施的互联互通，实现中蒙双方共同认可的农牧业规则和标准，实现区域农牧业发展规划的协作。因此，推进中蒙农牧业供应链协作是中蒙俄经济走廊建设的应有之义。

共享开放是高质量推进中蒙俄经济走廊建设的根本目的。中蒙农牧业供应链的协作将有助于提高蒙古国农牧业产值、提升农牧民福祉、激发农牧业潜力，更好地通过通道经济、边贸经济、数字经济惠及中蒙双方企业和两国民众，惠及供应链条的各参与方，促进包容性增长和共享型发展。

二、构建双循环经济格局的需要

构建以国内大循环为主、国内国际双循环相互促进的新发展格局，是党中央站在"两个一百年"奋斗目标历史交汇点上，充分诊脉国内国际形势发展的新变化、新趋势和新挑战提出的重要部署。双循环经济格局既涉及商品的生产、分配、消费、流通之间的循环通畅,也涉及要素资源的市场化配置。畅通中蒙农牧业供应链,提高中蒙双方协作水平,也是为了更好联通国内、国际两个市场,更好利用国内、国际两种资源。将中蒙农牧业潜在的互补性转化为现实的互利性,对内可以活跃国内要素市场,满足消费需求,拉动农畜产品贸易出口,对外可推动实现政策沟通、设施联通、贸易畅通、资金融通和民心相通的"五通"。加强农牧业供应链的协作,有助于构建跨境农牧业全方位的双循环经济格局。

三、守护食品安全的需要

食品安全是重大的民生问题。广义的食品安全包括三个方面:食品数量安全、食品质量安全和食品可持续安全。随着中国居民消费升级,牛羊肉的需求逐年扩大,中国对牛羊肉等畜产品的进口量也稳步扩大。从进口来源国来看,羊肉主要为新西兰和澳大利亚,两者合计约占羊肉进口总量的96.1%,牛肉的主要进口国来源国为巴西和阿根廷,两者约占牛肉进口总量的62.3%(FAO,2022)。尽管当前市场稳定,牛羊肉等畜产品供给压力尚未显现,但进口来源国高度集中制约着多元化贸易格局的构建。此外,我国牛羊肉进口多以冻肉为主,"舍近求远"现象比较突出。

2022年10月,中国开通与蒙古国的活羊进口贸易,蒙古国共计17万余只质优价廉的野生肉用绵羊进口中国,标志着近邻蒙古国同样具备供应中国优质畜产品的潜力。但从农畜产品产量来看,蒙古国的生产方式仍比较落后,农牧业现代化转型相对缓慢;从农畜产品质量来看,蒙古国科学技术和防疫水平不高,口蹄疫、结核病、小反刍兽疫等疫病疫情高发,制约了蒙古国农畜产品出口中国的潜力。此外,由于动物防疫要求,熟制牛羊肉是蒙古国出口中国肉类的主要类型,加工品的可塑造性受到制约。中蒙农牧业供应链的协作,可以提升中蒙种养殖业、加工业、疫病防控等技术的协同,切实提高蒙古国出口中国农畜产品的数量安全、质量安全和可持续安全水平,促进我国构建食物供给多元化的格局。

四、夯实邻国伙伴关系的需要

蒙古国是与我国陆地边境线最长的邻国。1949年,中国同蒙古国建交，2011年建立战略伙伴关系，2014年建立全面战略伙伴关系。随着共建"一带一路"倡议和中蒙俄经济走廊建设的不断推进，地理相邻、人文相亲的中蒙的经贸合作更加深入。自2018年中国二连浩特口岸开通中蒙农产品出口"绿色通道"以来，该口岸出口的农产品满足了蒙古国80%的果蔬需求。与之相对应的，蒙古国的畜产品出口贸易潜力并未完全挖掘，中蒙两国双向的农牧业供应链协作机制还未完全建立。从长期合作共赢的角度来看，蒙古国是中国向北开放的重要节点和通道，该国物流网络体系的畅通直接关系到中国深入贯彻"一带一路"倡议的效率；农牧业关系国计民生，畅通农牧业供应链是通畅蒙古国国内食品物流体系、提高国民福祉的重要抓手；鉴于蒙古国的内陆国属性，蒙古国的出口贸易长期依赖于中国通道，全方位的贸易协作有助于蒙古国经济社会的稳定发展。因此，中蒙农牧业供应链的协作有助于夯实中蒙伙伴关系，促进两国共同发展。

五、落实国家为内蒙古自治区确定的五大任务的需要

边疆地区发展和稳定关系到国家的长治久安。2023年10月，国务院发布《国务院关于推动内蒙古高质量发展奋力书写中国式现代化新篇章的意见》，意见中明确提出内蒙古的战略定位和重大责任：我国北方重要生态安全屏障、祖国北疆安全稳定屏障、国家重要能源和战略资源基地、国家重要农畜产品生产基地、我国向北开放重要桥头堡。以内蒙古高质量发展为落脚点，加强与蒙古国的产业协作，对于落实五大任务意义重大。

中蒙农牧业供应链的协作并不局限于商品的流通和农畜产品贸易的增长，也延展到技术援助和政策协商互通等环节。内蒙古和蒙古国地理区位相近、生产环境相似，相互有较多可借鉴之处。例如，内蒙古自治区部分生态保护措施、做法和技术同样适用于蒙古国，蒙古国生态环境改善也是中国北方重要安全生态屏障建设的一个落脚点；内蒙古现代畜牧业的发展经验可为蒙古国借鉴，挖掘蒙古国畜牧业产业潜力，提高其疫病防控能力，扩大其出口能力同样有利于内蒙古建设国家重要农畜产品生产基地；作为蒙古国商贸出口的重要通道，边贸经济和通道经济的发展也是内蒙古经济高质量发展的一个抓手，是祖国北疆安全稳定屏障建设的基础。因此，中

蒙农牧业供应链协作也是向北开放桥头堡建设的应有之义。

第二节 研 究 过 程

中国作为世界上最大的发展中国家，自2001年加入世界贸易组织后，坚持扩大对外开放，充分利用国内、国际两个市场和国内资源与国际资源两种，经济快速发展，已成为世界第二大经济体和货物贸易全球第一大国。与之对应的是，2023年蒙古国GDP在全球排名为120位，经济增速为15.8%，表现出经济体量有限但发展势头强劲、潜力巨大的特征。与蒙古国相比，中国拥有丰富发展现代化农业的经验，较为完善的农产品加工体系，强大的物流体系和交通运输环境。中国政府十分关注中蒙口岸建设和口岸经济的发展，口岸的基础设施供给质量逐年提升，以矿产资源为主体的贸易通关效率显著提高，中蒙农产品贸易可依托现有的海关通道环境，进一步优化流程、完善制度，实现标准对接、检验检疫对接，打造中蒙农牧业供应链协作的良性贸易环境。目前来看，中蒙农畜产品贸易协作的痛点、堵点大部分在蒙古国。因此本书重点分析蒙古国的相关情况，通过协商、援助、援建等方式，挖掘蒙古国农牧业潜力，强化中蒙农牧业供应链的协作。

本书由中国内蒙古农业大学和蒙古国生命科学大学的研究人员在国家重点研发计划"政府间国际科技创新合作"重点专项（2021YFE0190200）的资助下联合完成的。在研究过程中，中蒙研究团队合作构建了交叉调研、中蒙文互译、交流研讨等合作机制，特别关注研究的科学性和对策建议的可行性，将研究建立在理论分析、模型设定、资料收集、调研走访以及政府、企业座谈基础上，具有较强的创新性和实践价值。

一、研究目标

中蒙农牧业供应链对于我国与"一带一路"国家的农业合作具有重要意义。本书的目标在于：

（1）厘清中蒙农畜产品市场的互补关系。蒙古国拥有优质绿色的农畜产品，我国消费市场潜力巨大。通过宏观数据与微观调研数据的整理分析，系统梳理和掌握中蒙两国的贸易与市场现状。

（2）找出制约中蒙农牧业供应链衔接的技术、政策、法律法规和标准等方面的障碍，并提出对策建议。中蒙两国在国家体制、市场经济发展状况、农牧业现代化进程、生态资源制约、食品防疫检疫标准等差异化明显，但中蒙两国供应链协作需要置于特定的技术、政策、标准体系之中。因此，本书需要在梳理当前中蒙两国相应内容的基础上，结合两国国情，提出适用于双方、有利于农牧业供应链协作的技术、政策、标准的对策建议。

（3）形成以物流、信息流、价值流为核心的中蒙农牧业供应链协作方案。

本书合作解决的关键科学问题为：①厘清中蒙供应链协作的基础与条件，特别关注市场互补性、两国涉农贸易技术、政策、标准的障碍以及电商、物流体系的现状及发展趋势。②提出中蒙物流体系构建及优化方案。③分析中蒙跨境电子商务的相关作用机理，提出两国农牧业跨境电子商务发展潜力与制约因素。④构建基于全球价值链的中蒙农牧业供应链分析模型，精准识别中蒙供应链各方在合作中核心诉求、期望价值和存在困难。

二、研究内容

本书主要涉及四个方面的核心内容。

1. 中蒙供应链协作的基础与条件分析

本部分对中蒙两国农畜产品市场进行互补性研究，分析中蒙农畜产品的供求及贸易状况，明确中蒙农畜产品的互补关系，并充分掌握蒙古国农牧业发展水平及要素需求，解决两国农牧业相关政策、法规、标准的对接问题，主要涉及两个方面，具体内容详见本书第三章和第四章。

（1）中蒙农畜产品市场互补分析。①中蒙农畜产品供求状况及影响机制分析。分析中蒙两国主要农畜产品的国内供给状况与国内外市场需求，明确农牧业供应链应关注的主要生产资料及典型农畜产品；分析影响中蒙农畜产品供求关系的主要因素及影响机制，并进一步分析当前中蒙农畜产品的进出口贸易状况。②蒙古国现代农牧业发展的要素需求分析。通过系统梳理蒙古国现代农牧业发展需求，援助性推广我国成熟的农牧业生产技术，促进中蒙农牧业供应链上游产能，推进蒙古国现代农牧业发展进程。

（2）中蒙农牧业相关政策、法律法规与标准的对接路径研究。①中蒙农牧业政策、法规、标准现状分析。对比分析中蒙两国生产、加工、包装、仓储运输、边境检验检疫、销售等环节的政策法规和标准。②中蒙农牧业政策、法规、标准对供应链协作的影响。找出制约中蒙农牧业供应链协作的政策、法规、标准的因素，并分析其对供应链上各参与主体的影响。③形成协调的中蒙农牧业产品政策、法规、标准体系的对策建议。根据相关结论，结合先进经验，提出中蒙两国在解决农牧业供应链协作的政策与法律法规对接问题的方案。创新双边合作方式，形成协调中蒙农牧业政策、法规、标准体系的对策建议，为推动农牧业供应链协作体系的构建与完善提供依据。

2. 中蒙农牧业跨境物流协作研究

本部分围绕中蒙农牧业跨境物流需求及其发展变化趋势，结合中蒙农牧业贸易相关政策，在详细分析中蒙农牧业跨境物流体系现状及其在协作中存在问题的基础上，构建中蒙农牧业跨境物流协作方案，实现中蒙农牧业跨境物流的一体化运作，主要涉及四部分，具体内容详见本书第五章。

（1）中蒙农牧业跨境物流体系现状分析。对中蒙农牧业跨境物流体系现状，主要从边境口岸物流基础设施、跨境物流通道、跨境物流服务企业、跨境物流仓配体系、跨境物流配送体系等方面进行分析。

（2）中蒙农牧业跨境物流需求分析。首先，对中蒙农牧业贸易产品种类、贸易总量、贸易结构进行分析，并预测贸易量（包括贸易总量预测、贸易结构预测）；其次，分析从事中蒙农牧业跨境物流业务的物流服务企业的物流业务量、物流业务结构、辐射范围等；最后，测算中蒙农牧业跨境物流的运输需求量、仓储需求量、配送需求量、冷链物流需求量，即需求总量及需求结构。

（3）中蒙农牧业跨境物流协作问题分析。紧密结合中蒙农牧业跨境物流需求现状及未来物流需求发展变化的趋势，围绕中蒙农牧业跨境物流服务网络现状、中蒙农牧业跨境冷链物流体系现状、中蒙农牧业跨境物流信息系统现状、中蒙农牧业跨境物流增值服务体系现状以及中蒙农牧业跨境物流服务企业现状等，详细分析中蒙农牧业跨境物流体系在协作中存在的主要问题。

(4) 中蒙农牧业跨境物流协作方案设计。基于物流决策三角形理论、物流系统优化理论等，针对中蒙农牧业跨境物流协作中存在的问题，设计中蒙农牧业跨境物流协作方案。该方案主要包括中蒙农牧业跨境物流服务定位、物流服务网络的协作方案、冷链物流体系的协作方案、信息平台的搭建、增值服务体系的协作方案、供应链服务企业的培育以及中蒙农牧业跨境物流体系建设的政策建议。

3. 中蒙农牧业跨境电子商务平台构建研究

本部分在中蒙农牧业协同发展的背景下，基于跨境电子商务视角分析两国间农牧业供应链的协作发展问题。通过对中蒙农牧业跨境电子商务发展现状及其作用机理的分析，试图为进一步完善和创新两国农牧业跨境电子商务模式，推动中蒙农牧业整体供应链协作发展提供可参考的对策及思路，主要涉及四部分，具体内容详见本书第六章。

(1) 中蒙农牧业跨境电子商务发展现状分析。详细了解并掌握中蒙农牧业跨境电子商务发展现状。首先，收集整理蒙古国农牧业发展相关数据，对其农牧业发展状况进行剖析。其次，对比分析两国间农牧业发展比较优势。最后，分析中蒙农牧业跨境电子商务发展现状，重点分析已有成就、未来发展趋势，解答中蒙双方在物流、信息流、资金流等电子商务基础设施建设情况中存在的问题。

(2) 跨境电子商务对中蒙农牧业产业发展的影响。本部分首先从理论上分析跨境电子商务对中蒙农牧业产业发展的促进作用，并分别从市场端、生产端细化研究方向。其次，构建跨境电子商务发展水平测度指标体系，量化分析中蒙两国间农牧业跨境电子商务发展程度，并进一步对比中国与其他陆路口岸国家，以及农牧业贸易主要国家间跨境电子商务的发展水平差异，在结合中蒙农牧业产业规模、结构等的基础上，探讨中蒙两国农牧业跨境电子商务发展潜力问题。

(3) 中蒙农牧业跨境电商发展过程中面临的难点问题。首先，基于跨境电商运行流程，探讨中蒙农牧业网上跨境贸易发展过程中存在的难点问题。其次，通过典型访谈、案例分析等方式，构建微观研究数据库，对相关制约因素展开分析讨论。

(4) 推进中蒙农牧业跨境电子商务发展的模式。本部分首先探讨推进中蒙跨境电子商务发展的必要性，其次，分析当前及未来一段时期内中蒙农牧业跨境电子商务发展的主要模式，同时梳理并分析两国农牧业跨境电子商务发展方面的相关政策。再次，探讨和借鉴农牧业发达国家在跨境电子商务方面的相关政策与经验。最后，基于前述研究，分析中蒙农牧业跨境电子商务模式形成机制。

4. 中蒙农牧业价值链分析

本部分旨在促进跨境电商环境下中蒙农牧业价值链的优化与提升。一是要掌握中蒙农牧业供应链运作现状；二是要制定中蒙农牧业价值链提升策略；三是要提出中蒙农牧业供应链协同合作机制，主要涉及四部分，具体内容详见本书第七章。

（1）中蒙农牧业供应链运作现状分析。选择中蒙农牧业供应链协作具有代表性的牛羊产业，摸清从品种的改良、繁育、饲养，到交易、加工、配送等环节中蒙农牧业供应链体系具体的运作情况，包括中蒙农牧业供应链运作的市场需求内容，农户、合作社、企业等部门的产业分布情况，供应链的组织管理情况，以及供应链运作的主要模式、详细流程与配套制度。以点带面剖析中蒙农牧业供应链运作现状与存在问题。

（2）中蒙农牧业供应链节点主体行为分析。详细了解中蒙农牧业供应链中各节点主体的地位与角色，摸清供应链活动中各方的投入与产出、供应链运作中具体的收益情况，明确供应链节点主体的合作动机与决策行为；深度分析影响中国和蒙古国农户、合作社、行业协会、企业、政府进行供应链合作与决策的关键影响因素，以及在供应链合作中核心诉求、期望价值和关键障碍。

（3）中蒙农牧业价值链分析与提升。①分析中蒙农牧业全球价值链地位指数，构建中蒙农牧业价值链地位测算体系，应用采集的数据，准确测定中蒙农牧业供应链协作当前的价值链地位。在价值链地位的分析与对比中，找准中蒙农牧业供应链合作的定位与方向，推动中蒙农牧产业供应链合作从初级生产到深度加工，从传统品种到研发创新，从价格竞争向品牌竞争，从满足中蒙两国需求到辐射全球市场的深化发展。②构建中蒙农牧业价值链分析模型，基于产业价值链详细分析中蒙农牧业供应链合作活动；关键活动包括牛羊培育、平台运营、物流配送、电商营销、客户服务，支持活动包括国际结算、人力资源管理、研究开发、大数据分析、区块链分析，关键活动与支持活动共同形成了中蒙农牧业跨境电商运作的产业链价值。③研究中蒙农牧业价值链提升策略,从放牧养殖、平台运营,到研发、设计、文化创意,到国际营销、供应链管理、品牌管理等的两端,以找准定位功能、确立发展战略、完善发展模式、优化产业布局为突破,从品牌国际化、产业科技化、园区智慧化、流通现代化等方面提出中蒙农牧业价值链提升、优化发展的科学方案。

(4)中蒙农牧业供应链协同合作机制。在基于全球价值链提升的中蒙农牧业供应链优化研究的基础上,整合跨境电商的运作方式与独特优势,研究保障供应链顺畅运作的组织运营、创新决策、分配激励、标准化、风险管理、贸易促进等协同合作机制。

三、研究创新点

相较于既有研究,本书的主要创新点包括:

创新点1:基于大小国跨境供应链协作的新视角,构建中蒙农牧业跨境供应链协作理论框架。立足中蒙农牧业市场需求的互补性,紧密结合农畜产品的特点,构建涵盖跨境物流、跨境电商、跨境价值链协作等层层递进的中蒙农牧业跨境供应链协作理论研究框架,为实现中蒙双方农牧业的物流、信息流、价值流的高度协同提供理论依据,丰富和完善了大小国跨境供应链协作的理论体系。

创新点2:项目研究为跨境电商环境下中蒙农牧业融入与提升全球价值链提供理论模型与科学方法。将农牧业供应链合作置于跨境电商发展、全球价值链提升、产业链深度融合的大背景中,构建基于跨境电商的中蒙农牧业价值链分析模型,科学测算中蒙农牧业价值链产出与地位,从品牌国际化、产业科技化、园区智慧化、流通现代化等方面研究中蒙农牧业价值链提升策略。不仅能够帮助中蒙农牧业价值链提升找到最佳的方法,还能为中国同其他"一带一路"国家产业深度合作提供理论支撑和启示示范。

创新点3:基于供应链协作理论,构建中蒙农牧业供应链协作的软硬件方案,包括口岸等物流基础设施(铁路、公路、航空)、仓配体系、物流通道、电商平台、贸易制度、政策和标准等方面的协作方案,为提高中蒙农牧业跨境供应链协作绩效,进而为推动"一带一路"北线多国之间跨境供应链协作的研究提供理论和实践支撑。

第二章　相关概念、理论与文献综述

第一节　主要概念

一、供应链及相关概念

（一）供应链

供应链定义大体可以分为两类：一是从微观组织的角度将供应链看作"网链结构"；二是从更为宏观的产业角度将供应链看作"组织形态"。国内外研究人员大多采用"网链结构"的定义，如 GB/T 18354—2021《物流术语》认为供应链是生产及流通过程中，围绕核心企业的核心产品或服务，由所涉及的原材料供应商、制造商、分销商、零售商直到最终用户等形成的网链结构。《国务院办公厅关于积极推进供应链创新与应用的指导意见》指出，供应链是以客户需求为导向，以提高质量和效率为目标，以整合资源为手段，实现产品设计、采购、生产、销售、服务等全过程高效协同的组织形态。

（二）SCOR 模型

随着技术和经济的发展，消费者需求日趋多样，国内外市场变化增大。为了提高供应链的运作能力，推动组织之间高效协同、供需之间精准对接，SCOR 模型应运而生。SCOR 模型（supply chain operations reference model），即供应链运作参考模型，是一套标准化的流程及流程定义体系，用于对供应链进行描述，使供应链管理的相关业务标准化，可以广泛应用于多行业中（见图 2-1）。

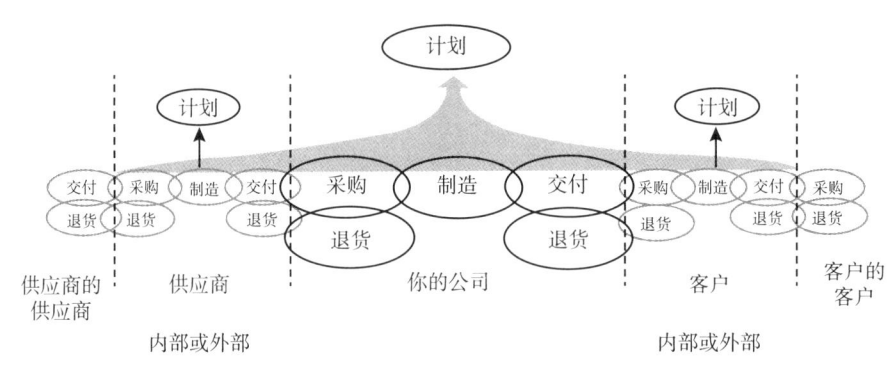

图 2-1　SCOR 模型

资料来源：［美］彼得·波尔斯特夫，罗伯特·罗森鲍姆. 卓越供应链：SCOR 模型使用手册［M］. 何仁杰，虞毅峰译. 北京：中信出版社，2015.

SCOR 模型包括五个基本流程和内容，即计划、采购、合同与质检、仓储与配送、废旧物资。模型由三个层次构成，即绩效层、配置层和流程元素层。绩效层反映供应链性能特征，绩效测量涵盖多个不同层次的 SCOR 流程；配置层涵盖各种核心流程类型，从计划、执行和支持三个元素，将企业在供应链运作过程中发生的偏差控制在合理范围；流程元素层中所有流程元素都有综合定义，有循环周期、成本、服务质量和资金的性能属性。SCOR 模型有助于帮助管理者解决五种供应链问题。

（1）客户问题：SCOR 有助于评估成本/表现差异，发展符合客户期望的策略并有助于应对国内和全球市场的增长。

（2）成本控制：SCOR 指标与供应链绩效的属性结合使用，可以比较不同的供应链、产业和战略措施。

（3）规划和风险管理：使用 SCOR 有助于方案实施，树立更全面的风险识别，有助于客户、供应商及利益相关方协调合作。

（4）供应商和合作伙伴关系管理：SCOR 提供了一个跨组织边界的供

应链分类和分析的通用语言。

（5）人才培养：在指标、流程和最佳实践的基础上增加了人才培养的内容，有助于企业培养供应链管理核心人才。

二、价值链及相关概念

价值链理论首先由哈佛大学的迈克尔·波特教授（1985）提出，他认为每一个企业都是在设计、生产、销售、发送和辅助其产品的过程中进行各种活动的集合体。这些活动在企业价值创造过程中相互联系，构成企业价值创造的行为链条，这一链条就是企业内的价值链。将企业价值链的理论进一步扩展，学者们进一步引申出产业价值链、国内价值链和全球价值链的概念。

（一）企业价值链

企业价值链是企业所从事的各种活动的集合体，其核心是将企业的价值活动与企业的战略目标紧密连接起来，为实现企业价值增值形成一个结构框架。企业价值链活动由主要活动和辅助活动构成，贯穿了企业运作过程中的各个价值活动。其中，主要活动包括材料采购、生产制造、产品销售以及客户服务，支持活动包括基础设施、人力资源、技术开发和仓储物流（见图2-2）。

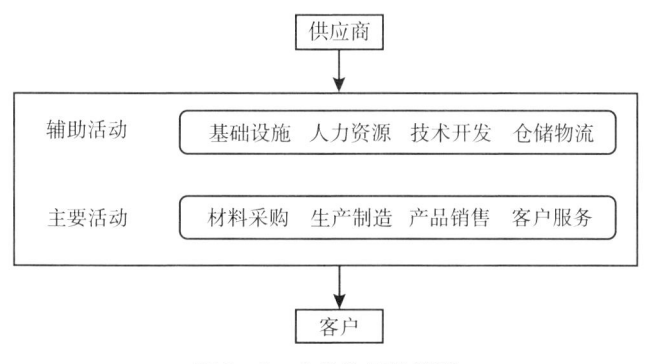

图2-2 企业价值链模型

资料来源：笔者绘制。

(二）产业价值链

价值链理论的分析对象由一个特定的企业转向整个产业时，就形成了产业价值链。在产业链中、在企业竞争中所进行的一系列经济活动仅从价值的角度来分析研究，称为产业价值链。从本质上来讲，产业价值链是企业价值链的拓展，可以更好地应用于产业结构及相关研究。

产业价值链具有整体性、增值性、循环性、层次性及差异性等特点。整体性是指产业价值链通过将不同企业的价值链联通或链状或网状交织构成复杂的系统整体。增值性是指后面的价值增值环节在前面价值产品的基础上生产出新的价值产品。循环性是指价值增值实现的过程是一个不断循环的过程，应当着眼于长期利益。层次性是指构成产业价值链的不同企业和相关技术分别处于不同的地域。差异性是指产业价值链的各个环节存在着增加值与盈利水平的差异性。产业价值链的各个环节对要素条件的需求存在差异性。

产业价值链模型中，主要活动是直接生产过程，包括直接生产的投入、产出以及根据投入和产出品的实物关系形成的产业关系；支持活动的本质是不同类型的对直接生产所产生影响的投入，因此可将优化产业链所需的各类间接投入看作支持活动。

（三）国内价值链

国内价值链是在一个主权国家内部开展的区域分工，其中间品贸易仅限于国内各区域流动，主要依托国内市场需求，由国内企业主导，整合国内供应、生产和销售各环节而形成的地域分工生产体系。黎峰（2016）在前人研究的基础上构建了国内价值链发育度、国内价值链匹配度等指标。其中，国内价值链发育度可以被分为广度和深度两个维度，广度是指部门开展国内价值链分工所实际依托的地理范围和市场空间，而各地区嵌入程度决定了国内价值链的广度；深度是指国内从研发设计、原材料供给、加工组装到市场销售的一整套相对完整的生产分工体系的完善程度。国内价值链匹配度是指国内各地域分工参与者自身能力与其本身角色的匹配程度。

（四）全球价值链

全球价值链是指为实现商品或服务价值而连接生产、销售、回收处理等过程的全球性跨企业网络组织，涉及从原料采集和运输、半成品和成品生产和分销，直至最终消费和回收处理的整个过程。它包括所有参与者和生产销售等活动的组织及其价值、利润分配。当前，散布于全球的、处于全球价值链上的企业进行着从设计、产品开发、生产制造、营销、出售、消费、售后服务、最后循环利用等各种增值活动。全球价值链理论包含投入—产出结构、空间布局、治理结构和体制框架四个维度。

三、跨境电商及相关概念

（一）跨境电商

关于跨境电子商务的内涵界定，国内外学者给出的阐述较为一致。

在国内的相关研究中，来有为、王开前（2014）认为，跨境电子商务是指不同关境的交易主体，通过电子商务平台达成交易、进行支付结算，并通过跨境物流送达商品、完成交易的一种国际贸易活动。跨境电子商务是一种新型的贸易方式，它依靠互联网和国际物流，直接对接终端，满足客户需求；薄茹、徐飞（2012）认为，所谓跨境电子商务，是电子商务应用过程中一种较为高级的形式，是指不同国别或地区间的交易双方通过互联网及其相关信息平台实现交易；张夏恒、马天山（2015）从交易模式的角度定义了跨境电子商务的内涵，他们认为，跨境电商，又称为跨境贸易电子商务，是指不同国别或地区间的交易双方通过互联网及其相关信息平台实现交易，线下开展物流进出口业务操作的电子商务应用模式，并且强调跨境电商的交易主体分属不同国境，交易平台是互联网络，需要通过跨境物流实现货品的运输，是一种国际商业活动形式；汤蕴懿、段景辉等（2014）在来有为、王开前界定的内涵基础上，进一步通俗化表达，认为跨境电子商务实际上就是把传统国际贸易加以网络化、电子化的新型贸易方式；张夏恒（2017）从平台的角度重新对跨境电商的内涵进行了界定，他认为，跨境电商特指跨境电子商务平台企业，既包括第三方跨境电商平台，也包括自建跨境电商平台，在跨境电子商务交易中，跨境电商处于交易活动的网络中枢，既是商品陈列、浏览的媒介，也是商品达成交易的场所，起着衔接商品供应与消费桥梁的作用；金虹、林晓伟（2015）根据系统论的观点，将跨境电子商务本身界定为一个系统，由信息流、资金流、物流等元素按一定结构形式构成的在国与国之间具有商品交换功能的有机整体，其不仅具有开放性、自组织性、复杂性、整体性、关联性、等级结构性、动态平衡性、时序性等所有系统的共同基本特征，而且具有虚拟性、竞协性等特殊特征；叶娇（2022）从广义角度对电子商务的内涵进行了阐述，她认为，跨境电商就是外贸领域内互联网及信息技术的不同层次的应用，是基于"国际贸易+互联网"的创新型商业模式。

国外的研究文献中，对跨境电子商务的概念并没有明确的定义，各位学者都给出了自己的见解。信息通信技术的快速发展和普及促进了跨境电商这一外贸新业态新模式的产生，使分属世界不同国家或地区的交易双方借助统一的线上平台就可完成询盘问价、沟通磋商、交易结算等贸易活动，对国际贸易的开展形式和利益格局产生了深远影响（Hamill and Jim, 1997; Freund and Weinhold, 2004; Lendle et al., 2016; Kim et al., 2017）。格里高利等（Gregory et al., 2019）从信息和通信技术对一个公司的国际业务的各种影响的角度认为，电子商务包括"提供在线产品目录、在线产品推广、在线订购、在线支付、销售人员在线访问、电子采购、参与电子市场和电子实现"等活动；卡西亚和马格诺（Fabio Cassia and Francesca Magno, 2021）将跨境电子商务概念化为通过互联网向外国客户销售商品和服务，其中，使用B2C跨境电子商务作为出口商的外国市场进入模式得到了特别的关注；尹等（As Yin et al., 2019）指出，电子商务作为贸易全球化的基础，具有非常重要的战略意义，它不仅打破了国家之间的边界，促进国际贸易，而且还带来了公司和消费者的变化；吉乌弗里达等（Giuffrida et al., 2017）、辛考维克斯等（Sinkovics et al., 2007）认为，跨境电子商务这种通过数字中介，直接向外国消费者销售商品的过程越来越受到关注。

总的来说，跨境电子商务的内涵可以界定为，不同国家的交易主体通过电子商务平台进行现代化贸易活动，跨境电子商务缩短了贸易主体的时空距离，提高了贸易效率，具有传统贸易形式无法比拟的优势。

（二）跨境电商的主要模式及特点

综合国内外的研究文献，国内研究中对跨境电子商务模式的界定比较多，国外则注重研究跨境电子商务的特点。

在国内的相关研究中，主要将跨境电子商务分为 B2B、B2C 和 C2C 模式。来有为、王开前（2014）按照进出口货物的流向，将跨境电子商务分为跨境电子商务出口和跨境电子商务进口，跨境电子商务出口模式主要有外贸企业间的电子商务交易（B2B）、外贸企业对个人零售电子商务（B2C）与外贸个人对个人网络零售业务（C2C），并以外贸 B2B 和 B2C 为主；进口模式以外贸 B2C 以及海外代购模式为主；汤蕴懿、段景辉等（2014）认为，我国跨境电子商务可简单分为企业对企业（B2B）、企业对消费者（B2C）和消费者对消费者（C2C）的贸易模式，并可进一步细分为传统跨境大宗交易平台（大宗 B2B）模式，综合门户类跨境小额批发零售平台（小宗 B2B 或 C2C）模式、垂直类跨境小额批发零售平台（独立 B2C）模式和专业第三方服务平台（代运营）模式四种不同类型；鄂立彬、黄永稳（2014）认为，当前主流的跨境电子商务模式主要有 B2B、B2C 和 C2C 三种，在我国电子商务快速发展的大背景之下，线上和线下相互促进模式（O2O）逐渐受到青睐；金虹、林晓伟（2015）从云计算平台出发，充分利用云计算、物联网和大数据等互联网技术，以信息安全监管和跨境商品统一"身份"识别码为主要抓手，以信息流、资金流、物流等信息"云化"为基础，构建包含政府监管服务和信用云平台、B2B、B2C、C2C、M2C 等交易云平台；陈岩、李飞（2019）认为，按照交易对象的不同跨境电子商务可分为 B2C、B2B、B2A 和 C2A 四种模式，但其中 C2A（消费者与行政机构）的贸易往来在实际贸易中并没有真正产生，其前景如何也很难预料。

在国外专家学者的相关文献中，主要讨论 B2C 的在线贸易模式，并在其特点上进行研究。由于特定的地理边界，例如复杂的交付流程、海关瓶颈、价格不透明和语言差异，跨境电商消费者在国际购物中获取价值时存在信息不对称（Cheng et al.，2008；Giuffrida et al.，2017；Gomez-Herrera et al.，2014；Kim et al.，2017）。戈斯纳和斯诺道格拉斯（Gessner and Snodgrass，2015）和赫瑞拉等（Gomez Herrera et al.，2014）提到，管理 CBEC 并不容易，因为它会遇到一些障碍，包括文化差异、监管问题、在线支付系统之间的兼容性，以及最重要的物流的管理问题。黄等（Huang et al.，2017）、任等（Ren et al.，2020）和史等（Shi et al.，2020）指出，随着 CBEC 的出现，在线卖家需要将他们的产品快速交付给客户，这就产生一些具有挑战性的库存管理相关问题，例如由于缺乏关于海外仓库状况的信息而导致库存规划的不确定性，或劳动力和仓储成本的波动。

综上所述，跨境电商的主要模式为 B2B（企业对企业的交易方式）、B2C（企业对消费者的交易方式）、B2A（企业对政府机构的交易方式）和 C2C（消费者对消费者的交易方式），其中，B2C 的模式是国内外学者研究最多的模式，B2B 模式是占市场份额最大的跨境电商交易模式。跨境电子商务对于消费者来说具有降低交易成本、增加产品多样性、降低价格等特点，对于厂商来说，具有提高进入国外市场便利性、简化跨境交易流程、为中小企业提供更多机会等特点，与此同时，通过电子商务在跨国交易的过程中也存在信息不对称、语言文化差异性、物流以及仓储管理的问题。

第二节 理论基础

一、平台经济理论

平台经济学是研究平台之间的竞争与垄断情况，强调市场结构的作用，通过交易成本的合约理论，分析不同类型平台的发展模式与竞争机制，并提出相应政策建议的学科。平台经济学以广泛存在的平台为研究对象，以契约理论、网络外部性理论、双边市场理论、博弈论等为理论基础，以发现平台产业的自身规律、推动平台产业健全健康发展为主要目标。平台实质上是一种交易空间或场所，可以存在于现实世界，也可以存在于虚拟的网络空间，该空间引导或促成双方或多方客户之间的交易，并且通过收取恰当的费用而努力吸引交易各方使用该空间或场所，最终追求利益最大化。

平台具有三个主要特征：需求互补、交叉网络外部性以及供给。在双边市场中平台的双方存在明显的需求互补特征，平台企业向双方市场提供产品或服务，其中存在互补性，但并不一定是基于功能性互补，而是基于不同市场的用户需求，这种需求由平台双方的需求共同产生，无论哪一方需求消失，平台需求都不再存在。交叉网络外部性是平台的另一个重要特征，外部性是指每个市场中都有利益溢出，交叉网络是指这种利益溢出是在双边市场的用户之间相互溢出，而非单边市场内用户相互溢出。关于平台经济中的供给，不同于传统单边市场，平台提供的产品或服务并不具备独立性，如果失去平台双方用户之间的相互作用，产品和服务也就无法完成交易，平台也就失去了价值。在双边市场中，厂商需要考虑如何为双方用户创造价值，通过平台使更多双方用户发生相互作用并从中获利。

二、数字经济理论

数字经济理论包含梅特卡夫法则、摩尔定律以及达维多定律，这三大定律分别阐述了数字经济中联网设备数量与经济的关系、基础设施技术迭代规律和数字经济中服务或产品的市场演化规律。

梅特卡夫法则由乔治·吉尔德提出，以罗伯特·梅特卡夫的姓氏命名，内容为：一个网络的价值等于该网络内的节点数的平方，且该网络的价值与联网的用户数的平方成正比。当网络用户超过某一临界点后，网络的价值将呈爆发式增长。该法则解释网络具有极强的外部性和正反馈性，联网的用户越多网络的价值就越大，联网的需求也就越大，用户们将获得更多的信息交流机会。根据梅特卡夫法则，跨境电子商务平台的用户数量增长将带来平方次的企业估值增长，例如，阿里巴巴集团在梅特卡夫法则的驱动下快速成长为我国数字企业巨头，越来越多的买家通过阿里巴巴国际平台采购，因而创造更多的市场机会，与此同时越来越多的商家也入驻平台，使竞争更加激烈。

摩尔定律来自摩尔的预言：在价格不变的前提下，半导体芯片上集成的晶体管和元器件数量每隔 18～24 个月会增加 1 倍，即处理器的性能大约每两年翻 1 倍，同时价格下降一半。在摩尔定律的预言下，新技术、新产品以及新产业快速出现并且不断更新迭代，使数字贸易范围不断扩大，基于信息通信技术的跨境电子商务平台成为新型国际经济贸易的代表，跨越时间和空间限制的数字化全球贸易得以实现。

达维多定律以威廉·达维多的名字命名，他认为一个企业要想在市场上总是占据主导地位，那么就要做到第一个开发出新产品且第一个淘汰自己的老产品。这一定律展现的规模经济和自我强化效应在电商领域得到体现，例如淘宝网，通过搭建平台来重塑商业渠道，改变信息流并成功作用于资金流和物流，在企业竞争中获得先发优势，并保持领先实力，进一步吸引更多用户和资源，进一步增强其规模效应。

三、比较优势理论

大卫·李嘉图提出比较优势理论，他认为国家或地区之间进行商品交换的前提条件是互相之间存在着制造水平上的差异，同时受到生产过程中资源消耗水平的影响，贸易参与者会对其所获取的利益大小进行权衡与比较，通过选择优良的产品，将相关资源投入自身竞争力水平较高的产品生产中，同时从贸易伙伴那里引入自身竞争力水平较弱的产品。在两国之间存在着劳动生产率的差距，且这类差距反映在产品上，若每个国家集中生产并出口具有比较优势的产品，进口具有比较劣势的产品，那么双方便可将节约的劳动力用于专业化分工，提高劳动生产率。

四、要素禀赋理论

要素禀赋理论（H—O理论）认为，各国间要素禀赋的相对差异以及生产各种商品时利用这些要素的强度的差异是国际贸易的基础。在国际贸易中，一国应该出口由本国相对充裕的生产要素所生产的产品，进口由本国相对稀缺的生产要素所生产的产品。该理论认为，资本相对充足而劳动力相对稀缺的国家将倾向于出口资本密集型产品和进口劳动密集型产品。

五、全球价值链理论

全球价值链是指从货物、服务、资本等要素跨境流动的复杂网络结构来分析全球经济。通过嵌入全球价值链，企业价值创造流程打破了国家和地区的界限，实现了在全球范围内资源的优化配置。新李斯特经济学提出"进口低端产品并出口高端产品"的国家致富新原则，体现了对李斯特经济学"进口原材料并出口制成品"的国家支付原则的创新性发展。在经济全球化的国际分工新形势下，一个国家只有在全球价值链中掌握生产高端产品的高价值或高端环节才能实现富强，国际竞争的战略制高点不再只是工业或者制造业本身，而是包括工业、制造业、农业以及服务业在内的所有行业价值链的高端环节。

第三节 相关研究现状

一、农产品供应链相关研究

农产品供应链涉及农产品生产、加工、包装、运输、消费的全过程，是由上下游主体连接在一起的链型网络组织。陈梦等（2019）通过对比分析国内和美国、日本、荷兰等国家不同的农产品供应链发展模式，提出共享型农产品供应链模式。付豪（2020）认为，区块链技术嵌入已成为优化农产品供应链治理、稳定农产品供应链合作关系的有效探索路径。陈玉杰、刘学军（2021）指出批发模式、一体化模式及农超对接模式是我国农产品供应链比较成熟的结构模式。胡等（Hu S et al.，2022）认为，区块链技术颠覆了传统有机农产品供应链追溯方式，研究证明区块链电子商务模式是较好的农产品供应链模式。张喜才（2024）从强化供应链战略设计、抓住关键主体、发挥政府扶持杠杆作用、嵌入新型农村集体经济等方面提出了促进农产品供应链高质量发展的对策建议。蒋云和李巍（2023）探讨了生产决策、税收补贴与社会福利对跨境生鲜农产品供应链的影响。王子卓等（2024）实证研究了合作社介入对农产品供应链合作的影响。周礼南等（2024）研究了考虑消费者异质性偏好的定制绿色农产品供应链均衡问题。高齐圣等（2025）利用 LDA-fsQFD 模型识别农产品供应链风险预警信息。

赵等（Zhao G et al.，2020）认为，农业食品供应链变得更加容易受到风险的影响，其使用 MICMAC 模糊分析，结果表明气候风险和政治风险具有最高的威胁，应当加以有效管理。张喜才（2022）将农产品供应链安全风险分为自然灾害、动物疫病、公共卫生事件、社会安全事件、物流阻塞、网络崩溃、金融危机和政策干预等八类，提出全链条风险评估、全过程储备管理、现代化设施设备和全方位协调机制等农产品供应链安全风险应对机制。谭砚文等（2023）认为，区块链技术可有效解决农产品供应链中因信息不对称所带来的食品质量安全、农村金融及农业保险中的道德风险等诸多问题。蒋云等（2023）发现，农产品供应商的补贴政策能够使出口商、进口商受益；各供应链成员对不同财税政策情形以及商务模式的偏好是一致的。吴军等（2023）认为，不同中断情境下政府补贴策略的选择对供应链系统恢复效果存在明显差异；大多情境下政府对供应商进行补贴更有利于供应链系统恢复。周宝刚（2024）指出当突发事件发生，成本扰动在一定阈值范围，生鲜供应链系统具有鲁棒性。当突发事件等级较大，成本扰动超过鲁棒阈值区间，生鲜供应链系统最优决策发生改变。无论突发事件发生与否，保鲜能力是保鲜努力水平、保鲜成本和系统目标的重要正向影响因素。高齐圣等（2025）基于 LDA – fsQFD 模型方法，有效识别公众对农产品的绿色消费需求和期望，进而转化为供应链中的关键风险预警信息。

白世贞、黄绍娟（2021）认为，应促进数字化技术在农业产业链的创新应用，并通过数字化信息交易平台拉动农业数字化的转型与升级，促进农产品线上线下相互融合，推动数字经济与农产品供应链深度融合发展。赵晓飞等（2022）认为，农产品供应链数字化转型是数字经济时代农产品供应链创新发展的重要方向，而中国在农产品供应链数字化转型中整体上处于探索阶段。王子卓等（2024）认为，合作社对农民种植信息（包括农产品类别和农民种植能力等信息）的整合对农产品供应链中农产品的采购方式具有重要影响，即整合信息决定了合作社提供的信息类别，进而促使公司和合作社达成不同的采购合同。宋则（2024）认为，从事生鲜农产品经营的商贩是生鲜农产品供应链主体的组成部分，在促进生鲜农产品区域分工深化、贴近民生方面发挥着重要作用，对产业集群、供应链冷链、物流园区、旅游、住宿、餐饮就业都具有强烈多向性的带动作用，是各地经济发展的隐形间接影响力、软实力。

朱婷（2022）认为，农村电商的兴起与发展因重构农产品供应链成为农民现代化的加速器。胡森森等（2023）发现，采纳区块链技术的电商平台和农企却并不一定能实现双赢，只有满足农企学习效率为高水平或农企学习效率和电商平台的追溯效率均为低水平时，采纳区块链技术可使农企和电商平台共同受益；反之，采纳区块链技术只能使电商平台受益。

孙文婷等（2024）通过建立农户与电商平台的二级农产品供应链模型，发现与在本地销售相比，通过电商销售一般使得农户收益增加，即实现助农；而当物流成本较高且电商平台助农偏好较低（低于0.4），或者物流成本特别高时，电商销售无法实现助农。段彩泉等（2025）认为，回收补贴水平的提高有利于增加农产品交易量，提升秸秆回收及还田效率，改善各成员及可持续农产品供应链网络系统整体的绩效。王缙等（2025）认为，长江经济带农产品供应链韧性水平在研究期内呈现持续增长态势，各省市农产品供应链韧性水平显著差异呈现缩小趋势，各区域农产品供应链韧性水平呈现出明显的区域非均衡性格局。

二、农产品价值链相关研究

根据FAO（2005）的界定，农业价值链是指一种基本的农产品由生产到最终消费的过程，这个过程由一系列参与者和活动构成，在这个过程中的每一个阶段，都会对产品赋予价值。价值链可以是垂直链接，也可以是各个相互独立的企业组织组成的网络，涉及加工、包装、储藏、运输和配送等环节。张合成（2024）认为，农产品生产者是农业价值链的核心及价值创造者。他进一步指出，产业链、供应链与价值链的融合过程常引发价值冲突，直接影响生产者的积极性。为此，治理价值冲突、优化农业产业利益分配、提升务农比较收益，构成了现代化产业体系建设的关键环节。

格林维尔等（Greenville J et al.，2017）审查20个农业部门，结果表明农产品参与全球价值链程度因产品性质的差异而有所不同。除结构性因素外，贸易壁垒、消极的农业政策以及生产者能力不足会降低农产品出口的国内回报以及全球价值链参与度。

王亮通过价值链分解模型对中国及各省市价值链进行研究，结果显示中国农业价值链参与全球价值链地位整体呈现出攀升趋势，但幅度不大，农业相关领域的垂直专业化不高，在参与全球价值链方面的程度依然较低。中国各省市差异性的比较优势决定了各地产业生产结构与生产产品的地域特性。各省农业主导产业的选择基本具有同步性。特别是在基于后向联系的国内农业价值链的参与方面比较明显。邹磊（2022）认为，农产品价值链流量是农产品价值链经济效益的突出表现，提升农产品价值链流量是整合和优化农产品的产业结构，提升我国农产品竞争力，促进行业发展的重要手段，而农业旅游可以提高农产品价值链流。王兴华等（2022）测算了中国农产品全球价值链参与度对国际竞争力的影响，发现国有企业全球价值链参与对农产品竞争力提升作用最强，中国农产品能够积极参与全球价值链分工。胡颖等（2025）指出中国咖啡产业在全球价值链嵌入过程中呈现由低阶原料输出向高阶品牌转化的动态演化轨迹，其关键机制是国内大市场需求侧牵引咖啡产区精品化种植和产业链优化的供给侧升级，实现价值创造，从而突破低端锁定困局。

三、国际间农牧业协作研究

（一）中外农牧业协作研究

国际间农牧业协作是国际合作中的一个重要领域，它涉及农业、政治、科技、贸易等。中国已同世界100多个国家和主要的国际组织、区域组织以及国际农业研究机构建立了长期稳定的科技交流与合作关系。合作对象主要涉及美国、德国、日本、韩国、加拿大、越南、老挝等国家相关地方州、省政府，或外国农业部所属种植业司、农业厅、农业局，或农业行业组织等。合作领域包括农资、农业机械、种植、畜牧、动物检疫等多方面，合作形式主要为建设农业示范基地、互访和考察、互派研修生、科技合作研究、技术培训等，资金常由合作双方共同承担，或独自承担，或按每个项目个别情况处理。从农业地方国际合作机制的执行情况来看，主要由地方省（自治区）政府或农业厅主导，得到了地方商务厅、卫生厅、行业协会等部门的支持。资金主要来源于地方政府财政资金或农业部门资金、商务厅援外资金、农业部国际合作司下拨资金。

（二）国际间农牧业协作的主要类型

国际间农牧业协作的主要类型可以划分为农业科技协作、资金协作及农产品贸易协作。

首先，农业科技协作又可以划分为"将先进技术引进来"和"让成熟技术走出去"。许传坤等（2019）在研究中老农业协作中提出，中国依托老挝优良的农业发展自然条件和土地资源，借助中老现代农业产业示范园区核心区建立的加工贸易体系和拓展辐射区建立的规模化种植养殖生产体系，支持老挝发展绿色农业和循环经济，吸引大批中国农业企业以作为老挝为拓展国际市场的跳板"走出去"、从而实现产业链和供应链"全球布局"。张永旺（2024）指出，中国积极参与并推动多边农业国际科技合作机制建设，依托 FAO、APEC、WOAH、CABI 及上合组织杨凌基地等众多平台开展共商共建。其成效显著，如"十三五"期间联合共建超百个实验室、获认 22 个国际参考实验室、与 CGIAR 建立 25 个联合实验室；杨凌上合基地亦与 60 国建立合作，推广逾百项优良品种技术，辐射面积超 3 000 万亩。这些平台建设显著提升了中国的国际农业科技协同创新能力，并促进了与"一带一路"共建国家共享经验成果。随后，施玮等（2024）发现，数字技术应用和东道国政策支持是推动境外高水平农业合作园区建设的关键因素，即便在企业实力、资源禀赋等条件相对不足时亦能发挥重要作用。冉淑青等（2025）进一步指出，中国在旱作农业、畜牧养殖、土地治理等领域积累的技术经验与上合组织国家的需求高度互补，预示着双方在品种改良、绿色技术推广等方面存在广阔的合作前景。对此，邓鞘等（2025）也观察到，白俄罗斯已在上合组织峰会提出食品安全、农业博览会、信息技术生态系统等多项合作倡议，旨在发挥自身优势，扩大在区域粮食安全合作中的影响力。

其次，国际农牧业资金协作可划分为引进外资与对外投资。克鲁格曼（Krugman，2009）指出，外国直接投资包括资源转让和控制权的获取。随着时代的发展，全球对高价值农产品和粮食的需求不断增加，为发展中国家吸引面向出口的外国直接投资和增加农产品贸易创造了机会。马查特（Marchant，1999）通过实证分析发现，美国农业企业对华的农业直接投资具有贸易创造效应，同时对加工业的发展具有联动作用。

在中国农业对外开放进程中，除了少数明令禁止的行业以外，外商投资几乎涵盖了中国农林牧副渔所有领域，形成了较为完善的产业链。对外投资方面，赵其波（2015）指出中国农业对外投资的合作领域整体在向多元化方向转变，中国农业对外投资分布五大洲，主要投资目的地集中在亚洲，在全球层面上中国农业对外投资虽然覆盖较广，但投资力度小，主要分布在水土资源丰沛的或与中国农业贸易关系较为紧密的国家和地区。许传坤、董美玉等（2019）在研究中老农业协作中提到，中老农业种植、技术培训及加工贸易合作取得显著成效，大批中资企业赴老挝投资农业。在老挝投资合作发展农业的中国企业数量不断增加，中国已经成为老挝最大的外资来源地，农业领域投资占老挝外资总额的12%。马尔特斯和斯温内（Maertens and Swinnen，2015）指出，一些积极的政府政策，例如大量购买粮食作为公共储备积累、对某些农产品施加进口限制和出口限制等，拉高了粮价，加剧了投资趋势。高粮价鼓励了农业食品全球价值链的投资和贸易，增加价值链沿线行为者的潜在回报，减少对农民、贸易商和加工商的信贷限制，并鼓励纵向一体化。张永旺（2024）发现，境外农业合作园区已成为中国企业"走出去"破解瓶颈的关键平台。这种集资本、产业、企业于一体的创新模式，通过"集群式投资、特区式保护、外交关系护航"并利用"集体行动"与"政府保障"优势，有效促进了境外投资。例如，2017年启动的中塔农业合作示范园等试点项目，便旨在搭建合作平台，培育跨国农业企业。与之配套，卢琰等（2024）指出，建设优质的对外投资促进平台至关重要，具体举措包括聚焦数字农业、提供金融支持以及加强国际金融合作。姚毓春（2024）的研究揭示了俄罗斯自2005年起大幅增加国内农业投入的趋势，其通过国家计划和法令显著提升了对农业及农村发展的财政支持力度。与此同时，宋蕾（2025）发现，中国的农业对外投资呈现持续增长和"多点开花"的布局特点，尤其自2014年部际联席会议制度建立后步伐加快，至2022年底投资存量已达281.74亿美元，遍布六大洲（以亚洲为主）。投资模式也日益多元化，从传统的土地投资转向资源共享与本土化发展，并注重围绕产业链关键环节进行延链补链强链，如中粮集团在全球物流节点的布局，显著提升了境外供应链韧性。

最后，从农产品贸易协作角度来看，农产品对外贸易为我国充分利用国内国际两种资源、两个市场平衡了农产品市场供求关系、保证农产品有效供给、推动农业结构的战略性调整、促进农民就业增收、保持国民经济平稳较快发展作出了重要贡献。赵其波、胡跃高（2015）指出，中国农产品贸易快速发展的重要特征是贸易逆差问题日益凸显，该现象一方面反映了中国经济增长迅猛，农产品消费势头强劲；另一方面表明中国农产品国际竞争力弱，如劳动密集型农产品优势未能伸张，贸易品牌缺乏，产品价格不具有竞争力等。吴森等（2017）在中亚农业协作研究中表示，当前双边贸易主要集中在矿产、能源、机械等领域，农产品贸易比重很小，且与中国的其他主要区域贸易伙伴相比，中国与中亚的农产品贸易水平也非常低，因此，两地农业合作潜力仍有很大的发展空间。张永旺（2024）阐述了中国为促进与"一带一路"共建国家农业贸易所做的努力，包括健全经贸机制、深化通关与安全合作等。其成效体现在超过100项合作协议的签署以及"单一窗口"、AEO互认等便利化措施的推行，这些举措促使2022年双方农产品贸易额显著增长至869.06亿美元，占中国农产品贸易总额的35.1%。在此背景下，徐佳利（2024）着眼于澜湄次区域，提出贸易合作是区域发展的核心驱动力，并明确了数字农业、气候韧性粮食系统、农产品质量安全标准等未来合作的优先方向。进一步地，宋蕾（2025）指出，中国的农业对外合作已上升至战略高度，不仅是外交上的优势资源和亮点，也为国内发展（如新质生产力）营造了良好的国际环境。她总结道，中国长期（40年）坚持多边主义，通过农业援助（良种、技术）、战略对接（中亚峰会）及产业布局（东南亚橡胶）等方式，深化了国际伙伴关系，其成果（如获"全球最佳减贫案例"）不仅展现了大国责任，也为全球粮食安全和"一带一路"建设贡献了重要力量。

（三）国际间农牧业协作的风险与挑战

国际农业协作在快速发展的同时，也面临着各种风险与挑战，李治等（2020）指出，农业企业"走出去"面临的困境主要包括东道国产业保护政策限制、经营管理水平和生产技术落后、劳动力及人才困境、检验检疫标准不互认、国际社会环境对中国农业"走出去"的打压等。陈秧分等（2021）提出，农业对外开放领域的短板主要为渠道掌控力偏弱、风险与成本偏高、政策瓶颈明显、信息不对称突出等。当前的相关研究总体可从外部影响和内部问题进行概述。

1. 国际农牧业协作面临的主要风险

影响国际农业协作的外部因素有政治风险、经济风险、自然风险以及国际竞争与舆论。

首先，关于政治风险。张芸、张斌（2016）认为，欧亚大陆是国际安全形势最为复杂的区域,大国在这一地区角逐异常激烈,沿线局部地区局势动荡、区域政治安全形势扑朔迷离,邻国之间领土、领海争端及民族、宗教方面的矛盾,都给农业合作带来复杂性。赵其波、胡跃高(2015)表示,中国农业内生动力不足与当前复杂的国际政治、经济形势相互作用,使中国在周边国家层次、亚洲层次和全球层次均面临投资、贸易、体系建设等方面的冲突。在全球层次上,中国面临较为激烈的冲突与威胁,中国与美国、欧盟存在着较多的贸易纠纷与制度冲突,例如美国、欧盟、新西兰等普遍实施的巨额补贴和农产品的技术性贸易措施和卫生与植物卫生措施,人为提高了其农产品竞争力,使中国与美国和欧盟国家的贸易纠纷频繁发生。贺晶晶、王丽贤等(2017)在研究中亚农业合作时提出,在当前中国的东部、南部沿海和南亚区域不确定因素增多的背景下,位于欧亚中心地带的中亚的地缘战略地位重要性就越发显著,同时中亚也是欧美日重点布局、扩大影响、遏制中俄的地缘战略要地。因此,积极发展与中亚国家的"经济外交""农业外交",坚持经济合作与"富邻"政策,实现共同发展,对推动建设和谐周边的作用十分突出。

其次,关于经济风险。张芸(2016)提出,共建国家多为发展中国家和新兴经济体,投资环境及管理体制不完善,主权信用风险较高,对外商直接投资审批手续烦琐、外汇管制、税收、保险管理不完善等,不仅加重了企业投资成本,也加大了投资风险。许传坤等(2019)在研究中老农业协作中提到,关于自然风险,老挝由于水利基础设施投入不足,容易受到热带风暴等极端恶劣天气影响,气候变化预计将给老挝带来日益严重的干旱和洪水灾害,粮食安全面临重大挑战。

最后,关于国际竞争与舆论。国际竞争与舆论是国际农业协作发展的一项重大影响因素,中国在全球农业产业体系中的作用日益凸显,与其他国家的利益冲突也逐步显露,因此,我国的农业协作受到了来自国际的竞争压力。中国已经成为全球最大的粮食进口国,粮食进口需求引发国际社会对中国粮食需求增长,可能导致全球粮食供应短缺,引发全球粮食安全的担忧(闻道,2015)。

赵其波、胡跃高(2015)表示,中国在全球农业产业体系的竞争地位将凸显,这在全球范围内面临更多的外部冲突,其中的典型范例是当前世界范围内针对中国农产品准入的技术性贸易措施和地区日益苛刻,特别是欧盟、日本等国分别针对中国出口农产品提高了进口要求，使中国农产品对外出口贸易遭遇发展困境。李国辉（2023）在日本与非洲的国际农业合作研究中指出，在推广合作内容方面，日本善于利用社交媒体推广合作内容，这样一方面可以提高政策效用，另一方面也可以借机向国际社会展示日本的软实力及国际贡献，值得我们学习和借鉴。

2. 国际农牧业协作面临的主要挑战

国际农业协作的内部问题有资金不足、政企合作不协调与产业分工协作体系不完善以及农业内生动力不足等。

首先，关于资金的问题。张芸、张斌（2016）指出，由于农业合作项目面临自然、政治、经济风险较高，不少项目带有公益性质，投资回报率低，不能享受国内农业投资优惠政策，资金不足和境外融资难仍然是农业"走出去"的重要制约因素。

在对外投资项目遴选、区域布局、投资主体优化、与其他合作方式（包括技术交流与合作、对外援助、对外贸易等）的协调等方面仍然缺乏战略上的安排，在对外投资的方式、经营策略和风险管理等方面国际经验不足。王（Wang，2014）通过分析发达国家利用金融服务手段支持农业进入海外市场的经验，指出相对成熟完善的农业政策性金融体系是前提，金融服务农业"走出去"最为关键的因素是政府部门所能提供的有效的公共服务和管理，鼓励官方的金融机构积极参与海外农业投资，充分发挥其引领和带动的作用。宋蕾（2025）指出，中国当前的农产品对外贸易与对外投资缺乏有效协同，未能形成提升产业链安全的合力。具体表现为两者间的"错位"：2022 年主要农产品进口来源地（如巴西、美国等）与农业对外投资的主要目的地（以瑞士、印度尼西亚、老挝等国为主）并不匹配。她强调，借鉴"四大粮商"的经验，贸易与投资一体化对于掌控海外农产品产业链具有关键战略意义。例如，嘉吉公司通过先贸易后投资并购、延伸产业链的模式，实现了对境外生产链的全程控制。国际大粮商的实践证明，投资与贸易的融合不仅可以互相影响（投资改变贸易流向，贸易便利度影响投资区位），更能显著降低风险，增强供应链的稳定性与掌控力。

其次，关于政企合作间协作与产业分工协作问题。对于政企合作间的不协调以及产业分工体系不完善的问题，张芸、张斌（2016）指出，在宏观政策层面，缺乏总体规划引导与统筹协调。近年来，我国与沿线国家在多双边机制下开展了形式多样的农业交流与合作，但由于管理渠道、资金来源、合作主体及方式等不同和部门间工作联系机制不健全，合作项目较为分散，未能形成合力发挥整体效应，突出表现为部门间合作资源分散、政府间农业合作与企业"走出去"结合不够紧密，合作机制虽然丰富，但跟进落实亟待加强，且目前大多数"走出去"企业仍处于各自为战、无序竞争状态，上下游产业配套、分工协作的海外农业投资格局尚未形成。

杨易、张倩（2012）在研究中提出，目前农业国际合作框架性机制较多，实质性机制和程序性保障机制较少，农业国际合作机制涵盖内容不够全面，指导性、针对性、时效性、保障性尚待加强。部分农业国际合作机制处于休眠或半休眠状态是当前农业国际合作机制发展存在的突出问题，机制内容落实和运行效率尚待提高。农业国际合作机制资源尚需整合，指导作用未能全面体现中国在农业国际合作机制下开展的各种活动各有优势，但多数合作相互独立，资源较分散，资源发挥的聚合效应有限。赵成济、朴贤熙（2009）在研究韩国与突尼斯的农业协作中提到，存在的问题是合作项目缺乏系统性的项目划分和规模与目标的更具体细化；合作主体选择体系不够单一，工作接触主体与项目实施主体的有机体系不够顺畅。另外，由于事业执行机关的制约，韩国目前农业相关执行机关大部分是国家机关，仅限于农村振兴厅、检疫院、山林厅等政府机关及下属研究机关。因此，实施随意合同或根据个案委任个别专家的项目执行效率低下的方面是内生性的。另外，由于农业相关民间机构的零散性，在形成海外进军网络和当地事业执行能力方面存在局限性，在推进海外农业开发合作事业方面存在局限性。李国辉在日本与非洲农业协作的研究中指出，参与日本与非洲农业合作的主体众多，日本十分重视主体间的协作，建立多个官民一体平台。通过这些协调机制，日本政府可以与非政府组织（NGO）、非营利组织（NPO）、财团等非政府行为体就支援非洲政策广泛交换意见。官民一体化的协作平台，也为非政府行为体了解政府的方针政策提供有效的机会，促进了不同行为主体之间的信息共享，减少了由于信息不对称而导致的无效合作。

最后，关于农业内生动力问题。对于农业生产内生动力不足的问题，赵其波、胡跃高（2015）在研究中提出，中国存在农业发展内生动力不足问题，包括资源环境压力与工业化农业生产方式，使中国农产品面临着农药、重金属、兽药、食品添加剂、生物毒素等有害物质的污染问题，农产品安全生产面临严峻考验。倪国华（2014）等认为，自然资源的约束是中国农业"走出去"的动因之一，应将在国际农产品市场争得定价权作为农业"走出去"的核心目标。

四、农畜产品跨境物流方面

国内外学者围绕跨境物流通道、跨境物流组织管理、跨境物流效率以及中蒙跨境物流等方面初步探索了跨境物流体系构建的相关研究内容。跨境物流通道是跨境物流网络的重要组成部分，彭聪（2020）构建了跨境物流通道竞争力的综合评价指标体系；在此基础上，孙相军等（2021）分析了东北亚地区跨境陆路物流通道存在的问题，提出"一带一路"背景下跨境物流通道的发展方向；蒋诗云、吴敬（2022）进一步以"一带一路"的重要通道中老铁路为例，分析了其在中老跨境物流体系构建中存在的问题，并提出了完善建议；宋玉阳等（2023）站在微观层面重点分析了中老铁路跨境物流的货源组织方式，并提出智慧共享平台、自营模式以及物流联盟3种跨境物流运作模式。

在跨境物流组织管理研究方面，杜志平、贡祥林（2018）认为，组建跨境物流联盟是建立国际化物流运营体系的重要内容，有利于更好提高国际物流作业效率；杜志平、区钰贤（2021）进一步指出，跨境物流联盟是未来跨境物流的重要研究领域和方向。跨境物流联盟是物流企业之间的联盟，跨境物流企业数字化转型非常迫切，有利于实现整个跨境物流业态的长期协作和跨境物流联盟的持续发展（张小雪，2022）。同时，在跨境物流组织管理中也要关注可能存在的法律风险，骆庆国、王瑛（2024）研究了中国—东盟跨境物流管理中的法律风险，提出了解决跨境物流法律纠纷的措施，有助于更好促进中国—东盟跨境贸易的发展。

在跨境物流效率研究方面，杨扬、赵以诺（2022）研究认为，云南省跨境物流效率与外贸经济发展之间存在一定的耦合协调性；舒畅（2021）研究认为，我国跨境电商与跨境物流系统之间存在一定的协同关系，但跨境物流系统效率和发展水平较低，且两者的协同水平有待进一步提升。跨境物流信息化建设是提升跨境物流效率的重要途径，马述忠等（2020）围绕物流属性、商品属性以及消费者所在国属性等方面分析了影响消费者跨境物流信息偏好的主要因素；杜志平等（2019）研究指出：要强化跨境物流信息化建设，更好地服务客户需求和跨境贸易发展；李旭东等（2020）研究发现区块链技术可有效提升跨境物流管理绩效，并提出其在跨境物流作业中的应用模式。

五、跨境物流协作方面

在跨境物流协作方面，相关学者主要研究了我国与"一带一路"共建国家、东盟各国、东南亚国家等的跨境物流协作，且在研究方法上，大多采用物流绩效指数法。例如刘小军、张滨（2016）基于"一带一路"共建国家和地区的物流绩效指数，分析了中国与"一带一路"共建国家的跨境物流协作水平。杜志平等（2019）分析了我国与"一带一路"共建国家之间的跨境物流协作面临的挑战，并提出提高跨境物流协作水平的对策。杨正璇（2019）分析了在"一带一路"背景下，中国与东盟国家之间的跨境物流协作潜力，并提出要改善物流发展硬软件环境，深化同东盟各国的跨境物流协作。张紫璇等（2022）进一步指出，中国与东盟国家之间的物流基础设施建设滞后、海关运作效率较低，无法更好满足当前跨境物流协作发展的需要。王建伟、马姣姣（2017）基于物流绩效指数法，探讨了中国与东南亚国家之间的跨境物流协作，并提出加强基础设施互联互通建设、构建物流大数据平台等对策建议。席颖（2017）基于物流绩效指数法，从宏观上分析了中国跨境物流协作的基本现状，并给出了推动跨境电商与跨境物流协作的策略。吴畔溪、劳健（2020）基于系统动力学方法，构建了中哈跨境物流协作对物流绩效影响的仿真模型，研究发现海关合作水平、通关物流和国际运输信息化水平是提高中哈物流绩效的关键因素。杨楷钰（2023）研究了中国与东盟国家在跨境物流协作中的法律机制问题，提出各国均存在有关物流领域的法律法规体系不完善的问题，并提出整合现有物流法律，完善跨境物流协作监管机制的对策建议。综上相关研究成果为中蒙跨境物流协作的研究奠定了重要基础。李耀波等（2024）发现跨境物流绩效显著促进农产品进口贸易与出口贸易；清关效率显著促进农产品进口贸易与出口贸易；物流基础设施显著促进农产品进口贸易与出口贸易；运输便利性显著促进农产品出口贸易；服务水平显著促进农产品进口贸易与出口贸易；可追踪性显著促进农产品进口贸易与出口贸易；及时性显著促进农产品进口贸易与出口贸易。

六、中蒙跨境物流研究方面

在中蒙跨境物流研究方面，米娜（2019）通过构建评价指标体系的方式研究了中蒙两国物流业发展之间的协同情况；李瑞峰等（2020）分析了中蒙跨境物流便利化存在的主要障碍，并从物流角度提出便利化的对策；其进一步提出中蒙两国开展交通物流合作的必要性；邓红星等（2021）采用 DEA－Malmquist 方法分析了中蒙公路口岸的物流效率，指出不同口岸之间的效率存在显著差距，并提出改进建议；计明军等（2022）研究了中蒙跨境物流体系存在的主要问题，并提出相关政策建议；其进一步分析了中蒙跨境电商与跨境物流的协同发展情况，给出了促进两者协同发展的对策；赵霞、陈新玲（2020）结合中蒙畜产品贸易实际及物流网络构建现状，提出跨境物流服务网络的创新路径；刘桂艳（2019）从物流服务供给角度提出了中蒙畜产品跨境物流服务体系的构建建议。综上研究主要站在物流本身视角或跨境物流的某一方面研究跨境物流体系问题，在一定程度上忽视了相关贸易、商检等政策以及跨境贸易规模等对跨境物流体系协作的系统性影响。同时，前人的研究大多是基于问题、对策的现象性研究，在农牧业跨境物流协作理论的凝练和建构方面还有待进一步研究。

七、跨境电子商务的运用

跨境电子商务的运用场景十分广泛，国内外的研究主要可以从信息流、资金流和物流三个方面进行概述。

信息流是供应链中一切物流、资金流的基础，只有在信息的指引下物流和资金流才能达到效率最优。张夏恒、肖林（2023）指出，跨境电子商务活动所产生的信息管理需求更加复杂多变，交易过程涉及多主体、多国别、多关境，交易信息包含供应商信息、消费者信息、单证信息、物流信息以及金融信息等多个方面。郭海玲、马红雨和朱嘉琪（2021）在研究中提到，跨境电商信息资源是指为用户提供的与跨境电商业务开展相关的文字、图片、视频等各种类型的信息，既包括跨境电商市场动态信息、政策信息、交易主体信息、产品信息等一次信息，也包括对以上信息进行整合、加工、分析而形成的二次信息。朱嘉琪（2021）认为，互联网的发展促使网络信息服务成为现代信息服务的主要方式之一，各种类型的跨境电商信息服务平台与信息服务机构逐步涌现出来，促使跨境电商参与者尤其是中小企业在贸易转型、发展、创新等方面发挥积极作用。山红梅等（2024）认为，信息流协同，例如通过平台共享需求预测、订单及物流状态等数据，能够帮助企业灵活调整运营策略，从而有效减轻供应链的"牛鞭效应"及其负面影响。许楠（2024）的实证研究也发现，企业经营性信息预算的披露能显著降低供应商的供需波动，缓解长鞭效应，实现风险自治。然而，李秋香等（2024）指出，现实中信息常因缺乏有效共享而分散割裂，严重影响管理效率。他们分析了信息流视角下的痛点，如权属不清、不透明、延迟、不安全、同步性差及资源分散等问题，这些最终导致市场份额下降、库存失衡、成本上升和利润减少，即便现代信息技术也难以完全杜绝信息失真或恶意篡改的风险。进一步地，闫晗等（2023）从企业管理角度发现，物流管理系统和管控政策风险对跨境电商供应链构成重大威胁，而信息扭曲、安全问题及共享滞后又显著加剧了物流管理系统的风险。

资金流是成功实现跨境电子商务交易的关键性要素，其中跨境电商支付体系是研究的热点。金虹、林晓伟（2015）认为，资金流是指商品实现其所有权从提供者向需求者跨境转移的过程而形成的往来资金的动态集合，一般以资本或电子现金等"虚拟"形式存于与跨境汇兑、支付、信贷、投资、筹资等跨境资金往来活动中。黄先军、李羚锐（2023）在研究中使资金流系统通过衡量金融规模、基础和环境三个维度来体现资金流转的现状及体量，考虑到数字技术的变革，以数字普惠金融发展的广度、深度及数字化程度衡量资金流子系统的数字创新情况。徐艳（2021）提出，跨境电商支付指的是两个及两个以上国家或地区间由于发生国际投资、国际贸易或其他经济活动所导致的国际间债务，并通过相应的支付系统与结算工具完成的跨地区或跨国家转移资金的经济活动。张夏恒（2017）认为，跨境电子商务与跨境支付相互依存、彼此影响，跨境支付是跨境电商的重要环节，除汇率、税费、政策、基础设施等制约外，还涉及不同货币之间能否通用、能否实现通汇通兑、不同货币间的汇率波动等问题。顾昱（2019）研究发现，鉴于供应链网络中存在大量资金流动，资金流管理构成供应链管理的基础。供应链管理者在运营网络（其节点常包含银行等服务机构）时，不仅需要满足客户与供应商产生的资金服务需求，还可以借助网络效应与相关机构协作来提供这些服务。此外，管理者亦能通过管理这些资金流（如利用账期、构建资金池）来获取收益。

物流是跨境电子商务交易成功实现的决定性要素，也是国内外专家学者们研究最多的领域。林晓伟（2015）提出，物流是指以满足物流需求为目标，实现商品从提供者向需求者的跨境转移而形成的物权的动态集合，是在商品达成交易后在运输、存储、包装、配送、搬运和加工等一些基本过程中形成的实物流。然而在跨境电子商务的物流体系研究中，吴强、谢思（2018）发现，跨境电商是"互联网+传统贸易"的新型业态模式，线上交易与线下物流配送缺一不可，但跨境电商物流无法做到面面俱到，将业务范围发展到世界每一个角落。同时，由于不同国家之间的物流企业发展环境、发展政策大不相同，加之物流企业的发展具有较强的区域性特征，因此在本国发展良好的物流企业不一定适应国外发展方式。对此，国外研究者发现类似的问题，然而，由于当前物流的不可靠性和较长的运输时间、复杂和模糊的返回过程或海关可能存在的阻塞，想要实现跨境电子商务交易的高效交付依然具有挑战性（Wang et al., 2020）。针对这些物流问题，朱弗里达蒋和曼吉拉西纳（Maria Giuffrida, Hai Jiang & Riccardo Mangiaracina, 2021）发现至少有7种不同类型的不确定性可以描述跨境电子商务的物流，例如交货不确定性：由于成本高和运输时间长，实物货物的交货被认为是阻碍电子商务实现自由跨境流动的主要障碍之一。张爽等（2025）指出，在当前全球产业调整与区域联通需求增长的背景下，国际物流通道对重塑区域经济地理至关重要，例如长三角地区借助其立体化物流体系（中欧班列、海运、空运）发展通道经济，促进产业升级及与"一带一路"共建国家的互联互通。随后，茹慧超（2025）研究发现，"物流链"是通过数据平台优化节点与线路，实现高效低成本集成运输的链状结构，其效率依赖于基于公共交通设施的微观网链集成。他进一步说明，旨在优化流通网络布局的政策，通过强化节点城市功能和网络结构，不仅能提升物流链效率、支撑全国统一大市场建设，还能产生供需联动效应。在此基础上，蔡进（2025）强调物流是供应链的基础支撑，发展作为物流高级形态的现代供应链，是当前降低社会总物流成本的关键举措，需要深化认识并坚定转型。最后，李连成（2025）指出，在新发展格局下，内外循环逻辑、国际产业布局及对一体化供应链的要求均发生深刻变化，加之全球变局与逆全球化抬头，对国际物流的安全保障能力提出了前所未有的高要求。

跨境电子商务主体间的信息流、资金流和物流三者之间的相互联系与相互作用，共同构成了跨境电子商务系统。

八、跨境电商与国际农牧业协作的关系

农产品跨境电商涉及农业生产、检测认证、品牌商标、交易服务、物流运输、通关监管、产品追溯、数据安全等多个环节领域，将其运用于国际农牧业协作，可从信息流、资金流以及物流三个方面来促进国际农牧业协作的进一步深入，打通信息壁垒，畅通信息渠道，扩充融资规模，推动基础设施建设，深化国际农产品贸易，从而降低国际农牧业协作成本，提高协作效率，促进农业产业纵向一体化，切实惠及合作两国的农牧业发展。

迈厄尔（Mighell，1963）提出，农业领域的纵向一体化是农产品供应链体系中生产、加工、储存、运输、销售和其他环节之间的产销连续阶段进行的协调。这种方式有利于提高农业生产经营的组织程度，将农产品的生产、加工和销售环节纳入紧密结合的统一体系中，有利于实现产业链的整合，从而提高农业生产效率，减少交易环节，降低交易成本，规避市场风险，保持价格稳定，从而保障要素支持，对促进农民收入、农业企业规模化发展和农业可持续发展起到了积极作用（Ao et al.，2021）。詹琳等（2019）认为"一带一路"倡导的国际合作重塑了农业国际合作的格局，推动了中国新一轮的农业对外开放。苏珊珊、文倩（2022）提出，我国在"一带一路"粮食安全合作中构建农业对外合作信息服务平台、全球农业大数据与服务联盟等多个信息服务平台，实现对外农业投资各领域信息的联合集成、交叉研究与综合提升，为"一带一路"农业合作提供投资政策、项目信息、风险提示、数据统计、遥感监测等全方位咨询和信息服务。这些信息服务有助于推动国际合作中各部门的协调发展，提升协作效

率。毛太乐（2019）指出农业合作平台，包括信息平台和综合服务平台等在"一带一路"国际合作中的重要作用。孟寒（2023）指出，当前农产品国际合作政策和监管制度不完善，农产品国际竞争力有待提升，农产品跨境电商对物流运输要求较高，当前国内外部分基础设施制约农业国际合作。金夷（2022）在农业国际合作模式的研究中指出，数字化领域的农业国际合作至关重要，它超越了个体农民和农业机构。在农业的整个链条上从种子、种植、收获到食品工业再到零售业、贸易和服务业。数据是这一链条发展的关键。数据交换意味着生产更高效、更能满足本国和国际市场的需求，以及对生产过程的合理控制。这对食物、水和土壤的可持续利用、动物福利和减少食物浪费具有很好的影响。唐忠（2023）研究发现，跨境电商能够有效克服传统农产品出口中地理距离和语言的障碍，其发展显著受益于互联网普及水平，这与传统出口模式形成对比。然而，实践中仍存挑战，如杜春晶（2022）在吉林省调研发现，企业发展缓慢、物流不完善、人才短缺及品牌力弱等因素制约了当地农产品跨境电商的进出口。尽管如此，李龙等（2022）观察到农村电子商务呈现"稳中求进"态势，产业园的建立和平台利用正推动特色农产品规模化走向国际，同时农村消费力的提升也带动了跨境进口（海淘/海购）的增长。面对外部压力（如贸易摩擦），师超（2021）强调农产品跨境电商需"练好内功"，主张通过运用数字技术优化全流程、建设布局海外仓以完善全球服务网络及推动产业升级和稳定外贸基本盘等策略，实现高质量发展和困境突破。

九、蒙古国农牧业产业发展研究

国内外对蒙古国农牧业产业发展的研究集中在区域差异、农牧业结构以及生态环境方面。宝音都仍、其勒格尔（2017）的研究表明蒙古国畜牧产值占农业总产值的大部分，但种植业发展比较快；蒙古国畜牧业受极端天气（如雪灾）影响较大，传统"五畜"结构发生变化；蒙古国农业产业逐步出现集聚与边缘化现象，并且形成具有蒙古国特色的"屠能圈"，大型企业集中在乌兰巴托。蒙古国东、西部及南、北部的偏远地区由于受地理气候和交通等条件的制约，除畜牧业以外，大规模农场较少，具有点状特征。西部以传统游牧形式为主。张遥（2020）指出，蒙古国畜牧业生产效率长期提升缓慢，牲畜数量迅速增长造成的牧场超载给草原生态带来极大的破坏，有限的市场、较低的畜产品价格和附加值使牧民的收入难以增长，而放牧环境的恶化又使产业未来的前景不容乐观。

霍夫曼、土拉和恩克图雅（Jürgen Hofmann, Dooshin Tuul & Bazarradnaa Enkhtuyay, 2016）研究表明，蒙古国为了摆脱粮食进口的依赖，蒙古国的农业系统在土地利用集约化和开拓耕地面临重大变化，蒙古国中北部喀拉河流域的耕地肥力出现下滑态势。陈彤等指出，蒙古国主要农作物为小麦、土豆、白菜、萝卜、洋葱、大蒜、香菜、油菜等，蒙古国国内市场的粮食作物和主要农产品已基本实现自给自足，谷物、坚果等农产品甚至可以出口。蒙古国畜牧业生产方式以粗放的游牧为主。牛羊养殖牧场、屠宰分割、深加工及市场渠道等普遍存在规模小等问题。黄等（Zhi-peng Huang et al.）的研究显示，蒙古国草原本身是国家公有，牲畜是私人所有。在气候变化、草地过度开发、耕地和城市面积扩大、矿山污染等因素的影响下，草地面积减少，草地生态状况逐渐恶化。蒙古国"五畜"结构保持相对稳定，但存在区域差。近年来，以放牧为主的畜牧业面临着人口老龄化的问题。畜牧业产值在国民经济中的比重逐渐下降，产业链亟待完善。

十、中蒙农牧业合作

中国和蒙古国唇齿相依，有着漫长的边境线，中蒙农牧业的合作由来已久，国内有不少学者就中蒙农牧业合作展开研究，普遍认为中蒙农牧业具有较大的互补性，可以在多方面展开合作，但同时也存在合作的消极因素。

（一）中蒙农牧业合作领域

马晓蕾（2018）认为，中蒙两国在农业上的合作体现在农业技术的推广、农业就业人员的流动、农产品贸易范围逐渐的扩大以及农业投资上。董云祺（2020）指出，中国对蒙古国农牧业的投资主要集中在农畜产品生产与加工方面，在农用设备等资本或技术密集型领域的投资企业并不多；

农业技术方面的合作主要集中在提高生产效率上；人力合作主要集中在资金交流，蒙古国投资者作为股东只是提供资金，并不参与企业日常生产经营与管理。

（二）中蒙农牧业合作积极因素研究

张晓雨（2012）认为，世贸组织、"南南合作"项目、中亚区域经济合作、上海合作组织等促进中蒙农牧业合作深度进行。中蒙农牧业具有较强的互补性特征，具有较大的合作潜力。佳格（Magsar Bayarjargal，2020）认为，贸易摩擦较少、农业发展结构互补性强、政府的鼓励与支持、边境口岸众多、"一带一路"倡议的推动、农业贸易合作意愿强烈、贸易相互依赖性强、农业合作基础扎实等是中蒙农牧业合作的积极因素。董云祺（2020）认为，中蒙农业具有较强的合作潜力，包括地理与政治基础、农业生产要素互补等。乔婷等（2022）认为，通过开展对蒙畜牧业技术援助，强化五大技术支持体系，充分释放蒙古国牛羊肉生产与贸易潜力，有助于推动我国牛羊肉供给侧结构性改革，缓解国内市场牛羊肉供应压力，构建牛羊肉市场双循环新格局，保障我国肉类供给安全稳定。

（三）中蒙农牧业合作消极因素研究

张晓雨（2012）认为，中蒙农业合作的形式单一，主要以农产品贸易为主，合作的规模还较小；两国农产品进口贸易结构过于集中，因此风险比较大，受经济波动的影响大；蒙古国对中资企业的优惠政策不足。马晓蕾（2018）指出，蒙古国多党制导致的政策多变性、蒙古国存在反华情绪、中国企业信誉度较低、农业合作科技水平低、农业经济人才缺乏、农产品质量较低等阻碍了中蒙农牧业合作。张雅红（2021）认为，当前中蒙农牧业贸易存在深度合作欠缺、农牧技术附加值低、物流运输周期长等问题。佳格（Magsar Bayarjargal，2020）认为，中蒙农牧业合作消极因素是中蒙农业合作形式较为单一，农产品贸易结构不合理，农业技术合作规模相对较小，农产品结构过于单一。董云祺（2020）认为，两国农业合作中存在贸易金额波动大、贸易产品单一、农业投资规模较小、技术合作项目少等问题，导致中蒙两国农业合作存在不稳定、层次低、合作领域与合作方式单一等问题。苏日妮、修长百、斯钦孟和（2022）认为，中蒙农牧业合作现有问题主要体现在农业合作形式简单、企业投资能力不足、农业科技合作滞后三个方面。策仁米达格、刘艳、武儒力（2022）认为，农业投资规模小、农产品贸易结构单一、政策支持力度小、人力资源质量差，投资成本高等问题阻碍了中蒙农牧业合作。

（四）中蒙农牧业合作建议研究

张晓雨（2012）认为，为了推进中蒙农牧业合作，一方面鼓励中国有实力的企业赴蒙古国开展种植、养殖、农产品加工等领域的经济技术合作；另一方面，中国应借助于高层互访和企业合作争取到蒙古国在农业合作的优惠政策。马晓蕾（2018）认为中蒙双方应加强政策扶持、选择合适的项目，提升企业信誉度、完善基础设施，促进科技的发展、扩大企业竞争提高农产品质量、培养优质人才。佳格（2020）指出：应当优化中蒙农业合作形式，改善中蒙农业产品贸易机构，扩大中蒙农业技术合作规模，增加中国对蒙古国农业投资数额，完善中蒙双边农业合作环境等。郭呈宇（2021）指出中蒙两国可以在农业生产管理、农畜产品加工、"绿色农业"等展开多方位的合作。苏日妮、修长百、斯钦孟和（2022）认为，中蒙农牧业合作应在合作方式、农业技术、合作环境三点进行优化。

十一、中蒙农牧业贸易相关研究

对中蒙农牧业贸易的研究主要集中在中蒙贸易的现状、贸易产品结构等方面，部分学者就现存问题提出了政策建议。

（一）中蒙农牧业贸易产品结构

张晓雨（2012）认为，中国和蒙古国是根据各自的比较优势来进行农产品贸易合作的。中国向蒙古国进口的主要是农产品原材料，主要有动物生皮、皮革及羊毛、动物粗毛、细毛等；中国出口到蒙古国的主要是农产品深加工产品（木制品、皮革制品、动植物油、脂等）。佳格（2019）认为，中国出口到蒙古国的农产品种类多样化，主要包括谷物、糖料及糖、饮品类、蔬菜、水果、粮食制品和畜产品，蒙古国从中国进口的产品主要有稻谷产品面食、面包及糕点、麦芽、鲜冷冻蔬菜、鲜冷冻水果和水果汁。张晓晨、祁晓慧、乔光华（2019）指出中国从蒙古国进口农畜产品种类单一，主要进口羊马等动物毛及其机织物、坚果、马肉、油菜籽，生皮（毛皮除外）及皮革，出口则相对多元化。图穆克霍罗（Batmunkh Tumurkhorol，2023）研究得出，中国对蒙古国进口的农产品多为经过初加工的农产品，而对蒙古国进口的农产品多为农产品原材料，例如羊毛、皮革等。王攀先等（2025）认为"一带一路"倡议为中蒙两国的农产品贸易合作带来了新的机遇，两国农产品贸易规模逐渐扩大，呈现贸易失衡和结构集中的新格局。

（二）中蒙农产品贸易现状及特点

宝音都仍等（2015）研究称，蒙古国有着巨大的畜产品生产潜力可供应中国庞大的优质畜产品的消费市场。中国有较为发达的纺织业、畜产品加工产业和巨大的初级畜产品和要素市场需求。这将进一步推进中蒙两国在畜产品如山羊绒、羊毛、牛羊肉等的贸易。周静（2017）在研究中蒙俄经济走廊时，指出三国贸易合作经验匮乏，经贸合作中贸易壁垒严重，关税税率调整频繁，存在对华的歧视性贸易条款；中蒙俄农牧业互补优势没有充分发挥；基础设施建设相对滞后等现状。李艳华（2019）通过随机前沿引力模型研究得出，中蒙之间的贸易具有较大的潜力，蒙古国对中国的贸易出口效率远高于中国对蒙古国的出口贸易效率。这种贸易出口效率的不对称性，一方面体现了蒙古国对中国的贸易依赖性，另一方面也体现出蒙古国对中国并没有提供足够的贸易便利化的环境。

申凯红、赵金鑫、田志宏（2018）认为中蒙农产品贸易有两个特征：一是双边贸易规模不断扩大；二是自2012年起蒙古国农产品出口优势开始显现，中国从蒙古国进口额大于出口额，始终处于贸易逆差地位，且逆差额逐年扩大。此外，中蒙农产品贸易存在互补性特征。佳格（2019）认为中蒙农产品贸易合作中存在着贸易摩擦相对较少的特点，对中蒙双边农业贸易合作有积极影响。张晓晨、祁晓慧、乔光华（2019）利用贸易互补性指数（TCI指数）衡量中蒙两国农牧业互补性，结果显示中蒙双方各有部分产品具有较强互补性；利用TCD指数研究得出中蒙两国农畜产品贸易联系紧密的结论；利用随机前沿引力方程得出中蒙农牧业进出口贸易具有较大潜力。

张雅红（2021）指出中蒙农牧业贸易规模稳步增长、贸易结构互补性较强，但面临蒙方奉行"第三邻国"政策、蒙方投资政策延续性较差、物流运输周期长、产品损耗率较高、技术附加效应不显、农牧业深度合作欠缺等困境。图穆克霍罗（2023）研究得出，中国是蒙古国第一大出口国和第二大进口国，是蒙古国最大的贸易伙伴国，两国农产品贸易属于垂直型贸易结构，互补性较强。赵明霞（2023）基于引力模型，结合 White 检验、最小二乘法等方法研究认为中蒙之间贸易发展较为成熟，双边贸易潜力已被充分发掘。许红梅等（2024）发现中蒙畜产品贸易额与蒙古国畜牧业、电商和物流系统耦合协调度之间存在双向格兰杰因果关系；中蒙畜产品贸易额受自身因素影响较大，但随着时间推移，蒙古国畜牧业、电商和物流系统耦合协调发展对贸易的影响逐渐增加。

（三）中蒙农产品贸易建议

张晓晨、祁晓慧、乔光华（2019）建议加快中国—蒙古国自由贸易区的建立；利用双方各有的资源禀赋，开展农业合作；充分利用好中蒙共有的边界及口岸。张雅红（2021）认为中蒙需增进长期政治互信，夯实双方战略合作伙伴关系；建设农牧产业集群，发展中蒙生态农牧业；联通陆空运输通道枢纽，打造农牧速检通道；借力"大通关"模式，加快数字化口岸转型建设；推进农牧业供给侧改革，深化农牧技术合作优势。图穆克霍罗（2023）提出：中蒙双方应当大力发展食草性牲畜养殖、加强对进口来源国的研究、制定畜产品进口策略、制定畜产品出口策略、加强畜牧业跨国投资、增强对国际畜牧业规则的理解和运用。

第三章　中蒙农畜产品市场互补分析

第一节　中国农牧业产品生产及需求情况

一、中国种植业生产基本情况

图 3-1 显示，2023 年我国粮食产量稳中有升。根据《中国统计年鉴》的数据，2023 年我国粮食总产量达到 69 541 万吨，比 2017 年增加了 3 380.3 万吨，增长率为 5.2%。其中，谷物产量占粮食总产量的 92.2%，是粮食生产的主要部分。2023 年谷物产量为 64 143 万吨，比 2017 年增加了 2 622.5 万吨，增长率为 4.3%。稻谷、小麦和玉米是中国的三大主粮，分别占谷物产量的 32.2%、21.3% 和 45%。2023 年稻谷产量为 20 660.3 万吨，比 2017 年减少了 607.3 万吨，下降率为 6.1%；小麦产量为 13 659 万吨，比 2017 年增加了 234.9 万吨，增长率为 1.7%；玉米产量为 28 884.2 万吨，比 2017 年增加了 277.1 万吨，增长率为 11.5%。

2023 年我国豆类、薯类、油料、棉花、麻类、糖料、烟叶、蚕茧、茶叶和水果等其他农产品产量分别为 2 384.1 万吨、3 013.9 万吨、3 863.7 万吨、561.8 万吨、16.3 万吨、11 376.3 万吨、229.7 万吨、83.4 万吨、354.1 万吨和 3.3 亿吨。其中，豆类、薯类、油料、糖料、烟叶、蚕茧、茶叶和水果的产量在 2023 年均有所回升，而棉花和麻类的产量则有所下降。

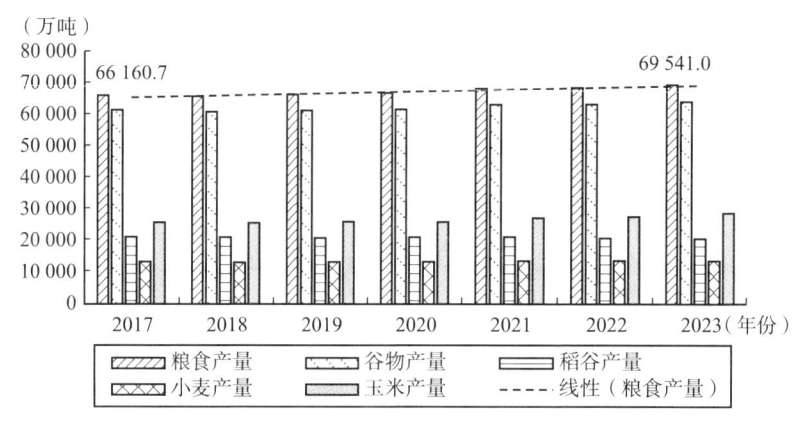

图 3-1 2017~2023 年中国粮食产量变化

资料来源：《中国统计年鉴（2024）》。

图 3-2 显示，我国农产品单位面积产量总体稳步提高，2023 年达到 5 845 公斤/公顷，比 2017 年增加了 238 公斤/公顷，增长率为 4.2%。其中，谷物单位面积产量为 6 419 公斤/公顷，比 2017 年增加了 314 公斤/公顷，增长率为 5.1%。稻谷、小麦和玉米的单位面积产量分别为 7 137 公斤/公顷、5 781 公斤/公顷和 6 532 公斤/公顷，除玉米外均有不同程度的提高。其他农产品的单位面积产量也有所增加或减少，其中，棉花、花生、甜菜、甘蔗和烤烟的单位面积产量在 2023 年均有所上升，而油菜籽、芝麻的单位面积产量则有所下降。

图 3-2 2017~2023 年中国粮食单位面积产量

资料来源：《中国统计年鉴（2024）》。

从图 3-2 中数据可以看出，我国农产品生产总体保持了稳定增长的态势，但也存在一些问题和不足。例如农产品结构不够优，稻谷等低附加值的农产品产量过剩，而油料等高附加值的农产品产量不足，导致我国在这些领域的进口依存度较高等等。为了解决这些问题，我们必须牢牢端好自己的饭碗，坚持以国内大循环为主体，实现谷物的绝对自给和口粮的基本自给，同时适度利用国际市场资源，实现国内国际双循环，达到粮食的多元化供给。

二、中国畜牧业生产基本情况

表 3-1 显示，2023 年我国大牲畜年底头数总体呈现上升趋势，达到 11 115.4 万头，比 2017 年增加了 1 351.8 万头，增长率为 13.8%。其中，牛、马和骆驼的年底头数均有显著增加，分别为 10 508.5 万头、359.1 万头和 58 万头，比 2017 年增加了 1 469.8 万头、15.5 万头和 25.7 万头，增长率分别为 16.3%、4.5% 和 79.6%。而驴和骡的年底头数则有不同程度的减少，分别为 146 万头和 43.8 万头，比 2017 年减少了 121.8 万头和 37.3 万头，下降率分别为 45.5% 和 45.9%。这反映了我国对牛、马、骆驼相关产品的需求有一定的提升趋势，而对驴、骡相关产品的消费需求有所下降。

表 3-1　　　　　2017~2023 年中国大牲畜数量　　　　　单位：万头

年份	大牲畜	牛	马	驴	骡	骆驼
2017	9 763.6	9 038.7	343.6	267.8	81.1	32.3
2018	9 625.5	8 915.3	347.3	253.3	75.8	33.8
2019	9 877.4	9 138.3	367.1	260.1	71.4	40.5
2020	10 265.1	9 562.1	367.2	232.4	62.3	41.1
2021	10 486.8	9 817.2	372.5	196.7	54.2	46.2
2022	10 859	10 215.9	366.7	173.5	48.8	54.1
2023	11 115.4	10 508.5	359.1	146.0	43.8	58.0

资料来源：《中国统计年鉴（2024）》。

受非洲猪瘟的影响，我国生猪出栏头数和猪年底头数在2019年和2020年出现较大幅度的下降，但在2021年和2022年逐渐恢复，2022年生猪出栏头数和猪年底头数分别达到69 994.8万头和45 255.7万头，比2017年减少了207.3万头和1 096.8万头，下降率分别为0.3%和2.5%。这表明我国的猪肉生产已经基本恢复到非洲猪瘟暴发前的水平，但仍有一定的缺口。羊年底只数总体保持增长，2023年达到32 232.6万只，比2017年增加了2 000.9万只，增长率为6.6%。其中，绵羊的年底只数为19 298.4万只，比2017年增加了2 890.5万只，增长率为17.6%；山羊的年底只数为12 934.2万只，比2017年减少了889.6万只，下降率为6.4%。这表明我国的羊肉和羊毛生产有较大的增长潜力，尤其是绵羊，详见表3-2。

表3-2　　　　　2017~2023年中国猪、羊数量变化

年份	猪出栏（万头）	猪（万头）	羊（万只）	山羊（万只）	绵羊（万只）
2017	70 202.1	44 158.9	30 231.7	13 823.8	16 407.9
2018	69 382.4	42 817.1	29 713.5	13 574.7	16 138.8
2019	54 419.2	31 040.7	30 072.1	13 723.2	16 349
2020	52 704.1	40 650.4	30 654.8	13 345.2	17 309.5
2021	67 128	44 922.4	31 969.3	13 331.6	18 637.7
2022	69 994.8	45 255.7	32 627.3	13 224.2	19 403
2023	72 662.4	43 422.3	32 232.6	12 934.2	19 298.4

资料来源：《中国统计年鉴（2024）》。

近年来，我国肉类产量总体呈现波动增长。2023年全国肉类产量达到9 748.2万吨，比2017年增加了1 093.8万吨，增长率为12.6%。其中，猪牛羊肉产量占肉类产量的72.6%，是肉类生产的主要部分。2023年猪牛羊肉产量为7 078.3万吨，比2017年增加了520.8万吨，增长率为7.9%。猪肉、牛肉和羊肉的产量分别为5 794.3万吨、752.7万吨和531.3万吨，均有不同程度的增长，其中，猪肉的增长率最低，为6.3%，牛肉的增长率最高，为18.6%。这反映了我国的肉类消费结构的多样化和

优化，如图 3-3、图 3-4 所示。

图 3-3　2017~2023 年中国肉类产量

资料来源：《中国统计年鉴（2024）》。

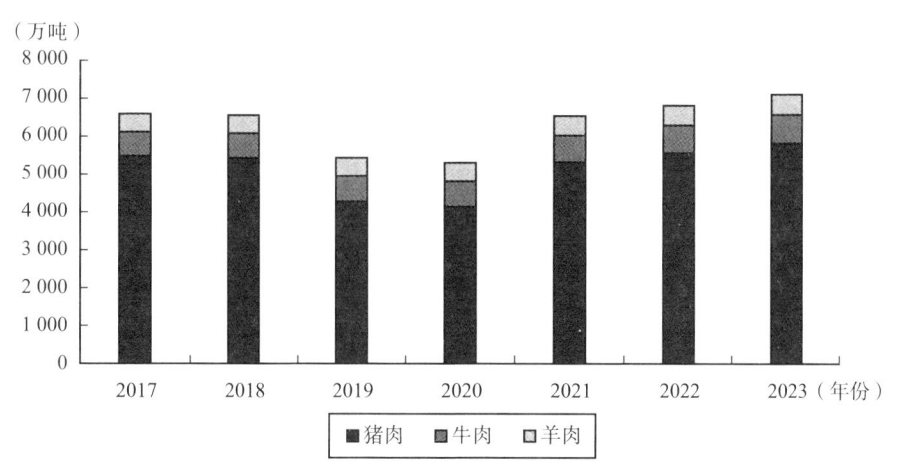

图 3-4　2017~2023 年中国猪、牛、羊肉类产量

资料来源：《中国统计年鉴（2024）》。

我国奶类产量总体稳定增长。2023 年达到 4 281.3 万吨，比 2017 年增加了 1 132.7 万吨，增长率为 36%。其中，牛奶产量占奶类产量的 98.0%，是奶类生产的主要部分。2023 年牛奶产量为 4 196.7 万吨，比 2017 年增加了 1 158.1 万吨，增长率为 38.1%。这表明我国的奶类消费需求持续增长，见表 3-3。

表 3-3　　　　　2017~2023 年中国奶类产量　　　　单位：万吨

年份	奶类	牛奶	百分比（%）
2017	3 148.6	3 038.6	96.51
2018	3 176.8	3 074.6	96.78
2019	3 297.6	3 201.2	97.08
2020	3 529.6	3 440.1	97.46
2021	3 778.1	3 682.7	97.47
2022	4 026.5	3 931.6	97.64
2023	4 281.3	4 196.7	98.02

资料来源：《中国统计年鉴（2024）》。

绵羊毛、山羊粗毛和山羊绒的产量总体呈下降趋势。2023 年我国绒毛产量分别为 36.8 万吨、2.3 万吨和 1.8 万吨，比 2017 年减少了 4.3 万吨、0.97 万吨和 0.03 万吨，下降率分别为 10.5%、29.6% 和 1.5%（注：图 3-5 中的数据按原始数据计算）。这表明我国的毛类生产受到国内外市场需求的较大影响，如图 3-5 所示。

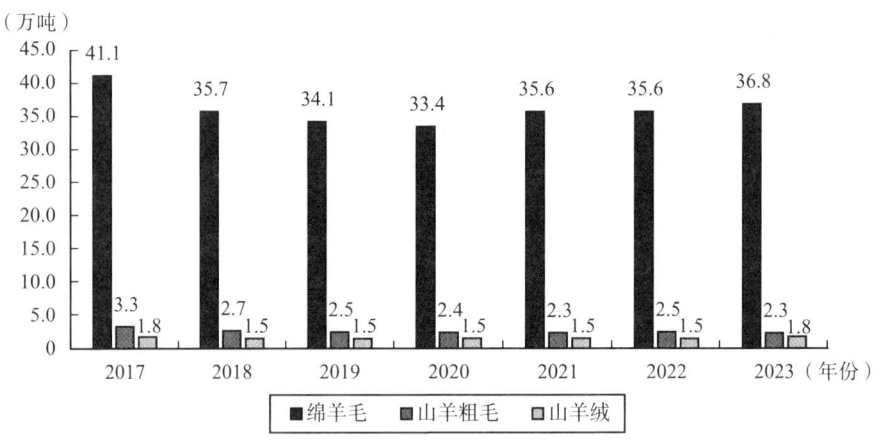

图 3-5　2017~2023 年中国毛类产量

资料来源：《中国统计年鉴（2024）》。

中国禽蛋产量总体呈增长趋势。2023 年达到 3 563 万吨，比 2017 年增加了 466.7 万吨，增长率为 15.1%。我国的禽蛋消费需求稳定增长，见图 3-6。

（万吨）

图 3-6 2017~2023 年中国禽蛋产量

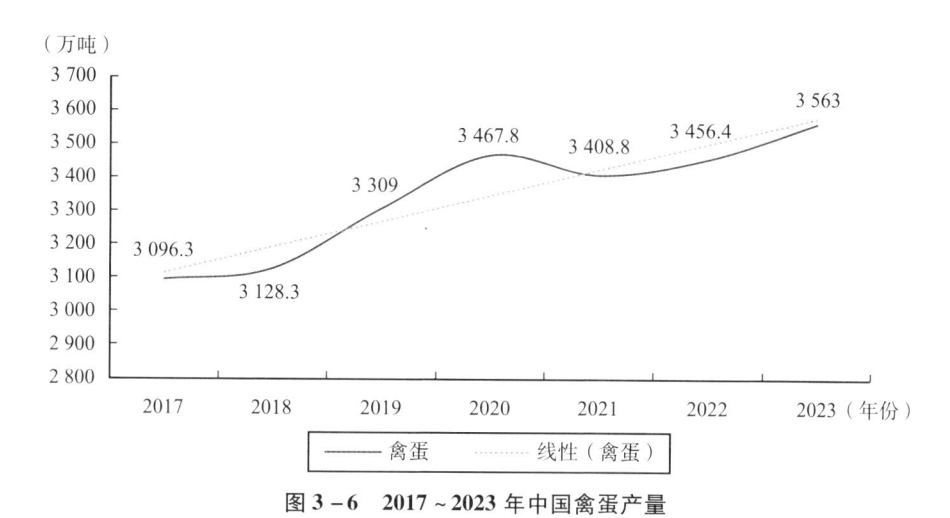

资料来源：《中国统计年鉴（2024）》。

综上所述，当前我国畜牧业生产体系已形成多元化发展格局，畜禽产品供给能力稳步提升，产业韧性持续增强。但在新发展阶段，畜牧业仍面临亟待突破的资源环境约束、疫病防控压力及市场波动风险等结构性矛盾，同时伴随消费需求升级与产业数字化转型带来的战略机遇。为实现畜牧业高质量发展目标，建议从以下维度构建现代化产业体系：首先，构建科技创新驱动体系，重点突破种质资源培育、智能养殖装备及疫病防控技术；其次，完善涵盖财政补贴、金融支持和保险保障的产业政策支持系统；再次，强化从养殖规范到质量追溯的法治保障机制；最后，推进种养循环模式与低碳生产工艺的绿色转型路径。通过全产业链协同创新，以满足居民消费结构升级需求为导向，切实保障国家食物安全战略目标，助力乡村振兴与农业农村现代化建设。

三、中国农牧业生产资料使用基本情况

为了全面反映中国农牧业生产资料的现状和变化，本书从农业机械总动力、耕地灌溉面积、化肥施用量、饲料粮市场等四个方面，分析了中国农牧业生产资料的使用情况，基于国家统计局、农业农村部等部门的相关数据，梳理了 1978~2023 年的历史变化趋势，并探讨了存在的问题和改

进的方向。

（1）农业机械总动力。农业机械总动力是指农业生产中使用的各种机械设备的总功率，包括拖拉机、收割机、耕整机、灌溉机、排灌机、植保机、运输机、加工机等。农业机械总动力反映了农业生产的机械化水平和效率。中国农业机械总动力从 1978 年的 11 750 万千瓦增加到 2023 年的 113 743 万千瓦，增长了 8.7 倍，年均增长率为 19.3%。这表明中国农业生产的机械化水平和效率不断提高，农业劳动生产率也随之提高，如图 3-7 所示。

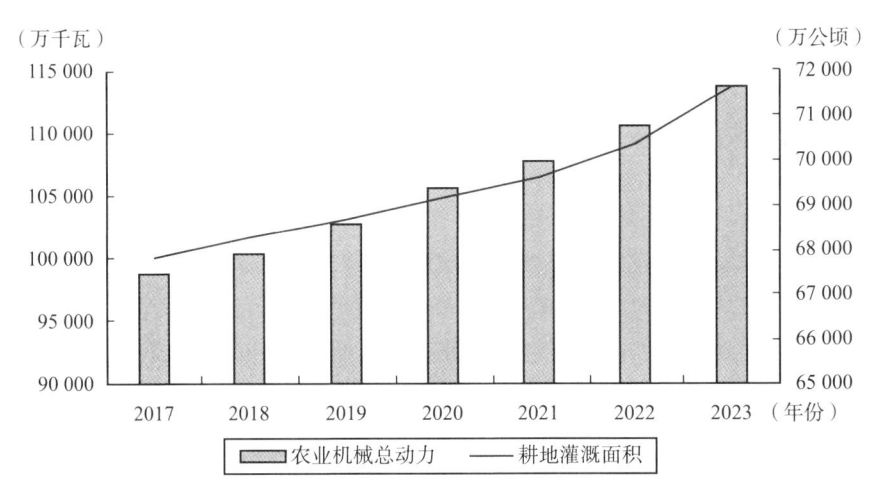

图 3-7　2017~2023 年中国农业机械总动力和耕地灌溉面积变化

资料来源：《中国统计年鉴（2024）》。

（2）耕地灌溉面积。耕地灌溉面积是指农业生产中实际灌溉的耕地面积，包括地面灌溉和地下灌溉。耕地灌溉面积反映了农业生产的水利条件和水资源利用率。中国耕地灌溉面积从 1978 年的 4 496.5 万公顷增加到 2023 年的 71 644 万公顷，增长了 59.3%，年均增长率为 1.3%。这表明中国农业生产的水利条件和水资源利用率不断改善，农业生产的抗旱能力和稳定性也随之增强。根据农业农村部的数据，2023 年中国耕地灌溉面积占耕地总面积的比重达到 56%，比 2017 年提高了 6.4 个百分点。这表明中国农业生产的灌溉方式更加多样化和高效化，农业生产的节水和减排水平也不断提高。

（3）化肥施用量。化肥施用量是指农业生产中使用的各种化学肥料的总量，包括氮肥、磷肥、钾肥、复合肥、有机肥等。化肥施用量反映农业生产的肥力水平和化肥利用效率。中国化肥施用量从1978年的884万吨增加到2023年的5 022万吨，增长了4.7倍，年均增长率为4.8%。这表明中国农业生产的肥力水平不断提高，农业生产的产量和质量也随之提高。但近5年来化肥使用量逐步降低，较2017年减少837.7万吨，降低了14.3%。此外，根据国家统计局的数据，2023年中国化肥施用量每公顷耕地达到389.3千克，比2017年下降了10.3%；化肥施用量每千克粮食产量达到7.2克，比2017年下降了18.5%。这表明中国农业生产的化肥使用效率不断提高，农业生产的绿色化和低碳化水平也不断提高，见图3-8。

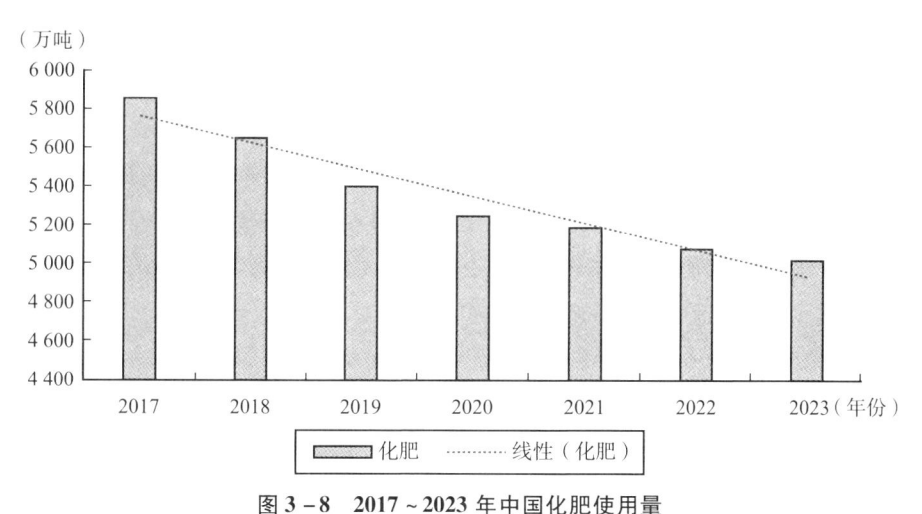

图3-8　2017~2023年中国化肥使用量

资料来源：《中国统计年鉴（2024）》。

（4）饲料粮和饲草。饲料粮市场是指农业生产中用于饲养畜禽的粮食的市场。饲料粮市场反映了畜牧业生产的规模和结构，以及粮食供需的平衡和安全。中国饲料粮市场的总体趋势是供需不平衡。根据农业农村部的数据，2023年中国粮食产量约6.95亿吨，粮食进口以大豆、玉米等饲料粮为主，进口总量约1.62亿吨，粮食总自给率为81.1%。目前，中国完全能够保障口粮供给安全，但饲料粮缺口日益扩大，饲料粮进口依赖度不断提高，饲料粮安全长期困扰中国畜牧业发展。饲料粮供给不足还与中国饲料生产加工体系薄弱、产品质量参差不齐等因素相关。以饲草产业为例，中国草产业发展的标准化、商品化、产业化、市场化、智能化程度不够，饲草加工贮存方面存在损失大、营养提升有限、草产品质量和安全控制差等难题，造成"草畜两张皮"局面，影响了草食畜牧业核心产业链的形成和健康发展。虽然目前中国加大了对饲料业和草业的支持力度，以提高优质饲草供给能力，但在具体实践中还有诸多衔接不畅的问题，实施效果还有待进一步提高。

四、中国居民农畜产品消费基本情况

根据国家统计局的数据，2017~2023年间，中国居民农牧业产品的人均消费量呈现出不同的变化趋势。总体来说，食用油的消费量有所下降，而粮食、肉类、禽类、蛋类和奶类的消费量有所上升。具体来看：（1）粮食的人均消费量从2017年的130.1千克增加到2023年的134.4千克，上升了3.3%。其中，谷物的消费量上升了1%，薯类的消费量上升了12%，豆类的消费量上升了36.3%。（2）食用油的人均消费量从2017年的10.4千克降到2023年的10千克，下降了3.9%。其中，食用植物油的消费量下降了4.1%，而食用动物油的消费量略有增加。（3）肉类的人均消费量从2017年的26.7千克增加到2023年的39.8千克，增长了49.1%。其中，猪肉的消费量增长了51.7%，牛肉的消费量增长了63.1%，羊肉的消费量增长了30.8%。（4）禽肉的人均消费量从2017年的8.9千克增加到2023年的12.4千克，增长了39.3%。（5）蛋类的人均消费量从2017年的10千克增加到2023年的15千克，增长了50%。（6）奶类的人均消费量从2017年的12.1千克增加到2023年的13.2千克，增长了9.1%，见表3-4。

表3-4　　　　2017~2023年中国居民主要食品消费量　　　　单位：千克

年份	2017	2018	2019	2020	2021	2022	2023
粮食	130.1	127.2	130.1	141.2	144.6	136.8	134.4
谷物	119.6	116.3	117.9	128.1	131.4	123.7	120.6

续表

年份	2017	2018	2019	2020	2021	2022	2023
薯类	2.5	2.6	2.9	3.1	2.9	2.7	2.8
豆类	8	8.3	9.3	10	10.3	10.3	10.9
食用油	10.4	9.6	9.5	10.4	10.8	10	10
食用植物油	9.8	8.9	8.9	98	10.1	9.4	9.4
肉类	26.7	29.5	26.9	24.8	32.9	34.6	39.8
猪肉	20.1	22.8	20.3	18.2	25.2	26.9	30.5
牛肉	1.9	2	2.2	2.3	2.5	2.5	3.1
羊肉	1.3	1.3	1.2	1.2	1.4	1.4	1.7
禽肉	8.9	9	10.8	12.7	12.3	11.7	12.4
蛋类	10	9.7	10.7	12.8	13.2	13.5	15
奶类	12.1	12.2	12.5	13	14.4	12.4	13.2

资料来源：《中国统计年鉴（2024）》。

综上所述，中国居民农牧业产品的消费情况在 2017~2023 年发生了显著的变化，反映其饮食习惯和偏好的改变，以及农牧业产品的生产和市场的变化。这些变化既受到居民的收入水平、营养需求、健康意识、消费能力、消费偏好、消费场景等因素的影响，也受到农产品的供应量、质量、价格、安全性、多样性、创新性、可持续性等因素的影响。因此，要进一步促进农产品的消费增长和消费升级，就需要从供给侧和需求侧同时发力，提高农产品的生产效率和质量安全，拓展农产品的品种和形式，创新农产品的营销和服务，满足居民的多元化和个性化的消费需求，促进农产品的消费与生产的良性循环。

第二节 蒙古国农畜产品供求分析

蒙古国作为一个以畜牧业为主的国家，其农业体系长期以来在国家经济中占据着重要地位。随着全球气候变化的影响加剧以及国内人口增长带来的需求变化，蒙古国的农产品供求关系正面临着新的挑战与机遇。一方面，传统的畜产品，如羊肉、牛肉及奶制品在市场上仍占有主导地位；另一方面，为了满足日益增长的人口对粮食和其他农产品的需求，政府和相关机构正在积极促进农作物种植业的发展，包括小麦、马铃薯等主要粮食作物和蔬菜的生产。

一、蒙古国粮食供需情况

（一）供给情况

供给方面，近年来蒙古国宣布实施粮食供应与安全运动，目标是实现各类产品自给自足。2021年小麦、大麦、燕麦和土豆种植面积均达到近些年最大值，分别为39.25万公顷、1.31万公顷、2.26万公顷和2.14万公顷。由表3-5可知，2021年粮食产量为56.63万吨，土豆产量近些年稳定在20万吨左右。

表3-5　　　　　　　　2014～2023年蒙古国粮食产量　　　　　　单位：千吨

年份	小麦	大麦	燕麦	土豆
2014	488.3	8.5	18.8	161.5
2015	203.9	2.4	3.3	163.8
2016	467.1	6.5	7.9	165.3
2017	231.4	1.7	3.5	121.8
2018	436.1	2.4	10	168.9
2019	411.4	2.5	13.3	192.2
2020	406.1	3.2	16.6	244.3
2021	566.3	11.7	33.2	182.6
2022	401.9	4.1	20.3	214
2023	443.4	6.5	18.8	179.4

资料来源：《蒙古国统计年鉴（2023）》。

国外进口方面，蒙古国的谷物类产品主要来源于俄罗斯、中国、越南三个国家。从金额来看，中国在2022年成为蒙古国最大的谷物类进口国，主要原因可能在于俄乌冲突的发生和蒙古国粮食供应与安全运动的实施，具体见表3-6。

表 3-6　　　　2014~2022年蒙古国谷物类产品进口情况　　　单位：美元

年份	俄罗斯	中国	越南	世界
2014	16 070 889	10 677 206	694 168	28 459 657
2015	10 030 446	8 443 631	3 009 023	22 770 501
2016	43 238 776	3 211 292	6 514 373	53 982 120
2017	17 258 110	4 368 855	3 740 017	27 372 391
2018	58 511 315	9 104 226	6 143 073	76 850 393
2019	8 480 033	10 444 222	10 482 172	30 614 325
2020	37 474 216	13 337 535	10 750 111	63 351 955
2021	76 139 768	8 864 668	10 897 402	98 823 297
2022	5 117 605	19 013 407	9 413 985	30 018 299

资料来源：UN Comtrade 数据库。

从具体类别上看，蒙古国进口的谷物类产品包括小麦、大米、燕麦等产品，其中小麦和燕麦主要从俄罗斯进口，大米主要从中国、越南、俄罗斯三个国家进口。由图 3-9 可知，2014~2022 年蒙古国进口的谷物类产品数量呈"M"形变化趋势，每隔一年或两年会增加粮食产品的进口量，其中 2021 年进口量达到最大，为 31.35 万吨，2022 年骤降为 5.51 万吨。进口量的变化趋势主要由小麦的变化引起，2014~2022 年，小麦的进口量呈"M"形变化趋势，大米的进口量不断增加，见图 3-10。

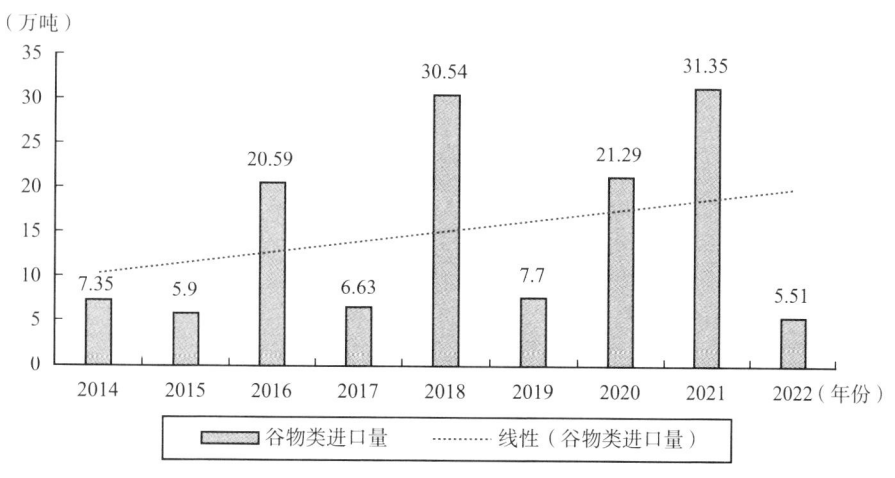

图 3-9　2014~2022 年蒙古国谷物类产品进口总量

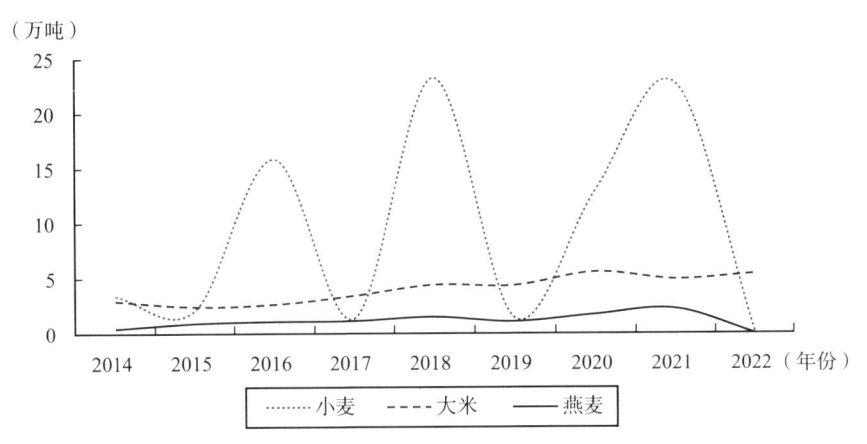

图 3 – 10　2014～2022 年蒙古国主要谷物类产品进口量

资料来源：UN Comtrade 数据库。

（二）需求情况

由表 3 – 7 可知，蒙古国面粉、面粉制品以及谷物的消费量逐年增加，2023 年合计 33.35 万吨。但从供应水平可以看出，谷物和面粉的供应水平在最近几年均超过 100%，唯独面粉制品的供应水平不到 50%，表明中国可以在面粉制品方面加大对蒙古国的出口或在蒙古国投资设立面粉制品加工企业。此外，蒙古国的粮食消费结构除面粉、面粉制品，还包括大米。根据图 3 – 10 可知，近年来蒙古国居民对大米的需求量不断增加。依据蒙古国统计年鉴，2023 年蒙古国人均月消费大米 2 千克，结合蒙古国人口数据，经计算可知，蒙古国需要 8.4 万吨大米。

表 3 – 7　　　2016～2023 年蒙古国粮食产品消费量及供应水平

年份	面粉（万吨）	供应水平（%）	面粉制品（万吨）	供应水平（%）	所有类型的谷物（万吨）	供应水平（%）
2016	9.08	231.4	16.35	30.6	4.54	65.5
2017	9.27	187.9	16.69	33.8	4.64	79.6
2018	9.41	213.8	16.93	37.6	4.70	101.8
2019	9.43	182.1	16.97	40.1	4.71	95.9

续表

年份	面粉（万吨）	供应水平（%）	面粉制品（万吨）	供应水平（%）	所有类型的谷物（万吨）	供应水平（%）
2020	9.6	201.7	17.28	40.1	4.8	117.4
2021	9.79	170.2	17.62	45.7	4.9	100.7
2022	9.99	149.5	17.99	47.9	5.0	109.9
2023	10.11	143.2	18.19	48.2	5.05	115.3

资料来源：蒙古国国家统计局。

（三）粮食供需平衡分析

蒙古国政府通过提供财政补贴、低息贷款和技术支持，鼓励农民扩大粮食种植面积，提高生产效率，提高国内粮食自给率。同时鼓励从多个国家进口粮食，分散风险。当前，尽管蒙古国宣布粮食已实现自给自足，但事实上每年需要进口大量小麦和大米。其中，小麦主要来源于俄罗斯，中国在这方面没有竞争优势。大米主要来源于中国和越南，结合蒙古国需求情况，目前仍缺口3万吨左右。因此，中国需发挥自身优势，增加向蒙古国出口大米的数量。

二、蒙古国蔬菜供需情况

（一）供给情况

蒙古国北部和西部多山地，南部为戈壁和沙漠，可耕地面积有限，但近些年来蒙古国继续扩大蔬菜种植面积，2023年已达到1.58万公顷。农业技术水平方面，蒙古国政府和企业积极引进和推广温室技术，特别是在乌兰巴托周边地区。一些韩国投资者在蒙古国建立现代化的温室，种植多种蔬菜，取得较好的成果。同时，为农民提供技术培训和指导，帮助他们掌握先进的种植方法，提高生产效率。2023年蒙古国蔬菜产量突破20万吨，具体见图3-11。

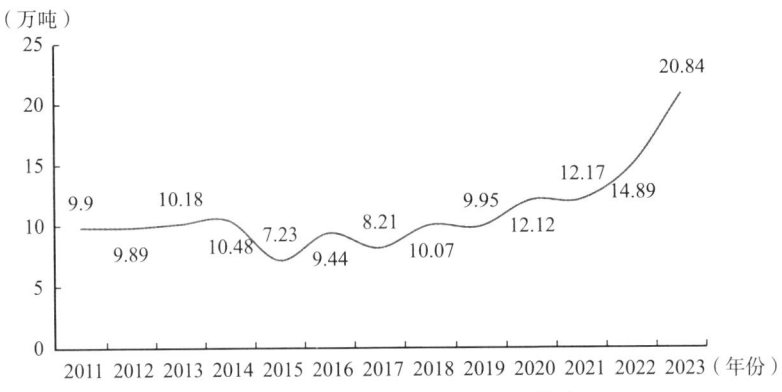

图 3-11 2011~2023 年蒙古国蔬菜产量

资料来源：蒙古国国家统计局。

进口方面，2022 年蒙古国蔬菜进口的国家或地区高达 38 个，较 2015 年多 12 个，进口 HS07 产品（食用蔬菜、根及茎块）规模不大，约为 2 千万美元，变化趋势呈现波动增加的状态，数量高达 6.65 万吨，具体见图 3-12，主要进口国为中国，主要进口洋葱、卷心菜、生菜、胡萝卜以及一些新鲜或冷藏的其他蔬菜和冷冻蔬菜等。近年来，蒙古国实施进口多元化战略，主要目的是减少对中国和俄罗斯的依赖。总体来看有一点效果，但仍旧面临巨大的挑战。

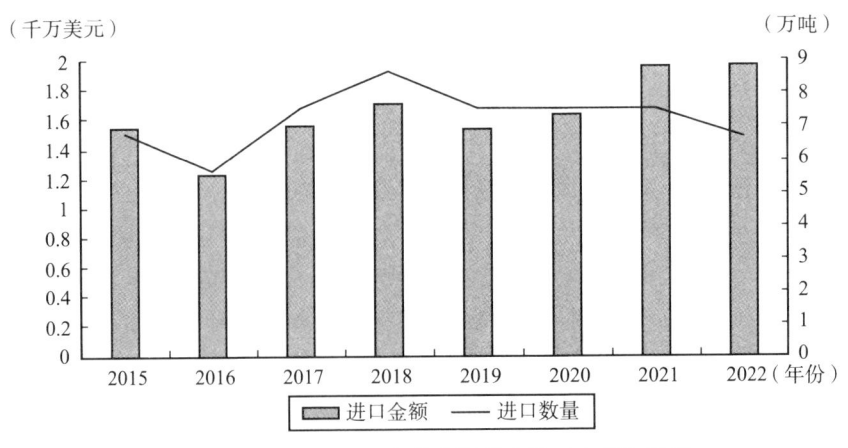

图 3-12 2015~2022 年蒙古国蔬菜进口金额和数量

资料来源：UN Comtrade 数据库。

（二）需求情况

蒙古国人口约 350 万，其中一半居住在首都乌兰巴托。一方面，城市居民对新鲜蔬菜的需求较高，但受制于自然条件，国内生产的蔬菜种类和数量有限。另一方面，蒙古国传统饮食以牛羊肉奶食品为主，蔬菜消费相对较少。但随着生活水平的提高和健康意识的增强，蔬菜消费量逐渐增加。蒙古国的蔬菜生产受季节性强，夏季和秋季，本地蔬菜产量较高，自给率更高；而冬季由于气候条件限制，自给率会下降，需要更多进口蔬菜来补充市场需求。

（三）供需平衡分析

根据相关新闻显示，蒙古国基本能够自给自足 19 种食品，其中蔬菜自给率达到 82%。国内生产的蔬菜可以满足大部分需求，但仍有一定比例的蔬菜需要进口。数据显示，并没有任何国家能够动摇中国是蒙古国蔬菜进口第一来源国的位置。因此，应充分利用好二连浩特口岸等其他口岸，结合价格策略，不断扩大优势，增加出口至蒙古国的蔬菜数量。

三、蒙古国肉类供需情况

蒙古国平衡肉类供需的国家政策核心是为保障肉类供给稳定和保护国内生产者利益，一是通过国家肉类储备来调节市场的需求，二是管控外国牛羊肉进入国内市场。从国内不同地区食肉供需情况来看，主要消费需求区域是乌兰巴托市，约占全国的 1/2 以上，其次是库苏格尔省、巴彦乌勒盖省、色楞格省、前杭爱省和后杭爱省，其差别不是很大。主要供给的省市是乌兰巴托为 6.47 万吨，位居第一，其次是前杭爱省为 2.3 万吨，库苏格尔省为 1.61 万吨位居第三，东戈壁省和巴彦洪格尔省分别是 1.15 万吨和 1 万吨，排第四、第五位。总的来看需要量多的省市相对供应量也较高，具体见表 3-8。

表 3-8　　　　　蒙古国不同地区肉类供需情况　　　　　单位：万吨

地区	需求量	供给量	差额
后杭爱省	7.05	9.7	-2.65
巴彦乌勒盖省	7.65	8.2	0.55

续表

地区	需求量	供给量	差额
巴彦洪格尔省	6.39	10.0	-3.61
布力干省	4.59	7.0	-2.41
戈壁阿尔泰省	4.57	4.0	0.57
东戈壁省	5.51	11.5	5.99
东方省	4.18	4.0	0.18
中戈壁省	4.22	2.4	1.82
扎布汗省	6.16	5.8	0.36
前杭爱省	8.78	23.00	-14.22
南戈壁省	3.56	3.4	0.16
苏赫巴托尔省	4.18	4.0	0.18
色楞格省	7.63	9.6	1.97
中央省	6.52	8.6	-2.1
乌布苏省	6.10	8.1	-2.0
科布多省	6.73	6.7	0.03
库苏格尔省	9.29	16.1	-6.81
肯特省	5.41	8.3	-2.89
达尔汗乌勒省	6.65	3.1	3.55
鄂尔浑省	6.08	3.6	2.48
戈壁苏木贝尔省	0.96	1.4	-0.44
乌兰巴托	119.83	64.7	55.13
合计	242.04	223.096	18.944

资料来源：蒙古国国家统计局。

四、蒙古国农牧业生产资料使用情况

蒙古国是一个典型的草原畜牧业国家，天然草牧场是其发展畜牧业的最基本资源。在草地生产力下降、草原退化以及气候变化趋势不断增强的形势下，种植饲草对于维持畜牧业生产稳定、应对气候灾害具有重要意义。2007年，蒙古国发生严重的干旱和暴风雪，因寒冷和缺少草料，造成近20%的家畜死亡。蒙古国政府实行了一系列推动饲草种植的政策，通过资源调查、种类鉴定、种子收集、试验研究等措施，初步评价蒙古国多年生牧草，并选出一些具有栽培价值的牧草，促进了饲草种植业的发展。另外，为了有效利用草牧场，尤其是为了减少冬春家畜因饲料不足造成的死亡，将草牧场分为放牧场和打草场，通过打草场为冬牲畜做饲料准备。蒙古国打草场产草量逐年增加，由20世纪70年代的50万吨增加到80年代以来的100万吨以上，2023年干草收获量和饲料产量达到了156.25万吨，打草的机械化程度达到80%以上。但由于蒙古国传统上以游牧为主，对于补饲的重视度不够，至今草原产权仍为家畜私有、草地公有的制度，导致大量边际耕地资源没有得到充分利用。

蒙古国畜牧业的稳步发展同蒙古国畜牧业技术投资的增加和经营方式的改善密不可分。蒙古国从20世纪60年代开始对草原畜牧业的物质技术进行较有力度的投入。1966~1970年，蒙古国牧业投资比1961~1965年增长了2倍；1971~1975年比上一个五年增加了58%；1976~1980年比上一个五年增加了31%；2010~2013年，蒙古国全国农牧业投资增长了36%。在此情况下，蒙古国草原建设、饲草饲料的种植、打井、家畜改良、疫病防治等均获得较快的发展，提高了畜群的生产水平和产量。例如：1960~1990年，蒙古国绵羊、山羊的仔畜成活率分别由88.9%和79.6%提高到94.3%和93.5%；2007年，蒙古国母畜产仔率为88.8%，同比增长1.6%，产仔母畜达1 310万头（只）；其中，母山羊产羔率为89.6%，母绵羊产羔率为90.2%，母牛产仔率为84.2%，母马产仔率为76.6%，母驼产仔率为47.14%。

蒙古国农机市场有较大潜力。蒙古国很多农场的农机面临设备严重老化，急需更新，但蒙古国国内又没有农机生产制造企业，基本上全部依赖进口。蒙古国大多数农场使用的农业机械还是苏联七八十年代的产品，以及中国、美国等国家的农业机械产品，还有其他一些国际品牌。目前，苏联老式农机产品已经全部面临更新淘汰。以拖拉机为例，无论70~120马力区间还是200马力级别的拖拉机都有很大的需求，为中国农机产品提供了广阔的市场空间。例如在小麦联合收割机方面，我国企业生产的产品无论从价格还是性能质量上，完全能够适应并满足当地用户需求，具有更大的市场竞争优势。蒙古国国内蔬菜水果种植面积不断扩大，为中国25~50马力的农用机械出口提供了市场。综上所述，蒙古国对国外农业机械存在较大需求，为中国农机生产企业走入蒙古国提供了有利机会。

总之，蒙古国是一个以草原畜牧业为主的国家，其农牧业产品的生产和需求情况反映了该国的自然资源、经济发展、饮食文化和市场潜力等方面的特点。从生产方面看，蒙古国拥有丰富的草原资源，畜牧业占据了农业的主导地位，肉类和奶类是其主要的农产品，而种植业则相对较弱，主要以小麦、马铃薯为主，其他作物的种植面积和产量都较低。从需求方面看，蒙古国国民的消费结构也以肉类、奶制品和面粉、土豆为主，这些食品的消费量在这十年中有所变化，但总体上保持了较高的水平，而大米、蔬菜和水果等食品的消费量则相对较低，且有所波动，这可能与蒙古国国民的饮食习惯、健康意识、价格和进口等因素有关。

从生产资料方面看，蒙古国的饲草饲料生产基本满足了畜牧业的需求，草原资源保护效果显著，畜牧业技术投资的增加和经营方式的改善提高了畜群的生产水平和产量，农机市场有较大潜力，为中国农机生产企业提供了广阔的市场空间。综合分析，蒙古国的农牧业产品生产与需求存在一定的不平衡性，需要进一步优化农业结构，提高种植业的发展水平，增加农产品的多样性，提高粮食安全和营养健康水平，同时也需要加强草原资源的保护和管理，防止草原退化和生态破坏，实现农牧业的可持续发展。

第三节　中蒙农产品贸易格局分析

一、中蒙农产品贸易特征

近年来，中蒙农产品贸易迅速发展。2023 年中蒙农产品双边贸易额为 7.89 亿美元，比上年增长 0.28 亿美元，增长率为 3.64%。其中，中国从蒙古国进口农产品贸易额为 5.54 亿元，比上年增长 0.11 亿美元，增长率为 2.07%；中国向蒙古国出口农产品贸易额为 2.35 亿美元，比上年增加 0.17 亿美元，增长率为 7.52%。中国对蒙古国农产品贸易处于逆差状态，贸易格局保持"进多出少"，差额为 3.18 亿美元，较上年降低 0.05 亿美元。通过对 1992~2023 年中蒙农产品贸易数据的分析发现，中蒙农产品贸易规模虽然显著扩大，但双方贸易处于失衡状态。两国贸易呈现金额不断攀升、商品结构高度集中的贸易特征。

（一）贸易规模逐渐扩大，增长趋势显著

中国与蒙古国的贸易关系十分密切，中国已连续十几年成为蒙古国第一大投资来源国和贸易伙伴国。就农产品贸易领域而言，自1989年中蒙两国逐步实现正常化的贸易往来关系后，中蒙农产品贸易经历下降—平稳—高速发展阶段。由图3-13可知，中蒙农产品贸易总量呈现持续增长的显著趋势，1993年中蒙农产品双边贸易额为0.76亿美元，1994年中国人民银行进行人民币汇率改革，对当时中国的产品出口贸易造成严重影响，进而也导致中蒙农产品贸易规模骤减，1995年中蒙双边农产品贸易额仅为0.48亿美元，随后逐渐下降，1998年达到最低金额0.17亿美元。随着2001年中国加入WTO，中蒙农产品贸易逐渐呈现平稳发展趋势，2001~2010年，中蒙农产品双边贸易额由0.33亿美元，增加到1.15亿美元，首次突破1亿美元大关，但增幅较小，年均增长率仅为27.6%。随着"一带一路"倡议的提出，中蒙农产品贸易快速发展，中蒙农产品贸易额由2014年的2.28亿美元增加至2023年的7.89亿美元，增加5.61亿美元。尽管2020年全球遭遇新型冠状病毒感染的影响，中蒙农产品贸易额依然逆行而上，2020年中蒙农产品贸易额为4.63亿美元，较2019年增加0.45亿美元。

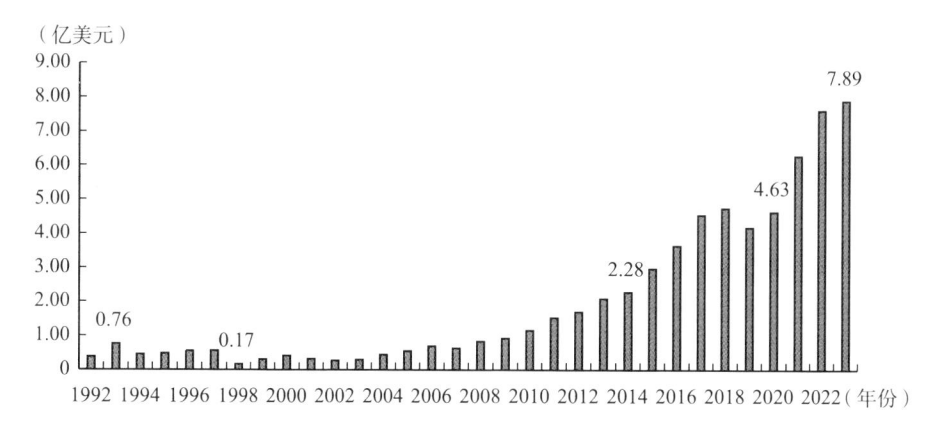

图3-13　1992~2023年中蒙农产品贸易规模

资料来源：UN Comtrade数据库。

（二）中蒙农产品贸易失衡，中国从顺差变逆差

由图 3-14 可知，中国从蒙古国进口农产品总额呈上升趋势，可以分为三个阶段：第一阶段是 1992~2006 年，呈现先增加后降低再增加的"N"形变化趋势，1992 年进口额为 0.17 亿美元，其间先增加到 1994 年的 0.29 亿美元，再缓慢降低到 2001 年的 0.1 亿美元，再稳定增加至 2006 年的 0.34 亿美元，第一阶段增长率为 100%；第二阶段是 2007~2013 年，呈现快速增加趋势，由 2007 年的 0.18 亿美元增加至 2013 年的 1.16 亿美元，中国自蒙古国进口农产品贸易额首次破 1 亿美元。第三阶段是 2014~2023 年，呈飞速增加的变化趋势，由 2014 年的 1.32 亿美元增加至 2023 年的 5.54 亿美元，尽管受疫情影响，2019 年从蒙古国进口农产品贸易额有所下降，总体上看，2014 年起中国从蒙古国进口农产品贸易额稳定趋强。侧面说明，"一带一路"倡议显著释放了蒙古国向中国出口农产品的潜力。

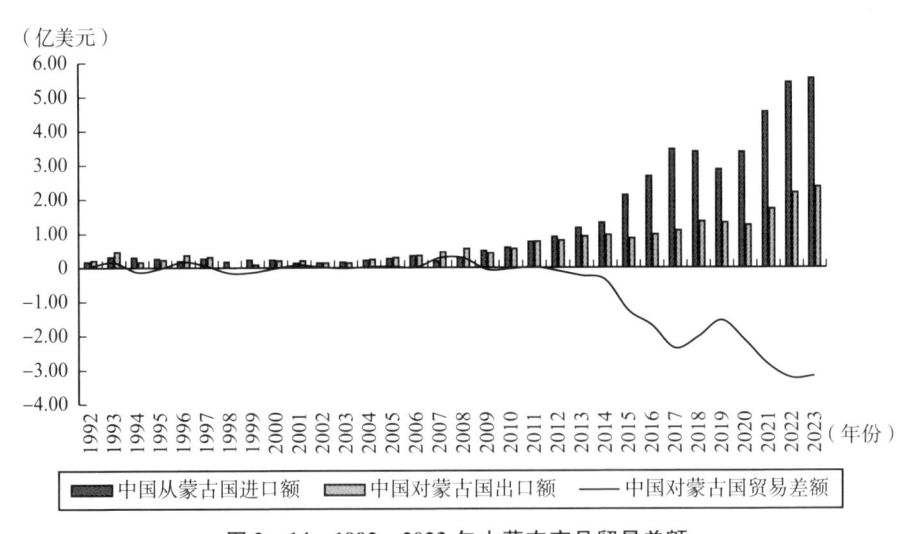

图 3-14 1992~2023 年中蒙农产品贸易差额

资料来源：UN Comtrade 数据库。

中国向蒙古国出口农产品贸易额呈整体增长趋势并伴有小幅波动，但数额明显低于进口额。由图 3-14 可知，1992 年出口额为 0.21 亿美元，2017 年首次突破 1 亿美元，之后波动增加至 2021 年的 1.72 亿美元，较

1992年翻了7倍,但总体规模相对较小。由此可见,中国对蒙古国农产品出口相对稳定,但规模不大,远低于进口。

中国对蒙古国农产品贸易由顺差转为逆差,其间变化可以分为三个阶段。2008年以前,除1994年、1999年和2003年外,中国在双方农产品贸易合作中处于顺差地位,其中:1998~2006年贸易差额稳定在0.1亿美元左右,2006~2011年,贸易差额呈现先增加后减少的趋势,2007年和2008年贸易顺差为0.28亿美元,达到历史最大值,之后受金融危机的影响,2009年和2010年中国对蒙古国农产品处于逆差地位,2011年有所缓解,贸易顺差额为0.01亿美元。2012年以后,中国在双方农产品贸易合作中一直处于逆差状态,且金额呈波动增加,由2012年的0.1亿美元大幅上升至2017年的2.37亿美元,然后缓慢下降到2019年的1.55亿美元,之后在2022年攀至历史新高,中国对蒙古国农产品贸易逆差为3.23亿美元。

总体上看,十年贸易逆差累计达到20.67亿美元。贸易逆差的增加有效地提高了蒙古国外汇收入,促进其农牧业经济发展。中国对蒙古国农产品贸易顺差变为贸易逆差的原因离不开"一带一路"倡议的提出,离不开中蒙俄经济走廊的建设,离不开全球贸易保护主义的发展。此外,这也彰显了中国作为贸易大国在推进全球经济发展和贸易互利共赢中发挥着不可忽视的作用,尤其是"一带一路"倡议提出以来,中国与许多类似蒙古国的小国之间开展了更加繁荣的农产品贸易,中国的地位和扮演的角色愈发重要,消除贸易摩擦,实现贸易互利成为农产品贸易发展的主旋律。预计中蒙农产品贸易或将继续并长期处于逆差状态。

(三)贸易地位不断攀升

1. 中蒙农产品贸易在双方农产品贸易中的市场份额及地位

首先,以中国农产品进出口为分析视角,观察蒙古国在中国农产品贸易中的市场份额及地位。2013~2023年中国从蒙古国进口农产品在农产品进口中的比重变化趋势为"N"形,在两个上升阶段波动幅度分别表现为巨大和较小,下降阶段趋势较为缓慢。2017年占比最高为0.28%,2013年占比最低为0.10%;2013~2017年,占比显著增长;2017~2019年,占比缓慢下降至0.19%,2020~2023年,占比回升至0.24%,中国从蒙古国进口农产品的占比进入稳步增长阶段。

中国对蒙古国出口在中国农产品出口中的总体变化趋势为"V"形，波动较小。其中，2015年占比最低为0.12%，2023年占比最高为0.24%；2013~2015年缓慢下降，2015~2019年缓慢上升，2019年占比为0.17%；2020年小幅下降为0.16%，2023年回升至0.24%，相对较为稳定。中蒙农产品双边贸易额占中国农产品贸易总额的比例由2013年的0.11%逐步增加到2017年的0.23%，之后波动增加至0.24%。总体上看，蒙古国作为中国农产品出口或进口的地位都有所提升，但影响较弱详见图3-15。

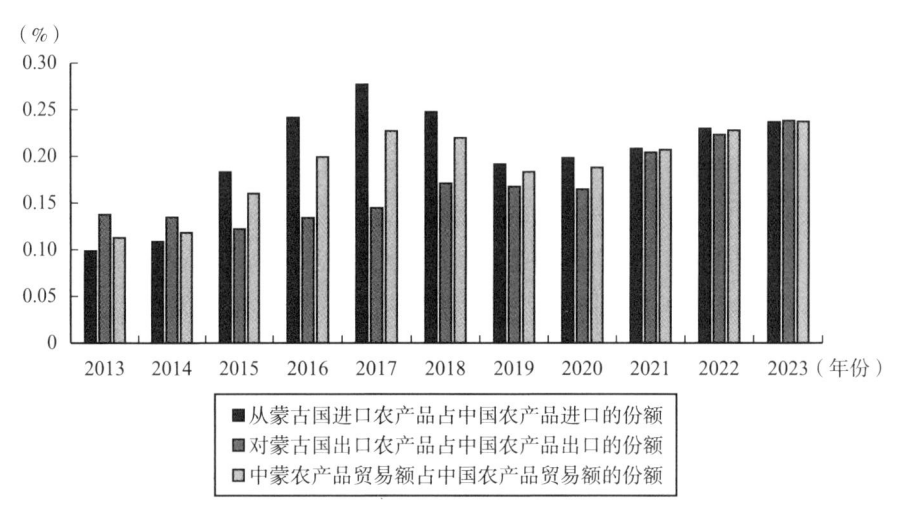

图3-15　2013~2023年中国对蒙古国农产品贸易占中国农产品进出口的份额
资料来源：UN Comtrade 数据库。

其次，以蒙古国农产品进出口为分析视角，观察中国在蒙古国农产品贸易中的市场份额及地位。2013~2022年蒙古国从中国进口农产品在农产品进口中的总体变化趋势为"M"形。由图3-16可知，2013年占比最小为15.58%，2019年占比最高为20.39%；2014年占比大幅上升至20.36%，2015年小幅度回落，占比为18.18%，之后稳步上升，2019年以后小幅度下降，2022年占比为19.34%。2013~2022年蒙古国向中国出口农产品在农产品出口中的总体变化趋势为"升—降—升"，变化幅度较大。2014年占比最小为44.18%，2022年占比最大为99.10%；2013~2017年，占比迅速增加，2017年为84.04%；2017~2022年，占比波动增加，先缓慢降至2019年的57.42%，然后迅速上升至2020年的96.76%，2022年小幅度上升，进入稳定状态。中蒙双边农产品贸易额占蒙古国农产品贸易额的变化趋势为"升—降—升"，2013~2017年稳步上涨，2017年占比达到最大为47.42%，之后缓慢下降，2019年为36.56%，然后迅速上升至2020年的45.40%，2021年小幅度下降。总体上看，中国逐渐取代俄罗斯成为蒙古国农产品第一大出口国。此外，中国在蒙古国农产品进口贸易中排名第二位，占比稳定在18%左右，仅次于俄罗斯。综上所述，中蒙双方在两国之间的农产品贸易地位不断攀升。

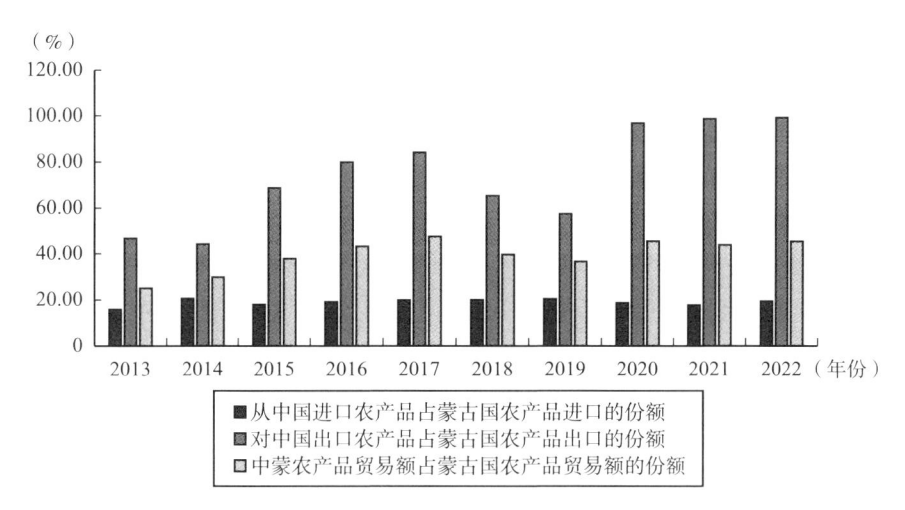

图3-16 2013~2022年蒙古国对中国农产品贸易占蒙古国农产品进出口的份额

资料来源：UN Comtrade 数据库。

2. 中蒙农产品贸易在中蒙贸易中的份额及地位

2023年，中国农产品贸易额达到3 326.88亿美元，其中：进口额为2 337.89亿美元，出口额为988.99亿美元，农产品贸易逆差为1 348.9亿美元，2023年中国货物贸易总额为59 359.8亿美元，农产品贸易额占比为5.6%，由图3-17可知，2013年该比例为4.45%，趋势表现为稳步缓慢上升，标志着农产品贸易在中国货物贸易中的地位逐步上升。2022年蒙古国农产品贸易额为16.8亿美元，其中：出口额为5.47亿美元，进口额为11.33亿美元，农产品贸易逆差为5.86亿美元，2022年蒙古国货物贸易总额为 212 亿美元，农产品贸易额占比为 7.64%，由图 3-17 可知，2013 年该比例为 7.84%，趋势表现为"W"形，平均数值为 8.65%。

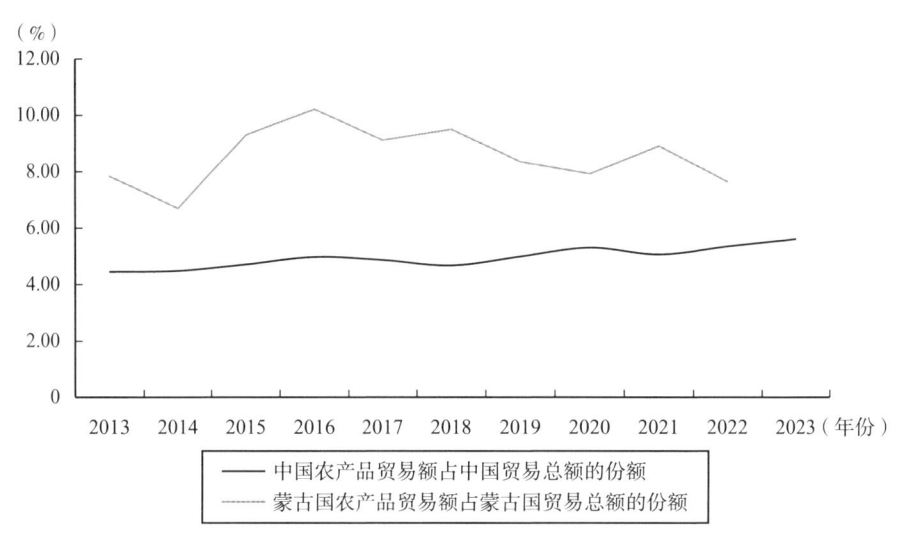

图 3-17 2013~2023 年中蒙农产品贸易额占双方贸易总额的份额

资料来源：UN Comtrade 数据库。

（四）贸易商品结构集中

1. 中国进口蒙古国农产品的结构变化及趋势分析

如图 3-18 所示，其他农产品是中国从蒙古国进口的第一大类农产品，主要以 HS4101（牛或马动物的生皮和毛皮）、HS5101（未梳理的羊毛）、HS5102（动物细毛、粗毛为主）。2013~2023 年，其他类农产品所占份额的变化趋势为"降—升—降—升—降"，2013 年占比最高，为 88.24%。2023 年达到近年来最低值，为 38.54%；从 2013 年开始，其他类农产品占比始终位列五大类农产品第一。2013~2023 年，年均占比达到 60.33%，超过进口总额的一半。尽管 2023 年其他农产品占中国进口蒙古国农产品的比例较 2013 年下降了一半多，但其比例依然在五大类农产品贸易额排序中居于首位。说明动物细毛、粗毛为主、未梳理的羊毛、牛或马的生皮和毛皮在中国市场具有很强的竞争力。

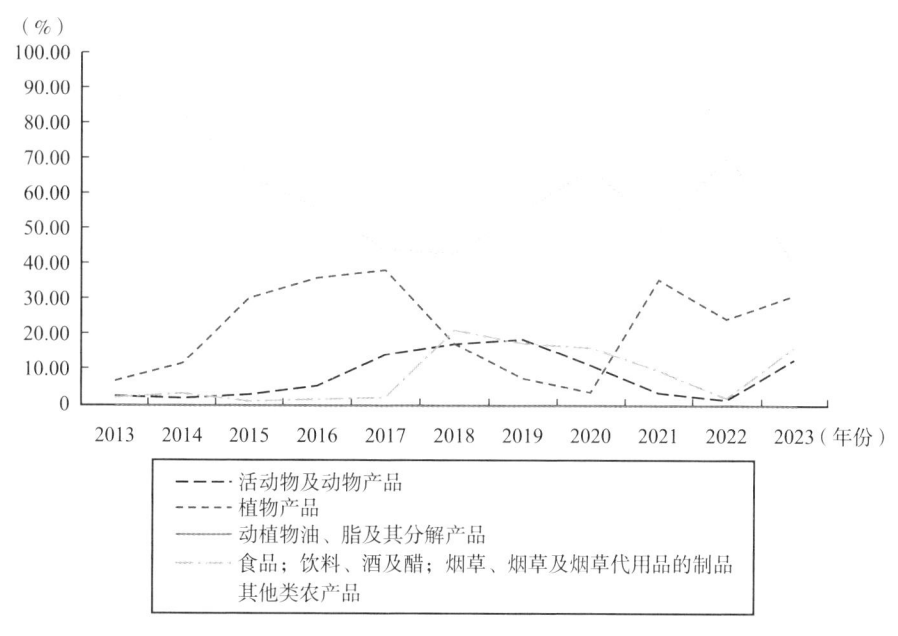

图 3-18　2013~2023 年中国进口蒙古国农产品的结构变化

资料来源：UN Comtrade 数据库。

植物产品是中国从蒙古国进口的第二大类农产品，该类农产品在近11年中有6年占比高于20%，2017年占比最高为38.59%，贸易额为1.33亿美元，2023年贸易额达到1.74亿美元，占比为31.50%，排名仅次于其他类农产品。2017年开始，所占份额下降，幅度较大，2018年开始低于20%，2019年开始低于10%，2020年低于5%，但2021年陡升至35.88%。具体而言，中国进口蒙古国的主要植物产品有HS8（食用水果及坚果）、HS12（含油的籽，果仁和果实，药用植物）为主，其中近11年HS8平均份额占比67.73%，HS12平均份额占比为32.03，两者合计占比高达99.76%。表明食用水果、坚果与油籽、果仁和果实、药用植物等的竞争力出现一定下降。但鉴于植物产品占比整体波动大，未来趋势难以判断。

活动物及动物产品是中国从蒙古国进口的第三大类农产品，占比呈现"降—升—降"变化趋势，2013年占比为2.63%，2015年占比为3.14%，2015年以后稳步上升，2019年达到历史新高，占比为18.91%，贸易额为

0.54亿美元；2022年占比降至最低为1.62%，下降幅度较大。具体而言，活动物及动物产品主要以HS2（肉及食用杂碎）和HS5（其他动物产品）为主，由于中国对进口牛羊肉有严格的标准限制，且蒙古国位于口蹄疫区，目前表现的趋势为变化波动较大。如果中蒙加强牛羊肉标准化建设和疫病防治合作，预计未来发展前景会较大。

食品，饮料，酒及醋，烟草及制品是中国从蒙古国进口的第四大类农产品，进口主要以HS16（肉及其他水生无脊椎动物的制品）、HS23（食品工业的残渣，配置的动物饲料）、HS22（杂项食品、饮料、酒及醋）为主。此类农产品占比趋势变化为"骤降—陡升—慢降"，2018年占比为21.51%，达到历史新高，贸易额为0.73亿美元，2022年降至2.12%，2023年回升至16.54%。从发展趋势看，食品、饮料、酒及醋、烟草及烟草制品占从蒙古国进口农产品整体为下降趋势，未来占比不稳定，可能继续下降。

动植物油、脂及其分解产品是中国从蒙古国进口的第五大类农产品，从2016年开始，中国陆续从蒙古国进口此类农产品，2023年，进口额为173.5万美元，占比为0.31%，预期此类产品在中国从蒙古国进口农产品中未来将继续保持现状，难以增长。

2. 中国出口蒙古国农产品的结构变化及趋势分析

如图3-19所示，食品、饮料、酒及醋、烟草及制品是中国对蒙古国出口的第一大类农产品，年均占比达到48.18%，2013~2023年变化趋势呈现"W"形，尽管变化存在下降的趋势，但每年占比均超过40%，始终位列五类农产品的第一位。其中，2022年占比最高为54.04%，2020年最低占比为41%。预计未来其仍将是中国对蒙古国出口的主要农产品，占比排名第一的出口地位仍将保持稳定。

植物产品是中国对蒙古国出口的第二大类农产品，年均占比达到30.95%，2013~2023年变化趋势为"降—升—降"，2022年占比最低为23.77%，高点为2013年的40.98%。综合资源与市场供需，未来植物产品的出口占比或继续下降，尽管占比有所尽减小，但依然会位列五类农产品的第二位。

活动物及动物产品是中国对蒙古国出口的第三大类农产品，年均占比达到15.99%，出口占比波动上升，由2013年的4.94%稳步上升至2015年的14.73%，2016年有所下降，为12.49%；2023年达到历史最高点，占比为 23.82%。从趋势上看，向蒙古国出口活动物及动物产品呈下降态势，但依然会排在第三位。由此可见，未来活动物及动物产品的出口份额会有所下降，但地位预计会维持现状。

动植物油、脂及其分解产品是中国对蒙古国出口的第四大类农产品，年均占比达到 3.46%，变化趋势呈现倒"V"形。由于包含农产品的类别单一，并且不是出口的主要农产品，预期未来动植物油、脂及其分解产品在中国对蒙古国农产品出口中的占比不会增加，地位维持现状。

其他农产品类是中国对蒙古国出口的第五大类农产品，年均占比仅为 1.4%，基本可以忽略不计，预计未来此类产品在中国对蒙古国出口农产品中的占比仍将保持在最低水平。

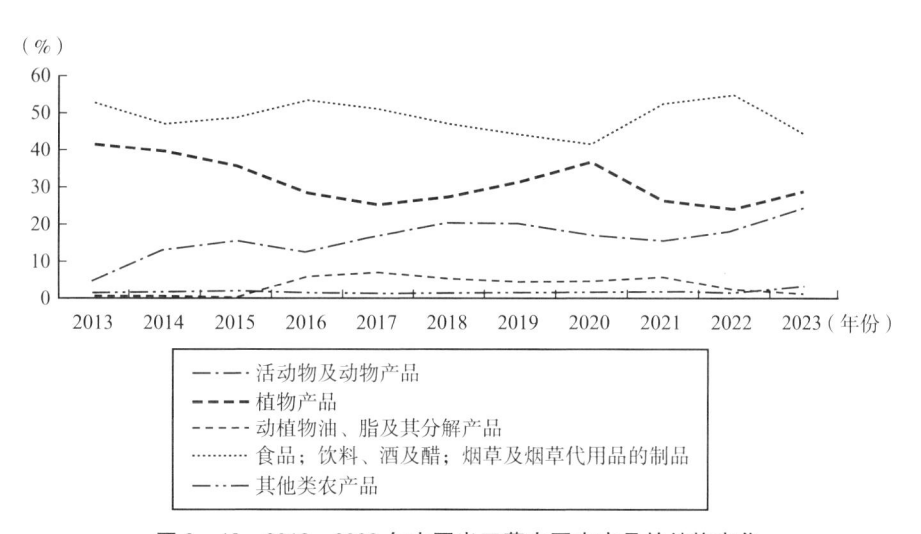

图 3-19　2013~2023 年中国出口蒙古国农产品的结构变化

资料来源：UN Comtrade 数据库。

通过对 2013~2023 年数据的分析，发现中国从蒙古国进口主要以其他类农产品和植物产品为主，食品、饮料、酒及醋、烟草及烟草代用品、活动物及动物产品为辅，动植物油、脂及其分解产品几乎不进口，2023 年其他类农产品和植物产品进口额为 3.88 亿美元，占比高达 70%。2023 年，中国进口蒙古国农产品前三类分别为 HS5102（动物细毛、粗毛）、HS8（食用水果及坚果）、HS16（肉及其他水生无脊椎动物的制品），进口额分别为2.0亿美元、1.77亿美元、0.85亿美元,占比分别为36.14%、22.99%、15.39%,合计为74.52%。从历史角度看,以1992年为起点,2023年为终点,1992~2023年中国自蒙古国进口农产品累计额的前三类分别为动物细毛和粗毛、食用水果及坚果、肉及食用杂碎。2023年中国主要向蒙古国出口两大类产品,一是食品、饮料、酒及醋、烟草及烟草代用品,二是植物产品,两者出口总额为1.70亿美元,占比高达72.34%。2023年中国向蒙古国出口农产品前三类分别为HS02(肉及食用杂碎)、HS10(谷物)、HS17(糖及糖食),出口额分别为0.47亿美元、0.30亿美元、0.25亿美元,占比分别为20.21%、12.95%、10.80%,合计为43.96%。此外,向蒙古国出口农产品达到2 000万美元的还有HS19(谷物、粮食粉、糕饼点心),出口额为0.22亿美元。

蒙古国向中国出口其本国特色优势产品,从中国进口蒙古国内必需的农产品。从需求层次角度而言,蒙古国处在品种和数量需求层次,中国处于多样化和特色化的需求层次,进行农产品贸易的动机在于满足本国居民更加多样化的需求,这也是导致中蒙两国农产品贸易商品结构集中的原因。

二、中蒙农产品贸易竞争性分析

(一)显示性比较优势指数

中国与蒙古国在农业生产技术水平、农业产业结构等方面存在一定的差异,导致两国农产品出口各有比较优势,因此,两国进行农产品贸易往来可以实现互惠和共赢。为了分析贸易国产品贸易的比较优势,巴拉萨(Balassa,1965)提出巴拉萨指数,即显示性比较优势指数,这一指数主要是指在一个国家和地区发展的过程中,某一个产品的出口值在总体产品出口值中所占的实际比重。除此之外,很多国家还站在国际化的角度上,对自身的产品出口值展开科学、合理的分析,从而了解某一类产品在整体产品出口总值中所占的比重。通过这个数据的分析,可以更好地了解一种商品在一国内的实际销量和市场竞争能力。其次,该指标还能直观地体现产品的市场竞争力和竞争优势,因此,该指标的分析具有很好的可操作性。用公式可以表示为:

$$RCA_{ij} = \frac{(X_{ij}/X_j)}{(X_{iw}/X_w)}$$

其中，RCA_{ij}意味着j国i产品的显示性比较优势指数，X_j意味着j国的产品总出口，X_{ij}代表着j国家i产品的出口总值，X_w代表世界总出口值，X_{iw}代表世界i产品的出口总值。如果$RCA_{ij}>2.5$，表明j国i产品具有很强国际竞争力；如果$1.25 \leqslant RCA_{ij} \leqslant 2.5$，表明$j$国$i$产品具有较强国际竞争力；如果$0.8 \leqslant RCA_{ij} \leqslant 1.25$，表明$j$国$i$产品具有国际竞争力；如果$RCA_{ij}<0.8$，表明$j$国$i$产品不具备竞争力（陆根尧等，2011；孙致陆等，2013）。RCA指数的优势在于根据产品的进出口结果间接地判断比较优势，有效地避免了各种理论假设的制约，因此，显示性比较优势指数更适合分析现实的贸易结构，不需要考虑贸易结构的影响因素。

（二）显示性比较优势指数测算与分析

通常经济发达的大国相比经济欠发达的小国拥有先进的技术水平、较高的劳动生产率，大国的比较优势会在很大程度上领先小国，然而事实未必如此。本小节运用显示性比较优势指数对中蒙整体农产品RCA指数、分类农产品RCA指数、具体农产品RCA指数进行测算，发现大国相对小国的比较优势并不是永久处于领先地位。

1. 中蒙整体农产品RCA指数

中国农产品比较优势处于波动下降趋势，蒙古农产品比较优势表现为下降、上升再下降的波动过程。如图3-20所示，2013~2021年中国RCA值一直处于较低水平且变动幅度微弱，由2013年的0.39增加至2017年的0.43再下降至2021年的0.32；蒙古国农产品RCA值由2013年的0.74下降至2014年的0.63，随后稳步上升至2018年的0.94，然后下降至2020的0.52，2021年有所反弹，上升至0.65。

从数值来看，蒙古国农产品RCA指数高于中国农产品RCA指数，中国农产品常年处于竞争劣势，不具备竞争力，中国农产品RCA值反映出中国农产品国际竞争力长期处于中等偏下水平，且未见强化可能。而蒙古国农产品在2017~2019年RCA指数均大于0.8，具备国际竞争力。2020年受全球新冠疫情的影响，蒙古国农产品不再具备国际竞争力。尽管中国农产品贸易出口额目前位居全球前几位，是农产品贸易大国，但从国际竞争力来看，中国并不是农产品贸易强国，中国农产品不具备国际竞争力主要是因为农业科技进步未能有效驱动全要素生产率增长。

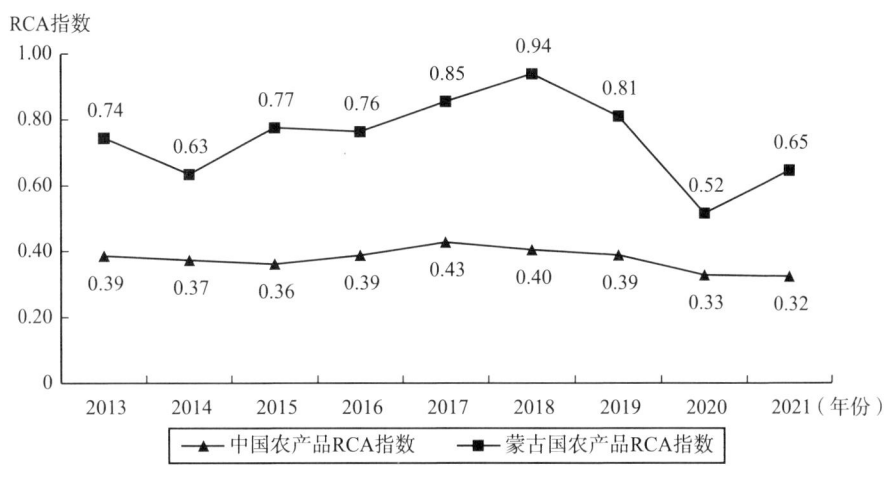

图 3－20　2013～2021 年中蒙农产品 RCA 指数

资料来源：作者计算整理。

2. 中蒙分类农产品 RCA 指数

由图 3－21 可知，中国分类农产品 RCA 值不高，均在 0.5 以下，变化趋势几乎一致，均是先下降后进入平缓稳定，竞争力水平较弱，未来或将继续保持不变；动植物油、脂及其分解产品的 RCA 值极低，9 年间均在 0.2 以下，但都保持在 0 以上，说明该类农产品虽然有一定的比较优势，但竞争力极弱，这与中国农产品的国内需求及出口结构、生产结构密切相关。

蒙古国比较优势最强的是其他农产品类，虽然波动较大，且 2017 年起有下降趋势，但 RCA 值始终很高。见图 3－22，2020 年达到最低为 12.9，表明其他农产品出口竞争力极强。由于蒙古国是羊毛、羊绒出口大国，该类农产品中羊毛作为主要的出口商品，未来其他农产品类将持续保持较高竞争力；活动物及动物产品、植物产品以及食品、饮料、酒及醋、烟草及制品的 RCA 值均未超过 0.8，竞争力水平较弱，未来或将继续保持不变。

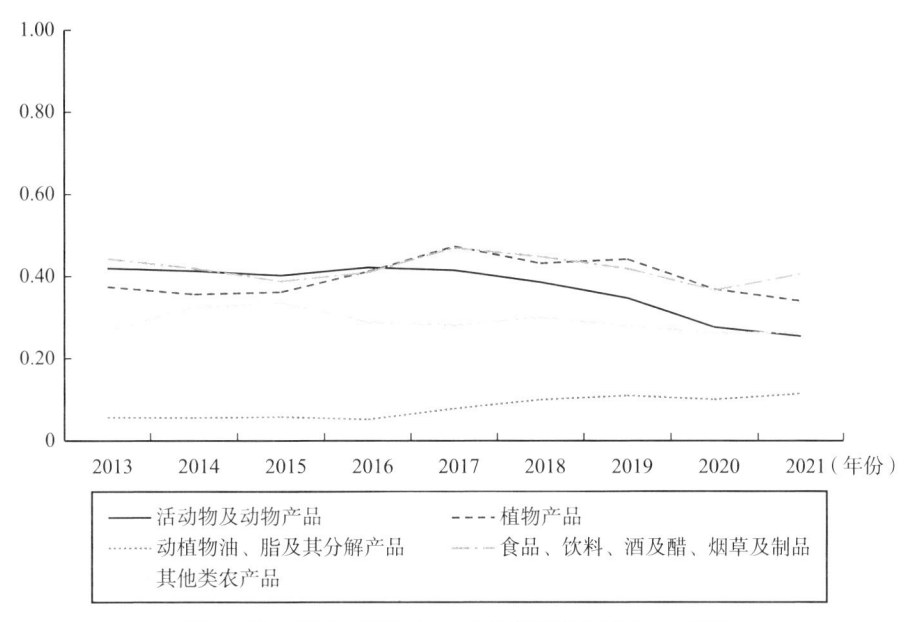

图 3－21　2013～2021 年中国各类农产品的 RCA 指数

资料来源：笔者计算整理。

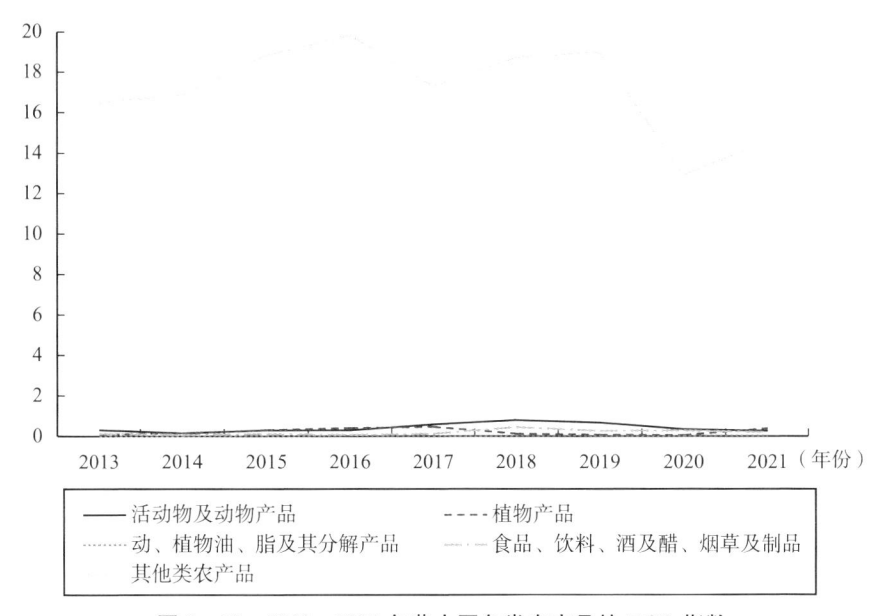

图 3－22　2013～2021 年蒙古国各类农产品的 RCA 指数

资料来源：笔者计算整理。

3. 中国具体农产品 RCA 指数

尽管中国农产品整体上处于比较劣势，不具备国际竞争力，但具体到某一种类时，依据 2013~2021 年农产品 RCA 的均值，共有 14 类农产品具备国际竞争力，具体见表 3-9，其中：编码 HS5001（适合丝绸的蚕茧）、HS3（鱼及其他水生动物）、HS20（蔬菜、水果、坚果）、HS14（编结用植物材料）、HS7（食用蔬菜、根及茎块）具备一定程度的国际竞争力，编码 HS5103（羊毛或动物细毛）、HS13（虫胶、树胶、树脂）、HS3504（蛋白胨及其衍生物）、HS16（肉及其他水生无脊椎动物的制品）、HS5（其他动物产品）、HS290543（甘露糖醇）、HS290544（山梨醇）7 类具备较强的国际竞争力，编码 HS5002（废丝）、HS5003（生丝）具备极强的国际竞争力。

表 3-9　2013~2021 年中国比较优势排名前 14 农产品的 RCA 值

HS编码	2013年	2014年	2015年	2016年	2017年	2018年	2019年	2020年	2021年	均值
5002	7.75	7.23	6.24	6.41	6.87	5.73	4.92	3.88	4.29	5.92
5003	4.41	4.47	3.86	4.05	4.43	3.25	2.67	1.69	1.93	3.42
290543	3.02	2.64	2.27	2.54	2.43	2.71	2.54	2.01	0.96	2.35
290544	1.17	1.14	1.12	1.51	1.74	2.19	2.34	2.36	1.77	1.71
5	1.83	1.75	1.46	1.60	1.84	1.78	1.67	1.26	1.17	1.60
16	1.62	1.50	1.34	1.40	1.59	1.56	1.38	1.21	1.66	1.48
3504	1.94	1.84	1.61	1.42	1.46	1.36	1.18	1.14	1.25	1.47
13	1.14	1.29	1.39	1.47	1.63	1.56	1.53	1.45	1.62	1.45
5103	1.38	1.60	0.96	1.24	1.22	1.10	1.82	1.47	1.43	1.36
7	1.08	1.03	1.00	1.16	1.43	1.33	1.24	1.01	0.90	1.13
14	1.05	0.95	0.99	1.02	1.31	1.23	1.05	0.95	1.08	1.07
20	1.16	1.04	0.94	0.97	1.10	1.04	0.99	0.86	0.89	1.00
3	1.09	1.08	1.00	1.00	1.01	0.89	0.82	0.70	0.65	0.92
5001	2.03	2.58	0.98	0.58	0.56	0.41	0.35	0.36	0.26	0.90

资料来源：经 UN Comtrade 数据库计算整理所得。

2013~2021 年中国具备国际竞争力的农产品发展趋势各有不同，HS5002、HS5003、HS290543、HS5001 四类农产品 RCA 值大幅下降，其中 HS5002 的 RCA 值在 2013~2020 年之间持续下降，由 7.75 降至 3.88，2021 年略有反弹，上升到 4.29；HS5003 的 RCA 值呈现波动下降趋势，由 2013 年的 4.41 波动上升至 2017 年的 4.43，然后持续下降至 2020 年的 1.69，同样 2021 年略有反弹，上升至 1.93；HS290543 的 RCA 值由 2013 年的 3.02 下降至 2021 年的 0.96；HS5001 在 2014 年成为具备极强国际竞争力的农产品，其 RCA 值为 2.58，随后持续下降至 2021 年的 0.26，究其原因在于 2016 年以后，中国蚕茧产量持续增长，茧丝市场呈现供给过剩状态，导致中国茧丝收购价格下降，间接导致茧丝绸市场规模下降，而随着海外丝绸企业崛起，中国丝绸产品出口竞争日趋激烈，海外丝绸产品出口额下降。HS5、HS3504、HS7、HS20、HS3 五类农产品 RCA 值呈现出微弱的下降态势，其中 HS5 的 RCA 值由 2013 年 1.83 波动下降至 2021 年的 1.17，下降幅度为 36%；HS3504 的 RCA 值由 2013 年的 1.94 下降至 2021 年的 1.25，下降幅度为 35.6%；HS7 的 RCA 值变化成倒"V"形，由 2013 年的 1.08 波动上升至 2017 年的 1.43，随后逐渐下降至 2021 年的 0.9；HS20 的 RCA 值由 2013 年的 1.16 下降至 2021 年的 0.89，下降幅度为 23.3%；HS3 的 RCA 值逐年下降，由 2013 年的 1.09 下降至 2021 年的 0.65，即表示 2021 年农产品 HS3 处于比较劣势，不再具备国际竞争力。

从 2013~2021 年的农产品 RCA 均值来看，共有 34 类农产品 RCA 均值小于 0.8，合计 70.8% 的农产品处于比较劣势，不具备国际竞争力。除 HS5302 在 2013~2015 年、HS3301 在 2014~2015 年 RCA 值大于 0.8 之外，其他类农产品 RCA 值在 2013~2021 年均未达到 0.8，换言之，这些农产品在 2013~2021 年从未有过比较优势。

综上所述，2013~2021 年，中国仅有 29.2% 的农产品在国际上具备竞争力，然而从贸易额的角度分析，这些农产品近些年的出口额所占比例平均值达到 47.09%，平均贸易出口额为 351.75 亿美元，如表 3-10 所示。

表 3-10　　2013~2021 年中国具有比较优势农产品所占比例

年份	具有比较优势农产品贸易额（美元）	所占比例（%）	中国农产品贸易出口总额（美元）
2013	32 985 280 313	49.19	67 056 860 504
2014	35 069 607 954	49.18	71 305 087 714

续表

年份	具有比较优势农产品贸易额（美元）	所占比例（%）	中国农产品贸易出口总额（美元）
2015	34 093 509 170	48.60	70 154 741 739
2016	35 878 548 062	49.41	72 608 686 879
2017	37 112 958 596	49.43	75 082 671 763
2018	37 289 989 538	47.04	79 280 005 896
2019	35 978 685 831	45.81	78 533 038 839
2020	32 898 978 063	43.28	76 018 576 207
2021	35 269 579 480	41.83	84 320 717 696
均值	35 175 237 445	47.09	74 928 931 915

资料来源：经 UN Comtrade 数据库计算整理所得。

4. 蒙古国具体农产品 RCA 指数

受自然资源禀赋的影响，蒙古国在实现自给自足的基础上出口的农产品种类并不多，主要集中在畜产品方面，比如动物细毛、羊毛、毛皮、肉及食用杂碎等，这些农产品在国际上具备一定程度的竞争力，尤其是 HS5102，在 2013~2021 年其 RCA 平均值高达 2 360.25。在 2013~2021 年，蒙古国出口 32 类农产品，从 RCA 均值看，仅有 7 类农产品具备国际竞争力，分别是 HS5102、HS5101、HS5103、HS5、HS4101、HS16、HS2，占比为 21.88%。在 2013~2021 年蒙古国具备极强国际竞争力的农产品有 4 类，分别是 HS5102（动物细毛、粗毛）、HS5101（未梳理的羊毛）、HS5103（羊毛或动物细毛）、HS5（其他动物产品）。HS4101（牛或马动物的生皮和毛皮）、HS16（肉及其他水生无脊椎动物的制品）具备较强的国际竞争力，HS2（肉及食用杂碎）具有一定程度的国际竞争力，具体见表 3-11。

表 3-11　　2013~2021 年蒙古国比较优势排名前 7 位农产品的 RCA 值

HS 编码	2013 年	2014 年	2015 年	2016 年	2017 年	2018 年	2019 年	2020 年	2021 年	均值
5102	3 042	2 456	2 706	2 582	2 258	2 244	2 104	1 953	1 892	2 360.25
5101	3.16	8.06	12.65	14.08	14.06	12.66	14.84	9.01	4.11	10.29

续表

HS 编码	2013年	2014年	2015年	2016年	2017年	2018年	2019年	2020年	2021年	均值
5103	3.33	2.04	6.10	4.72	9.41	7.39	4.00	3.74	5.21	5.11
5	5.58	2.83	4.99	3.94	2.98	3.53	2.69	2.78	4.00	3.70
4101	2.78	1.44	1.18	6.26	1.90	0.00	1.71	0.59	0.60	1.83
16	0.00	0.01	0.05	0.12	0.56	4.29	2.47	2.72	1.99	1.36
2	0.40	0.18	0.32	0.48	1.32	1.92	1.60	0.70	0.32	0.80

资料来源：经 UN Comtrade 数据库计算整理所得。

2013~2021年，蒙古国没有贸易出口的农产品有16类，贸易出口的农产品有32类，其中有25类农产品处于比较劣势，不具备国际竞争力。但从个别年份看，仍有部分农产品的RCA值大于0.8。比如，HS8在2016年、2017年、2021年的RCA值均超过0.8，具备国际竞争力；农产品HS4103在2013年、2017年处于比较优势；HS3504在2016~2017年以及2019年的RCA值均大于1；HS12的RCA值在2015年超过0.8；HS24的RCA值在2013年的RCA值为0.93。

从贸易出口额的角度来看，蒙古国具备比较优势的农产品在2013~2021年平均出口额为3.3亿美元，占比达到86.34%，表明蒙古国农产品出口结构单一，主要集中在畜产品方面，这与蒙古国农牧业自然资源禀赋高度相关，见表3-12。

表3-12　2013~2021年蒙古国具有比较优势农产品贸易出口额所占比例

年份	具有比较优势农产品贸易额（美元）	所占比例（%）	蒙古国农产品贸易出口总额（美元）
2013	225 208 391	90.24	249 558 273
2014	264 622 397	88.57	298 781 374
2015	252 061 126	81.62	308 838 951
2016	265 200 225	79.21	334 821 482
2017	324 832 997	79.06	410 878 938
2018	481 579 163	92.88	518 478 742

续表

年份	具有比较优势农产品贸易额（美元）	所占比例（%）	蒙古国农产品贸易出口总额（美元）
2019	471 717 479	94.51	499 116 678
2020	326 189 139	93.30	349 615 390
2021	359 218 050	77.69	462 349 809
均值	330 069 885	86.34	381 382 182

资料来源：经 UN Comtrade 数据库计算整理所得。

5. 中蒙农产品比较优势分析

尽管从整体看，中国农产品对蒙古国没有竞争力，但在部分具体农产品上，中国仍然存在很强的竞争力。除蒙古国在 2013 年到 2021 年未出口的 16 类农产品外，在两国共同出口的 32 类农产品中，中国的 HS4、HS6、HS7、HS9、HS10、HS11、HS13、HS15、HS16、HS17、HS18、HS19、HS20、HS21、HS22、HS23、HS3503、HS3504、HS4102 19 类农产品与蒙古国相比具有较强的国际竞争力，而蒙古国的 HS1、HS2、HS5、HS8、HS12、HS24、HS4101、HS4103、HS5101、HS5102、HS5103 11 类农产品与我国相比具有较强的国际竞争力，具体如表 3-13 和表 3-14 所示。尤其 HS16，是仅有的一类中国具有比较优势且蒙古国同样具有国际竞争力的农产品，中蒙两国此项农产品 RCA 值均大于 1.25，但是中国 HS16 的 RCA 值为 1.48，蒙古国 HS16 的 RCA 值为 1.36，表明在 HS16 的贸易竞争力方面，中国较蒙古国有比较优势。

表 3-13　　2013~2021 年中国对蒙古国具有比较优势农产品 RCA 均值

HS 编码	2013~2021 年中国农产品 RCA 均值	2013~2021 年蒙古国农产品 RCA 均值
4	0.05	0.01
6	0.14	0.12
7	1.13	0.01
9	0.52	0.002
10	0.05	0.02

续表

HS 编码	2013~2021 年中国农产品 RCA 均值	2013~2021 年蒙古国农产品 RCA 均值
11	0.27	0.03
13	1.45	0.09
15	0.08	0.01
16	1.48	1.36
17	0.31	0.05
18	0.07	0.02
19	0.20	0.01
20	1.00	0.02
21	0.38	0.11
22	0.14	0.02
23	0.30	0.16
3503	0.52	0.07
3504	1.47	0.47
4102	0.05	0.02

资料来源：经 UN Comtrade 数据库计算整理所得。

从以上分析可知，中国与蒙古国都会出口相比对方具备比较优势的农产品，进口相比对方具备比较劣势的产品，而正是这些促就了中蒙农产品贸易的发生。从双方具备比较优势农产品出口额占其出口总额的比例可知，蒙古国更好地发挥了比较优势，侧面说明中国在蒙古国的农产品贸易中会处于贸易逆差的一方。

表 3-14 　　2013~2021 年蒙古国对中国具有比较优势农产品 RCA 均值

HS 编码	2013~2021 年中国农产品 RCA 均值	2013~2021 年蒙古国农产品 RCA 均值
1	0.21	0.23
2	0.06	0.80
5	1.60	3.70
8	0.39	0.60

续表

HS 编码	2013~2021 年中国农产品 RCA 均值	2013~2021 年蒙古国农产品 RCA 均值
12	0.23	0.39
24	0.24	0.28
4101	0.02	1.83
4103	0.01	0.54
5101	0.09	10.29
5102	0.02	2 360.25
5103	1.36	5.11

资料来源：经 UN Comtrade 数据库计算整理所得。

三、中蒙农产品贸易互补性分析

（一）贸易互补性指数说明

为了衡量贸易的紧密程度，彼得·德赖斯代尔（Peter Drysdale，1967）提出测度贸易互补性的指数，即贸易互补性指数。该指数在显示性比较优势指数的基础上，综合考虑了出口比较优势和进口比较劣势。该指数用公式可以表示为：

$$C_{ij} = RCA_{xik} \times RCA_{mjk}$$

式中，RCA_{xik} 表示双边贸易中 i 国在 k 产品上的出口比较优势，RCA_{mjk} 表示双边贸易中 j 国在 k 产品上进口比较劣势。后者的计算公式为：

$$RCA_{mjk} = (M_{jk}/M_{wk}) \div (M_{jt}/M_{wt})$$

式中，M_{jk} 为 j 国 k 产品进口额，M_{wk} 为世界 k 产品的进口额，M_{jt} 为 j 国所有产品的进口额，M_{wt} 为世界所有产品的进口额。

一般来说，当 RCA_{xik} 越大时，表示 i 国 k 产品的出口比例越大，说明 i 国在 k 产品出口上具有比较优势；当 RCA_{mjk} 越大时，表示 j 国 k 产品的进口比例越大，说明 j 国在 k 产品进口上具有比较优势。如果 i 国在 k 产品上具有明显的出口比较优势，即 RCA_{xik} 较大，同时 j 国在 k 产品上具有明显的进口比较优势，即 RCA_{mjk} 较大，则 C_{ij} 较大，说明 i 国出口和 j 国进口在 k 产品上存在贸易互补性。即当某国主要出口产品类别与另一国主要进口产品类别相契合时，两国贸易互补性指数就大；相反，当某国主要出口产品类别与对方主要进口产品类别不能对应时，两国互补性指数就小。当 $C_{ij}>1$ 时，说明两国的贸易互补性强，且数值越大，互补性越强；当 $C_{ij}<1$ 时，两国的互补性弱，且数值越小，互补性越弱。

（二）贸易互补性指数测算及分析

中国对蒙古国出口的农产品中，植物产品和食品、饮料、酒及醋、烟草及制品的 CI 指数在 2013~2021 年大于 1，表明在该时期两类农产品具有中国出口、蒙古国进口的贸易互补性，其余三类农产品 CI 值保持在 1 以下，主要原因是中国对外出口的这三类农产品份额不高，且蒙古国进口份额较低，尤其是动植物油、脂及其分解产品和其他类农产品，表明这三类农产品互补性水平较低。由表 3-15 可知，2013~2021 年 CI 均值最大的为植物产品，其次是食品、饮料、酒及醋、烟草及制品，这两类 CI 均值都大于 1，分别是 2.95、1.14。2015 年，植物产品 CI 值开始大于 1，且一直保持到 2021 年，在数值 3 波动，2016 年 CI 值最高为 4.72，此时贸易互补性最强。食品、饮料、酒及醋、烟草及制品在 2015 年以后 CI 值逐渐大于 1，呈现贸易互补性，变化趋势呈"N"形，2020 年降为 0.93，2021 年快速回升至 1.38。活动物及动物产品，动植物油、脂及其分解产品和其他类农产品 CI 值在 2013~2021 年没有任何 1 年超过 1，表明不具备贸易互补性。活动物及动物产品排在第 3 位，动植物油、脂及其分解产品排在第 4 位，其他类农产品排在第 5 位，从数值来看，均没有超过 1 的趋势，预计该类农产品的互补水平将长期维持在现有程度。

表 3-15　　2013~2021 年中国对蒙古国出口分类农产品 CI 指数

年份	活动物及动物产品	植物产品	动植物油、脂及其分解产品	食品、饮料、酒及醋、烟草及制品	其他类农产品
2013	0.12	0.85	0.03	0.83	0.03
2014	0.00	0.91	0.07	1.09	0.05
2015	0.24	2.69	0.08	1.10	0.06
2016	0.27	4.72	0.08	1.25	0.08
2017	0.32	3.56	0.12	1.48	0.05

续表

年份	活动物及动物产品	植物产品	动植物油、脂及其分解产品	食品、饮料、酒及醋、烟草及制品	其他类农产品
2018	0.27	4.14	0.13	1.18	0.11
2019	0.25	2.77	0.12	1.06	0.08
2020	0.21	3.04	0.13	0.93	0.06
2021	0.28	3.87	0.15	1.38	0.18
均值	0.22	2.95	0.1	1.14	0.08

资料来源：经 UN Comtrade 数据库计算整理所得。

蒙古国对中国出口的农产品中，其他类农产品 CI 指数值始终保持在 1 以上，且互补性十分明显，CI 值最高达 47.52，并有 9 年间均保持在 20 以上，均值为 38.81，最低时也达到 24.68；植物产品次之，CI 均值为 2.91，除 2013 年、2019 年、2020 年，其他年份 CI 值均保持在 1 以上，最高为 6.48。其他三类农产品 CI 值在 2013~2021 年没有任何 1 年超过 1，表明互补性水平较低。表 3-16 的结果显示，其他类农产品变化趋势呈现波浪形，但始终保持在高水平。该现象发生的主要原因是蒙古国对中国出口结构中其他农产品的份额始终处于高水平状态，预计未来其他农产品类的 CI 值仍将波动性变化，互补性有所减弱，但依然会保持在高水平。植物产品 CI 值呈现"升—降—升"的变化趋势，且 2021 年 CI 值再次超过 6，预计未来植物产品互补性有所提升。2013~2021 年，活动物及动物产品 CI 值呈现倒"V"形变化趋势，未来贸易互补性有再次下降的可能性。而食品、饮料、酒及醋、烟草及制品和动植物油、脂及其分解产品一直处于低水平，波动幅度极小，由中蒙两国农产品贸易结构分析，这两类农产品将长期处于低互补性水平。

表 3-16　　　　2013~2021 年蒙古国对中国出口分类农产品 CI 指数

年份	活动物及动物产品	植物产品	动植物油、脂及其分解产品	食品、饮料、酒及醋、烟草及制品	其他类农产品
2013	0.08	0.53	0.00	0.03	47.52
2014	0.04	1.26	0.00	0.02	41.90

续表

年份	活动物及动物产品	植物产品	动植物油、脂及其分解产品	食品、饮料、酒及醋、烟草及制品	其他类农产品
2015	0.17	3.83	0.00	0.04	42.31
2016	0.21	4.72	0.02	0.03	42.56
2017	0.43	6.48	0.01	0.06	39.28
2018	0.63	1.63	0.02	0.19	39.03
2019	0.76	0.83	0.02	0.12	40.25
2020	0.45	0.64	0.02	0.12	24.68
2021	0.34	6.27	0.02	0.09	31.73
均值	0.35	2.91	0.01	0.08	38.81

资料来源：经 UN Comtrade 数据库计算整理所得。

四、中蒙农产品贸易存在的主要问题

（一）贸易总量规模有限

中国与蒙古国农产品贸易在中国农产品贸易中所占比例太低，几乎可以忽略不计，但如果类似蒙古国的许多农产品贸易国家累积起来，数量也很大，这也是本书研究的出发点之一。尽管中蒙之间农产品贸易规模不断扩大，但总量却是有限的。受限于蒙古国加工能力的不足和中国肉类产品进口的检疫标准，双边农产品贸易合作空间广阔，但双边合作发展滞缓、水平低下，巨大合作潜能尚未得到有效挖掘。2021 年蒙古国牲畜总量为 6 700 多万头，肉类产量为 51 万多吨，但仅向中国出口 812 吨左右肉类产品。根据估算，如果可以达到肉类出口大国新西兰的出口比率，蒙古国肉类出口量会多 5~10 倍。由此可见，蒙古国肉类出口中国的贸易发展潜力巨大。

（二）贸易合作投资领域有限

中蒙农畜产品贸易合作集中在畜产品加工领域。根据商务部发布的 2021 年版蒙古国投资指南报告指出，2020 年在蒙主要中资企业 148 家，其中从事农牧产业相关企业尚不足 10 家,且企业规模相对偏小,公司实力较弱,经营领域主要集中在羊绒、肉制品的加工。根据《世界营商环境报告》,蒙古国在 2020 年的全球营商环境排名仅在 81 位,受蒙古国对自身农牧业保护的制约,外国资本进入相对比较困难,营商环境需进一步优化和完善。此外,受限于蒙古国传统的放牧模式,现代化发展的水平较低,其本身参与合作发展的意识不强,这均会导致中国与蒙古国之间在贸易、投资方面的合作空间减小。

(三) 蒙古国出口稳定性有待提高

一是中国从蒙古国进口农产品不够稳定,具有断点现象。比如动物粗毛、细毛,在 1997~2001 年、2007~2016 年两个时间段,中国进口额均为 0,再比如肉及食用杂碎,在 2001~2002 年、2004~2009 年两个时间段,中国进口额均为 0。二是蒙古国向中国出口的产品主要集中在羊毛羊绒等纺织原料,其他农产品的出口额较小。然而蒙古国技术水平较低,地理环境比较恶劣,极容易受到自然灾害的影响,且蒙古国抗灾能力低,一旦发生自然灾害现象,其很难保证农产品出口中国的稳定性。

五、中蒙农产品贸易发展的制约因素与机遇

(一) 中蒙农产品贸易发展的制约因素

中蒙农产品贸易的经济效益并未得到充分发挥,在今后的一定时期内,非经济的因素仍然存在,中蒙农产品贸易及农业合作仍存在许多障碍,涉及疫病防治、加工能力、基础设施和政策环境等多方面,充分掌握中蒙农产品贸易发展障碍并想法排除,中蒙农产品贸易的前景将变得广阔。

1. 蒙古国牲畜疫病频发,防治水平有待提高

蒙古国畜牧业发展面临的最大问题是诸如口蹄疫和小反刍兽疫、布鲁氏菌病等动物疫病的频繁发生,由于其较低的疫病防治水平,经常致使蒙古国诸多省份处于口蹄疫区。严重制约蒙古国肉类产品的出口。中国对肉类产品的进口标准较高,要求较严,中蒙在肉类贸易中多次发生因为检疫不达标暂停进口,甚至取消个别蒙古国肉类产品企业出口中国资质的现

象。蒙古国出口贸易的优势除了采矿业外，便是畜牧业。特别是近些年受采矿业低迷的影响，蒙古国提倡加大肉制品的出口，促进经济发展。事实却是低水平的疫病防控技术无法为肉类提供出口保障，特别是无法增加向中国的肉类出口额甚至处于无法向中国出口的窘境。

2. 蒙古国农产品加工能力不足，以中小企业为主

农产品加工能力不足是制约蒙古国农业发展的重要因素，也是影响蒙古国畜产品出口量的关键要因。与中国的内蒙古自治区相比，双方在草原面积、牲畜头数相差不大的情况下，肉类产量差距明显，2021 年内蒙古自治区肉类产量高达 277.32 万吨，比蒙古国多 220 万吨左右。此外，蒙古国依然采用传统放牧为主的方式，同时缺乏现代化的屠宰、运输、仓储设施，致使产出处于较低卫生水平。

中国在蒙古国涉农企业基本以中小企业为主，能力和所发挥的作用有限。因此，导致在农畜产品贸易过程中供应链整合、集成意识薄弱，缺乏主导优势，履约程度较低，利益争夺现象突出，无法与上下游企业建立长期、稳定、共赢的合作关系，故此基本尚未形成有效的现代农产品供应链。

3. 蒙古国基础设施比较落后，道路交通条件差

蒙古国是人口稀少的国家，交通运输对其经济贸易的发展具有重要的作用。然而蒙古国国内交通基础设施比较落后，尤其是与农产品贸易直接关联的公路铁路基础设施、口岸配套设施等建设严重滞后。首先，从物流绩效指数来看，按照世界银行发布的 2018 年物流绩效指数报告，受相关核心指标下降的影响，蒙古国在 2012～2018 年的平均物流绩效指数得分仅为 2.4，世界排名后 40 位。根据 2021 年版蒙古国对外投资指南报告指出，公路方面，蒙古国公路里程总数约 11.9 万公里，铺装公路仅有 1.1 万公里，主要以土路为主，中蒙两国共有 13 个公路口岸；铁路方面，蒙古国境内现只有两条铁路，一条为乌兰巴托铁路，另一条为自乔巴山向北至蒙俄边境口岸铁路，两条铁路总里程共计 1 811 公里。蒙境内现有铁路均使用俄罗斯标准的 1 520 毫米宽轨铁轨，不能直接同中国境内 1 435 毫米标轨铁路对接，需进行车厢换装，耗时耗费，严重制约双边贸易顺畅发展。口岸方面，中国出口到蒙古国境内的产品在口岸地区受到交通的障碍

和通关检验检疫程序缓慢的影响，常常积压在边境地区，且蒙古国境内冷链物流发展落后，致使农产品运输期间容易发生损耗。因此，蒙古国交通基础设施的落后，是制约中蒙农产品贸易发展的重要因素。

除以上3个主要制约因素外，中蒙农产品贸易还受以下几个因素的制约：一是蒙古国本身就300万人口，市场相对狭小，农产品消费能力不足，且随着蒙古国提倡粮食自给自足，对进口的需求相对下降；二是人均收入水平不高，消费水平较低，出口到蒙古国的商品价格较低，利润较低；三是俄罗斯作为蒙古国的第一大农产品进口国，与中国具有极强的竞争性，双方在蒙古国市场存在贸易挤出关系。因此，中蒙农产品贸易发展受到疫病、技术、市场、政策、其他国的挤出等因素的综合制约，致使中蒙农产品贸易存在巨大的潜力。

（二）中蒙农产品贸易发展的机遇

中蒙农产品贸易发展受诸多因素的制约，但随着"一带一路"倡议的提出和中蒙俄经济走廊的建设，也有诸多发展机遇，充分把握机遇，中蒙农产品贸易发展将会更上一个台阶，为实现更多的贸易互利注入新的动能。

1. "一带一路"倡议带来的政策机遇

"一带一路"倡议实施以来，中蒙两国加强政府间沟通交流，已签署多项合作文件，具体见表3-17，为中蒙开展双边贸易、解决边境口岸等问题指明方向，特别是中蒙农产品贸易发展提供新的契机。2014~2021年，中蒙双边农产品累计贸易额高达33.26亿美元，2021年农产品进出口种类数达到100多种。蒙古国为更好地契合中国"一带一路"倡议，提出草原之路，并升级为发展之路，各方面的对接进一步扩大了中蒙农业合作空间。双方农产品贸易必将呈现广阔的发展前景。"一带一路"倡议会使中蒙加强与共建国家农产品贸易和农业技术的交流与合作，双方可以充分利用比较优势，将农产品进出口到更多国家，进一步推动农产品贸易的互利互惠。此外，蒙古国的交通基础设施建设、口岸便利化建设会进一步完善，反过来更好地促进贸易的发展。尤其是中蒙自贸区的建立，中蒙农产品贸易将会迎来不可估量的跨越式发展。

表 3-17　　　　　　　　　中蒙签署的相关文件

年份	名称
2014	中蒙关于建立和发展全面战略伙伴关系的联合宣言
2015	中华人民共和国和蒙古国关于深化发展全面战略伙伴关系的联合声明
2016	建设中蒙俄经济走廊规划纲要
2017	中华人民共和国商务部与蒙古国对外关系部关于加强贸易、投资和经济合作谅解备忘录
2017	关于推动"草原之路"与"一带一路"倡议对接的谅解备忘录
2018	中华人民共和国商务部与蒙古国对外关系部关于加快推进中蒙跨境经济合作区建设双边政府间协议谈判进程的谅解备忘录
2018	关于沿亚洲公路网国际道路运输政府间协定
2019	蒙古国政府与中华人民共和国政府关于共同推进"草原之路"与"一带一路"倡议建设的行动计划
2019	中华人民共和国政府和蒙古国政府关于建设中国蒙古国二连浩特—扎门乌德经济合作区的协议
2020	中华人民共和国政府和蒙古国政府关于边界管理制度的条约
2022	中华人民共和国和蒙古国关于新时代推进全面战略伙伴关系的联合声明
2022	中华人民共和国海关总署和蒙古国海关总局关于国际贸易"单一窗口"合作的框架协议
2022	中华人民共和国政府与蒙古国政府投资合作发展纲要
2022	中华人民共和国和蒙古国经济贸易合作中期发展纲要

2. "中蒙俄经济走廊"建设的推动作用

"中蒙俄经济走廊"贯穿蒙古国和俄罗斯大部分区域，为三国的农产品贸易合作提供重要的渠道，为中蒙农产品贸易提供多种多样的便利条件。一方面，中蒙农产品贸易在各类优惠政策下展开，降低两国企业间贸易成本，促进两国贸易向更多类别展开。同时，中蒙两国政府在"中蒙俄经济走廊"的多部门联合协作机制下，可对相关贸易政策进行完善和修正，优化贸易环境，减少两国的贸易争端，为中蒙农产品贸易提供扎实的政策保障。另一方面，"中蒙俄经济走廊"的建立，还为中蒙贸易全方位合作提供极其重要的推动作用。在经济走廊背景下开展的中蒙双边贸易不仅对中蒙在肉制品商品的贸易起到推动作用,还为蒙古国的基础设施建设提供帮助,比如口岸配套设施建设、铁路基本设施建设。

3. 《亚太贸易协定》带来的关税机遇

2022年10月23日,蒙古国完成加入《亚太贸易协定》的所有程序,并在2021年1月1日开始与中国互相实施关税减让。据计算,蒙古国将在366个税目削减关税,平均降税幅度24.2%,涉及的农产品包括蔬菜水果、动植物油等。蒙古国加入《亚太贸易协定》促进"一带一路"建设,进一步提高中蒙之间农产品贸易的可能性,使中蒙两国经济贸易往来更加便捷自由,深化了中蒙双边经济贸易合作往来,进一步加快了东北亚地区经济区域一体化进程,为中蒙农产品贸易的发展提供重要机遇。

4. 中国对优质肉类的需求带来的机遇

近年来,随着人口增长、居民收入水平提高、城镇化步伐加快以及人们对牛肉营养价值认可度的不断提升,牛羊肉的消费将继续稳步增加,尽管中国进行相关政策的调整,但仍难改变进口牛羊肉需求增长的趋势。以牛肉为例,2021年中国牛肉需求量为930.02万吨,中国牛肉产量为698万吨,缺口高达232.02万吨,具体如表3-18所示。目前中国牛羊肉进口市场比较集中,容易被其他国家"卡脖子",因此,必须实施多元化的进口战略。蒙古国牛羊肉作为原生态肉类,只要处理好疫病问题,加强肉类标准化建设,相信中国进口蒙古国牛羊肉贸易长期内会积极向好发展。

表3-18　　　　　2017~2021年中国牛肉供求规模　　　　单位:万吨

年份	产量	进口量	出口量	需求量
2017	634.6	61.11	4.97	704.03
2018	644.1	100.23	5.17	747.96
2019	667.3	157.62	4.7	833.25
2020	672.5	197.97	3.1	884.27
2021	698	215.39	3.89	930.02

资料来源:《中国牛肉行业发展深度研究与投资趋势分析报告(2022—2029年)》。

第四章 中蒙农牧业相关政策法律法规与标准的对接

第一节 中蒙农牧业标准现状分析

一、蒙古国农牧业标准

蒙古国农牧业占其经济总量的比重较大，随着"一带一路"共建国共建国家标准，蒙古国农牧业标准建设正在逐渐完善。贾双文（2016）研究称蒙古国的标准分为国家标准和企业标准两级，蒙古国国家标准清单采用中国国家标准和行业标准17条，其中包括农业方面的标准。《蒙古标准化体系研究》课题组研究认为，蒙古国在"食品技术（主要为奶制品）""矿产品""纺织和皮革技术"等领域制定标准数量较多，这些领域包括蒙古国主要的出口商品，如矿产品、纺织品、生皮、熟皮、畜毛及其制品等。李等（Li Xiawei et al.，2023）研究结果显示，2022年，蒙古国新发布国家标准134项，其中：自行制定74项，采用国际、国外标准60项，标准合格率为44.8%。蒙古国新建立的标准中，大部分集中在农业等领域。据蒙通社2022年10月讯，蒙古国共有645项食品和农业标准，由于缺乏信息的透明度，农业部门屡次出现违反标准的情况。此外，蒙古国农牧业企业遵行标准的情况也不容乐观，如蒙古国27家肉制品企业中只有2家企业按照标准进行生产加工。

二、中国农牧业标准

赵跃龙等（2017）认为，中国农业工程建设标准体系还没有建立，标准的制定和管理缺乏科学的宏观调控手段，致使各专业标准覆盖面不均衡，且难以突出重点。王芳、于寒冰、杨云燕等（2023）研究结果显示我国农牧业标准技术领域主要集中在农业生产领域，包括种植生产、农作物种子、植物新品种、热带作物、农药产品、农药管理、畜牧生产、畜牧种业、屠宰加工、动物饲料、动物卫生水产养殖、渔船、农产品营养品质、农产品加工土壤质量、农业机械化、沼气工程、转基因、农业信息、农业工程等方面。燕艳华等（2023）指出，我国农业标准化已从数量型增长转向质量型发展的轨道。需要进一步正确处理好标准化与农业供给保障、科技装备、经营体系、产业韧性、可持续发展、国际竞争力的内在关系。

中国标准化发展年度报告（2022年）数据显示，截至2022年底，全年发布农业领域相关国家标准170项，总数达到3 928项，农业领域行业标准备案总数达到4 473项，农业领域团体标准公布总数达到8 158项，7 946家企业通过企业标准信息公共服务平台自我声明公开执行的农业领域标准总数达到45 617项，涵盖的立品数量达到136 327项。同时，新建水稻良种繁育等国家农业标准化示范区134个，启动38个农村综合改革和新型城镇化标准化试点，农业农村标准实施力度不断加大。

三、中蒙农牧业标准合作

中蒙两国在农牧业标准合作方面取得显著成果，形成多层次、宽领域的合作格局，为两国经贸合作和"一带一路"建设提供了有力支撑。自2015年以来，通过建立沟通联络机制、签署合作协议、纳入区域合作日程、召开座谈会、修订技术法规、发布进口酒精饮料技术法规、签署联合倡议、深入探讨标准化合作领域、举办标准化论坛、建立标准示范区、举办援外培训、会见标准化机构代表及举办国际标准化论坛等一系列举措，不断深化合作，实现了标准互认，提升了农牧产品质量和安全水平，促进了双边贸易和可持续发展，具体见表4-1。

表 4-1　2015~2023 年中蒙农牧业标准合作主要事件

年份	主要事件
2015	中国与蒙古国标准化机构建立沟通联络机制。签署《中国国家标准化管理委员会与蒙古国国家标准化机构合作协议》
2016	中蒙双方将标准化工作纳入区域合作日程；中国内蒙古自治区与蒙古国东戈壁省标准化计量局召开座谈会，就中蒙进出口产品、物流服务标准、旅游服务标准等方面达成 5 项共识
2017	蒙古国对进口高度酒技术法规及标准重新修订，采用了中国 53°茅台酒的指标，发布《进口酒精饮料技术法规》，实现了中蒙白酒标准的互认；签署《关于加强标准合作，助推"一带一路"建设联合倡议》
2018	深入探讨中蒙在畜牧业、羊绒、羊毛、乳制品、基础设施、煤炭、贵金属等领域开展标准化合作，确认了双编号采标标准清单
2019	"中蒙经贸活动标准化论坛"中就蒙医药、种植业、羊毛羊绒、乳制品、茶（青砖茶）、旅游、基础设施、能源（煤炭）、贵金属、矿产等领域达成合作共识
2020	中国与蒙古国合作建立标准示范区，不断完善"一带一路"共建国家标准信息平台
2022	中国举办"一带一路"国家援外培训，为蒙古国等共建国家培训标准化管理人员
2023	田世宏会见蒙古国标准化机构代表，进一步加强农业食品领域标准互认，开展标准化人员培训，商签新版本标准化合作文件；举办第二届中蒙国际标准化论坛

第二节　生产方面的政策法规制度差异

一、土地制度的差异

中国的土地制度以公有制为基础，城市土地完全归国家所有，而农村及城市郊区的土地主要由集体所有。这种制度设计确保土地资源的集中管理，使土地在使用上能够实现更高效的宏观规划和基础设施建设。因此，中国在国家层面上能够更有效地协调资源配置，提高其供应链的整体效率。不过，这种集中管理也带来了灵活性不足的问题，特别是对小规模农户来说，他们在自主经营方面受到一定限制，难以充分发挥其潜能。相较之下，蒙古国实行的是国家所有与私人所有并存的土地管理制度。这种私有制模式给予了土地使用者更大的自主权，使土地的使用更具灵活性，从而增强了效率，促进了外资的进入与技术的创新。这一制度使土地能够更有效地适应市场变化，提高了土地的使用效果。然而，蒙古国的土地私有制也带来了潜在的风险，特别是在资源分散和过度开发方面。随着土地被多个私人主体拥有，可能会出现资源管理上的不足，进而影响土地的可持续发展。

中国农牧民通过承包的方式获得了长达30年的土地使用权，这一制度为农民的农业生产提供了保障。2018年，《中华人民共和国农村土地承包法》的修订进一步明确了土地流转的机制，使农民能够在自愿的基础上，有偿转让土地经营权。这一政策的实施不仅促进了土地的规模化经营和专业化生产，提高了土地的利用率，还吸引了外部资本和技术的进入。然而，土地流转市场的不完善仍然可能导致一些纠纷和不公平现象的出现，对此，亟须给予重视。相比之下，蒙古国的土地使用权制度为企业和个人提供了更为稳定的保障，土地使用权可以通过租赁（最长可达75年）或购买（取得永久使用权）来获得。这种稳定的土地使用制度对长期投资和可持续发展具备重要意义，同时也吸引了外国投资者和技术，推动了当地农业的现代化进程。然而，高额的土地购买费用对于中小企业和个人而言，可能会成为一项沉重的负担，从而影响他们参与供应链的意愿。

中国政府高度重视耕地保护工作，为确保粮食安全和农业可持续发展，出台多项相关法律法规，例如，《中华人民共和国土地管理法》和《基本农田保护条例》。这些法律法规不仅明确了耕地的保护范围和使用限制，而且对耕地转变为非农用途进行了严格的限制，进一步保证了农牧业供应链的稳定性和原料基础，从而为国家的食品安全和农业发展提供了坚实的保障。然而，严苛的耕地保护政策在确保农业稳定的同时，也可能在一定程度上限制高附加值产业的发展以及土地的多元化利用空间。相比之下，蒙古国政府同样关注土地保护，采取实施《土地保护法》等措施。蒙古国较为宽松的土地保护措施虽然促进了土地的多元化利用，鼓励了多种经营模式的发展，但这种宽松的态度也可能导致过度开发现象的出现，进而对生态环境造成严重威胁。例如，蒙古国草原的退化现象便充分显示了其土地保护措施执行的不力，反映出资源过度开发的风险。

二、市场准入的差异

中国在对外商投资农牧业方面展现出开放的态度,然而对粮食生产和种子生产等敏感领域却实施了严格的限制措施。这种政策的设计旨在保障国家的粮食安全与农业可持续发展。随着2020年《外商投资法》的修订,外资准入政策得到进一步的放宽,国家鼓励外资流入现代农业领域。这一举措不仅有助于吸引更多外资,还能够有效引入先进的技术和管理经验,从而提升农业供应链的现代化水平。与此同时,蒙古国对外资投资表现出高度的开放姿态,尤其是在矿产资源和农牧业领域,该国提供多项优惠政策以吸引外资。外资的流入对蒙古国农牧业的发展和供应链的优化产生了积极影响,助力于资源的高效利用和技术的升级。然而,这也可能导致外资企业在市场中占据主导地位,从而对本地企业的发展造成一定的负面影响。

中国政府为了提高办事效率,正在积极简化行政审批程序,尤其是在外资企业的注册和运营过程中,确保这些企业能够顺利符合环保和安全标准。这一举措旨在提升中国市场的吸引力,尤其是在全球经济形势日益复杂的背景下。然而,当前复杂的审批流程不仅显著增加了外资企业进入市场所需的时间和成本,同时也影响其在市场中的竞争力,使某些企业可能选择放弃进入中国市场。与中国的情况相比,蒙古国的外资企业注册和审批流程显得相对简单,但这并不意味着其制度设计合理。蒙古国在审批过程中缺乏统一的标准和透明的操作流程,这种现象可能导致审批时间的延长,从而在一定程度上削弱了外资企业的信心。虽然简化审批流程能够降低外资企业的进入门槛,加速其市场准入,但这一过程也需要谨慎对待,以避免在环保和安全风险评估方面的不足。因此,中国政府在进行行政审批程序优化时,需要更加深入地考虑如何平衡提高效率与确保企业符合环境和安全标准之间的关系。同时,蒙古国亦亟须建立更加统一和透明的标准体系,以增强外资企业对于市场的信心,从而提升整体投资环境的稳定性和可预测性。这将对两国的经济发展和国际投资合作产生积极影响。

三、环境保护的差异

中国已制定一系列环境保护法律法规,例如《中华人民共和国环境保护法》《中华人民共和国水污染防治法》《中华人民共和国土壤污染防治法》等，针对农业生产中的环境污染问题进行严格规范。这些严格的环保法律法规为农牧业供应链设定了明确的环境保护标准，从而有助于提升产品的整体质量和市场竞争力。然而，这也可能导致企业运营成本的增加。与此相对应，蒙古国同样具有一系列环境保护法律法规，如《中华人民共和国环境保护法》《中华人民共和国自然资源法》等，但这些法律在实施细则上尚显不足。相对宽松的环保法律法规为供应链带来更大的灵活性，然而，由于实施细则的不完善，可能导致环保措施落实不到位，从而影响生态系统的健康以及农产品的安全性。

中国政府在环保监管方面建立了一个相对完善的体系，各级环保部门承担着监督和执法的重大职责。这一制度确保了环保法规的有效实施，有助于促进绿色农业的发展，通过加大对违规排污行为的处罚力度，政府能够有效遏制污染行为的发生。此外，严格的环保法规为农牧业供应链提供了明确的标准，极大地提升了产品质量和市场竞争力。然而，这样的措施在一定程度上也增加了企业的运营成本，因此，在推动环保和促进经济发展的平衡上，政府面临着较大的挑战。相比之下，蒙古国的环保监管体系相对薄弱，执法力度不足，导致环保法规的落实效果不理想。尤其是在偏远地区，环保法规的执行更是面临诸多困难，缺乏有效的监管手段可能会导致严重的环境污染问题。这种状况不仅影响当地的生态环境，也给居民的生活带来了潜在的威胁，从而加大了环境污染的风险。

四、农业科技的差异

中国政府一直高度重视农业科技研发工作，并在这一领域每年投入大量资金，以推动农业的现代化进程。数据显示，2022年，中国在农业科技研发方面的支出超过1 000亿元人民币，这一巨额投资不仅体现了国家对农业发展的重视程度，更为各项技术的创新与提升提供了强有力的资金支持。这些科技研发的投入，极大地推动了农业技术的创新，进而提高了农作物的产量和质量，为保障国家粮食安全和农民增收作出了重要贡献。相较之下，蒙古国在农业科技方面的投入却相对较少。由于政府财政状况有限，蒙古国在农业现代化进程以及牧草种植技术的发展上面临诸多挑战。在这种背景下，农业科技的缺乏直接制约了其农业生产的效率和质量，导致整体农业发展滞后，进而影响了农民的收入水平和粮食安全。

中国的农业科技推广体系相对完善，充分发挥了科研院所、高校和地方农业技术推广站等多个渠道的作用，有效地将科技成果和技术指导传递给农民。这种多方合作的模式不仅促进了农业科技的传播，也为农民提供了及时和专业的技术支持。在此背景下，智慧农业技术得到广泛推广，例如，无人机在植保和精准施肥中的应用，显著提升了农业的生产效率，降低了生产成本，同时也促进了农产品的质量提升，使广大农民在技术的帮助下实现了增收。与此相比，蒙古国的农业科技推广体系相对不完善，主要依赖于少数科研院所和国际援助。由于基层农业推广力量不足，导致了农民仍然使用传统且低效的生产方式，在生产方面缺乏创新与进步。此外，蒙古国的牧民大多数仍依赖传统的放牧方式，缺乏科学的饲养和管理技术。这不仅影响了畜产品的质量，还制约了整个供应链的发展，使现代化的农业生产模式难以建立。这种局面显然限制了蒙古国农业的现代化进程，造成了生产效率低下和产品质量不高的局面。

中国在国际农业科技合作方面展现出积极的态度，主动与多个国家和国际组织签署合作协议。这些合作不仅涉及技术的交流与共享，还包括政策的对接与经验的互鉴，为中国的农业科技发展提供了一个广阔的平台。通过参与这些国际合作，中国得以获取丰富的资源，促进先进技术的引进与消化，从而加快了农业科技的进步。在与美国、欧盟等科研机构的合作中，中国与这些国家共同开展了智能农业和生物技术等多个领域的联合研究。这些研究不仅为中国农业带来新的技术应用，也提升了农业生产的整体效率与供应链的竞争力。通过引入国际前沿技术，中国的农业生产方式正在不断革新，从而有效满足日益增长的市场需求。此外，中国与蒙古国的农业科技合作也在不断深化，尤其是在牧草种植和动物疫病防控方面，双方已取得一系列显著成果。中国向蒙古国提供了相应的技术与设备，不仅提升了该国牧草的产量与质量，还改善了畜牧业的生产条件，进一步拓展了牧草的供应链。这一系列合作措施有效促进了两国农业科技的共同进步，形成了互利共赢的局面。

第三节 加工方面的政策法规制度差异

一、政策法规的差异

中国的法规体系不仅涵盖面广,而且内容详尽,旨在确保食品安全、提高产品质量以及保护环境。这一法律框架包括诸如《食品安全法》《农产品质量安全法》《食品生产许可管理办法》以及《食品添加剂使用标准》等多项重要法规。根据《食品安全法》,中国在食品添加剂的管理方面采取非常严格的措施。例如,国家卫生健康委员会发布 GB 2760—2014《食品安全国家标准 食品添加剂使用标准》明确规定了不同食品添加剂的最大使用量。此外,中国还实施了食品安全追溯制度,要求猪肉等产品在上市前必须具备"两证一报告",具体包括动物检疫合格证明、肉品品质检验合格证明和非洲猪瘟检测报告,以保证食品的安全性。《农产品质量安全法》规定了严格的农药残留限量,GB 2763—2019《食品安全国家标准 食品中农药最大残留限量》为超过 500 种农药在农产品中的最大残留量设定了具体标准,确保农产品的安全与卫生。同时,《环境保护法》和《水污染防治法》要求农畜产品加工企业达到一定的环保标准,例如,废水排放需经过处理,并符合 GB/T 8978—1996《污水综合排放标准》中规定的各行业污水排放的具体指标。

蒙古国虽然制定了一系列相关法规,如《食品安全法》《农产品质量法》《环境保护法》,但在具体性和执行力度上却明显落后于中国。《食品安全法》对食品添加剂的管理相对宽松,缺乏详细的使用指南和限量标准,尽管在执法过程中参考了国际标准,但实施细则的不明确性使监管困难重重。《农产品质量法》同样面临挑战,特别是在农药使用的监管方面。根据 2019 年的调查,约有 20% 的农产品样本在农药残留方面超标,这一现象严重影响了农产品的质量安全。此外,《环境保护法》对环境保护也有一定要求,但由于相关设备的不足和监管力度的缺乏,许多企业未能遵循规定。2020 年的检查中,有肉类加工厂因废水直接排放而导致水源污染,这一事件凸显了当前环境保护监管的缺失。因此,尽管蒙古国在法律层面上已进行了一定程度的规范,但由于具体实施细则的缺乏、监管的不力和设备的不足,使食品安全、农产品质量和环境保护等领域的执行效果未能达到理想标准。

二、加工标准的差异

中蒙两国在农畜产品加工标准方面存在明显的差异,这些差异不仅体现在法规的具体性和详细程度上,还反映在执行力度和监管体系的差别上。中国制定了详尽的农畜产品加工标准,旨在确保产品的质量与安全。这些标准包括《食品添加剂使用标准》《乳制品卫生标准》和《肉类加工卫生规范》等。依据 GB 19301—2010《食品安全国家标准生乳》与 GB 19644—2010《食品安全国家标准乳粉》,中国对生乳和乳粉中的微生物限量有严格的要求。例如,生乳中的菌落总数不能超过 2×10^6 CFU/mL,而大肠菌群的数值不得超过 10^2 MPN/mL。此外,GB 7718—2011《食品安全国家标准预包装食品标签通则》对乳制品的标签信息做出了详细规定,要求标明生产日期、保质期以及营养成分表等重要信息。根据 GB/T 27603—2010《肉类冷藏运输技术规范》,在肉类运输期间,必须保持 $0\sim4$℃ 的温度范围,以防止细菌滋生,并要求运输车辆配备温度记录仪以确保全过程的温度监控。同时,GB 12694—2016《食品安全国家标准肉类加工卫生规范》对肉类加工过程中的卫生条件进行了详细阐述,包括车间的卫生状况、设备的清洗消毒程序以及员工的健康管理等多个方面。

蒙古国的农畜产品加工标准相对较为简练,缺乏详细的实施细则。目前主要的标准包括《乳制品卫生标准》和《肉类加工卫生规范》等。蒙古国对乳制品的微生物限量标准相对宽松。例如,根据《乳制品卫生标准》,生乳中的菌落总数允许高达 5×10^6 CFU/mL,而大肠菌群数允许高达 10^3 MPN/mL,这些标准明显宽松于中国的相关规定。此外,蒙古国对乳制品的标签信息要求较为简单,主要关注生产日期和保质期,对营养成分表等更为详细的信息要求较少。在肉类的冷藏和运输方面,蒙古国的标准也表现出较为宽松的特点。例如,在肉类运输过程中,温度控制的要求仅需保持在 $0\sim10$℃ 的范围内,且并无强制性的温度记录要求。对于《肉类加工卫生规范》,虽然它对肉类加工过程中的卫生条件提出了基本要求,但具体细节和执行力度仍不及中国的相关标准。在车间卫生、设备的清洗和消毒等方面,相关的详细规定较为稀缺,同时监管力度也明显不足。

三、产品包装的差异

中国已制定了一系列详尽的农畜产品包装标准,以确保产品在质量和安全性方面达到要求。主要的标准包括《食品标签通则》以及《食品包装材料卫生标准》等文件。根据 GB 7718—2011《食品安全国家标准预包装食品标签通则》,食品标签上必须详细列出生产日期、保质期、成分表、净含量、生产厂家信息、地址、联系方式及产品标准代号等信息。例如,标签上应清晰标明食品添加剂的名称和用途。标签的字体大小、颜色对比以及位置等方面都有明确的规定,以确保消费者能够轻松阅读与理解相关信息。例如,生产日期和保质期需使用清晰可辨且不容易擦去的字体进行标示。此外,根据 GB 9687—1988《食品包装用聚乙烯成型品卫生标准》和 GB 9688—1988《食品包装用聚丙烯成型品卫生标准》,食品包装材料必须符合严格的卫生要求,禁止含有任何有害物质。例如,这些标准规定包装材料中铅、镉、汞等重金属的最大限量。此外,中国还积极鼓励采用环保包装材料,以减少塑料污染的问题,例如,GB/T 31778—2015《可降解塑料制品的标识》对可降解塑料产品的标识及使用进行了相关规定。

蒙古国的农畜产品包装标准相对简单,缺少具体的实施细则。目前的主要标准包括《食品标签通则》《食品包装材料卫生标准》等。然而,蒙古国对食品标签信息的要求较为宽松。例如,标签上通常只需标注生产日期和保质期,而对成分表、生产厂家等详细信息的要求相对较低。在标签的格式和可读性方面,蒙古国的规定不如中国严格。例如,生产日期和保质期的标示方式可能缺乏统一性和规范性,消费者在识别时可能会遇到困难。此外,蒙古国对食品包装材料的卫生要求也显得较为宽松。例如,包装材料中重金属的限量标准规定相对宽松,这可能导致某些有害物质的含量超标,从而带来健康风险。此外,在环保包装材料的使用和管理方面,蒙古国同样存在一些不足之处。如对于可降解塑料制品的标识和使用缺乏明确的规定,导致市场上存在大量不可降解的塑料包装材料。

四、技术水平的差异

中国在农牧业加工技术领域展现出相对的先进性，拥有完整的加工设备和强大的技术支持体系，构成了其行业发展的坚实基础。在肉类加工的领域中，这一优势更为明显，以双汇集团为代表，其年屠宰生猪能力已超过 2 000 万头，充分体现中国在这一领域的高度自动化水平。此外，伊利和蒙牛作为中国领先的乳制品企业，年产乳制品总量也超过 1 000 万吨，进一步巩固了中国在农牧业加工行业的地位。与之相对，蒙古国在农牧业加工技术上显得相对落后，面临加工设施更新缓慢和产品附加值低的问题。蒙古国的肉类加工大多数仍依赖于传统手工和半自动设备，现代化工厂数量有限，技术革新滞后，使生产效率难以提高，产品竞争力不足。根据 2022 年的数据，蒙古国的乳制品总产量仅约为 10 万吨，这一数字显著低于中国的生产水平，显示了两国在农牧业加工技术与产出上的巨大差异。

总体而言，中国在农牧业加工技术与生产能力方面显著优于蒙古国，借助其高度自动化的生产流程和持续的技术更新，有效提升了产品的附加值。而蒙古国则因技术滞后和设备陈旧，导致其农畜产品的附加值始终处于较低水平，亟须加强技术更新与设备升级，以增强自身的市场竞争力。

第四节　流通方面的政策法规制度差异

一、铁路标准的差异

中国的铁路网络规模庞大，营业里程达 14.63 万公里，其中，高速铁路达到 3.8 万公里，采用国际通行的标准轨距 1 435 毫米。这一发达的铁路系统为国内和国际物流提供了有效的支持。然而，与此同时，蒙古国的铁路网络则相对有限，仅有约 1 800 公里的营业里程，且采用的是俄罗斯标准轨距 1 520 毫米。由于两国轨距存在显著差异，跨境运输在实施过程中必须进行换装，增加运输的作业时间、成本以及潜在风险。这种轨距不一致的局面，使中蒙跨境物流的时效性受到严重影响，整体运输成本也居高不下，尤其在农畜产品运输方面，极大地限制了运输的便利性。尽管蒙古国内对轨距问题的讨论持续进行，但迄今为止，相关问题仍未得到有效解决。

除此之外，中国铁路在近年来的发展中展现出显著的优势，其现代化的物流信息系统及先进的装卸设备为货物运输的效率提升提供了强有力的支撑。数据显示，中国铁路的物流信息化水平已达75%，这意味着大多数管理环节已实现电子化，极大地提高了运营的透明度和响应速度。2022年，中国铁路的货物平均运距为800公里，平均运输时间仅为2天，且运输准时率高达95%，充分体现了其强大的运力与出色的效率。相较之下，蒙古国铁路的情况则显得相对逊色。其设施较为简陋，缺乏现代化的设备和相关信息系统，导致整体运营效率较低。目前，蒙古国铁路的物流信息化水平仅为30%，依然依赖手工操作和纸质文件的管理方式，这不仅增加了人为错误的概率，也延长了货物运输的周期。2022年，蒙古国铁路的货物平均运距仅为500公里，平均运输时间达到3天，准时率大约为80%，与中国铁路相比，表现明显不足。

二、物流运输的差异

中蒙两国在物流标准方面存在显著的差异。中国在物流设施建设和信息化方面展现出明显优势，而蒙古国则面临设施不足和信息化水平偏低的挑战。通过双方的合作，尤其是在冷链物流设施的构建和物流信息化的提升方面，有望实现实质性的进展。这种合作不仅将提高双边贸易的效率，还有助于促进两国经济的共同发展。

从物流设施的角度来看，中国拥有众多现代化仓库，这些仓库配备了先进的仓储管理系统和自动化设备，从而显著提升了仓储效率及货物管理的准确性。截至2022年底，中国的现代化仓库总数超过10万个，总面积超过了1亿平方米。根据中国物流与采购联合会的数据，2022年，中国的冷链物流市场规模达到4 180亿元，较前年增长了13.5%。全国范围内已存在超过2 000个冷链物流中心，冷藏车的保有量也超过25万辆。与此相比，蒙古国的物流设施相对滞后，特别是在现代化仓库的数量上显得尤为不足。根据蒙古国国家统计局的数据，2022年，蒙古国仅有约500个现代化仓库，总面积不到100万平方米。此外，蒙古国在冷链物流方面存在显著短板，国内缺乏充分的冷藏仓储设施，这限制了农产品的长期储存及远距离运输能力。2022年，蒙古国的冷链物流市场规模仅为1 000万美元，冷藏车的保有量不足1 000辆。

在物流信息化领域，中国物流行业正迅速推进其信息化建设，利用物联网和大数据等先进技术来提升物流效率和服务质量。根据《中国物流与采购联合会》的报告显示，到2022年，中国物流信息化水平已达到75%。许多物流企业纷纷引入智能物流系统，例如，顺丰速运的智慧物流平台，通过实时监控与数据分析，在优化配送路线和提高配送效率方面取得显著成效。同时，京东物流也推出了无人仓和无人机等高科技物流解决方案。相对而言，蒙古国的物流行业在信息化建设上仍显薄弱，物流信息系统的普及率较低。根据蒙古国国家统计局的数据，2022年，蒙古国的物流信息化水平约为30%，大多数物流企业依然依赖传统纸质文件和手动操作，信息化管理系统的应用普及率较低。虽然少数大型企业开始尝试引入电子物流系统，但整体的覆盖率和应用深度依然相对有限。

在政策支持方面，中国政府已经出台了一系列积极的政策措施，例如《关于推进冷链物流发展的意见》，旨在鼓励冷链物流设施建设，以提升冷链物流的服务水平。该政策明确指出，到2025年，将基本建成布局合理、设施先进、绿色低碳且运行高效的冷链物流体系。此外，中央财政还设立了专项资金以支持冷链物流基础设施的建设，地方政府也纷纷出台相应的配套政策，例如，北京市发布《冷链物流发展规划》，加大对冷链物流企业的扶持力度。相比之下，蒙古国政府在改善物流条件方面的努力显得相对滞后，相关政策和资金投入也较少，进展缓慢。2022年，蒙古国政府发布了一项《物流发展纲要》，提出要加强物流基础设施建设，进一步提升物流服务质量。然而，由于财政预算有限，实际投入资金较少，项目进展缓慢。地方政府也出台了一些扶持政策，但执行力度和效果有限。

三、通关水平的差异

中国的口岸管理在近年来通过实施严格的电子化通关系统，显著提高了通关效率。其中,"单一窗口"系统的推广,使进出口货物的申报和审核过程得以迅速完成。例如,2022年这一系统的申报比例高达95%以上,极大地简化了相关程序。以二连浩特口岸为例,自2018年该口岸实施"单一窗口"系统以来,平均通关时间从原来的1小时减少至仅30分钟,这一变化无疑提升了通关效率,使货物运输更加顺畅。相较之下,蒙古国的口岸管理则显得相对宽松,但同时也带来了通关流程烦琐和效率低下的问题。蒙古国的通关依赖于纸质文件和手动操作,导致整体效率远不如中国。根据数据,2022年蒙古国主要口岸的平均通关时间为2小时,扎门乌德口岸的通关时间甚至最长可达3小时。此外,蒙古国只有5个口岸实现常年开放,其他口岸则是季节性开放,这种现状进一步限制了贸易的顺畅进行。而位于中蒙边境的二连浩特口岸由于实行24小时通关政策,显著提升了两国之间的货物运输效率。

总体来看,蒙古国的清关效率不到全球平均水平的1/3,成为全球清关效率较低的国家之一。这一现状严重影响了货物运输的时效,亟须对通关流程进行改善与优化,以便提高整体的通关效率和国际竞争力。

四、销售方面的政策法规制度差异

(一)市场准入的差异

进口动植物及其相关产品在进入中国市场时,必须遵循一定的审批程序。根据规定,所有的进口动植物及其产品都需要申请《进境动植物检疫许可证》,而这一许可证由国家质量监督检验检疫总局(现称为海关总署)负责颁发。为了确保进口产品的合规性,出口国的企业需在中国海关总署进行注册备案,仅在经过注册的产品方可被允许进口。此外,首次进口的农畜产品需接受严格的风险评估,以决定是否能够顺利进入市场。相比之下,蒙古国对进口农畜产品的市场准入政策相对宽松,然而,进口商仍需确保其产品符合国内相关法规和标准。针对高风险产品,如肉类,必须提供蒙古国官方认可的卫生证书以证明其安全性与合规性。出口企业在蒙古国的业务操作也需要进行备案,这样能够确保对其进行有效的监管。因此,进口动植物的审批程序虽然在中国较为严格,需要遵循一系列的注册和风险评估规定，但在蒙古国则相对简化，只要符合相关卫生标准和备案要求，即可顺利进入市场。

进口农畜产品必须遵循中国国家食品安全标准，包括 GB 2707—2016 和 GB 2762—2017 等相关规范。这些标准的实施旨在确保食品的安全和消费者的健康。在这方面，对农药残留和兽药残留的要求尤为严格，相关规定如 GB 2763—2019 和 GB 31650—2019 明确限制了污染物的最大残留量。这种严格的监管体制不仅是对消费者健康的重视，也反映了中国在食品安全方面的原则立场。例如，在 2020 年中国因检测到澳大利亚牛肉中含有瘦肉精，立即暂停了部分澳大利亚企业的输华资格，这一事件突出显示了中国在进口产品监管方面的高标准和严要求。此外，中蒙两国在农畜产品市场准入上存在一定差异。虽然中国对于进口产品的要求较为严格，但蒙古国则相对宽松，旨在促进国际贸易的发展。尽管如此，双方都在努力加强合作和监管，以实现双赢的局面。在这样的背景下，中国通过严格的市场准入制度，保障了国内消费者的健康，同时也为蒙古国的农畜产品通过市场准入提供了良好的发展机遇，从而推动了国际贸易的进一步繁荣。

（二）检验检疫的差异

中国海关总署在处理首次进口的农畜产品时，实施一套全面的风险评估机制。这一机制综合考虑了多个出口国的相关因素，以确保进口产品的安全性和合规性。尤其是对高风险产品，如肉类和乳制品，中国海关总署每年都会进行一次详尽的评估，以及时识别和管理潜在的风险。以 2020 年的数据为例，中国海关总署进行了超过 1 000 次的风险评估，覆盖了近 20 个国家和地区，展现了其在农畜产品进口安全管理方面的严谨态度和高效执行。相较之下，蒙古国对首次进口的农畜产品的风险评估程序则显得相对简单。该国的评估主要集中在卫生证书和相关生产企业的资质审核上，因此其风险评估的复杂性较低。此外，蒙古国的风险评估频率也相对较低，通常仅每年进行一次。在 2020 年，蒙古国的风险评估次数大约为 300 次，涵盖的国家和地区数量也在 10 个以上。

总的来说，中国海关总署的风险评估机制在全面性和频繁性方面优于蒙古国，两国在风险评估的内容与数量上存在显著的差异。这些差异不仅体现在评估程序的复杂性上，也反映了各国在保障农畜产品安全方面的不同优先级与方法。

中国海关在进口农畜产品的管理中,采取严格的查验程序,以确保食品安全和质量。在入境时,海关工作人员对进口的农畜产品进行现场查验,涵盖感官检查和实验室检测两个方面。这一做法不仅能够有效识别潜在风险,还能提高对产品质量的把控。据统计,2021年,中国海关共查验进口农畜产品超过100万批次,平均每小时达到115批次,显示出其高效的查验能力。相比之下,蒙古国海关对进口农畜产品也进行了认真的查验,2021年查验超过5 000批次,平均每小时约6批次,数量虽然较少,但同样体现出对食品安全的关注。在合格率方面,中蒙两国的海关均展现出较高的水平。2020年的数据显示,中国进口肉类的合格率高达99.5%,乳制品的合格率则为99.8%;而蒙古国进口肉类的合格率为98.5%,蔬菜的合格率为99.2%。

中国海关和市场监管部门在进口农畜产品的监督抽查方面采取了系统且严格的措施,包括定期和不定期的抽查,以确保相关产品的质量符合国家标准。根据统计数据,2021年中国海关及市场监管部门进行了超过50万次的监督抽查,而蒙古国海关和市场监管部门的抽查次数则超过了2 000次。这一差异反映了两国在监管频率上的显著不同,其中,中国的抽查频率较高,平均每小时进行约57批次的抽查,而蒙古国的抽查频率则仅约为2批次。通过这些监管措施,中国在进口农畜产品的质量控制上展现出一定的力度和频繁性。在抽查过程中,监管部门发现进口猪肉中存在违禁药物残留的情况,随即采取了销毁处理的措施,并暂停了相关企业的进口资格,这样的反应机制能够有效地保障市场上流通农畜产品的安全性和合规性。

蒙古国位于口蹄疫的高风险区域,这一状况对该国肉类产品的出口造成了显著的影响。同时,中国对进口肉类产品的监管措施也相当严格,进一步限制了蒙古国肉类的出口。根据世界动物卫生组织(OIE)的统计数据,从2020~2022年,蒙古国报告超过200起口蹄疫病例,主要集中在中央省、东方省以及乌兰巴托市。这一疫情严重妨碍了蒙古国畜牧业的发展,导致了大量牲畜的死亡和出口的受限。蒙古国国家统计局的数据显示,2020年蒙古国的肉类产量约为25万吨,但实际出口量却仅约为1万吨,远低于其潜在的生产能力。由于口蹄疫的影响,多国对蒙古国肉类产品的进口都设定了严格的限制。同时,中国的进口管控也曾因检疫问题多次暂停进口,甚至取消了一些蒙古国肉类企业的进口许可。中国海关总署的数据表明,2020年蒙古国向中国出口的肉类总量仅为1 000吨,占中国总进口肉类量的0.1%。尽管在2021年这一数字略微上升至1 500吨,但仍仅占中国进口肉类总量的0.15%。蒙古国出口到中国的肉类主要包括羊肉和牛肉,其中:羊肉约占60%,牛肉约占40%。尽管蒙古国肉类的价格相对较低,但其品质却参差不齐,这使中国进口商对其质量要求显得尤为严格,从而限制了实际的进口量。

(三)关税政策的差异

中国作为全球第二大经济体,其关税政策呈现出复杂且多样的特征。针对进口农畜产品,中国政府依据《中华人民共和国进出口税则》及相关法律法规设置了各类不同的关税税率,旨在实现国内市场供需的平衡、保护本国产业以及履行国际贸易的承诺。在2021年,中国对进口牛肉的平均关税税率为12%,这一政策有助于控制进口成本,并有效保护国内畜牧业免受低价进口的冲击。根据中国海关总署的数据,2021年中国共进口牛肉211.8万吨,进口总金额达99.7亿美元,主要的进口来源国包括巴西、阿根廷和澳大利亚。

另外,中国对某些特定类型的奶制品实施了零关税政策,主要旨在满足国内市场的多样化需求,尤其是高端市场的要求。以婴幼儿配方奶粉为例,这类高端奶制品在中国市场上需求旺盛,零关税政策的实施能够有效降低进口成本,增强消费者的购买能力。2021年,中国进口奶制品的总量约为328.3万吨,进口总金额达到114.8亿美元,主要的进口来源国包括新西兰、法国和德国。

蒙古国的关税政策在新鲜水果和蔬菜的进口方面具有较低的税率,通常介于5%~10%之间。这一政策不仅促进了市场的多样性,还有效满足了城市居民对高品质食品的需求。在2021年,蒙古国从外部市场进口了20.5万吨的新鲜水果和蔬菜,金额高达1.2亿美元,其中主要的进口来源国是中国和俄罗斯。这种政策导向,使市场上的新鲜农产品供给丰富,能够进一步提升居民的生活质量与消费水平。相较之下,蒙古国对进口肉类及其制品则采取了较高的关税政策,税率在15%~20%之间。这一措施的主要目的是保护本国的畜牧业，防止低价进口肉类对国内市场产生冲击。2021年，蒙古国进口了3.5万吨的肉类及其制品，总金额为0.5亿美元，主要来源国为中国和哈萨克斯坦。通过这种高关税政策，蒙古国在保护本国畜牧产业的同时，努力平衡市场供给，对外贸易与内部产业发展之间的关系。

综上所述，中蒙两国在关税政策上的差异反映了各自经济发展水平和产业结构的特点。中国作为经济大国，其关税政策更倾向于通过调节税率来优化资源配置，保护重点产业；而蒙古国更多地利用关税手段来保护本国产业，特别是农业和畜牧业，同时通过降低部分商品的关税来满足国内消费需求。这些差异化的关税政策有助于两国在国际贸易中保持各自的竞争优势，同时也促进了双边贸易的健康发展。

（四）进口配额的差异

中国作为全球最大农产品消费国之一，始终高度重视粮食安全和市场稳定。这一政策导向反映了国家对农业生产及其供给链的密切关注，尤其是在气候变化和国际市场波动日益频繁的背景下。为了有效管理这一领域，政府对某些敏感农畜产品，如大米、小麦和玉米等，实施了进口配额管理政策，以确保这些关键产品的稳定供给与价格控制。具体来说，2023年小麦的非国营贸易进口配额设定为963.6万吨，其中，国有企业和非国营贸易企业各自获得50%的比例分配。这种分配方式不仅促进了市场的公平竞争，也加强了对国内市场的监管。同时，进口商必须在规定的配额内申请进口许可证，方能进行实际的进口操作。这一系列措施表明，中国通过进口配额管理政策，旨在保护国内农业生产、维护市场价格稳定，从而确保国家的粮食安全和社会经济的可持续发展。

蒙古国是一个内陆国家，其农业资源相对有限，因此对外部市场的依赖度较高。由于自然条件的制约，蒙古国在农业生产方面面临诸多挑战，必须依靠进口来满足国内对农畜产品的需求。这使蒙古国政府在进口农畜产品的管理策略上显得尤为灵活，未设置严格的配额制度，使进口商能够较为自由地进入市场，并推动商品流通。此外，蒙古国在原产地规则方面采取了宽松的政策，主要依赖于进口商提供的官方文件进行管理，大大简化了贸易程序。在2020年疫情防控期间，为了有效应对国内对肉类的需求，蒙古国政府特意放宽了从澳大利亚和新西兰进口羊肉的条件。这一措施不仅帮助国内市场缓解了供应压力，也从侧面反映了政府灵活应对突发事件的能力。尽管蒙古国在普遍情况下对进口持开放态度，但针对那些可能影响国家安全或公共卫生的商品，政府仍可根据实际情况实施临时进口限制。这种灵活的管理方式确保了在保护国家利益的同时，使市场得以有效运作。总的来说，蒙古国的进口管理体系在为满足国内需求提供便利的同时，也考虑到对国家安全和公共卫生的保护。

中蒙两国在进口农畜产品管理上的差异反映了各自国情的不同需求。中国通过设立严格的进口配额来保障国家粮食安全和市场秩序；而蒙古国则采用更为灵活的策略，既保证了市场供给又促进了国际贸易的发展。两种模式各有优势，也体现了两国政府在面对全球变化时所采取的不同应对策略。

第五节　中蒙主要进出口农产品标准分析

一、小麦粉标准指标比对分析

经过十余年的持续发展，中国的小麦标准体系已经建立起一套相对完善的框架，涵盖了基础标准、产品标准、方法标准和管理标准等多个方面。这一标准体系在提升小麦及其制品的质量、促进小麦种植结构的优化以及增加农民收入等方面，发挥了显著的作用，同时也为保障食品安全提供了有力的支持。目前，中国现行有效的与小麦相关的标准总计达到599项，其中包括71项国家标准，其余为地方标准、农业标准或粮食行业标准。相比之下，蒙古国的相关标准数量相对较少，共计29项，其中包含10项国际标准化组织标准、1项国际食品法典委员会标准以及18项国家标准。在中蒙两国的小麦粉标准进行比较时，可以从多个角度分析双方的差异，从而揭示蒙古国较少从中国进口小麦的原因。

在分析蒙古国与中国的小麦粉标准时，可以发现两国在多个关键指标上的差异，反映各自对产品质量的不同追求。首先，在水分含量方面，蒙古国的标准设定为不超过 13.5%，而中国的标准则为不超过 14.0%。更严格的水分标准有助于有效降低霉变以及微生物生长的风险，从而延长小麦粉的保质期，确保其在储存过程中的安全性。其次，灰分含量的标准亦显示出蒙古国对产品品质的严格要求，蒙古国的标准设在不超过 0.55%，优于中国的标准不超过 0.60%。低灰分含量不仅意味着小麦粉的纯度更高，还显示出其更佳的生产工艺和原料选择，对于消费者来说，这代表着更优质的产品选择。在粗细度方面，蒙古国采取的标准是通过 75 目筛≥95%，显然比中国所要求的通过 80 目筛≥90% 更为严格。更高的筛分通过率不仅可以提高小麦粉的细腻度，还有助于改善最终食品的加工品质，使产品在使用时表现更加出色。蛋白质含量则是两国标准中相对接近但有明显差异的指标。中国的标准是≥10.0%，而蒙古国的标准≥9.5%。此项指标对于小麦粉的营养价值评估至关重要，较高的蛋白质含量不仅提升了粉的营养档次，也反映出消费者对食品营养价值日益增长的期望。最后，从微生物限量的标准来看，蒙古国的标准显然更严苛。细菌总数方面，中国的上限为 10^4CFU/g，而蒙古国仅为 10^3CFU/g；对于大肠杆菌群，中国的标准为≤30MPN/100g，而蒙古国则为≤10MPN/100g。这些数值的差异不仅说明蒙古国在卫生标准上的严格把控，也表明其为保护消费者健康所采取的有效措施。

蒙古国在重金属限量标准方面制定了更为严格的要求。例如，铅的限量标准在蒙古国被设定为≤0.15mg/kg，而中国的标准则为≤0.2mg/kg；镉的限量标准在蒙古国为≤0.05mg/kg，而中国为≤0.1mg/kg。这一明显的差异反映了蒙古国对重金属污染的高度关注，旨在更有效地保护消费者的健康与安全。同样，在农药残留标准的制定上，蒙古国依据其食品安全法进行管理，而中国则依据 GB 2763 标准。在中国，小麦粉的污染和农药残留有着明确的分类和规定，能够有效确保食品的安全性。此外，蒙古国在对小麦粉的检测与认证方面也表现出更为严谨的态度。与中国相比，蒙古国在小麦粉中对农药残留及重金属的检测项目数量远远超过中国，蒙古国约有 19 项关键检测指标，而中国仅有 7 项。这表明，蒙古国在食品质量安全的把关上采取更加全面和细致的检测措施，旨在有效降低食品安全风险。

中国小麦粉的验收、包装、标签及储存要求必须严格遵循相关的国家标准和行业规范，以确保其质量和安全性。在验收方面，应该根据NY/T 1055—2015《绿色食品产品检验规则》的要求进行，确保所检验的小麦粉符合绿色食品的标准。在包装方面，应参照 NY/T 658—2015《绿色食品包装通用准则》，确保包装材料和方式能够有效保护产品品质，并满足绿色食品的环保要求。另外，关于标签的问题，必须按照 GB 7718—2011《食品安全国家标准预包装食品标签通则》的规定进行标识，确保消费者能够获得清晰、准确的产品信息。在储存与运输方面，需遵循 NY/T 1056—2006《绿色食品贮藏运输准则》的相关要求，以防止在运输和存储过程中对小麦粉造成质量损害。对于蒙古国的小麦粉，其标签需符合国家食品法典委员会所设定的标准。这不仅涉及标签信息的完整性和准确性，还需确保在包装、储存和运输方面的规定得到具体化和落实，以保障产品在市场上的安全性和合规性。

中国的小麦粉分类标准主要依据国家标准，强调以灰分含量为分类依据，这与蒙古国所采用的国际标准相对照。蒙古国在小麦粉的评估中同样采用灰分含量作为重要的分类依据，但其标准的形成和执行则受到国际通用标准的影响，可能在某些方面有所不同。在污染物和农药残留限量指标方面，中国对这些指标的规定相对更为严格，旨在确保小麦粉的安全性和可食用性。另外，蒙古国在加工环境、食品添加剂的使用、感官特性要求以及卫生安全检验等方面的标准则显得相对更高，这表明尽管中国标准对污染物控制有较为严格的规定，蒙古国在食品生产的整体管理和安全要求上可能表现得更加全面。中国的小麦粉技术要求需要遵循绿色食品标准，这是为了鼓励可持续的生产方式和健康的食品安全。在这一点上，蒙古国在水分、灰分、粗细度、微生物和重金属限量等方面的标准要求显示出更高的严格性，这表明蒙古国对小麦粉的生产和加工过程管控更为细致，力求保障食品的质量与安全。在蛋白质含量和标签标识方面，中国的标准可能设定得更高，旨在满足国内市场对产品质量的需求。

从总体上来看，蒙古国的小麦粉标准似乎表现出更为严格的特征，反映出其对食品安全和质量的重视程度。因此，可以得出结论：蒙古国的小麦粉标准整体上更为严格。建议中国的小麦粉加工和出口企业密切关注中蒙标准之间的差异，并推动两国标准的互认，以便更好地服务于农业产业的发展，提升产品在国际市场中的竞争力。

二、米类标准指标对比分析

目前，中国实行的大米标准体系共计达到 90 份，其中包括 28 份国家标准。这些标准涵盖了大米的种植、加工、包装、储存等多个环节，旨在确保产品质量和市场竞争力。相对而言，蒙古国的现行大米标准数量较少，仅有 4 份，其中 1 份为国际标准。这显示出蒙古国在大米标准化方面的发展尚处于起步阶段，与中国相比，标准的种类和细化程度存在一定差距。

中国最新的大米国家标准为 GB/T 1354—2018，于 2018 年正式发布并于 2019 年开始实施。这一标准在多个方面进行了修订和更新，相比于其前身 GB/T 1354—2009 有了显著的提升，特别是在大米的质量要求和技术指标上，体现出更为严格的管理和标准化要求。这不仅反映了国家对食品安全和质量的重视，也为生产企业提供了更加明确的规范和指导。相对而言，蒙古国的进口食品标准在细致程度和更新频率上显得相对滞后。目前，蒙古国执行的标准为 MNS 5649：2006，这一标准相较于中国的 GB/T 1354—2018 缺乏相应的更新，且技术要求和质量标准明显不如中国的标准全面。此外，新的 MNS ISO 7301：2024 标准尚处于征求意见的阶段，未正式发布，这进一步反映了蒙古国在食品标准制定和更新上的滞后性。综合来看，GB/T 1354—2018 标准在时效性和完善程度上均优于蒙古国现行的 MNS 5649：2006 标准。两者在质量要求和技术指标上存在显著差异，表明中国在大米生产和进口食品安全管理方面走在了前列，对提升食品的安全和质量起到了积极的推动作用。

GB/T 1354—2018 对大米的包装材料、包装方式及标签内容有明确且严格的要求。这一标准规定，标签上必须包含多项关键信息，包括产品名称、生产日期、保质期、净含量、生产厂家信息以及相关的认证标识等。这些信息不仅为消费者提供清晰的产品识别，还确保食品安全和追溯性。此外，蒙古国地区的食品包装和标签要求中，也包括了原产地的标示、成分列表以及食品安全声明，体现了对食品透明度和消费者知情权的重视。在包装材料方面，根据 MNS 5649：2006 的规定，米类产品的包装材料主要使用麻袋与塑料袋，而 GB/T 1354—2018 则对包装的坚固性和封口的严密性提出更严格的要求。这确保了大米在运输和储存过程中不会受到损坏，从而进一步保证了产品的质量与安全。与此同时，GB/T 1354—2018 在标签的内容上也显得更加详尽和合理，要求额外标注产品等级和最佳食用期，增强了产品的可信度。

GB/T 1354—2018 标准对大米的存储和运输提出具体的要求，以确保大米在整个供应链中的安全与质量。首先，该标准强调大米应存放在一个干燥且通风的环境中，以避免与有毒有害物质的接触，这对于保护食品安全极为重要。在运输过程中，要求使用清洁、干燥的交通工具，以防止大米在运输过程中受潮、污染或遭受暴晒。此外，标准还明确规定了储存环境的温度应低于 25℃，相对湿度不得超过 75%。该标准还涵盖了大米的储存方式（如袋装形式）、运输工具、容器与包装以及保质期等内容，从多个角度对大米的安全存储与运输进行了指导。相比之下，MNS 5649：2006 标准在大米的包装、运输和存储方面提供了更加全面和详细的指导。该标准不仅针对运输条件及过程进行深入的规定，还关注承运人的责任与义务，确保每一个环节都能符合食品安全的高标准。因此，可以看出，MNS 5649：2006 在大米的全生命周期管理上，提供了更为详尽、系统的框架，帮助相关从业者更好地遵循行业准则，从而保障大米的质量与安全。

GB/T 1354—2018 标准对大米的质量指标进行了详细规范，涵盖了碎米率、水分含量以及杂质比例等多个关键方面。在这些指标中，碎米率和杂质比例设置了明确的限制，以确保大米的整体质量和外观。同时，水分含量也被要求控制在 14% 以下，这是为了有效防止大米在储存过程中出现霉变和虫害的问题。对于进口大米，必须提供符合蒙古国食品安全相关规定的证明文件，这体现了蒙古国在大米安全性和营养价值方面的严格要求。为此，蒙古国食品安全局会对进口大米进行抽样检查，重点检测农药残留和重金属含量，以确保消费者的食品安全。

综上所述，无论是在中国还是蒙古国，大米的质量控制标准都相当严格，涉及多个技术指标和检验方法。这一系列措施的实施，旨在保护消费者的健康，提高食品安全水平，有效维护市场秩序。

三、山羊绒标准指标对比分析

在中蒙两国的山羊绒标准中，可以发现存在多方面的显著差异。这些差异主要体现在多个关键指标上，包括纤维的细度、长度、颜色、杂质含量、安全指标、检测方法以及标签标识等方面。具体而言，蒙古国实施的标准为 MNS 6375：2013，而中国的标准则为 GB 18267—2013。通过对这两套标准的关键指标进行深入研究与对比，可以清晰地指出两国在山羊绒质量评判中的不同侧重及考虑。

中国的山羊绒标准（GB/T 18267—2013）在各项指标上的规定非常明确且详细，为行业提供了清晰的标准基础。这些标准涵盖了多个方面，包括纤维细度、长度及杂质含量等，确保了山羊绒的质量和可追溯性。然而，蒙古国的相关标准则显得较为模糊，在型号、等级以及手扯长度的规定上均缺乏足够的细节。尽管蒙古国标准中规定的回潮率不超过 12%，但在手扯长度的具体指标上并没有明确的阐述，使这一部分的执行标准存在一定的模糊性。在纤维细度方面，中方标准规定了平均直径在 15～16 微米之间，而蒙古国标准则允许 15～17 微米的范围，这表明蒙古国标准在纤维细度要求上相对宽松。纤维长度方面，中国的标准要求手扯长度在 34～42 毫米之间，而蒙古国标准的范围则为 35～37 毫米，虽有部分重叠，但整体要求仍显得不够严谨。就杂质含量而言，中国标准要求不超过 1%，而蒙古国标准的上限为 2%，这进一步反映蒙古国标准在具体细节上的宽松。总体来看，中国的山羊绒标准在各项指标上展现出更高的明确性和严格性，而蒙古国的标准在细节层面则存在不足，尤其是在手扯长度和杂质含量方面的规定相对宽松，这可能对山羊绒的整体质量控制产生一定的影响。

根据 GB/T 18267—2013 标准，山羊绒的颜色分类主要包括白绒、青绒和紫绒，且对颜色的纯净度有着明确的要求，强调颜色必须纯净无杂。相对而言，蒙古国的山羊绒被分为四类，其对于颜色纯净度的要求相对较低。这种差异可能反映两国在产业发展和市场定位上的不同考虑。安全指标方面，根据 GB 18401—2010 标准，山羊绒制品的甲醛含量不得超过 75mg/kg，而蒙古国标准并未明确规定甲醛含量，但通常会参考国际标准。在 pH 值要求上，GB 18401—2010 明确规定在 4.0～7.5 的范围内，而蒙古国标准则稍宽松，允许 pH 值在 4.0～8.0 之间。此外，在色牢度方面，GB 18401—2010 标准要求达到 3 级以上，而蒙古国标准则要求达到 2 级以上。这些指标的差别表明两国在对山羊绒制品健康安全性关注程度上的不同。在检测方法上，GB/T 10685 标准使用投影显微镜法来测定山羊绒的平均直径。蒙古国标准虽然采用类似的方法进行检测，但在具体操作细节方面可能存在一些差异。这种检测方法的一致性表明两国在技术标准方面的相互借鉴，但具体应用时仍需关注每个标准的细节差异。总体而言，蒙古国的山羊绒标准在颜色纯净度、安全指标和色牢度等方面的要求相比于 GB/T 和 GB 18401 标准略显宽松。然而，在检测方法上，两国标准之间保持一定程度的一致性，这为未来的标准互认和合作提供了基础。

根据 GB/T 18267—2013 标准，不同类型的山羊绒检验证书在内容上存在显著差异。该标准明确规定了各类山羊绒检验证书所需包含的具体信息。其中，山羊原绒的检验证书必须列明产品的名称、颜色、包数、质量、产地以及相关的检验项目和检验结果。这些信息不仅有助于确保产品的真实性和合格性，并且为消费者提供了必要的保障。与山羊原绒的检验证书相比，洗净山羊绒和分梳山羊绒的检验证书虽然涉及的内容相似，但在细节上各有侧重。这类检验证书同样需要包括产品的名称、颜色、批号、包数、质量、加工单位、检验项目及检验结果。这些信息为用户在选择和使用山羊绒产品时提供了关键信息，确保其了解所购买产品的特点与品质。值得注意的是，MNS 6375：2013 标准在现有规定中并未对相关的检验证书内容进行明确要求。因此，可以得出结论，不同类型的山羊绒检验证书的内容在标准的规定下明显有所差异，GB/T 18267—2013 为各类山羊绒产品的检验证书提供了详尽的规范，而 MNS 6375：2013 则缺乏具体的内容标准。这一差异可能影响到产业内的质量控制与产品追溯，提示相关企业在遵循标准时应增强对检验证书内容的重要性认识。

根据 GB/T 18267—2013 标准，山羊绒的包装在设计时必须充分考虑管理、储存和运输的便利性，同时确保产品的品质不会受到影响。因此，针对山羊原绒和洗净山羊绒的包装材料，建议使用具有通风和透气性质的材料，以避免因潮湿或缺乏空气流通而导致的质量问题。在内包装方面，对于分梳山羊绒，应采用防潮材料，外层则需选用坚固的材料，并用铁箍进行固定，以确保包装的牢固性。根据标准要求，该包装的质量应达到 75kg，具体尺寸设定为 800mm×600mm×400mm。此外，对于特殊的包装需求，供需双方应进行充分的协商，以达成一致解决方案。根据 MNS 6375：2013 标准，对于羊绒的分类，必须按照颜色和质量进行区别，包装时应使用黄麻或厚度在1mm以上的聚乙烯袋，且按10kg的重量进行包装。

在标志方面，GB/T 18267—2013标准对成包山羊绒的要求进行明确规定，强调每个包装都应标示清楚且字迹要醒目、清晰且持久。具体而言，山羊原绒的标志须包含以下信息：产品名称、产地、颜色、型号等级、毛重、净重、包号以及交货单位；而洗净山羊绒的标志则需包含产品名称、批号、类别型号特性、毛重、净重、包号和交货单位等信息；对于分梳山羊绒，标志内容需包括产品名称、批号、类别型号特性、毛重、净重、包号及交货单位。此外，MNS 6375：2013标准要求包装品的一部分用亮笔标注羊绒代码、产品名称、净重、毛重、包装日期、类别名称和包号等信息，且地址和数字的高度需达到5厘米，宽度应大于3厘米，以确保信息的可读性和清晰度。

根据GB/T 18267—2013标准，山羊绒的储存应在一个干燥且通风良好的环境中进行。这一要求的目的是防止山羊绒在储存过程中受潮，以保留其独特的纤维特性和优良品质。此外，绒包在储存时应避免与地面直接接触，避免因潮气或污染而导致的质量下降。因此，正确的储存方式是将绒包整齐地堆放，并确保其唛头朝外，以便于在日常管理中进行有效的检查和识别。同时，在堆垛的底部需要放置环保防虫剂，以防止虫害的发生，这有助于延长山羊绒的使用寿命。根据MNS 6375：2013的规定，羊绒的包装储存高度需高于地面20厘米，并且必须标示警示标志，以提醒工作人员注意维护储存环境的安全性和卫生性。

根据GB/T 18267—2013标准，为确保运输工具能够有效保护货物，必须具备洁净、防腐、防潮以及防止包装破裂损伤的特性。这些要求旨在为所运输的物品提供一个安全的环境，尤其是在面对各种外部条件和运输方式时，在运输过程中，山羊绒的品质尤为关键，必须始终保持无污染的状态。因此，在装卸作业时，严格禁止使用任何可能导致包装受损的器械，以确保山羊绒的完整性和优质状态。此外，蒙古国在羊绒的包装和附签方面，需要严格遵循"MNS 5646：2011羊毛原料运输的一般要求"标准。这些规定不仅有助于强化运输过程中的管理，还确保了山羊绒在整个运输环节中的安全与稳定。

从以上对比可以看出，中国的山羊绒标准在多个方面显得更加严格，具体体现在纤维细度、长度、颜色纯净度、杂质含量以及安全指标等要求上。这些严谨的标准不仅确保中国山羊绒产品的高品质，也在一定程度上提升了其市场竞争力。相比之下，蒙古国的山羊绒标准在某些方面则显得较为宽松，但整体水平依然维持在较高的境界。这种差异不仅体现在标准的具体要求上，还反映出两国在山羊绒产业发展路径上的不同侧重。因此，中蒙两国在山羊绒贸易领域应该进一步加强合作，通过对比和交流来实现标准的互联互通，从而减少现有的标准差异，这样能够有效提升贸易效率和产品质量，最终达到互利共赢的局面。

四、绵羊毛标准指标对比分析

我国现行的绵羊毛国家标准共计9份，涵盖不同的质量要求和检测方法，确保绵羊毛产业的规范化管理。同时，蒙古国也有其独特的绵羊毛标准，共计4份，这些标准反映了蒙古国在绵羊毛生产和市场需求方面的特点。为了更深入地理解中蒙两国在绵羊毛标准方面的异同，本书选择GB 1523—2013和MNS 0033：2007进行关键指标的比对，通过对这两个标准的分析，期望能够揭示出它们在质量控制、检验方法和技术要求等方面的差异及相似之处。这一比较不仅有助于提升对中蒙绵羊毛行业的了解，还为两国在这一领域的合作提供了参考依据。

GB 1523—2013是一项针对绵羊毛的标准，涵盖多个国家和国际毛纺组织的规范性引用文件。这些标准涉及绵羊毛的多项重要特性，如自然长度、纤维直径测试以及断裂强度等实验方法。这些实验方法不仅确保了绵羊毛在生产和使用过程中的质量控制，还为行业提供了统一的评价标准。然而，与GB 1523—2013相比，MNS 0033：2007在规范性引用文件方面显得相对匮乏，缺少明确的标准支持。这种差异导致在绵羊毛的相关测试中，MNS 0033：2007可能无法提供足够的指导和保障。综上所述，GB 1523—2013为绵羊毛的测试提供了详尽和系统的标准体系，而MNS 0033：2007在这一方面显得不足，亟须进一步改进和补充相关规范。

在对绵羊毛的定义方面，GB 1523—2013和MNS 0033：2007这两个标准之间存在明显的差异。具体来说，这两个标准对"套毛"和"疵点毛"的定义进行详细的阐述。其中，GB 1523—2013所定义的"套毛"是指从活羊身上取得的紧密网状羊毛，与之相比，MNS 0033：2007 在这一定义上则略有不同，虽有相似之处但具体描述存在差异。更为显著的是这两个标准在污毛的分类命名上存在最大的差异，GB 1523—2013 将被粪便污染的羊毛称为"粪污毛"，而 MNS 0033：2007 则称为"黄蓬松毛"。由此可见，在羊毛的分类标准中，不同标准的差异不仅体现在定义的措辞上，还在文化和行业背景等方面产生影响。因此，在实践中使用这些标准时，应当特别注意它们的适用性和针对性，以便在羊毛的检验和评估过程中做出更加准确的判断。

在 GB 1523—2013 标准中，检验项目涵盖洗净率、净毛率以及洗净毛量等多个重要指标。这些指标的设定旨在全面评估毛类产品的质量，以确保其符合行业标准。在检验过程中，以批次为单位进行检测，在收购环节可以采用主观检验方法，但在出现争议时，应以客观检验结果为最终依据。这种检验方式不仅增加检验的灵活性，也为各方提供了一定的保障。同时，根据 MNS 0033：2007 的规定，绵羊毛的质量验收应当对总量的 10% 进行常规抽样，必要时可以对 100% 的样品进行全面检验。这一措施确保了对毛类产品质量的严格把控，为消费者和生产者提供了信心。此外，若在毛分类及质量方面存在不符合要求的情况，相关争议需由经过认证的第三方实验室进行检验裁决。这一流程的设定有效维护了检验的公正性和权威性。

在包装标志方面，GB 1523—2013 标准规定，羊毛应根据型号和规格（等级）进行分类，并且按照不同的产地、牧场（或牧户）、品种、型号和规格（等级）分别进行紧压包装（如果没有打包机械，也可以使用软包装）。在打包时，必须保持羊毛的基本形态，包装材料应选择通风透气的，绝对禁止使用会损害羊毛品质的包装品。此外，羊毛成包时应确保包装完好无损，各个包装的质量要一致，并用紧固材料捆扎不下于五道。每包成品羊毛都需附有标志，标志的字迹要醒目、清晰且持久，内容应包括产品名称、型号、规格（等级）、产地、牧场（或牧户）、包重、包号、交货单位和成包日期。同时，根据 MNS 0033：2007 标准，批量羊毛在经过净度分类后，束毛和撮毛的毛梢应朝外放置，两侧折成毛宽的 1/3，并从头部和尾部进行捆叠，禁止使用其他工具进行捆绑。

在储存和运输羊毛的过程中，GB 1523—2013 标准明确规定了羊毛应当储存于通风、防潮、防火和防水的环境中。若具备条件，宜优先选择恒温、恒湿的仓库进行存储。储存时，羊毛应按批次堆放，并确保每一包的唛头朝外整齐排列，且毛包必须保持离地，避免直接接触地面和污染。此外，为了防止虫害，羊毛堆放处的垛底应合理放置适量的防虫剂。在运输环节，所使用的运输工具需保持清洁，避免腐蚀、防潮，并减少包装破裂或损伤的风险，同时确保相关货证随货同行。在中转过程当中，交易双方不得随意更改包装和标志，亦不得对检验证书进行伪造或更改。此外，根据 MNS 0033：2007 标准，对于绵羊毛的包装、标签、存储和运输必须遵循"毛绒包装、标签、贮存和运输规则 MNS 215：2007"的要求，具体包括对发黄、蓬松和乱蓬毛进行单独包装处理，以确保产品质量。

综上所述，中蒙两国在绵羊毛的技术标准、分类、检测方法、标志、包装、运输和储存等多个方面存在着相似性与差异性。虽然两国在绵羊毛产业上有着共同的背景，但在具体的标准制定上却有各自的侧重点。在检测方法和质量控制方面，中国的标准相对更加详细和严格，强调对绵羊毛品质的全面把控。这种严谨的标准化体系不仅有助于提高产品质量，也为保障消费者的权益提供了有力的支撑。相对而言，蒙古国的标准则更倾向于实际可操作性和适用性，旨在为生产者在日常生产过程中提供切实可行的指导。这种务实的态度使蒙古国的标准能够有效地适应当地的生产环境与条件，确保产品能够顺利进入市场。综上所述，中蒙绵羊毛的标准体系各具特色，中国标准在严谨性与详尽性方面占据优势，而蒙古国标准则注重实用性和操作的便利性。这种异同反映了两国在资源管理与产业发展上的不同理念与实践，为未来的合作与发展提供了良好的基础。

第六节　中蒙贸易政策分析

一、中国贸易政策

中国推动内蒙古自治区积极融入国内、国际双循环新发展格局，全面推动向北开放重要桥头堡建设提质升级。在开放大通道建设方面，着力构建以满洲里口岸为枢纽，内连大连港、秦皇岛港及东北地区，外接俄蒙延伸至欧洲的东向国际通道；以二连浩特口岸为核心，依托中蒙俄中线铁路，形成贯通天津港、京津冀地区与俄蒙欧洲的中向国际走廊。同步提升满洲里、二连浩特中欧班列口岸服务效能，推动内蒙古中欧班列规模扩容与质量提升，重点推进乌兰察布枢纽集散能力建设，并探索将蒙古国方向班列纳入图定运输体系。加快开展中蒙俄中线铁路及乌兰察布—乌兰巴托—乌兰乌德跨境铁路升级改造可行性研究，推进甘其毛都、策克等口岸跨境铁路项目前期工作，全面实施"智慧口岸""数字国门"试点工程以强化通关保障能力。在发展开放型经济领域方面，统筹推进中国（内蒙古）自由贸易试验区申建工作，深化满洲里、二连浩特互市贸易区"加工＋投资＋贸易"一体化发展模式。通过优化边境口岸行政区划设置，创新满洲里—扎赉诺尔、乌兰察布—二连浩特等区域联动管理机制，促进口岸与腹地协同发展。聚焦综合保税区提质增效，深化与俄蒙在能源矿产、农林牧渔、基础设施等领域的产能合作，同时强化与蒙古国等周边国家在沙尘源监测治理、生态修复等领域的技术交流。积极拓展国际合作维度，推动与新加坡等国家建立多元经贸合作关系，全方位构筑高水平开放型经济体系。

二、蒙古国贸易政策

蒙古国"2050年远景"规划将其发展进程划分为2021~2030年、2031~2040年和2041~2050年三个十年阶段。该远景规划强调发展集约畜牧业和农业，专注于含增值税产品的生产，并致力于将蒙古国从进口国转变为出口国。为此，蒙古国政府将提供政策支持以促进农牧业和国内加工业的发展。

在愿景2050中，明确指出经济方向的主导目标，即发展主导经济部门并打造外向型经济。具体目标包括将农业发展成为环保、负责任和可持续生产的主导经济部门，并将增值矿业、战略性大型项目、加工业、农业、能源、运输、物流、专业旅游、相关服务、中小型工业和技能创意产业作为经济主导部门来发展。此外，还将支持区域和地方发展，特别是农业、交通物流和特色旅游产业，并扶持羊绒产业以增加精梳羊绒及制成品的出口，同时全面开展兽皮、毛皮、毛料加工，以增加缝制、针织成品的出口量。

在可持续农业方面，目标是使农业成为环境友好、适应气候变化、能够承受风险、响应社会发展趋势和需求的高生产力及可持续生产的主导经济部门。为实现这一目标，将采取措施促进农业原料和产品的快速流通，增加其在国内生产总值中的比重，并通过集约化农业生产者的活动分区和多样化来稳定粮食供应，减少进口并支持出口。此外，还将建立完善的农用原料和产品制剂质量控制和认证体系，以及优化区域内动物源性原料的利用。在人性化的生活环境方面，将确保动物牧场、灌溉、饲料和疫苗使用的安全，并建立工业加工肉和肉制品的制备和供应，以及监控和信息系统。在就业和创业方面，将建立产品直销中心和销售网络，并支持实施具有地方特色的食品生产原料和产品制备供应示范项目。同时，还将发展自贸区，建立永久性跨境贸易网络。

在2021～2025年的5年主要方向中，可持续农业的目标是加强农业生产的资源利用和经济循环，从数量转向质量和生产力。具体措施包括：充分满足国内主要粮食产品的需求，提高动物质量和生产力，保护动物基因库，支持集约化畜牧业发展，以及建立农产品运输和销售物流网络等。在食品、农业与轻工业方面，将发展农产品生产和销售网络，充分满足国内主要粮食产品需求，并支持进口替代和出口导向产品生产。

蒙古国的贸易政策紧密围绕其"2050年远景"规划展开，通过发展集约畜牧业和农业、优化资源配置、加强质量控制和认证体系、建立销售网络等措施，致力于实现从进口国向出口国的转变，并推动经济的可持续发展。此外，在蒙古国"愿景2050"长期发展政策和"新复兴政策"框架内，蒙古国政府提出加入区域运输网络、成为连接亚欧的主要过境运输国，已启动连接中国和俄罗斯的三大铁路走廊项目。尤其是蒙古国有效实施"口岸复兴"，近3年来共新建950公里铁路。口岸是限制蒙古国发展的主要因素之一。蒙中双方商定建立四个新的铁路口岸，目前正在建设中。蒙古国将高度重视，提升边境口岸通关能力，提高出口商品的数量。除中国天津港外，蒙古国还计划使用锦州港、连云港以及伊朗和巴基斯坦海港。

蒙古国"2050年远景"

为2021~2030年、2031~2040年和2041~2050年3个十年时间段

发展集约畜牧业和农业，专注于含增值税产品的生产，同时致力于从进口国转变为出口国。

在这种情况下，将用政策支持农牧业和国内加工业。

愿景——2050年

主导经济方向

目标4.2　发展主导经济部门，打造外向型经济。

4.2.1　增值矿业、战略性大型项目、加工业、农业、能源、运输、物流、专业旅游、相关服务、中小型工业和技能创意产业将作为经济的主导部门发展。

4.2.2　支持区域和地方发展，发展农业、交通物流和特色旅游产业。

4.2.20　农业将发展成为环保、负责任和可持续生产的主导经济部门。

4.2.22　扶持羊绒产业，增加精梳羊绒及制成品出口。

4.2.23　完全加工动物来源的生皮、皮革、毛皮和羊毛，增加缝制、针织成品出口量。

可持续农业

目标8.3　农业将发展成为环境友好、适应气候变化、能够承受风险、响应社会发展趋势、需要和要求、具有高生产力和可持续生产的主导经济部门。

8.3.29　我们将根据初级加工标准从农业中收集准备和供应的原材料和产品，并准备和供应市场，提供投资和激励支持。

8.3.30　根据农产品原料和产品资源，充分利用加工厂的能力，使产品加工水平与国际接轨。

8.3.31　优化区域内动物源性原料利用，增加出口产品品种，减少部分产品进口，支持出口。

8.3.32　为偏远地区动物原料的优化利用提供支持，探索和实施增加

出口产品种类的机会。

8.3.34 人民对战略粮食和主食的需求将稳定地由国内生产满足，减少对肉类和牛奶的季节性依赖。

目标范围内实施的行动

8.3.1 为农业原料和产品快速进入经济流通创造条件，增加农产品在国内生产总值中的比重。

8.3.7 集约化农业生产者的活动分区和多样化将稳定集中人口的粮食供应和可用性，减少某些类型产品的进口，并支持出口。

8.3.28 建立完善的农用原料和产品制剂质量控制和认证体系，加强农产品交易所、国家加工厂和制剂供应商活动的协调。

人性化的生活环境

2.5.16 确保动物牧场、灌溉、饲料和疫苗使用的安全，工业加工肉和肉制品的制备和供应，以及监控和信息系统将被创建。

就业和创业

3.3.1 各省、苏木的合伙企业、合作社、公民、家庭和私营企业家将与金融和市场联系起来，将创建价值链集群，并准备好有组织的工作岗位并将其与供应链联系起来州和省。

3.3.2 将在苏木建立产品直销中心，建立销售网络。

3.3.7 支持实施具有地方特色的食品生产原料和产品制备供应示范项目。

3.3.8 支持实施立足地方特色的农轻工业原料及产品备供示范项目。

优势品牌产品

4.5.14 发展自贸区，建立永久性跨境贸易网络。

2021～2025年蒙古国发展5年主要方向

可持续农业

目标8.3 加强农业生产的资源利用和经济循环，从数量转向质量和生产力：

8.3.1 国内生产将充分满足主要粮食产品的需求。

8.3.2 在国际上推广蒙古国畜肉的优势，增加肉类出口量。

8.3.4 提高动物质量和生产力，将数量转化为质量，保护动物基因库，引进生物技术成果，支持集约化畜牧业发展。

8.3.5 保护动物和动物健康，满足动物和动物原料及产品的卫生要求，保护公众健康，支持自由贸易。

8.3.7 建立农产品运输和销售物流网络，形成完善的农产品备制和供应质量控制和认证体系。

8.3.8 将发展农业原料和产品的目标市场、供应体系和价值链，提高经济潜力和效益。

8.3.9 建立畜牧及动物源性原料加工综合体，增加农产品出口。

8.3.10 为中小企业和企业主引入新的融资方式，为政府提供企业孵化服务，培养中小企业技能，提高竞争力。

8.3.12 建立动物原料加工出口工厂和科技园区，创造新的就业机会，增加畜牧业农民的收入。

8.3.13 实施"新农村"计划，发展农村中小产业，创造就业岗位，促进畜禽良种繁育，扶持畜产品原料生产企业。

8.3.14 为增加农牧民收入，改善他们的生活，将提高农畜产品原料和产品的价值，并在短期内建成加工企业，分析投入—产出。

食品、农业与轻工业

3.3 发展农产品生产和销售网络，充分满足国内主要粮食产品需求，支持进口替代和出口导向产品生产。

3.3.3 国内生产将充分满足主要食品的需求，增加肉类出口量。

3.3.6 组织开展第一次扶持牧民活动，保护牧群免受犯罪侵害，建立区域性农业原料加工厂，生产和出口增值产品，增加牧民和市民的收入。

3.3.8 完善兽医体制改革，抗击传染病和高传染性疾病，确保无高传染性疾病的和平地区，为动物源性原材料和产品的出口创造机会。

3.3.9 通过支持畜产品加工提高肉类、羊毛、羊绒和皮革加工厂的生产力。

3.3.10 建立畜牧及动物源性原料加工环保综合体，扩大农产品出口。

3.3.12 建立农产品运销物流网络，形成完善的农产品备制供应质量控制和认证体系。

第五章　中蒙农牧业跨境物流协作研究

中蒙农牧业跨境物流与中蒙农畜产品贸易发展相伴而生，两国农牧业结构互补性显著，这为两国农畜产品贸易及跨境物流发展提供了有利条件。中蒙农牧业跨境物流体系是促进中蒙区域经济合作的重要纽带，将成为推动中蒙贸易特别是中蒙农畜产品跨境贸易的重要基石。在"一带一路"倡议引领下，中蒙两国农畜产品贸易的拉动将极大刺激两国农牧业跨境物流需求，对两国农牧业跨境物流体系的协作提出了更高要求。

当前中蒙农牧业跨境物流体系在满足双方日益增长的农畜产品贸易需求方面仍存在诸多不足，面临功能不健全、跨境物流效率较低、物流服务网络不完善等系统性困境，不利于中蒙农畜产品跨境贸易的顺利开展。因此，立足中蒙农畜产品跨境贸易及物流实际，厘清中蒙农牧业跨境物流协作的理论逻辑，进而在全链条视角下，依托农牧业供应链深度合作来优化两国农牧业跨境物流体系势在必行。

第一节　中蒙农牧业跨境物流现状分析

目前，蒙古国交通以铁路和公路为主。铁路总长约2 000公里，公路总长5万多公里。关于水路，蒙古国为内陆国，没有大型海港，蒙古国水运主要指河湖水路，总长度580公里。中国和蒙古国于1991年8月26日在乌兰巴托签署《关于蒙古通过中国领土出入海洋和过境运输的协定》，指定天津港为蒙古国货物通过中国领土出入海洋的港口。

中蒙两国货物贸易主要通过铁路运输与公路运输两种方式来完成。在

"一带一路"倡议的引领下，中蒙两国对接的公路、铁路等基础设施不断升级，现已初步形成了具备一定功能的公路和铁路流通网络，两国间的货物贸易跨境物流衔接基本可以实现。

在铁路运输方面，目前中蒙两国之间仅有一条连接中国二连浩特和蒙古国乌兰巴托的铁路。由于二连浩特口岸是中欧班列"中通道"唯一进出境口岸，"一带一路"倡议的持续推进为中蒙两国铁路连接提供了宝贵契机，特别是连接中蒙两国的二连浩特中欧班列沿线铁路基础设施的开发和完善，极大提升了中蒙两国跨境货物运输的便利性和安全性。

在公路运输方面，中蒙两国于1991年正式签署双边国际道路运输协定。经过30多年的发展，中蒙两国之间已经开通了多条公路客货运输线路，基本能够满足两国跨境货物贸易的需要。目前，蒙古国正在实施以公路、铁路、石油管道、天然气管道、输电线路等"五大通道"为核心的发展之路计划，未来随着两国跨境物流基础设施的不断完善，中蒙农牧业跨境物流效率将有望提升。

本章将围绕中蒙两国边境口岸现状、中蒙农牧业跨境物流的流量现状、网络现状、标准体系现状、便利化现状、信息服务现状以及服务企业现状等方面来全面分析中蒙农牧业跨境物流现状。

一、中蒙边境口岸现状分析

口岸作为对外开放的门户枢纽，是连接和利用国内、国际两个市场、两种资源的重要通道，是推进更大范围、更宽领域、更深层次对外开放以及促进国内、国际双循环顺畅联通的关键一环，在构建新发展格局中具有关键作用。

自1989年以来，中国与蒙古国新增设若干个边境口岸，为中蒙双边贸易的发展提供了更加便利的条件。目前，国家批准对蒙古国开放口岸16个，其中：铁路口岸1个（二连浩特铁路口岸）、航空口岸3个（北京，呼和浩特，海拉尔）、公路口岸12个，形成了多方位、立体化的口岸开放格局。从中方来说，中蒙边境的13个陆路口岸分布于新疆维吾尔自治区4个、内蒙古自治区9个。

13个陆路口岸的性质、货运通过能力、客运通过能力、所对应的蒙方口岸等信息见表 5-1。

表 5-1　　　　　　　　中蒙边境陆路口岸基本信息情况

口岸名称	开放种类	货运通过能力（万吨）	客运通过能力（万人次）	蒙方对应口岸	海关指定监管场地
策克口岸	双边性常年开放公路口岸	3 000	150	西伯库伦口岸	肉类进口
甘其毛都口岸	双边性常年开放公路口岸	5 000	100	嘎顺苏海图口岸	
满都拉口岸	双边性常年开放公路口岸	1 500	60	杭吉口岸	肉类进口
二连浩特铁路口岸	国际性常年开放铁路口岸	1 700	50	扎门乌德口岸	
二连浩特公路口岸	国际性常年开放公路口岸	1 000	1 000	扎门乌德口岸	肉类进口 粮食进口 饲草进口
珠恩嘎达布其口岸	国际性常年开放公路口岸	300	100	毕其格图口岸	饲草进口
阿尔山口岸	国际性常年开放口岸	500	50	松贝尔口岸	粮食进口
额布都格口岸	双边性常年开放公路口岸	100	50	巴彦呼舒口岸	饲草进口
阿日哈沙特口岸	双边性季节公路口岸	300	100	哈比日嘎口岸	
老爷庙口岸	双边性季节公路口岸	3	1	蒙布尔嘎斯台口岸	
乌拉斯台口岸	双边性季节公路口岸	3	1	北塔格口岸	
塔克什肯口岸	双边性季节公路口岸	300	10	布尔干口岸	
红山嘴口岸	双边性季节公路口岸	1	1	大洋口岸	

2023 年上半年，位于内蒙古自治区的中蒙边境陆路口岸进出境货运量见表 5-2。其中，甘其毛都口岸、二连浩特口岸、策克口岸、满都拉口岸

以及珠恩嘎达布其口岸进出境货运量排名前5位。

表5-2　　　　2023年上半年内蒙古自治区口岸进出境货运量　　　单位：万吨

口岸名称	2023年上半年货运量
甘其毛都口岸	1 632.72
二连浩特口岸	956.1
策克口岸	685.8
满都拉口岸	237.34
珠恩嘎达布其口岸	104.21
额布都格口岸	29.91
阿日哈沙特口岸	10.22
阿尔山口岸	0.011

资料来源：《中国口岸年鉴》，百度百科。

中蒙边境13个陆路口岸的基本现状如下：

（1）策克口岸。策克口岸位于内蒙古阿拉善盟额济纳旗境内，地处"中俄蒙经济走廊"西翼，是中国"丝绸之路经济带"和蒙古国"草原之路"倡议重要交汇点，是中国通过蒙古国及俄罗斯连接欧洲构建第四欧亚大陆桥的关键节点，是构筑中国陆上能源资源安全通道的重要支撑，是内蒙古向北开放的重要通道。2005年6月，经国务院批准为中蒙双边性常年开放陆路边境口岸，分设公路通道和铁路通道，并批准设立海关、边检等查验机构。2009年1月，策克口岸正式实现中蒙双边性常年通关。2010年自治区政府批准设立边民互市贸易区。2012年，自治区人民政府批准成立策克口岸经济开发区，为自治区级经济开发区。2016年7月，国家质检总局批准策克口岸筹建进口肉类指定口岸，现已是肉类进口海关指定监管场地。2022年，策克口岸进出口货物539万吨。出入境人员5.92万人次，出入境车辆8.08万辆次。

策克口岸对外与蒙古国南戈壁省西伯库伦口岸对应，辐射蒙古国南戈壁、巴音洪格尔、戈壁阿尔泰、前杭盖、后杭盖5个畜产品、矿产资源较为富集的省区，是国内陕、甘、宁、青4省区和内蒙古所共有的陆路口岸。目前，策克口岸货运通道扩建升级为"十进六出"。2023 年 5 月，中蒙第一条跨境标准轨道策克—西伯库伦口岸蒙古段 7.1 公里跨境铁路开工建设，是中蒙俄经济走廊跨境铁路西部纵贯线的开端，为口岸产业向北拓展延伸提供了物流基础。策克口岸在全国率先推动无人驾驶智能跨境运输，不断完善 AGV（自动导引车）无人驾驶、智能重卡等跨境运输新模式。

目前，策克口岸原煤进口量常年占总货运重量的 98% 以上，形成"以煤为主"的路径依赖，口岸主要向腹地提供原材料和能源供给，产业链条短，增值提升不足，缺乏供应链金融、保税物流等支撑。此外，口岸产业发展所需人才无法满足有效需求，制约了策克口岸产业更好更快发展。

（2）甘其毛都口岸。甘其毛都口岸位于内蒙古自治区巴彦淖尔市乌拉特中旗川井镇境内中蒙边境线 703 号界标附近，与蒙古国南戈壁省汉博格德县的嘎顺苏海图口岸相对应。距乌拉特中旗政府所在地海流图镇 133 公里，距呼和浩特市 570 公里。1992 年被国务院批准为国家陆路一类季节性双边口岸，2009 年 9 月实现正式常年开放。甘其毛都口岸是蒙古国向中国出口矿产品运距最短、水电兼备的优良通道。口岸北邻蒙古国的煤、铜资源大省南戈壁省，南靠"呼包鄂乌"经济区和黄河"几"字湾都市圈，是"一带一路"和"中蒙俄经济走廊"的重要节点，也是国家西部大开发的重点区域。

甘其毛都口岸是距离蒙古国主要矿产资源省份最近的陆路口岸，是中国与蒙古国之间煤、铜贸易规模最大的口岸。2022 年，甘其毛都口岸完成货运量 1906 万吨，同比增长 144%。进出境客运量为 30.4 万人次，同比增长 52.26%，进出境交通工具为 30.4 万列（辆、架）次，同比增长 52.26%。

口岸所在巴彦淖尔市位于包兰铁路、临哈铁路、甘泉铁路三线交会，向东至天津港出海、向西经新疆通往西亚、向南经兰州接往西南和华中地区，可由口岸出发串联全国市场，口岸交通体系高效通达。高速公路方面，甘其毛都口岸经 G242 与 G0616 乌甘高速双线南下，与京新、京藏高速公路相连。铁路方面，甘泉铁路从口岸始发，南至包头，接入国铁、国能铁路运输网络，与京兰、包神、神朔、朔黄铁路，及黄骅港、天津港形成路港联网联运的矿能运输大通道。航空路网方面，甘其毛都口岸紧邻巴彦淖尔天吉泰机场和乌拉特中旗通用机场，可为各类商务往来提供出行便利。

（3）满都拉口岸。满都拉口岸位于包头市达尔罕茂明安联合旗境内，蒙方对应口岸为蒙古国东戈壁省的杭吉口岸。满都拉口岸是呼、包二市到乌兰巴托最近的口岸，对应的蒙古国东戈壁省、南戈壁省矿产资源非常丰富。2019年4月，满都拉口岸批准为肉类进口指定监管场地。口岸进出境货运量以进口为主，出口占比极低。从进口商品结构来看，煤、铁矿砂及精矿、褐煤是满都拉口岸进口的三大类商品。2022年，完成货运量309万吨，同比增长89%。进出境客运量为9.08万人次，同比增长113%，进出境交通工具为9.05万列（辆、架）次，同比增长143%。

目前，满都拉对应的杭吉口岸（东戈壁省）所连接的赛音山达市公路约120公里，处于拟建状态。由满都拉经赛音山达去往乌兰巴托的公路没有完全畅通。而赛音山达去往乌兰巴托的公路已经畅通。满都拉口岸在承接国家"一带一路"倡议中起着重要节点作用，与满都拉口岸相邻的蒙古国东戈壁省畜牧资源丰富。打造进口肉类指定监管场地，大力发展进口肉类贸易，利用好东戈壁省乃至整个蒙古国丰富的畜牧资源，对带动满都拉口岸经济发展水平，丰富内蒙古自治区外向型经济有重要意义。

（4）二连浩特公路口岸。二连浩特口岸位于中国的正北方，内蒙古自治区锡林郭勒盟西部，东西南三面与美丽富饶的苏尼特草原相邻，北与蒙古国扎门乌德隔界相望，于1992年开通试运营。2022年进出境货物91万吨、同比下降54.2%，进出境人员8.85万人次、同比增长22.6%，进出境车辆8.14万辆次、同比增长30.8%。

（5）二连浩特铁路口岸。1956年，二连浩特铁路口岸正式对外开放。2022年，口岸过货量1 326万吨，进出境客运量为2.72万人次，进出境交通工具为1.35万列（辆、架）次。口岸进口的商品主要来自俄、蒙两国，具体有铁矿石、煤炭、木材、纸浆等；出口商品主要为碳电极、沥青和钢结构产品。二连浩特铁路口岸是中欧班列中通道进出境口岸，也是连接亚欧大陆桥的重要通道。北与乌兰巴托、莫斯科的铁路联通，南接集宁线路延伸至国内腹地，是中蒙俄国际联运大通道和中欧班列中通道上的关键点。过境二连浩特口岸的中欧班列线路包括苏欧班列、南昌班列、淄博班列、厦欧班列等在内的63条，国内始发地遍布郑州、成都、厦门、东莞、上海等60多个城市，境外辐射波兰、俄罗斯、白俄罗斯等10多个国家的60多个城市。进出口商品包括板材、纸浆、氯化钾、原木、服装、机电产品、葵花籽、汽车整车及配件等。2022年过境二连浩特口岸班列2 519列。

（6）珠恩嘎达布其口岸。珠恩嘎达布其口岸位于锡林郭勒盟东乌珠穆沁旗嘎达布其镇境内，1992年被国务院批准为国家一类季节性口岸，2004年确定为国际性常年开放口岸，2008年正式实现国际性常年开放，对外辐射蒙古国苏赫巴托省、东方省和肯特省，辐射面积30万平方公里、人口20多万人。珠恩嘎达布其口岸是国家一类国际性常年开放口岸，是国家"一带一路"、中蒙俄经济走廊建设和向北开放的重要桥头堡，与蒙古国苏赫巴托省毕其格图口岸遥遥相对。其中进口货物主要是原油、褐煤、铁矿砂、钼矿粉和蒙古马，活畜进口已经成为珠恩嘎达布其口岸的特色。口岸现为进口饲草海关指定监管场地。2022年完成货运量12.83万吨，同比下降74.65%。进出境客运量为0.46万人次，同比下降72.78%，进出境交通工具为0.46万列（辆、架）次，同比下降72.78%。2014～2022年珠恩嘎达布其口岸进出口货运量见图5-1。

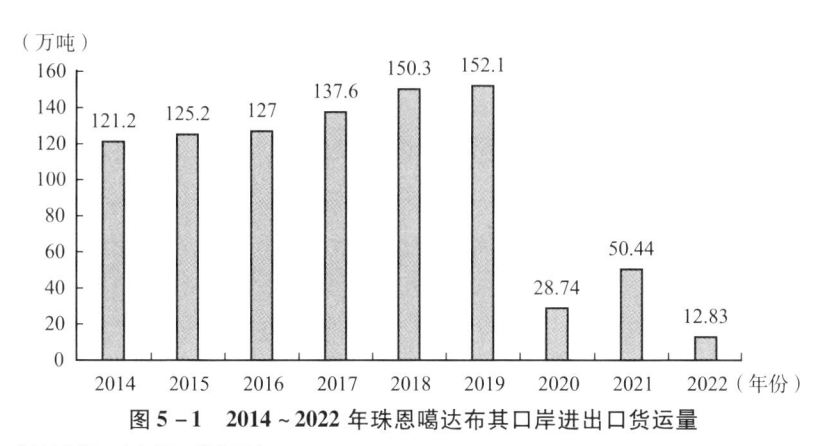

图5-1 2014～2022年珠恩嘎达布其口岸进出口货运量

资料来源：《中国口岸年鉴》。

珠恩嘎达布其口岸对内辐射东北、华北，具有连接东西、纵贯南北的地缘区位优势，对外辐射矿产和动植物资源极为丰富的蒙古国苏赫巴托省、东方省、肯特省。目前其口岸配套基础设施建设较为薄弱，货运通道、海关查验和通关智能化、便利化水平亟待提升。同时，口岸规模小、现有通关服务设施较为基础，口岸智能查验设施、智能通关过货、智慧化综合平台建设相对滞后，口岸通关效率不高。口岸"四进二出"货运通道、智能化卡口以及海关检查系统配套建设项目尚未完全建成投用，导致口岸整体通关运营性能发挥不足，影响通关效率；口岸至物流园区运输道路尚处于建设阶段，进出口货物承载能力不足，导致货物中转效率低，影响通关效率。另外，口岸货物通关时间较长。

（7）阿尔山口岸。阿尔山口岸位于阿尔山市西部45公里，中蒙边界努木尔根河右岸门山处，与蒙古国松贝尔口岸相对应。距离呼伦贝尔市新巴尔虎左旗额布都格口岸222公里、距锡林郭勒盟东乌珠穆沁旗珠恩嘎达布其口岸468公里，距离蒙古国东方省哈拉哈高勒苏木（原松贝尔苏木）96公里、东方省省会乔巴山市456公里、首都乌兰巴托1 111公里。

2012年3月2日，国务院批复内蒙古阿尔山公路口岸对外开放，口岸性质为国际性季节开放公路客货运输口岸，是国家东北振兴规划确定的向俄蒙开放的重要通道，是连接东北亚地区的重要节点，也是兴安盟的北大门和向北开放的唯一出口。从进出境货运量来看，阿尔山口岸进出境货运量规模较小，口岸现为进口粮食海关指定监管场地。阿尔山口岸是内蒙古国际性口岸之一，第三国人和货可自由通关，是内蒙古中蒙口岸最早使用ATA单证册的口岸和唯一允许中方游客进入蒙古国落地签的口岸。

目前阿尔山口岸有边民互市贸易监管场所和一般货场，可进口15国日用品、食品以及蒙古国矿产品，目前暂不具备进口肉类、饲草以及煤炭等产品条件。

（8）额布都格口岸。额布都格口岸位于内蒙古呼伦贝尔新巴尔虎左旗阿木古郎镇西南22公里处，与蒙古国白音胡舒口岸相对应。自1991年经自治区政府批准设立临时过货点以来，经过30余载的不懈努力，先后完成了自治区二类口岸、双边季节性公路客货运输口岸、国家常年开放口岸的三次升格，从单一的原油进口，逐步发展成为集原油、饲草、煤炭等资源进口，轻工业产品出口的多样性资源进出口口岸，现已成为"一带一路"倡议及自治区打造向北开放的重要战略支点。额布都格口岸是呼伦贝尔市8个对外开放口岸之一，区位上辐射蒙古国东方、肯特、苏赫巴特三省。从进出境货运量结构看，口岸以进口为主，出口占比较小。口岸现为进口饲草海关指定监管场地。2022年完成货运量36.97吨，同比下降11%。进出境客运量为2.1万人次，同比下降6%，进出境交通工具为2.1万列（辆）架）次，同比下降6%。2014~2022年额布都格口岸进出口货运量见图5-2。

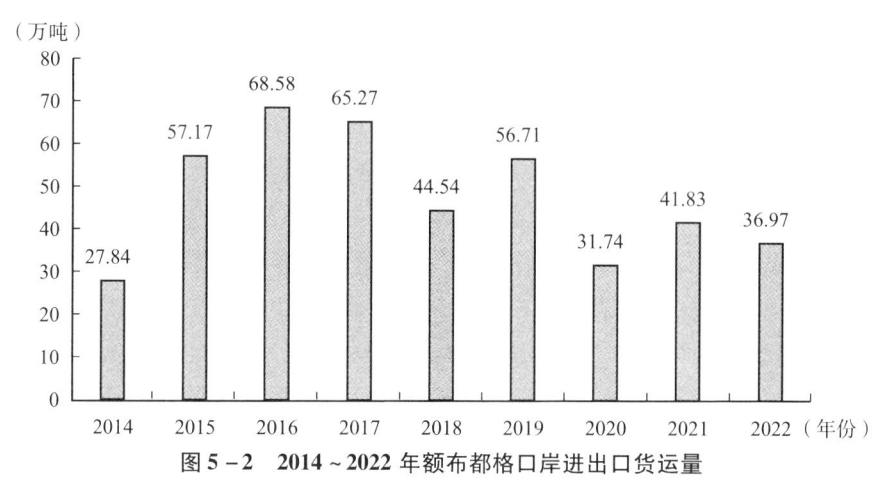

图 5-2　2014~2022 年额布都格口岸进出口货运量

资料来源：《中国口岸年鉴》。

口岸现已完成中蒙额布都格—巴彦呼舒口岸路桥、口岸二级公路、输电线路、口岸联检综合大楼、边检营房、报关大楼、饲草熏蒸库、边民互市贸易区以及监管区硬化路面的初步建设，建设工程条件基本具备，并配置查验设施，基础设施正在逐步完善。额布都格口岸有独特的优势，规划应以进口石油、煤炭、饲草和农畜产品为基础，发展以原油进口、煤炭进口为主的产业。

（9）阿日哈沙特口岸。阿日哈沙特口岸位于内蒙古自治区呼伦贝尔市新右旗阿日哈沙特镇境内，中蒙边境线 1495 号界碑处，与蒙古国东方省克尔伦县哈比日嘎口岸相对应，是中国对蒙开放的最北端的口岸。阿日哈沙特口岸具备辐射蒙古国东方省、苏赫巴特省、肯特省东部三省区位优势，是中国距离蒙古国第二大城市东方省乔巴山最近的口岸，距离满洲里市和额尔古纳市 100 多公里。

阿日哈沙特口岸开关以来，从单一的瓜果食蔬、服装鞋帽逐步向大宗商品升级，从便民小额贸易成为多渠道、多领域、多元化发展的新型口岸。口岸进口品类以煤炭、萤石矿产品、水煮牛羊肉为主，出口品类以农机设备、建材、生活物资和瓜果蔬菜为主。目前，常规进口煤炭和水煮牛羊肉，正在推进萤石进口工作；常规出口货物为少量日用百货和瓜果蔬菜。

（10）老爷庙口岸。老爷庙口岸位于中国新疆哈密市巴里坤哈萨克自治县三塘湖境内，与蒙古国戈壁阿尔泰省相邻，蒙方对应口岸为蒙布尔嘎斯台口岸。老爷庙口岸为双边季节性开放口岸，允许中蒙双方人员、货物和交通运输工具通行。

（11）乌拉斯台口岸。乌拉斯台口岸位于新疆昌吉回族自治州奇台县北塔山地区，距乌鲁木齐市450公里，距蒙古国北塔格口岸6.5公里。为双边季节性开放口岸，允许中蒙双方人员、货物和交通运输工具通行。

（12）塔克什肯口岸。塔克什肯口岸位于新疆阿勒泰地区青河县境内，是中蒙间的重要贸易通道。1991年，中蒙两国政府签订协议同意该口岸为双边季节性开放口岸，允许中蒙两国人员、货物和交通运输工具通行。

（13）红山嘴口岸。红山嘴口岸位于中国新疆阿勒泰地区福海县境内，为公路口岸，同蒙古国巴彦乌列盖省毗邻。红山嘴口岸至阿勒泰市192公里，至乌鲁木齐市900公里，至中蒙边界线2公里，至蒙古国大洋口岸12公里，距离蒙古国巴彦乌列盖省省会乌列盖市180公里。1992年7月正式开通，年过货运能力1万吨，旅客1万人次。红山嘴口岸为双边季节性开放口岸，允许中蒙双方人员、边贸货物和交通运输工具通行。

二、中蒙农牧业跨境物流量现状分析

中蒙肉制品进出口物流量见图5-3，从图中可得，中蒙肉制品进出口物流量总体呈上涨趋势，且规模较大，2018年进出口物流总量近70 000吨。

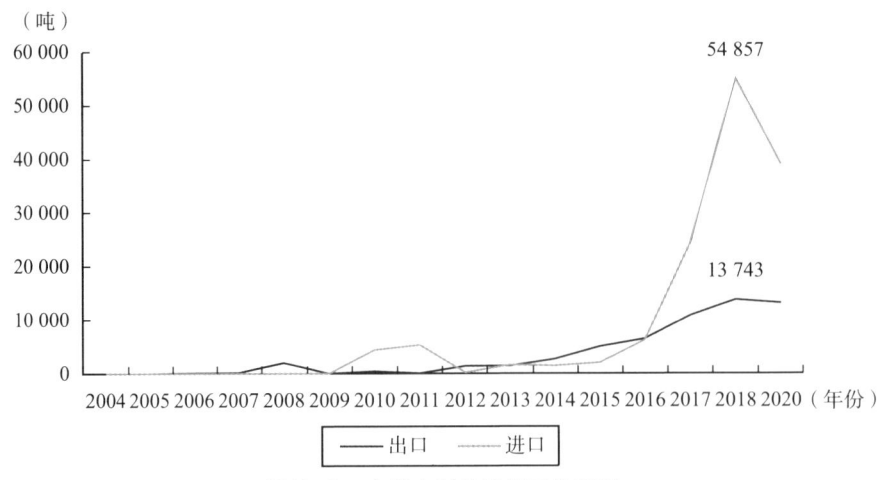

图5-3 中蒙肉制品进出口物流量

资料来源：《中国海关统计年鉴》。

中蒙乳制品进出口物流量见图5-4，从图中可得，中蒙乳制品进出口物流量总体受进出口政策影响波动较大，大部分年份的进出口量为0，个别年份存在一定的进出口物流量，但规模较小。

图5-4 中蒙乳制品进出口物流量

资料来源：《中国海关统计年鉴》。

中蒙绒毛等进口物流量见图5-5，从图中可得，中国从蒙古国进口绒毛的物流量总体呈上涨趋势，2018年达到1 500多吨。

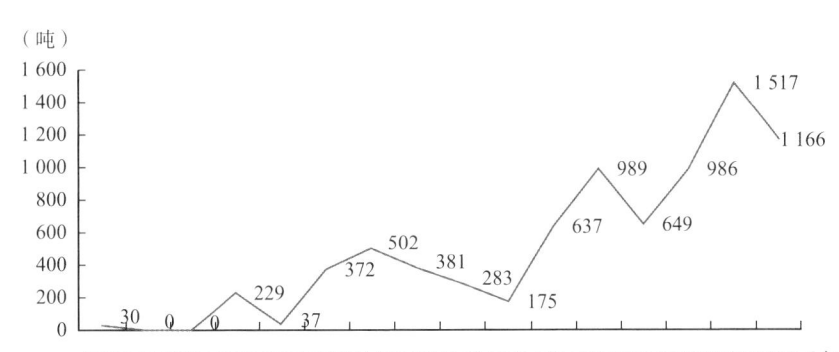

图5-5 中蒙绒毛等进口物流量

资料来源：《中国海关统计年鉴》。

中蒙果蔬出口物流量见图5-6，从图中可得，中国向蒙古国出口果蔬的物流量总体呈平稳上涨趋势，2020年达到近10万吨。

中蒙干果进出口物流量见图5-7，从图中可得，中蒙干果进出口物流量总体波动较大，大部分年份的进出口物流量较小，2017年达到近1.3万吨，此后呈下降趋势。

中蒙咖啡、茶及调味香料出口物流量见图5-8，从图中可得，中国向蒙古国出口咖啡、茶及调味香料的物流量总体呈稳中有降趋势，近几年维持在1 000吨左右。

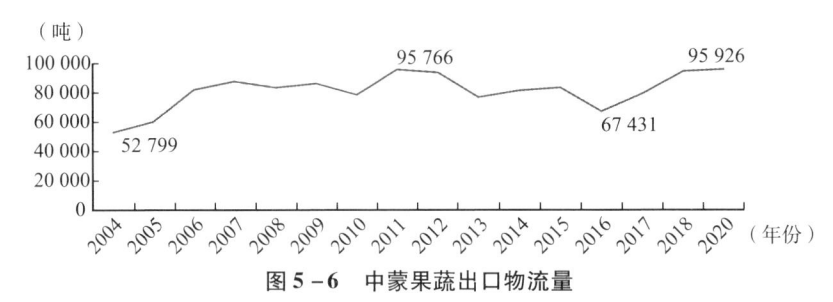

图5-6 中蒙果蔬出口物流量

资料来源：《中国海关统计年鉴》。

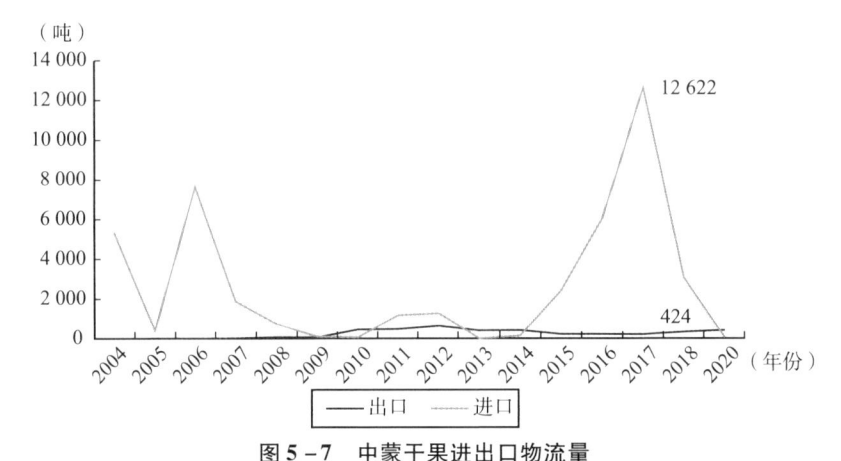

图5-7 中蒙干果进出口物流量

资料来源：《中国海关统计年鉴》。

图5-8 中蒙咖啡、茶及调味香料出口物流量

资料来源：《中国海关统计年鉴》。

中蒙谷物出口物流量见图5-9，从图中可得，中国向蒙古国出口谷物的物流量总体呈波动趋势，大部分年份维持在2.5万吨左右，近几年有下降趋势。

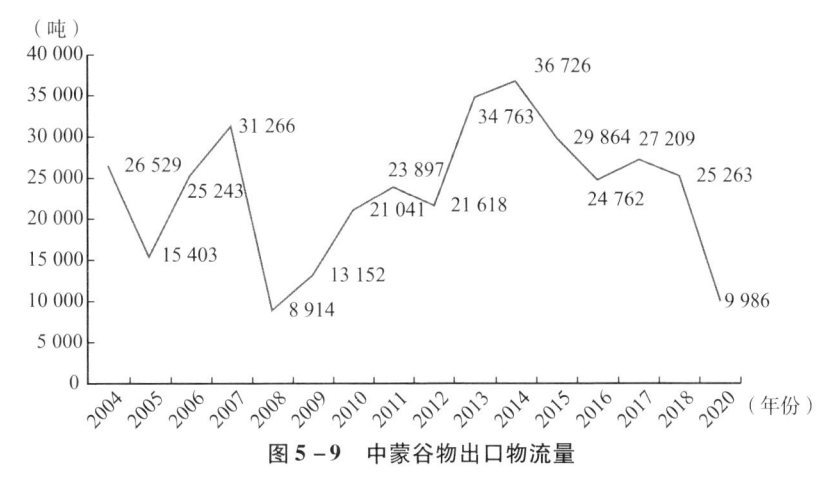

图5-9　中蒙谷物出口物流量

资料来源：《中国海关统计年鉴》。

在中蒙农牧业跨境物流作业中，生鲜农畜产品需要冷链物流作业，例如果蔬、肉制品、乳制品等，下面围绕以上产品分析中蒙农牧业跨境冷链物流量，如图5-10所示。从图中可得，中蒙农牧业跨境冷链物流量总体呈上涨趋势，需要加大冷链物流设施和设备的投入力度，重视生鲜产品的冷链物流作业。

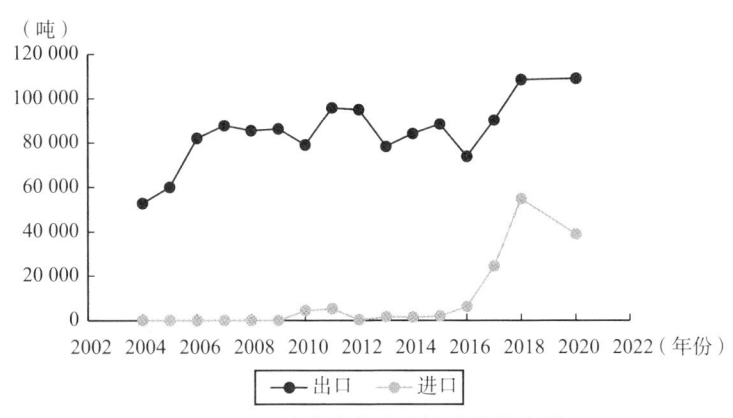

图5-10　中蒙农牧业跨境冷链物流量

资料来源：《中国海关统计年鉴》。

在中蒙农牧业跨境物流作业中，部分农畜产品对温湿度无特殊要求，只需在常温状态下流通即可，如干果、谷物、咖啡、茶及调味香料等。经系统整理可得中蒙农牧业跨境常温物流量，如图5-11所示。从图中可得，中蒙农牧业跨境常温物流量近几年呈下降趋势。

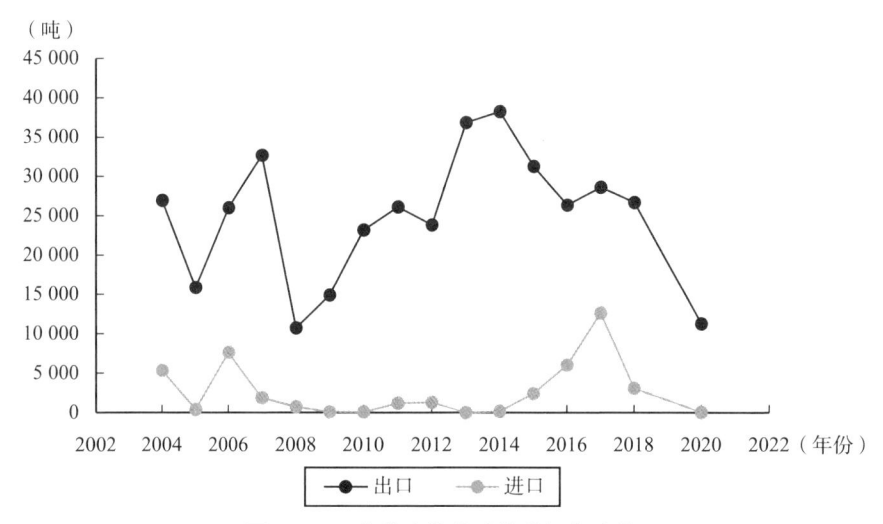

图5-11 中蒙农牧业跨境常温物流量

资料来源：《中国海关统计年鉴》。

中蒙农牧业跨境物流量与运输量、配送量基本相当。经计算可得近几年中蒙农牧业跨境常温物流平均每年仓储量约为2.8万吨，冷链物流平均每年仓储量约为9.3万吨。口岸的仓储量、运输量相对较大，而其他物流中心、配送中心等区域分拨节点的平均仓储量和配送量等相对较小。干线的运输量相对较大，而支线的配送量相对较小。

三、中蒙农牧业跨境物流网络现状分析

中蒙跨境物流运输以公路和铁路为主，中蒙农牧业跨境物流网络主要包括跨境铁路网络和跨境公路网络。目前，蒙古国铁路线少、运输能力有限，仅有乌兰巴托铁路和乔巴山向北至蒙俄边境口岸铁路两条线，没有形成纵横交错的铁路网络。铁路线主要承载了蒙古国大部分矿产品及部分粮食的运输，且随着蒙古国出口矿产品规模的扩大持续增大。

近几年，乌兰巴托铁路呈现出设备陈旧、技术老化、运行速度和安全性有待提高等问题，在一定程度上限制了跨境物流的灵活性和跨境物流的效率。

在中蒙农牧业跨境物流公路网络方面，目前，尽管形成了多条连接中蒙不同口岸之间的公路运输线路，但蒙古国境内的公路基础设施陈旧，路网的标准化程度不足，通过能力较差，且不同公路线之间的互联互通水平较低，高峰时段的道路拥堵相对严重，公路网络的物流运作效率有待提升。

目前，中蒙农畜产品的跨境流通主要通过二连浩特—扎门乌德这一对口岸通关，还没有形成以多个口岸为枢纽节点的农牧业跨境物流网络。

同时，中蒙边境地区的物流基础设施薄弱，交通设施"通而不畅"现象制约了中蒙经贸的快速发展。近年来，尽管蒙古国已提出相关基础设施建设规划且投入了基础设施建设资金，但由于资金短缺，导致公路和铁路基础设施建设滞后，无法更好满足中蒙农牧业跨境贸易对物流时效性的要求。

四、中蒙农牧业跨境物流便利化现状

影响中蒙跨境物流便利化的因素主要包括地缘政治因素、政策制度因素、区域经济发展因素以及人文历史文化因素等。目前，中蒙两国边境口岸农畜产品的通关效率基本能够满足货物流通的需要，且设立了农畜产品绿色通道，但由于个别农畜产品抽检时间长、个别口岸缺乏检验设备，在一定程度上影响了通关效率。如当大规模畜产品通过海关时，由于检验设备有限和部分检验设备短缺等问题，导致部分化验项目检验速度较慢，甚至需委托异地的实验室进行检验，延长了通关时间，降低了通关效率。另外，蒙古国部分城市口岸亦无法实施畜产品的检疫检验，需要将相关产品运往乌兰巴托进行检验，影响畜产品的通关便利性。

除此之外，目前中蒙两国边境口岸所属的物流园区功能单一，仅具有传统物流服务功能，增值性物流服务功能稀少，特别是针对农畜产品的跨境物流增值性服务功能严重不足，在一定程度上制约着中蒙农牧业跨境物流便利化的实现。

五、中蒙农牧业跨境物流信息服务现状

中蒙农牧业贸易规模不断扩大,对两国物流信息化水平提出更高的要求。现阶段,中蒙两国物流企业的智能化、信息化水平普遍偏低,无法实现跨境物流信息的及时对接和高效匹配,已成为对蒙公路运输中空载率居高不下、货物运输效率偏低的主要原因之一。截至目前,中蒙两国还未建立统一的跨境物流信息服务平台,跨境物流的参与主体和相关部门之间未能实现信息的有效传递和透明共享,各部门、市场主体之间难以实现有效协调,跨境物流作业也未能实现无缝对接。中蒙跨境物流信息化水平低,还体现在物流智能化设备和识别技术的应用不足,越来越多的国家在跨境物流中使用无线射频识别技术(RFID),以提高物流信息采集和录入的效率、提升货物追踪能力,但蒙古国至今尚未引入射频识别技术,对物流运作情况只能通过传统的电话方式进行沟通,货物及运单信息的采集和记录不够准确,导致参与主体间的协作效率较低;跨境物流作业仍以人工操作为主,基本没有配套的智能化装卸设备,严重影响了两国跨境物流的运作效率。

由于农畜产品在物流运作中极易出现水分流失、腐烂变质等情况,农牧业跨境物流对时效性的要求更高。但目前中蒙两国缺少为农牧业跨境物流提供服务的信息平台,信息共享和多方实时交互能力较差,难以实现跨境物流活动的无缝对接,无法满足农畜产品跨境物流的时效性要求,导致跨境物流的周转周期较长,农畜产品的损耗率较高。从跨境物流企业角度来看,中蒙农牧业跨境物流的信息化水平较低,常出现因供求信息衔接不畅而导致运输车辆承揽回程货困难的情况,再加上蒙古国人工成本较高、农畜产品跨境物流运作损耗较大,使中蒙农牧业跨境物流的运作成本高且存在不可控性。考虑到中蒙贸易政策的多变性,较多有实力的物流企业在涉足中蒙农牧业跨境物流业务时存在一定顾虑,而已涉足农牧业跨境物流的企业在跨境物流信息化投入方面较少,在一定程度上限制了中蒙农牧业跨境贸易的快速发展。

第二节 蒙古国农牧业物流与农业经济协调发展研究

一、蒙古国农牧业物流与农业经济发展的协调性分析

中蒙两国农牧业跨境贸易的发展需要以两国农牧业物流的高质量发展为支撑，为全面了解两国农牧业物流发展情况，特别是农牧业物流与当地农业经济发展的互动情况，需要深入分析蒙古农牧业物流与农业经济发展的协调性。

（一）蒙古国农业经济发展现状分析

本书根据蒙古国农业经济发展和物流业发展各选取5个指标，数据来源于蒙古国国家统计局，其中部分数据是通过历史数据预测得到，如表5-3所示。

表5-3　　　　2000~2022年蒙古国农业经济发展总体情况

指标	种植业总产值（百万蒙图）	农林牧业劳动生产率	农林牧渔固定资产投资（百万蒙图）	科研人员	畜牧业总产值（千蒙图）
2000年	47 515.6	0	54 288.82	2 043.81	353 916.7
2001年	75 688.8	0	49 763.15	2 283.25	318 507.7
2002年	73 274.7	0	45 237.47	2 522.69	284 921.5
2003年	90 219.8	0	40 711.8	2 762.12	302 024.8
2004年	103 945.7	522.25	36 186.13	3 001.56	564 510.6
2005年	113 226.7	1 308.85	31 660.45	3 241	738 477.4
2006年	147 333.2	2 095.44	27 224.26	3 387	834 477.4
2007年	172 720.5	2 882.03	24 835	3 458	1 147 009.7
2008年	314 567	3 668.63	34 079.3	3 656	1 377 085.4

续表

指标	种植业总产值（百万蒙图）	农林牧业劳动生产率	农林牧渔固定资产投资（百万蒙图）	科研人员	畜牧业总产值（千蒙图）
2009 年	429 613.8	4 455.22	21 034.5	3 750	1 307 739.4
2010 年	335 423.2	5 241.82	23 284	4 045	1 353 906.3
2011 年	400 653	6 028.41	48 121.8	4 120	1 585 329.6
2012 年	454 585.6	6 815.01	71 387.7	4 071	2 114 805.3
2013 年	507 360.2	7 601.6	54 001.1	4 411	2 937 634.5
2014 年	630 698.4	8 388.19	106 935.2	4 374	3 468 417.3
2015 年	561 723.6	9 840.6	144 908.5	4 125	3 728 706
2016 年	710 953.9	9 749.2	85 712.4	3 502	3 882 728
2017 年	825 356.1	9 504.4	95 520.2	4 534	4 101 724
2018 年	825 356.1	10 799.2	124 628.4	4 277	4 814 437
2019 年	872 323.5	13 087.5	114 754.8	4 254	5 675 860
2020 年	908 918.2	14 536.3	67 788.4	6 926	6 333 004
2021 年	1 470 708.7	13 015.5	68 038.2	7 072	7 234 082
2022 年	1 592 490.25	14 463.4	107 904.2	7 311.44	8 135 154.72

资料来源：蒙古国国家统计局。

从种植业总产值、农林牧业劳动生产率、农林牧渔固定资产投资、科研人员以及畜牧业总产值来看，大体呈现上升趋势。蒙古国种植业的总产值相对于畜牧业总产值较低，但随着人口增长和城市化进程的加快，对农产品的需求呈现逐年增长的趋势。

（二）蒙古国物流业发展现状分析

蒙古国物流业起步晚、基础设施薄弱，但近年来物流基础设施逐步完善，正处于快速发展的阶段。蒙古国铁路、航空和公路等交通基础设施得到了一定程度的加强和拓展，能够提供一定的陆运、海运、航空运输等物流服务，见表5-4。

表 5-4　　　　　　　2000～2022 年蒙古国物流业发展总体情况

年份	铁路货物周转量（百万吨公里）	航空货物周转量（千吨公里）	邮包快递业务量	运输储存固定资产投资（百万蒙图）	公路货物周转量（百万吨公里）
2000	4 282.5	9 400	76 019.92	3 561.67	1 480.4
2001	5 287.9	9 500	68 363.44	19 931.45	1 658.2
2002	6 461.3	9 000	60 706.96	36 301.22	1 888.7
2003	7 253.3	8 510.3	53 050.48	52 671	5 335.9
2004	8 878.1	8 894.19	45 394	69 040.77	7 561.9
2005	9 947.69	8 868.45	49 599.88	85 410.55	8 081.7
2006	9 225.61	9 061.22	49 600	101 780.33	9 189.4
2007	8 360.65	7 720.59	42 300	102 159.4	9 207.13
2008	8 261.37	7 926.53	51 300	4 2847.4	9 255.67
2009	7 852.1	3 665.8	42 300	126 422.8	10 563.82
2010	10 286.7	4 169.53	82 400	136 678.2	12 610.23
2011	11 418.75	7 693.94	126 100	240 944.5	25 635.28
2012	12 142.74	9 736.76	116 100	264 044.3	30 195.09
2013	12 076.53	9 590.23	120 100	213 033.8	21 321.86
2014	12 473.7	9 397.62	243 300	371 559.2	23 514.15
2015	11 462.59	7 682.16	234 900	74 458.4	13 043.7
2016	12 371	12 226.8	204 000	151 294.6	20 406.2
2017	13 493.2	13 175.6	352 300	217 746.6	31 212.9
2018	15 315.29	13 610.6	658 000	281 723.2	42 033.78
2019	17 384.1	13 900.1	50 9200	522 839.1	40 848.75
2020	19 167.7	8 055	207 223	316 502.6	30 454.96
2021	18 344.9	15 560.8	439.9	337 368.2	17 970.3
2022	14 910.2	31 966.9	1 128	246 611	33 075.6

资料来源：蒙古国国家统计局。

(三) 蒙古国农业经济发展水平的影响因素分析

采用熵权法计算，围绕蒙古国农业经济发展水平的影响因素，分别计算各影响因素的权重，得出影响蒙古国农业经济发展水平的主要因素。熵权法的基本步骤如下：

1. 数据标准化

设 $u_{ij}(i=1, 2, \cdots, n, j=1, 2, \cdots, m)$ 是第 i 个系统第 j 个指标的数据，根据如下的公式进行从优处理：

正向指标：$$u'_{ij} = \frac{u_{ij} - \min(u_{ij})}{\max(u_{ij}) - \min(u_{ij})}$$

负向指标：$$u'_{ij} = \frac{\max(u_{ij}) - u_{ij}}{\max(u_{ij}) - \min(u_{ij})}$$

2. 归一化处理

求第 j 个指标在第 i 个系统指标的权重（p_{ij}）：

$$p_{ij} = \frac{u'_{ij}}{\sum_{i=1}^{n} u'_{ij}}$$

3. 第 j 个指标的熵（e_{ij}）：

$$e_{ij} = \frac{-\sum_{i=1}^{n} p_{ij} \ln p_{ij}}{\ln n}$$

4. 计算第 j 个指标的差异系数（g_{ij}）：

$$g_{ij} = \frac{1 - e_{ij}}{m - \sum_{j=1}^{n} e_j}$$

5. 计算第 j 指标的权重（w_{ij}）：

$$w_{ij} = \frac{g_{ij}}{\sum_{j=1}^{m} g_j}$$

选取一组变量来对农业经济的发展进行测度：包括种植业总产值、农林牧业劳动生产率、农林牧渔投资、科研人员以及畜牧业总产值。根据上述公式可计算其权重,如表 5-5 所示。

表 5-5 蒙古国农业经济发展水平的影响因素及权重

子系统	指标层	权重
农业经济系统	种植业总产值	0.25
	农林牧业劳动生产率	0.13
	农林牧渔投资	0.21
	科研人员	0.13
	畜牧业总产值	0.28

由表 5-5 可知,畜牧业总产值和种植业产值权重较大,说明它们是影响农业经济发展水平的主要因素。畜牧业总产值对农业经济的发展影响非常重要,其增长可以促进农村收入增加、经济结构升级、食品供应增加以及产业链扩展。而种植业产值是农业经济的核心指标之一,也是衡量农业经济发展水平和农民收入的重要标志,而且农作物的产值直接影响到农业经济的发展水平,所以这两个指标权重较大。

(四) 蒙古国物流业发展水平的影响因素分析

选取一组变量来对蒙古国物流业发展水平进行测度,包括铁路货物周转量、航空货物周转量、邮包快递业务量、运输储存固定投资以及公路货物周转量等。根据上述公式可计算其权重,见表 5-6 所示。

表 5-6 蒙古国物流业发展水平的影响因素及权重

子系统	指标层	权重
物流系统	铁路货物周转量	0.12
	航空货物周转量	0.16
	邮包快递业务量	0.32
	运输储存固定投资	0.19
	公路货物周转量	0.21

由表5-6可知，邮包快递业务量权重较大，表明它是影响蒙古国物流业发展水平的主要因素。邮包快递业务量的增长促进了物流供应链的优化和转型升级，为各行各业的快速发展提供了便利。邮包快递业务数量的增加也意味着物流企业的市场需求增加，对物流行业的发展具有积极推动作用，同时也使物流产业链不断延伸和拓展，包括仓储、物流配送、运输、信息化等多个领域，从而增强整个社会经济的活力和发展动力。综上所述，邮包快递业务量的增长对物流业的发展起到至关重要的推动作用，所以其所占权重最大。

公路货物周转量的权重较大，表明其对蒙古国物流业发展水平的影响程度较大，这是因为蒙古国的铁路和航空基础设施相较于公路基础设施来讲更薄弱，绝大部分货物的流通是通过公路基础设施实现的，且中蒙边境口岸只有1个铁路口岸，大部分属于公路口岸，公路运输承担了大部分货物的国内流通和国际贸易的需求。而铁路货物周转量和航空货物周转量的权重相对较小。

（五）蒙古国农业经济发展与物流业发展的典型相关分析

为更好地反映蒙古国农业经济发展与物流业发展之间的相关关系，理清两者之间的作用机理，在前文研究成果的基础上，采用典型相关分析法进一步深入研究。本书采用以下指标来分析两个子系统的关系：

（1）农业经济系统：种植业总值（X_1）、农林牧业劳动生产率（X_2）、农林牧渔投资（X_3）、科研人员（X_4）、畜牧业总产值（X_5）。

（2）物流发展系统：铁路货物周转量（Y_1）、航空货物周转量（Y_2）、邮包快递业务量（Y_3）、运输储存固定投资（Y_4）、公路货物周转量（Y_5）。

①典型相关系数和模型分析。本书利用SPSS软件进行典型相关分析，得到各变量间的典型相关分析和典型变量标准化系数如表5-7和表5-8所示。

表5-7　　　　　　　　各变量间的典型相关分析

变量	典型相关系数	F	分子自由度	分母自由度	显著性
第一对典型变量	0.969	8.969	25.000	49.795	0.000
第二对典型变量	0.939	5.957	16.000	43.408	0.000
第三对典型变量	0.828	3.234	9.000	36.657	0.006

从表 5-7 可以看出，第一对典型变量的典型相关系数为 0.969，第二对典型变量的典型相关系数为 0.939，第三对典型变量的典型相关系数为 0.828，检验结果表明，第一对典型变量的典型相关系数有极显著意义，第二对和第三对典型变量的典型相关系数有显著意义（$P=0.006<0.05$），其余两对典型变量没有达到显著水平。

表 5-8　　　　　　　　　　典型变量标准化系数

代码	X_1	X_2	X_3	X_4	X_5	Y_1	Y_2	Y_3	Y_4	Y_5
第一对典型变量	0.361	-0.358	0.157	-0.267	-0.854	-1.027	-0.180	0.171	0.128	-0.066
第二对典型变量	0.346	-2.112	0.289	-1.105	2.672	-0.196	1.197	1.143	0.505	-1.672
第三对典型变量	0.977	-1.986	-0.238	1.247	-0.073	0.222	0.392	-0.893	0.096	-0.305

从表 5-8 可以得出：第一对典型变量的线性组合为：

$$U_1 = 0.361X_1 - 0.358X_2 + 0.157X_3 - 0.267X_4 - 0.854X_5 \quad (5-1)$$

$$V_1 = -1.027Y_1 - 0.18Y_2 + 0.171Y_3 + 0.128Y_4 - 0.066Y_5 \quad (5-2)$$

典型变量中以系数大小表达指标的重要程度。U_1 关于畜牧业总产值（X_5）具有较大的系数，系数为 -0.854，该典型变量表示畜牧业总产值的情况；V_1 关于铁路货物周转量（Y_1）具有较大的系数，系数为 -1.027，表明该典型变量主要描述铁路货物周转量的情况。从系数上看，畜牧业总产值对铁路货物周转量起到显著的正向作用。

第二对典型变量的线性组合为：

$$U_2 = 0.346X_1 - 2.112X_2 + 0.289X_3 - 1.105X_4 + 2.672X_5 \quad (5-3)$$

$$V_2 = -0.196Y_1 + 1.197Y_2 + 1.143Y_3 + 0.505Y_4 - 1.672Y_5 \quad (5-4)$$

从式（5-3）和式（5-4）可以看出，除了 X_5 之外，U_2 关于农林牧业劳动生产率（X_2）具有较大的系数，系数为 -2.112，表明该典型变量主要表示农林牧业劳动生产率的情况；V_2 关于公路货物周转量（Y_5）具有较大的系数，系数为 -1.672，该典型变量主要表示公路货物周转量的情况。即从系数上看，农林牧业劳动生产率对公路货物周转量有正向作用。

第三对典型变量的线性组合为：

$$U_3 = 0.977X_1 - 1.986X_2 - 0.238X_3 + 1.247X_4 - 0.073X_5 \quad (5-5)$$

$$V_3 = 0.222Y_1 + 0.392Y_2 - 0.893Y_3 + 0.096Y_4 - 0.305Y_5 \quad (5-6)$$

从式（5-5）和式（5-6）可以看出，除了 X_2 之外、U_3 关于科研人员（X_4）具有较大的系数，系数为 1.247，该典型变量主要表示科研人员的情况；V_3 关于邮包快递业务量（Y_3）具有较大的系数，系数为 -0.893，该典型变量主要表示邮包快递业务量的情况。即从系数上看，科研人员对邮包快递业务量有抑制作用。

②典型结构分析。典型结构分析是按照原始变量与典型变量之间的相关系数给出的，如表5-9所示。

表5-9　　　　　　　　　　　　典型结构分析

项目	U_1	U_2	U_3	V_1	V_2	V_3
X_1	-0.943	0.199	0.081	-0.913	0.187	0.067
X_2	-0.960	-0.038	-0.242	-0.930	-0.035	-0.200
X_3	-0.558	0.470	-0.541	-0.540	0.441	-0.448
X_4	-0.955	-0.113	0.247	-0.925	-0.106	0.205
X_5	-0.971	0.221	-0.041	-0.941	0.208	-0.034
Y_1	-0.938	-0.063	-0.178	-0.968	-0.067	-0.215
Y_2	-0.589	0.555	0.247	-0.608	0.592	0.298
Y_3	0.316	0.228	-0.756	-0.326	0.243	-0.912
Y_4	-0.759	-0.032	-0.278	-0.784	-0.034	-0.335
Y_5	-0.757	-0.010	-0.403	-0.781	-0.011	-0.486

由表5-9可知，X_5 与农业经济发展的第一个典型变量 U_1 呈高度相关关系，说明畜牧业总产值（X_5）在反映蒙古国农业经济发展方面占有主导地位，这与表5-1中畜牧业总产值（X_5）占有较大权重的结论基本一致。同时，X_5 与蒙古国物流经济发展的第一组典型变量呈高度相关，表明在

反映农业经济发展指标中，畜牧业总产值（X_5）是影响农业经济和物流经济协调发展的关键因素。

物流经济发展的第一个典型变量与 Y_1 呈高度相关关系，表明铁路货物周转量（Y_1）在反映蒙古国物流经济发展方面占有主导地位，且其与农业经济发展的第一典型变量呈高度相关，表明在反映物流经济的发展指标中，铁路货物周转量（Y_1）是影响农业经济和物流经济协调发展的关键因素。

③典型冗余分析。典型相关系数的平方表示两组典型变量间享有的共同变异的百分比，可进一步分解为各自的解释能力。设 U_i 和 V_i 分别为 X、Y 的第 i 对典型变量，则 U_i 对 X 方差的解释能力和 V_i 对 Y 方差的解释能力分别为：

$$r^2(X|U_i) = [\sum_{j=1}^{n} r(X_j, U_i)^2]/n$$

$$r^2(Y|V_i) = [\sum_{j=1}^{m} r(Y_j, V_i)^2]/m$$

其中，$r(X_j, U_i)$ 代表农业经济中各变量与第 i 个典型变量之间的相关系数；$r(Y_j, V_i)$ 代表物流经济中各变量与第 i 个典型变量之间的相关系数。经计算得到两组变量被其自身典型变量及配对典型变量解释的平均能力，如表 5-10 所示。

表 5-10　　　　　　　　　典型冗余分析

典型变量	第一典型冗余 （1）	典型相关系数的平方 （2）	第二典型冗余 （3）=（1）×（2）
U_1	0.795	0.939	0.747
U_2	0.064	0.882	0.056
U_3	0.084	0.686	0.058
$U_1 + U_2 + U_3$	0.943	—	0.861
V_1	0.528	0.939	0.496
V_2	0.083	0.882	0.073
V_3	0.263	0.686	0.180
$V_1 + V_2 + V_3$	0.874		0.749

由表 5-10 可知，蒙古国农业经济发展的变量能被其自身典型变量 U_1、U_2 和 U_3 及其配对典型变量 V_1、V_2、V_3 解释的比例和分别为 94.3% 和 86.1%；尤其是第一对典型变量的解释百分比分别为 79.5% 和 74.7%，表明农业经济发展的变量能被其自身典型变量及其配对典型变量解释的百分比较高；同样，物流业发展变量能被其自身典型变量 V_1、V_2、V_3 及其配对典型变量 U_1、U_2、U_3 解释的比例和分别为 87.4% 和 74.9%，表明物流业发展变量能被其自身典型变量及其配对典型变量解释的百分比也较高；总之，农业经济发展水平和物流业发展水平两组变量之间的相关性较高。

二、蒙古国农业经济发展水平与物流业发展水平的耦合协调度分析

为进一步深入分析蒙古国农业经济发展水平与物流业发展水平之间的协调性，采用耦合协调度分析法进行深入研究。

本书将农业经济发展系统与物流业发展系统的耦合度记为 C、耦合协调度记为 D，其公式为：$D = \sqrt{C \times T}$，D 值越接近于 1 则表示农业经济与物流业的协调发展程度越高。$T = \alpha U_1 + \beta U_2$，其中，$T$ 为两子系统的组合数量水平。由于认为物流业和农业经济同等重要，因此，令 $\alpha = 0.5$，$\beta = 0.5$。引入相对发展指数模型，通过相对发展指数 $K = \dfrac{U_1}{U_2}$ 来反映这两个系统间的相对发展关系。通过借鉴王珊的相关研究，对耦合协调度标准的划分见表 5-11。

表 5-11　　　　　耦合协调度等级标准

耦合协调度 D	0.0~0.09	0.10~0.19	0.20~0.29	0.30~0.39	0.40~0.49
耦合等级	极度失调	严重失调	中度失调	轻度失调	濒临失调
耦合协调度 D	0.50~0.59	0.60~0.69	0.70~0.79	0.80~0.89	0.90~0.99
耦合等级	勉强协调	初级协调	中级协调	良好协调	优质协调

根据耦合协调度模型，计算得出蒙古国农业经济、物流业的发展水平以及两者之间的耦合度与耦合协调度如表 5-12 所示。

表 5-12　蒙古国农业经济和物流业协调发展情况

年份	农业经济发展水平 U_1	物流业发展水平 U_2	相对发展指数 K	耦合度 C	耦合协调度 D	耦合等级	类型
2000	0.059	0.07	0.84	0.5	0.18	严重失调	农业经济发展滞后
2001	0.066	0.081	0.81	0.5	0.19	严重失调	农业经济发展滞后
2002	0.069	0.091	0.76	0.5	0.2	中度失调	农业经济发展滞后
2003	0.076	0.11	0.69	0.49	0.22	中度失调	农业经济发展滞后
2004	0.092	0.14	0.66	0.49	0.24	中度失调	农业经济发展滞后
2005	0.104	0.16	0.65	0.49	0.26	中度失调	农业经济发展滞后
2006	0.115	0.17	0.68	0.49	0.26	中度失调	农业经济发展滞后
2007	0.134	0.15	0.89	0.5	0.27	中度失调	农业经济发展滞后
2008	0.192	0.14	1.37	0.49	0.28	中度失调	物流发展滞后
2009	0.194	0.14	1.39	0.49	0.29	中度失调	物流发展滞后
2010	0.198	0.2	0.99	0.5	0.31	轻度失调	农业经济发展滞后
2011	0.266	0.35	0.76	0.5	0.39	轻度失调	农业经济发展滞后
2012	0.338	0.4	0.845	0.5	0.43	濒临失调	农业经济发展滞后
2013	0.361	0.33	1.09	0.5	0.42	濒临失调	物流发展滞后
2014	0.494	0.47	1.05	0.5	0.49	濒临失调	物流发展滞后
2015	0.562	0.28	2.00	0.47	0.45	濒临失调	物流发展滞后
2016	0.475	0.36	1.32	0.5	0.46	濒临失调	物流发展滞后
2017	0.542	0.53	1.02	0.5	0.52	勉强协调	物流发展滞后
2018	0.62	0.78	0.79	0.5	0.59	勉强协调	农业经济发展滞后
2019	0.658	0.8	0.823	0.5	0.6	初级协调	农业经济发展滞后
2020	0.685	0.51	1.29	0.49	0.54	勉强协调	物流发展滞后
2021	0.8	0.39	2.05	0.47	0.53	勉强协调	物流发展滞后
2022	0.937	0.5	1.87	0.48	0.58	勉强协调	物流发展滞后

从表 5-12 中可以看出，蒙古国农业经济发展水平和物流发展水平在 2000~2022 年整体上是呈现上升趋势的，在 2000~2001 年是严重失调，在 2002~2009 年保持中度失调状态，2010~2011 年是轻度失调，在 2012~

2016年是濒临失调，随着 U_1 和 U_2 的不断发展，到2017年农业经济发展水平和物流业发展水平的耦合协调度达到了勉强协调阶段，其中2019年是达到了初级协调。

从整体来看，耦合协调度是呈现出上升趋势的，农业经济发展水平和物流业发展水平的不断提高，物流业提供了农产品的储运、转运、配送等服务，使农产品的流通效率得以提升，从而让农产品顺畅地流向市场，实现农业经济的稳定发展。物流业提供了先进的冷链、保鲜技术和销售网络，帮助农产品实现从生产到消费的品质保障，提高了农产品的附加值，为农业经济创造更多的利润。农业经济通过物流业的支持实现高效率、高品质、高收益，物流业也通过农业经济的发展实现自身发展。

综上所述，在近10年的农业经济和物流协调发展过程中，大多年份均处于物流业发展滞后型，也即物流业发展的不充分，在一定程度上制约了地区经济发展水平。因此，蒙古国应大力发展现代物流业，弥补物流业发展的短板，从而更好地支撑整个地区经济的高质量发展。

第三节　中国农牧业物流与农业经济发展的协调性分析

在分析蒙古国农牧业物流与农业经济发展的协调性的基础上，还需要全面分析中国农业物流与农业经济发展的耦合协调程度。为此构建了影响中国农业物流与农业经济发展水平的评价指标体系。其中，影响中国农业物流的指标主要包括农产品物流总额、农产品物流增加值、农业物流货物周转量以及农业物流固定资产投资等。

农业物流货物周转量 = 农业总产值占GDP的比例 × 货物周转量
农业物流固定资产投资 = 农业总产值占GDP的比例 × 物流业固定资产投资

影响中国农业经济发展的指标主要包括农业生产总值、农业机械总动力、农业固定资产投资、农林牧渔业从业人员等。

一、中国农业物流发展水平评价指标体系的权重分析

根据熵权法，结合前文构建的影响中国农业物流发展水平的评价指标

体系，本书测算出各影响因素的权重如表 5-13 所示。

表 5-13　　　　　　　农业物流耦合子系统指标集

耦合子系统	指标层	权重
农业物流系统	农产品物流总额	0.26
	农产品物流增加值	0.27
	农业物流货物周转量	0.21
	农业物流固定资产投资	0.26

由表 5-13 可知，农产品物流增加值权重较大，表明它是影响农业物流发展的主要因素。首先，农产品物流增加值反映了农产品从生产到消费过程中，各个环节中所添加的附加值。其次，农产品物流增加值的提升不仅体现了农业现代化发展的要求，也能够带动其他相关产业的发展。当物流能力提高时，农产品流通渠道畅通，市场供需关系也会更加平衡。综上所述，农产品物流增加值对物流业的发展起到至关重要的推动作用，故此所占权重最大。

二、中国农业经济发展水平评价指标体系的权重分析

根据熵权法，结合构建了影响中国农业经济发展水平的评价指标体系，测算出各影响因素的权重见表 5-14。

表 5-14　　　　　　　农业经济耦合子系统指标集

耦合子系统	指标层	权重
农业经济系统	农产品生产总值	0.22
	农业机械总动力	0.15
	农业固定资产投资	0.23
	农林牧渔从业人员	0.40

由表 5-14 可知，农林牧渔从业人员权重较大，表明它是影响农业经

济发展的主要因素。农林牧渔从业人员是农业生产的基础，他们直接参与了农产品的生产过程。而且农业经济的发展需要足够的从业人员投入生产，并保证其技术水平和素质的提高，以提高农产品的产量和质量。其次，农林牧渔从业人员的生产活动直接决定了农产品的供应量和质量，进而会影响到市场价格的波动。所以农业经济需要这些从业人员来保障稳定的农产品供应和合理的价格水平，来满足消费者的需求。正是因为他们对农业经济的稳定发展和农产品生产的可持续性起着至关重要的作用，故此所占的权重较大。

三、中国农业物流与农业经济发展水平的耦合协调度分析

根据耦合协调度模型，计算出农业经济、农业物流的发展水平以及耦合度与耦合协调度，见表5-15。

表5-15　　　　　　　农业物流和农业经济协调发展情况

年份	农业物流发展水平 U_1	农业经济发展水平 U_2	相对发展指数 K	耦合度 C	耦合协调度 D	耦合等级	类型
2000	0.000	0.043	0.000	0.000	0.000	极度失调	农业物流发展滞后
2001	0.011	0.054	0.204	0.375	0.110	严重失调	农业物流发展滞后
2002	0.020	0.066	0.303	0.422	0.135	严重失调	农业物流发展滞后
2003	0.027	0.080	0.338	0.434	0.152	严重失调	农业物流发展滞后
2004	0.111	0.112	0.985	0.500	0.236	中度失调	农业物流发展滞后
2005	0.130	0.136	0.959	0.500	0.258	中度失调	农业物流发展滞后
2006	0.152	0.157	0.967	0.500	0.278	中度失调	农业物流发展滞后
2007	0.185	0.193	0.958	0.500	0.307	轻度失调	农业物流发展滞后
2008	0.278	0.225	1.237	0.497	0.354	轻度失调	农业经济发展滞后
2009	0.339	0.282	1.204	0.498	0.393	轻度失调	农业经济发展滞后
2010	0.424	0.334	1.272	0.496	0.434	濒临失调	农业经济发展滞后
2011	0.489	0.384	1.275	0.496	0.465	濒临失调	农业经济发展滞后
2012	0.597	0.446	1.339	0.495	0.508	勉强协调	农业经济发展滞后

续表

年份	农业物流发展水平 U_1	农业经济发展水平 U_2	相对发展指数 K	耦合度 C	耦合协调度 D	耦合等级	类型
2013	0.588	0.448	1.312	0.495	0.507	勉强协调	农业经济发展滞后
2014	0.573	0.586	0.979	0.500	0.538	勉强协调	农业物流发展滞后
2015	0.804	0.643	1.250	0.497	0.599	勉强协调	农业经济发展滞后
2016	0.661	0.654	1.010	0.500	0.573	勉强协调	农业经济发展滞后
2017	0.731	0.719	1.016	0.500	0.602	初级协调	农业经济发展滞后
2018	0.758	0.766	0.990	0.500	0.617	初级协调	农业物流发展滞后
2019	0.792	0.837	0.946	0.500	0.638	初级协调	农业物流发展滞后
2020	0.870	0.930	0.935	0.500	0.671	初级协调	农业物流发展滞后
2021	0.934	0.987	0.946	0.500	0.693	初级协调	农业物流发展滞后

从表5-15中可以看出，农业经济发展水平和农业物流发展水平在2000~2021年间整体上呈现上升趋势，在2000年时，是极度失调，2001~2003年间严重失调，在2004~2006年间保持中度失调状态，2007~2009年是轻度失调，在2010~2011年这两年间是濒临失调。随着中国农业物流与农业经济发展水平的不断提高，到2012年时，农业物流发展水平和农业经济发展水平的耦合协调度达到了勉强协调阶段，于2017年达到了初级协调。

从整体来看，耦合协调度呈现出上升趋势，农业物流为农业经济发展提供了必要的物流支持，确保了生产要素、产品和服务的准时、准确地交付。物流业的发展能够提高资源配置效率。物流业的发展同时也可以推动产业链整合，促进信息化、智能化和绿色化转型，提升经济发展的品质和竞争力。优质高效的物流服务将促进企业和产业的创新能力和竞争力的增强，提高整个国家经济的发展质量和竞争力。

另外，从中国农业物流与农业经济发展两个系统的发展程度来看，在大部分时间内，中国农业物流的发展水平滞后于中国农业经济的发展水平。同时，结合前文中国农业物流对农业经济发展具有长期正向影响的研究结论，我国应大力发展农业物流，从而更好支撑本国农业经济和整个跨境农牧业贸易的快速发展。

第四节 中蒙农牧业跨境物流协作效益分析

前文分析中蒙两国农牧业物流与农业经济发展的协调性，在大部分时间内，两国的农牧业物流发展水平均滞后于两国的农业经济发展水平的研究结论，因此，中蒙两国都应结合农畜产品的特点，大力发展农牧业物流。在此基础上，本章将进一步分析两国之间的农牧业跨境物流协作效益，为后文深入分析中蒙农牧业跨境物流协作问题和对策提供依据。

"一带一路"倡议的提出有效推动了我国与蒙古国、俄罗斯之间的跨境物流协作，跨境物流协作对物流绩效具有重要影响。世界银行发布的物流绩效指数（LPI）是衡量邻国之间跨境物流协作效果的重要指标。

物流协作是指各相关物流参与主体在开展业务的过程中，能够实现共同沟通协调配合以确保货物和信息的流动性，从而提高物流效率和效益的物流合作形式。国家间的跨境物流协作是随着经济全球化的逐步推进而发展起来的，能够有效整合国际物流资源，实现资源共享，保证客户物流服务质量的同时降低物流成本并提高物流绩效水平。

物流绩效指数（LPI）是关于跨境商贸流通性能即跨境物流业绩的一项综合性指标，它是一种呈现梯度变化的多面性商贸流通性能评估系统。物流绩效指数取值是一个1~5之间的数值，用来衡量物流绩效的高低。世界银行一般每两年发布一次物流绩效指数，具体包括海关效率、物流基础设施质量、国际运输便利性、物流服务质量和能力、货物可追踪性、货物运输及时性六个方面的指标。

一、中蒙跨境物流协作的总效益分析

物流协作是供应链协作的重要组成部分，中蒙农牧业供应链协作需要物流协作的支撑。缺乏物流协作，则整个供应链无法形成，因此，跨境物流协作在中蒙农牧业供应链协作中具有重要价值。

物流绩效指数可以用于衡量各个国家跨境物流协作的总效益和总价

值。表 5-16 反映了中国、蒙古国、俄罗斯在 2010~2023 年的物流绩效指数、排名以及物流绩效指数的全球均值。

表 5-16　　中国、蒙古国、俄罗斯在 2010~2023 年的物流绩效指数

国别	2010 年	2012 年	2014 年	2016 年	2018 年	2023 年
	数值/排名	数值/排名	数值/排名	数值/排名	数值/排名	数值/排名
中国	3.49/27	3.52/26	3.53/28	3.66/27	3.61/26	3.7/19
俄罗斯	2.61/94	2.58/95	2.69/90	2.57/99	2.76/75	2.6/88
蒙古国	2.25/141	2.25/140	2.36/135	2.51/108	2.37/130	2.5/97
全球均值	2.9	2.9	2.9	2.9	2.9	3

资料来源：世界银行统计数据库。

从表 5-16 可得，在 2010~2023 年间，中国在物流绩效指数方面具有显著进步，且排名在全球前 20 位，远远高于蒙古国和俄罗斯。而蒙古国和俄罗斯在物流绩效指数方面进步缓慢，且均低于全球平均值。另外，从整体来看，俄罗斯在物流绩效指数方面的表现和排名等均优于蒙古国。

总的来看，中蒙两国在物流绩效指数方面的差距较大，这在一定程度上说明中蒙两国在跨境物流协作方面存在一定的挑战和困难，未来需要在跨境物流协作方面进行持续改进和完善。

二、中蒙跨境物流协作的经济效益

从经济效益最大化角度来考量中蒙跨境物流协作的经济效益。物流绩效指数中的海关效率、国际运输便利性两个指标主要用于衡量跨境物流协作的经济效益，见表 5-17、表 5-18。

表 5-17　　中国、蒙古国、俄罗斯在 2010~2023 年的海关效率指标值

国别	2010 年	2012 年	2014 年	2016 年	2018 年	2023 年
中国	3.16	3.25	3.21	3.32	3.29	3.3
俄罗斯	2.15	2.04	2.20	2.01	2.42	2.4

续表

国别	2010 年	2012 年	2014 年	2016 年	2018 年	2023 年
蒙古国	1.81	1.98	2.20	2.39	2.22	2.5
全球均值	2.6	2.7	2.7	2.7	2.7	2.8

表 5-18　中国、蒙古国、俄罗斯在 2010~2023 年的国际运输便利性指标值

国别	2010 年	2012 年	2014 年	2016 年	2018 年	2023 年
中国	3.31	3.46	3.50	3.70	3.54	3.6
俄罗斯	2.72	2.59	2.64	2.45	2.64	2.3
蒙古国	2.46	2.13	2.62	2.37	2.49	2.5
全球均值	2.8	2.8	2.9	2.9	2.8	2.9

从表 5-17 和表 5-18 中可得，在海关效率和国际运输便利性方面，中国远高于蒙古国和俄罗斯，且高于全球均值。而蒙古国和俄罗斯则低于全球均值。相比较而言，在这两个指标方面，特别是在 2023 年，受国际局势影响，蒙古国的表现要好于俄罗斯，但与全球均值，特别是与中国还存在很大的差距。

三、中蒙跨境物流协作的生态效益

物流绩效指数中的物流基础设施质量、货物运输及时性两个指标主要用于衡量跨境物流协作的生态效益，如表 5-19、表 5-20 所示。

表 5-19　中国、蒙古国、俄罗斯在 2010~2023 年的物流基础设施质量指标值

国别	2010 年	2012 年	2014 年	2016 年	2018 年	2023 年
中国	3.54	3.61	3.67	3.75	3.75	4.0
俄罗斯	2.38	2.45	2.59	2.43	2.78	2.7
蒙古国	1.94	2.22	2.29	2.05	2.10	2.3
全球均值	2.6	2.8	2.8	2.8	2.7	2.9

表 5－20　中国、蒙古国、俄罗斯在 2010～2023 年的货物运输及时性指标值

国别	2010 年	2012 年	2014 年	2016 年	2018 年	2023 年
中国	3.91	3.80	3.87	3.90	3.84	3.7
俄罗斯	3.23	3.02	3.14	3.15	3.31	2.9
蒙古国	2.55	2.99	2.51	3.40	3.06	2.7
全球均值	3.4	3.3	3.3	3.3	3.2	3.2

从表 5－19 和表 5－20 中可得，在物流基础设施质量和货物运输及时性方面，中国远高于蒙古国和俄罗斯，且高于全球均值。而蒙古国和俄罗斯则低于全球均值。相比较而言，在这两个指标方面，俄罗斯的表现要好于蒙古国，且差距较大。即在中蒙跨境物流协作的生态效益方面，中蒙之间亦存在较大的差距。

四、中蒙跨境物流协作的社会效益

中蒙农牧业跨境物流协作有利于更好满足中国消费者对优质畜产品的需求，亦可以最大化程度满足蒙古国消费者对果蔬的消费需求，提高中蒙两国消费者的社会福利水平。

从有效服务客户需求角度来考量跨境物流协作的社会效益。物流绩效指数中的物流服务质量和能力、货物可追踪性两个指标主要用于衡量跨境物流协作的社会效益，如表 5－21、表 5－22 所示。

表 5－21　中国、蒙古国、俄罗斯在 2010～2023 年的物流服务质量和能力指标值

国别	2010 年	2012 年	2014 年	2016 年	2018 年	2023 年
中国	3.49	3.47	3.46	3.62	3.59	3.8
俄罗斯	2.51	2.65	2.74	2.76	2.75	2.6
蒙古国	2.24	1.88	2.33	2.31	2.21	2.3
全球均值	2.8	2.8	2.9	2.8	2.8	3

表 5-22　中国、蒙古国、俄罗斯在 2010~2023 年的货物可追踪性指标值

国别	2010 年	2012 年	2014 年	2016 年	2018 年	2023 年
中国	3.55	3.52	3.50	3.68	3.65	3.8
俄罗斯	2.60	2.76	2.85	2.62	2.65	2.5
蒙古国	2.42	2.29	2.13	2.47	2.10	2.4
全球均值	2.9	2.9	2.9	2.9	2.9	3.1

从表 5-21 和表 5-22 中可得，在物流服务质量和能力、货物可追踪性方面，中国远高于蒙古国和俄罗斯，且高于全球均值。而蒙古国和俄罗斯则低于全球均值。相比较而言，在这两个指标方面，俄罗斯的表现要好于蒙古国，且差距较大。即在中蒙跨境物流协作的社会效益方面，中蒙之间亦存在较大的差距。

从整体来看，近十年间，蒙古国除了在物流基础设施质量、海关效率方面有缓慢提升趋势之外，在其他指标，如国际运输便利性、物流服务质量和能力、货物可追踪性、货物运输及时性等方面均无明显改善，且在所有指标方面，均远落后于全球平均水平。在 2023 年，相较于俄罗斯的物流绩效水平而言，蒙古国除了海关效率、国际运输便利性之外，其他指标均落后于俄罗斯。另外，站在整体反映跨境物流协作的物流绩效指数来看，蒙古国的表现和排名等均落后于俄罗斯。

综上所述，中国的物流绩效水平相较于全球平均水平较高，而蒙古国和俄罗斯等国家的物流绩效水平均低于全球平均水平，且与中国差距较大。特别是在物流绩效指数、海关效率、物流基础设施质量、国际运输便利性、物流服务质量和能力、货物可追踪性、货物运输及时性等方面，蒙古国和中国存在很大差距。海关效率低、物流基础设施薄弱、国际运输便利性不足、物流服务质量和能力不高、货物可追踪性和货物运输及时性差等问题影响着中国与蒙古国之间的跨境物流协作质量。且由于蒙古国物流绩效指数落后于俄罗斯，这也不利于中国通过蒙古国开展中蒙俄之间的跨境物流协作。

相较于大宗产品的跨境物流协作而言，农牧业跨境物流协作要求更高。中蒙跨境物流协作效率不足，将极大影响两国之间农牧业的跨境物流

协作效率和质量。为改善中国与蒙古国以及中蒙俄之间的农牧业跨境物流协作效率,有必要加强中蒙农牧业跨境物流协作,提高跨境物流协作水平,更好地促进两国农牧业跨境贸易的高质量发展。

第五节 中蒙农牧业跨境物流体系存在的主要问题

结合中蒙农牧业跨境物流现状、中国农牧业物流与农业经济发展协调性、蒙古国农牧业物流与农业经济发展协调性的研究结果,以及中蒙农牧业跨境物流协作效益情况,同时围绕实地调研情况,本章深入分析中蒙农牧业跨境物流协作存在的主要问题。

一、中蒙农牧业跨境物流基础设施、设备薄弱

中蒙两国现仅有二连浩特至扎门乌德一对铁路运输口岸,且二连浩特口岸和扎门乌德口岸的物流基础设施建设不对等,蒙古国对扎门乌德口岸的持续投入明显不足,导致其基础设施特别是物流基础设施及相关配套设备落后,导致货物周转速度慢、物流运输体系单一、货物周转效率低、运输成本高。同时,由于蒙古国的口岸等基础设施大多处于经济欠发达地区,其铁路和公路运输基础设施都无法更好满足中蒙两国跨境货物的物流服务需求,且部分口岸的运输能力无法很好满足口岸贸易增长的需求,在一定程度上阻碍了双边贸易的快速发展。另外,我国的部分口岸和相关物流基础设施,诸如道路、冷库等也存在进一步完善的空间。

(一)蒙古国物流基础设施不完善

目前,蒙古国的铁路运输线较少、境内现只有两条铁路,一条为乌兰巴托铁路,另一条为自乔巴山向北至蒙俄边境口岸铁路,两条铁路总里程共计1 811公里,均使用俄罗斯标准的1 520毫米宽轨铁轨,无法直接同中国境内1 435毫米标轨铁路进行对接,需进行车厢换装。另外,铁路设施陈旧、技术老化,运输能力受到极大限制。蒙古国除乌拉巴托拥有铁路

物流体系外，其他城市几乎没有涉及铁路跨境物流运输服务。

同时，蒙古国境内尚未形成相对完善的公路网络，只有极少数的标准公路和柏油路，大部分是自然形成的砂石路，交通运输条件有限，导致流通成本高企。同时，从扎门乌德向乌兰巴托运输的公路容量有限，容易出现交通拥堵。中蒙边境口岸中，蒙方口岸冷链物流系统相对薄弱、冷库较少，通过地窖存储果蔬等农产品的情形比较普遍。

由于运输设施、仓储设施和口岸基础设施的不完善，导致跨境物流的运输效率较低、农畜产品跨境运输时间长、运输成本高，影响了农畜产品的及时交付和市场竞争力。

（二）蒙古国冷链物流设备短缺

由于农畜产品保质期短，迫切需要缩短流通时间，且农畜产品需要在跨境流通中得到适当的存储和保鲜条件，以确保产品质量和食品安全。然而，蒙古国缺乏全程标准化的冷链流通和储存设备，现有的存储和保鲜条件不足，冷链技术相对薄弱，农畜产品冷链物流发展滞后，限制国内的冷链流通，导致产品易受损和变质。且农畜产品本身属于初级产品，利润率较低，因此，高昂的流通费用给中蒙农畜产品物流发展带来巨大挑战。另外，蒙古国边境口岸冷链物流设备短缺，导致物流服务功能单一，再加上蒙古国国内路况较差，果蔬等生鲜农产品在流通过程中存在较大的损耗。

综上所述，中蒙两国间物流基础设施、冷链物流设备的不对等和物流业发展水平的不平衡，阻碍了两国农牧业跨境贸易和跨境物流的长远发展。

二、中蒙农牧业跨境物流网络不完善

目前，中国出口蒙古国的果蔬等农产品主要通过二连浩特公路口岸完成，出口通道和网络相对单一，不利于整个中蒙农牧业跨境贸易规模的持续扩大。另外，蒙古国国内的物流网络中关键的物流节点如物流枢纽、物流园区、物流基地、物流集散中心以及物流通道等物流基础设施建设滞后，跨境物流网络不完善、通达性不足；同时，蒙古国农畜产品物流运输方式单一、缺乏多式联运体系，难以与我国的农牧业物流网络实现高效衔接。

中蒙两国地区间冷链物流基础设施差异较大，中国西部地区物流基础设施建设相对滞后，物流运输网络不尽完善。蒙古国的物流基础设施建设同样滞后，且与中国的物流基础设施存在衔接不紧密、不通畅等问题，导致口岸过境货物的周转效率较低。

同时，中蒙两国跨境物流体系搭建才刚刚起步，两国间物流合作模式单一、合作主体类型单一、合作周期较短、合作内容单一、彼此信任程度有待提高、还未能进行更深层次的多边合作，难以形成衔接高效的物流服务网络、跨境物流的时效性难以保障。除此之外，两国不同物流设施设备的标准不统一，导致物流网络中不同物流节点之间的衔接存在一定困难。

因此，中蒙农牧业跨境物流服务网络还没有形成一个相对顺畅和完善的体系，物流基础设施互联互通存在设施、制度、政策、标准、资金投入等方面的多重障碍，跨境物流服务网络不健全、协同性较差，影响中蒙农牧业跨境物流时效性和服务质量。

三、中蒙农牧业跨境物流人才不足

中蒙农牧业跨境物流人才是支撑中蒙农牧业跨境物流可持续发展的重要基础。目前，从事中蒙农牧业跨境物流的人才短缺，特别是冷链物流人才，严重制约了中蒙农牧业跨境物流的高质量发展。中蒙农牧业跨境物流活动对人才的需求非常迫切，这类人才既需要掌握物流基础理论，也需要熟悉物流实践；既需要熟悉农畜产品物流的特点，又需具备跨境物流的资源整合与组织管理能力；既需要掌握农畜产品贸易理论和政策，又需要熟悉农畜产品跨境物流作业和流程。目前，上述专业型人才和复合型人才比较短缺，不利于中蒙农牧业跨境物流的高效发展。

四、中蒙农牧业跨境物流规模化、组织化程度较低

目前，从事中蒙农牧业跨境物流服务的第三方物流企业较少，规模不大、物流服务企业发展尚不成熟，能够提供具有个性化、一站式、全方位服务的冷链物流服务企业稀缺，能够提供与农畜产品跨境物流相配套的信息服务、金融服务与法律服务等综合型、增值型的冷链物流服务企业不足，特别是冷链物流服务企业的规模化和组织化程度偏低，冷链物流企业

的资源整合能力不足,冷链物流成本较高,冷链物流附加值无法更好地体现在产品价格上,冷链物流经济效益低下,无法更好地支撑中蒙农牧业跨境供应链的高质量运行。

针对蒙古国而言,受制于较低的经济发展水平限制,其国内的第三方物流服务企业普遍规模较小、运营管理规范化程度较低、服务范围和服务能力有限、运行效率不高。且蒙古国对农产品物流企业的支持力度不足,没有开辟诸如绿色通道、相关税费减免等政策,不利于农产品流通的高质量发展。中国虽然已经具备了一批发展相对成熟的第三方物流服务企业,但其业务范围主要集中于国内市场,尽管部分企业涉足蒙古国的煤炭、矿产等物流业务,但极少涉及对时效性要求较高的农畜产品冷链物流业务,导致蒙古国国内的农畜产品物流发展水平不高,在一定程度上影响了整个中蒙农牧业跨境物流的服务质量。

另外,我国跨境物流企业的规模普遍比较小,呈现出弱、小而且散乱的发展格局,缺乏大型综合性的物流企业,没有实现一体化、网络化发展,无法提供全方位的物流服务。大部分跨境物流企业只在某个环节、专线或者是某类服务中占有优势,服务功能单一,服务资源的分割状况严重,物流企业的跨供应链运作和整合能力有限。

除此之外,从事中蒙农牧业跨境物流作业的市场主体相互独立,中国的物流企业从事中国境内的农畜产品物流作业,而蒙古国的物流企业从事蒙古国境内的物流作业,整个跨境物流作业没有形成一个完整的跨境物流作业流程和体系,存在跨境物流作业协同不够、上下游各自为政等问题。同时,两国跨境物流企业的信息流和现金流没有有效融合,物流技术和业务平台比较薄弱,造成物流便利性差、物流速度慢、物流价格高以及后期跟踪难等一系列问题,不利于中蒙农牧业跨境物流的整体优化。

由此可见,目前中蒙农牧业跨境物流企业相对不足,特别是农畜产品冷链物流服务的规模化和组织化程度偏低,难以实现对农牧业跨境物流业务的高效整合与一体化的组织管理。

五、中蒙农牧业跨境物流信息化水平不足

相比中蒙煤炭等矿产品跨境物流的信息化水平而言,两国农牧业跨境

物流企业普遍存在物流现代化、信息化、数字化和智能化水平较低的问题，特别是冷链物流企业的信息化、数字化水平相对较低，难以实现双方跨境仓储、装配、运输、配送等环节的高效衔接，难以满足整个农畜产品跨境冷链物流业务的时效性要求。这既与农畜产品本身的特点有关，如难以实现标准化、流通环节多等，也与中蒙农畜产品跨境贸易规模不足有关，难以实现更大程度的规模经济效益，导致相关企业在信息化、数字化、智能化等方面的投入不足。同时，蒙古国的互联网覆盖率相对较低，特别是边境口岸所在地区的信息网络基础设施薄弱，影响双方贸易的信息互动和实时共享。

另外，中国国内与蒙古国物流发展阶段与水平不同，使中蒙两国物流企业的物流信息衔接较困难，除此之外，中蒙两国还没有建设统一的中蒙农牧业跨境物流信息平台，使各部门、各市场主体、各作业环节的工作难以协调，造成效率不高、信息共享度低、作业可视化水平差等难题，制约了中蒙农牧业跨境物流整体运营效率和物流服务质量的提升。

六、中蒙农牧业跨境物流及通关效率低

通关效率对跨境物流服务效率和质量具有重要影响。目前，除二连浩特口岸之外，中蒙两国大部分边境口岸难以实现24小时通关，在一定程度上会导致农畜产品积压，极大增加农畜产品的冷链物流成本，降低了中蒙两国边境口岸的通关效率。由于农畜产品属于初级产品，利润率较低，而农畜产品的积压给中蒙农畜产品跨境物流效率的提升带来巨大挑战。同时，中蒙两国边境口岸所属的物流园区功能单一，针对农畜产品跨境物流增值性服务功能稀缺，部分口岸缺乏满足跨境运输要求的冷链物流车辆，需要异地调运，增大了跨境流通成本，也直接影响两国农牧业跨境物流通关效率。

另外，蒙古国境内畜产品的流通环节多、周期长、物流成本高、效率低。且蒙古国部分口岸缺乏农副产品检测实验室和检测人员，部分农副产品需要异地送检，极大影响跨境物流和通关效率。同时，中蒙两国农牧业跨境物流作业存在标准和规范不完全统一的问题，致使中蒙两国跨境物流

时效性不强，严重阻碍了中蒙农牧业跨境物流及通关效率的提升。

第六节　中蒙农牧业跨境物流需求预测

只有客观、科学、准确测算中蒙农牧业跨境物流需求，才能更好地围绕需求布局相关物流基础设施，进而更好设计和优化中蒙农牧业跨境物流服务网络，更好支撑中蒙农牧业跨境物流服务的高效开展。

中蒙农牧业跨境物流按物流对象特征的不同可以分为两大类，一是农牧业跨境冷链物流，二是农牧业跨境常温物流。农牧业跨境冷链物流的主要物流对象包括果蔬、牛羊肉、乳制品等生鲜农畜产品；农牧业跨境常温物流的主要物流对象包括干果、谷物、咖啡、茶及调味香料、绒毛等农畜产品。

围绕以上两大类物流对象，本章将分别预测中蒙农牧业跨境冷链物流需求和常温物流需求。反映物流需求的指标主要有物流总额、货运量和周转量。物流总额是物流需求规模的价值量表现，主要通过中蒙农牧业跨境贸易额来反映。货运量是指一定时期内，各种运输工具实际运送到目的地并卸完的货物数量，以重量单位吨计算。货物周转量是指在一定时期内，利用各种运输工具实际完成运送过程的货物运输量。

$$货物周转量 = \sum（每批货物重量 \times 该批货物的运送距离）$$

本节主要通过货运量和货物周转量来反映中蒙农牧业跨境物流需求。

一、中蒙农牧业跨境冷链物流需求量预测

（一）冷链物流货运量预测

由于影响物流需求量的因素较多，采用单纯的回归分析法会忽略部分因素对需求的影响，从而导致预测结果的偏差。因此，本节综合采用移动平均法和指数平滑法来预测中蒙农牧业跨境冷链物流需求量。

首先，采用移动平均法预测中蒙农牧业跨境冷链物流货运量。根据移动平均法原理，结合中蒙农牧业跨境冷链物流量现状，取移动项数为4项，可得：

$a_t = 2 \times M(1) - M(2) = 2 \times 126\ 489.1 - 94\ 127.5 = 158\ 850.7$（吨）

$b_t = 2 \times (M(1) - M(2))/(n-1) = 2 \times (126\ 489.1 - 94\ 127.5)/(4-1) = 21\ 574.4$（吨）

根据 $y_{t+i} = a_t + b_t \times i$，可预测得到不同年度的需求量。

由此可得，2024~2030年中蒙农牧业跨境冷链物流货运量如表5-23所示。

表5-23　基于移动平均法的中蒙农牧业跨境冷链物流货运预测量　　单位：万吨

项目	2024年	2025年	2026年	2027年	2028年	2029年	2030年
冷链物流需求量	24.5	26.7	28.8	31	33.1	35.3	37.5

在此基础上，采用指数平滑法来综合预测中蒙农牧业跨境冷链物流货运量。指数平滑法是根据本期实际值和本期预测值来预测下一期数值的方法，它是在移动平均法的基础上发展而成的一种特殊的加权平均法。在短期预测中被认为是最有效、最精确的方法。指数平滑法的基本原理如下：

下一期的预测值 = $\alpha \times$（前期实际需求值）$+ (1-\alpha) \times$（前期预测值）

$$F_{t+1} = \alpha \times D_t + (1-\alpha) \times F_t$$

$$F_{t+1} = F_t + \alpha \times (D_t - F_t)$$

式中，α 是权重，通常称为指数平滑系数，介于0~1之间。

α 趋近于1，新预测值将包含一个相当大的调整，即用前期预测中产生的误差进行调整，新的预测值接近本期实际值；

α 趋近于0，新预测值就没有用前次预测的误差做多大调整。新的预测值离本期实际值较远。

当平滑系数 α 分别取0.1、0.5、0.9时，中蒙农牧业跨境冷链物流货运预测量如表5-24所示。

表 5-24　不同平滑系数下中蒙农牧业跨境冷链物流货运预测量　　单位：吨

年份	实际需求量	预测量		
		$\alpha = 0.1$	$\alpha = 0.5$	$\alpha = 0.9$
2004	52 812			
2005	60 069	52 812	52 812	52 812
2006	82 074	53 538	56 441	59 343
2007	87 796	56 392	69 258	79 801
2008	85 448	59 532	78 527	86 996
2009	86 238	62 124	81 987	85 603
2010	83 412	64 535	84 113	86 174
2011	101 130	66 423	83 762	83 688
2012	95 246	69 893	92 446	99 386
2013	79 899	72 429	93 846	95 660
2014	85 562	73 176	86 873	81 476
2015	90 386	74 415	86 218	85 154
2016	80 068	76 012	88 302	89 863
2017	114 628	76 417	84 185	81 048
2018	163 304	80 238	99 406	111 270
2020	147 957	88 545	131 355	158 100

经计算不同平滑系数下的误差平方和与平均误差如表 5-25 所示。由此可得，当平滑系数 α 取 0.9 时，误差平方和与平均误差均最小。

表 5-25　　不同平滑系数下的冷链物流需求预测误差

项目	$\alpha = 0.1$	$\alpha = 0.5$	$\alpha = 0.9$
误差平方和	17 680 506 192	6 996 007 236	5 291 524 208
平均误差	1 178 700 413	466 400 482	352 768 281

当平滑系数 α 取 0.9 时，在移动平均法预测中蒙农牧业跨境冷链物流货运量的基础上，采用指数平滑法综合预测中蒙农牧业跨境冷链物流货运

预测量见表 5 – 26。

表 5 – 26　　2024～2030 年中蒙农牧业跨境冷链物流货运预测量　　单位：万吨

项目	2024 年	2025 年	2026 年	2027 年	2028 年	2029 年	2030 年
冷链物流需求量	22.1	24.3	26.4	28.6	30.7	33.0	35.1

由此可见，中蒙农牧业跨境冷链物流货运量将呈现稳中有进的缓慢增长态势，经测算可得，2024～2030 年中蒙农牧业跨境冷链物流货运量的复合增长率约为 6%。而 2004～2020 年中蒙农牧业跨境冷链物流货运量的复合增长率为 6.7%。因此，未来中蒙农牧业跨境冷链物流货运量的增速有所放缓，总规模大约在 30 万吨。

（二）冷链物流周转量预测

经调研可得，约 80% 的冷链物流产品均通过二连浩特市的二连浩特口岸经扎门乌德口岸流向乌兰巴托市，初步测算可得，二连浩特市距乌兰巴托市的实际距离约为 610 公里；10% 的冷链物流产品将通过甘其毛都口岸、满都拉口岸等流向乌兰巴托市，初步测算可得，甘其毛都口岸、满都拉口岸距乌兰巴托市的实际距离均为 620 公里左右；而剩余 10% 的冷链物流产品将通过策克口岸流向蒙古国西部地区，距离约为 400 公里。

所有流向乌兰巴托市的冷链物流产品中，有约 50% 的产品流向半径约 600 公里范围内的蒙古国其他地区。

经初步测算可得，中蒙农牧业跨境冷链物流货物周转量约为：

30 × 80% × 610 + 30 × 10% × 620 + 30 × 90% × 50% × 600 + 30 × 10% × 400 = 14 640 + 1 860 + 8 100 + 1 200 = 25 800（万吨公里）。

二、中蒙农牧业跨境常温物流需求量预测

（一）常温物流货运量预测

由于中蒙农牧业跨境常温物流货运量的波动较大，受不同时期政策影

响较强，无明显的规律性。结合对蒙古国的实地调研发现，未来中蒙农牧业跨境常温物流货运量总体规模不大。

因此，本节首先采取时间序列预测法来预测中蒙农牧业跨境常温物流货运量。在此基础上，采用指数平滑法综合预测中蒙农牧业跨境常温物流货运量。

当平滑系数 α 分别取 0.1、0.5、0.9 时，中蒙农牧业跨境常温物流货运预测量如表 5-27 所示。

表 5-27　　不同平滑系数下中蒙农牧业跨境常温物流货运预测量　　单位：吨

年份	实际需求量	预测量		
		$\alpha=0.1$	$\alpha=0.5$	$\alpha=0.9$
2004	32 267			
2005	16 256	32 267	32 267	32 267
2006	33 621	30 666	24 262	17 857
2007	34 534	30 962	28 941	32 044
2008	11 439	31 319	31 738	34 285
2009	14 986	29 331	21 588	13 723
2010	23 236	27 896	18 287	14 860
2011	27 297	27 430	20 762	22 399
2012	25 105	27 417	24 029	26 807
2013	36 847	27 186	24 567	25 275
2014	38 394	28 152	30 707	35 690
2015	33 671	29 176	34 550	38 123
2016	32 367	29 626	34 111	34 116
2017	41 222	29 900	33 239	32 542
2018	29 738	31 032	37 231	40 354
2020	11 289	30 903	33 484	30 799

经计算不同平滑系数下的误差平方和与平均误差如表 5-28 所示。由此可得，当平滑系数 α 取 0.9 时，误差平方和与平均误差均最小。

表 5-28　　　　不同平滑系数下的常温物流货运预测误差

项目	α = 0.1	α = 0.5	α = 0.9
误差平方和	1 646 451 597	1 725 416 931	1 864 456 754
平均误差	109 763 439.8	115 027 795.4	124 297 116.9

当平滑系数 α 取 0.9 时，在时间序列预测中蒙农牧业跨境常温物流货运量的基础上，采用指数平滑法综合预测中蒙农牧业跨境常温物流货运量如表 5-29 所示。

表 5-29　　2024~2030 年中蒙农牧业跨境常温物流货运预测量　　单位：万吨

项目	2024 年	2025 年	2026 年	2027 年	2028 年	2029 年	2030 年
冷链物流需求量	3.09	3.12	3.14	3.17	3.20	3.23	3.26

由此可见，中蒙农牧业跨境常温物流货运量将呈现平稳发展态势，尽管需求量有增长，但增幅不大，复合增长率约为 0.67%。而 2005~2018 年中蒙农牧业跨境常温物流货运量的复合增长率约为 4.8%。因此，未来中蒙农牧业跨境常温物流货运量将平稳发展，总规模大约在 3 万吨。

（二）常温物流周转量预测

结合本节关于冷链物流周转量的预测思路和办法，经初步测算可得：中蒙农牧业跨境常温物流货物周转量约为：

$3 \times 80\% \times 610 + 3 \times 10\% \times 620 + 3 \times 90\% \times 50\% \times 600 + 3 \times 10\% \times 400 = 1\ 464 + 186 + 810 + 120 = 2\ 580$（万吨公里）

综上所述，2024~2030 年，中蒙农牧业跨境常温物流平均每年仓储量约为 3 万吨，而冷链物流平均每年仓储量约为 30 万吨。

第七节　中蒙农牧业跨境物流协作的逻辑框架

中蒙农牧业跨境物流协作是提高中蒙农牧业跨境物流效率，促进中蒙农牧业跨境贸易持续发展的重要保障。

立足物流系统论，结合农畜产品跨境物流特点、中蒙农牧业跨境物流协作绩效及存在的主要问题等，本节构建了中蒙农牧业跨境物流协作逻辑框架，如图 5-12 所示。此逻辑框架主要包含四大部分内容，分别是农牧业跨境物流需求主体，即跨境贸易企业、农牧业跨境物流服务供给主体，即跨境物流企业、农牧业跨境物流的核心节点，即中蒙边境口岸以及实现中蒙农牧业跨境物流信息实时交互共享的跨境物流信息平台等。四大部分内容相互影响、相互融合、相互衔接、互为支撑，共同构成了中蒙农牧业跨境物流协作的有机统一体。

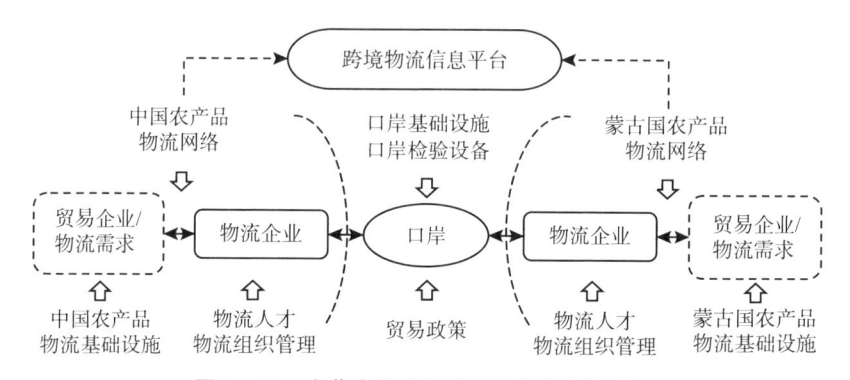

图 5-12 中蒙农牧业跨境物流协作逻辑框架

其中，中国和蒙古国国内的农畜产品物流组织管理均需以物流企业为主体，在本国物流政策及跨境物流人才的加持下，在国内农畜产品物流基础设施、物流网络的支撑下，通过整合农牧业企业、贸易企业、货代企业、加工企业以及其他相关物流服务企业等农畜产品供应链上各参与主体的资源来完成。

同时，为顺利实施中蒙农畜产品跨境贸易，需要中蒙边境口岸这个农牧业跨境物流核心节点的参与和支撑，特别是口岸执行的农牧业贸易政策、口岸冷链物流基础设施和设备以及检验检疫设备的支持和保障，由此可实现中蒙农牧业跨境物流作业的顺利开展。

在此基础上，为实现中蒙农牧业跨境物流作业的高效运行，需依托跨境物流信息平台，实现中国农产品物流网络与蒙古国农产品物流网络的整合、互联与协同,包括物流基础设施、物流作业设备、相关智能化信息设备、物流作业环节、物流企业及相关市场主体的互联互通等,从而进一步提升中蒙农牧业跨境物流的整体协作效益。

综上所述,中蒙农牧业跨境物流体系的协作需基于以上逻辑框架,围绕跨境贸易需求、跨境物流基础设施及设备、跨境物流企业、跨境物流组织管理、跨境物流信息平台以及跨境物流服务网络等方面来进行系统优化,以此来提高整个中蒙农牧业跨境物流协作的整体质量。

第八节 中蒙农牧业跨境物流协作的对策建议

中蒙农牧业跨境物流体系是支撑中蒙农畜产品跨境贸易发展的重要基础,需立足中蒙农畜产品供应链全链条,基于中蒙农牧业跨境物流协作的逻辑框架,结合农畜产品贸易需求及农畜产品物流特点等,围绕影响跨境物流体系的各类要素进行持续优化,不断提升两国农牧业跨境物流协作效率,更好支撑两国农畜产品跨境贸易的高质量发展。

一、中蒙农牧业跨境物流服务定位

结合中蒙农牧业跨境贸易中的农畜产品种类、特点、农畜产品物流需求变化趋势,同时考虑中蒙两国农牧业物流基础设施、贸易政策发展变化趋势以及两国农牧业物流服务企业发展趋势等,本节对中蒙农牧业跨境物流的服务产品种类、主要服务对象、服务水平和服务质量等进行合理定位。

由此可知,中蒙农牧业跨境冷链物流需求量呈现稳中有进的缓慢增长态势,复合增长率约为6%,未来中蒙农牧业跨境冷链物流需求量的增速有所放缓,总规模大约在30万吨。中蒙农牧业跨境常温物流需求量呈现平稳发展态势,复合增长率约为0.67%,未来中蒙农牧业跨境常温物流需求量将平稳发展,总规模大约在3万吨。由于冷链物流需求量将远超过常温物流需求量,因此,未来中蒙农牧业跨境物流的主要服务产品类型为需要冷链物流服务的产品，包括生鲜果蔬、牛羊肉、马肉、驼肉等农畜产品。

另外，在此基础上要不断拓展冷链物流对象，包括骆驼奶等。蒙古国的骆驼存栏量较大，2022年其存栏量为50万峰。蒙古国国内消费者对骆驼奶的需求量不足，而骆驼奶属于营养价值丰富的高端乳制品，且中国国内需求量较大。因此，要逐步实施中蒙骆驼奶贸易，扩大中蒙农牧业跨境冷链物流需求规模。

在中蒙农牧业跨境物流主要服务对象方面，结合中蒙农牧业跨境物流实地调研情况，中蒙农牧业跨境物流主要服务对象为农牧业跨境贸易企业、货代企业、规模化的农畜产品生产基地、农牧业合作社等。

在中蒙农牧业跨境物流服务水平和服务质量方面，2022年中蒙双边货物贸易总额为122.2亿美元，同比增长34.1%，两国农畜产品贸易规模为7.6亿美元，年均增长16.7%。两国农畜产品贸易规模占两国贸易总额的比例为6.2%。从总体来看，中蒙两国农畜产品贸易规模占比较小，而两国煤炭、铜、萤石等矿产品贸易规模占比较大。因此，在中蒙农牧业跨境物流服务水平和服务质量方面，应在最大化程度利用两国既有矿产品贸易物流节点、物流设施和物流通道的基础上，结合农畜产品冷链物流特点以及供需布局等，适度拓展和配置冷链物流设施和冷链物流设备，在冷链物流成本可控的前提下，确保冷链物流服务水平和质量能够满足客户需求，实现供需等多方共赢。

二、扩大中蒙农牧业贸易规模，实现贸易与物流协调发展

目前，蒙古国的贸易伙伴特别是农畜产品贸易伙伴在逐年增加，对我国农产品出口市场份额形成一定冲击，也在一定程度上影响中蒙农牧业跨境物流业务的布局和稳定发展。因此，要通过各种途径和渠道扩大双方可贸易的农畜产品种类和规模，及时收集边民合作社、边民互助组、落地加工企业的进口需求，加大货源组织力度，挖掘边贸合作方向，探讨培育发展预制菜产业，研发对蒙古国出口的即食、即热、即烹、即配食品。同时，要重视边民互市贸易，扩大两国的边民互市贸易种类和规模，发挥边民互市贸易与边境经济合作区的联动和互促作用，为中蒙农牧业跨境物流

体系的完善和持续优化提供需求基础。

同时，在初级农产品出口贸易的基础上，地方政府和贸易企业要积极争取国家和地方产业项目，大力实施加工技术改造，推动地方果蔬等特色农产品加工向精深化方向发展，提高产品出口附加值。要大力发展落地加工，围绕农畜产品生产基地和口岸进口肉类、饲草、粮食等制定监管场所，大力发展落地加工，同时配套发展仓储配送物流业，提高物流增值效益。

对进口畜产品贸易而言，要在我国进口量较大的中蒙边境口岸，如二连浩特口岸等建立落地加工区，吸引大型农畜产品加工企业落户，实施进口畜产品的落地深加工，促进口岸农畜产品加工业集聚发展，进而形成落地加工复出口的国际产业链，延伸口岸贸易链条，实现购、产、销全产业链发展。在此基础上，要进一步加大农畜产品冷链仓储、落地深加工及冷链物流协调发展，提高冷链物流质量和效益，从而更好带活地方经济，实现口岸由经济通道向通道经济转变，激发地方开展中蒙农畜产品跨境贸易的积极性，更好支持双边农畜产品跨境贸易的持续扩大。

三、完善中蒙农牧业冷链物流相关设施设备，提升跨境物流综合服务能力

物流基础设施是推进中蒙农牧业跨境贸易的重要保障，基础设施互联互通是实现中蒙农牧业供应链一体化的重要基础，目前，连接中蒙两国的主要铁路蒙古国中央铁路已超负荷运行，无法满足日益增加的货运量需要。在公路方面，蒙方的基础设施薄弱，是制约两国跨境物流发展的重要因素。因此，加强沿线区域的基础设施建设是重中之重。在物流基础设施建设领域，中蒙两国要深度合作，要协同建设物流软硬件设施、统一标准、统一规范，立足贸易畅通需求，高效整合相关物流资源，不断提升两国跨境物流作业效率，形成优质高效的物流服务能力，更好支撑中蒙农牧业贸易高质量发展。

基于农畜产品贸易的特点和时效性的要求，只有基础设施和设备相对发达和完善的口岸才可进行农畜产品进出口贸易。因此，要完善两国农牧业跨境物流仓储设备以及配套的检验检疫设备，特别是边境口岸中的冷链

物流仓储设施等，为相关进口农畜产品企业提供便利条件，从而更好支撑农畜产品跨境物流通道的安全、高效运转。要建立高效的末端物流仓配网络，包括仓储分拨中心、配送站点、冷库等，整合不同种类农畜产品进出口贸易需求和相关仓配资源，实现物流环节需求共享、供需对接，提高冷链资源利用率和农畜产品送达速度，保障农畜产品品质和食品安全。考虑到物流基础设施建设投资规模较大的实际，在口岸物流基础设施以及冷库等仓储设施的建设方面，中蒙双方企业可以通力合作，更好满足未来运营和高效管理需求。

首先，蒙方要加大口岸边境仓、冷库、中转库和农畜产品监管场所等物流基础设施以及连接口岸的国内物流通道建设，如蒙古国要加快杭吉口岸经赛音山达市通往乌兰巴托的公路建设，这样可以方便由满都拉口岸出口蒙古国的果蔬等农产品的快速流通。同时，蒙方也要加大口岸检验检疫场所、设备及检验人员的投入，提升口岸检验检疫能力，压缩农畜产品检测时限等，这直接影响农畜产品跨境物流的时效性。另外，中方相关贸易企业也可在蒙方规划建设海外仓，通过提前清关和提前供货，在一定程度上解决清关时滞问题，提高消费者的消费体验。同时，也要逐步投入智能化的物流作业设备，如 AGV 等运输工具，通过作业设备的数字化转型为农畜产品跨境流通提供基础保障。

除此之外，中蒙双方要形成有效的协调沟通决策机制，简化报关报检等手续，优化监管模式，如可将现有的"先装运后查验"监管模式调整为"先查验后装运"，避免因海关布控查验而导致的重复装卸、货损率的提升以及物流成本的增加。

在此基础上，要围绕中蒙农牧业贸易中农畜产品的特点及其对跨境冷链物流的需求，结合农牧业物流企业产地预冷设施、仓储设施、运输车辆、配送设施、设备以及两国边境口岸等物流设施情况，在满足两国关于冷链物流等相关标准的基础上，构建中蒙农牧业冷链物流服务体系，形成上游的检疫检验与冷链物流活动的高效衔接，更好提升中蒙农牧业冷链物流服务能力，提高农畜产品跨境贸易质量。

另外，要进一步拓展中蒙农牧业跨境物流增值服务，设计中蒙农牧业跨境物流供应链金融解决方案，解决物流企业资金压力，实现增值物流服务与基础物流服务的有效衔接，从而更好地提升中蒙农牧业跨境物流服务质量。最后，要构建检验检疫、清关、仓储、分拨中转、运输配送、流通加工、物流金融、供应链管理等相互衔接配套的综合物流服务能力，为两国贸易企业更好开拓中蒙农畜产品贸易市场保驾护航。

四、优化中蒙农牧业跨境物流服务网络

为提高中蒙农牧业跨境物流服务质量，亟须围绕中蒙农牧业跨境贸易特点，构筑线下实体物流枢纽和线上虚拟物流枢纽的融合，高效整合各类资源和要素，优化中蒙农牧业跨境物流服务网络。

基于"通道+枢纽+网络"的构建思路，围绕中蒙农牧业产业布局、农畜产品贸易量、主要的物流枢纽节点和物流通道布局等，结合中蒙边境口岸布局、口岸功能及未来发展定位等，在满足中蒙农牧业跨境贸易需求、最大限度保证跨境物流时效性、降低跨境物流成本的基础上，构建中蒙农牧业跨境物流服务网络，如图5-13所示。图中由左指向右的箭头代表农产品出口，相反方向的箭头代表畜产品进口，双向箭头则代表既有进口也有出口。其中，中国向蒙古国出口的主要是果蔬等农产品，而从蒙古国进口的主要是牛羊肉、马肉、皮绒以及活畜等畜产品。

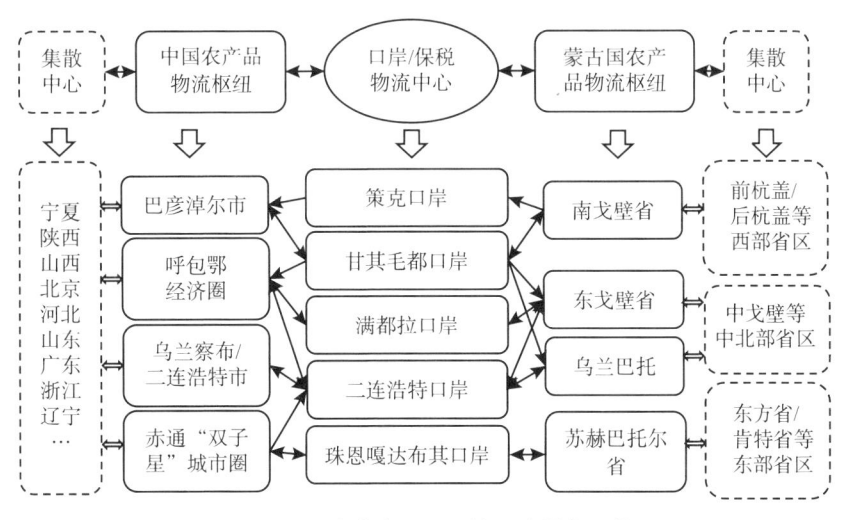

图5-13 中蒙农牧业跨境物流服务网络

目前，从二连浩特口岸去往乌兰巴托的果蔬，受制于蒙古国路况及距离不经济等的限制，果蔬等农产品在蒙古国当地的辐射范围有限，主要供乌兰巴托市民及距离乌兰巴托市约500公里范围内的中戈壁等中北部省区的消费者，而蒙古国其他地区消费者的果蔬需求无法很好满足，这就迫切需要开辟新的农畜产品贸易口岸节点和物流通道，进一步扩大贸易规模，更好满足蒙古国全域的果蔬需求。如开辟西部方向的策克口岸和甘其毛都口岸果蔬贸易节点，这两个口岸所在地区的果蔬等农产品产量大，且品质优良（如巴彦淖尔市是农作物种植的黄金地带，年产小麦、葵花、番茄、脱水菜、羊肉等优质农畜产品超过550万吨，农产品产量位列自治区前列，牲畜总头数位居全区第二），可以满足蒙古国南戈壁、前杭盖、后杭盖等省区的果蔬需求，而这些地区的牛、马、羊等存栏量大，具备通过策克口岸及甘其毛都口岸出口中国的距离优势。

开辟中部方向的满都拉口岸果蔬贸易节点可以满足蒙古国东戈壁等省区的果蔬需求，而东戈壁省的骆驼、山羊等存栏量较大，也具备通过满都拉口岸出口中国的距离和位置优势。开辟东部方向的珠恩嘎达布其口岸果蔬贸易节点可以满足蒙古国东北部省区，如东方省、肯特省和苏赫巴托尔省的果蔬需求等，同时也便于发挥这三个省份对中国的饲草、牛羊肉等畜产品的出口位置优势（东方省草场面积占蒙古国草场总面积的54%，农牧业用地1 000万公顷，主要种植小麦、大麦和蔬菜、饲料作物，年平均收获谷物3.68万吨。全省牲畜头数为94.35万头，其中绵羊占69%、牛占15.4%，主要经济为发展肉用绵羊为主的牧场畜牧业，牛、绵羊和马的饲养占重要地位。哈拉哈县是蒙古国生态最好的地区，也是蒙古国牧草资源和农畜最富集地区）。

综上所述，以上口岸农牧业贸易节点的开辟，不仅有利于更好满足蒙古国全域的果蔬需求，也有利于蒙古国全域的牛、羊、马、驼肉以及饲草等畜产品和生产资料对我国的便利出口，更好满足我国消费者对优质畜产品的需求，更好促进中蒙两国农牧业经济的快速发展。

跨境物流有三大类型的物流节点，主要包括执行农畜产品跨境通关检验职能的口岸或保税物流中心、执行规模化物流组织管理功能的农产品物流枢纽以及执行末端农产品集散功能的物流集散中心等。其中，中蒙两国的农产品物流枢纽通过两国边境口岸互联互通，形成了基于口岸的物流大通道，两国的农产品物流枢纽辐射带动末端的农产品物流集散中心，由此形成了以策克、甘其毛都、满都拉、二连浩特、珠恩嘎达布其口岸5大陆路口岸核心节点和通道为引领、以4大农产品物流枢纽和经济圈为依托、以两国若干农产品物流集散中心为保障的上下游联动互促发展的中蒙农牧业跨境物流"5+4+N"服务网络。

农产品物流枢纽主要是指口岸所在城市或距离口岸所在城市较近、交通便捷，且承接了规模化农畜产品跨境流通业务的城市或城市群。承担中蒙农畜产品跨境物流枢纽职能的中国农产品物流枢纽主要包括巴彦淖尔市、呼包鄂经济圈（主要包括呼和浩特市、包头市以及鄂尔多斯市）、二连浩特市、乌兰察布市（乌兰察布市位于中蒙俄国际物流大通道前沿地区，便利对接京津冀国内大市场，又是国际开放口岸门户，具有独特的与二连浩特口岸联动发展和功能互促发展区位优势，且有乌兰察布·二连浩特国家物流枢纽园区这个内蒙古自治区唯一的跨盟市开发区，通过其与二连浩特口岸的一体化发展来承担物流枢纽功能）以及赤通"双子星"城市圈（主要包括赤峰市和通辽市）等。

蒙古国农产品物流枢纽主要包括南戈壁省、东戈壁省、乌兰巴托以及苏赫巴托尔省等。在农产品物流集散中心方面，我国输往蒙古国农产品的物流集散中心主要包括宁夏、陕西、山西、北京、河北、山东、广东、浙江、辽宁九大特色农产品生产或集散地；蒙古国的畜产品物流集散中心按地域划分主要包括由南戈壁省所辐射的前杭盖、后杭盖等西部省区、由东戈壁省和乌兰巴托所辐射的中戈壁等中北部省区以及由苏赫巴托省所辐射的东方省、肯特省等东部省区。

在此网络中可以优化的内容主要包括通道、口岸、物流枢纽以及物流集散中心四个方面。通道和口岸方面：中蒙农牧业跨境物流通道是支撑中蒙农牧业贸易和跨境供应链协作的重要基础，也是中蒙农牧业跨境贸易安全、高效、可持续运营的重要保障。要规划和完善中蒙农牧业跨境物流大通道，投资和改善跨境物流运输设施，包括铁路、公路、口岸基础设施等，构建以铁路、公路和边境口岸为主体的中蒙跨境基础设施联通网络。特别是铁路通道，要在内蒙古西部策克口岸、甘其毛都口岸以及东部珠恩嘎达布其口岸等中蒙边境口岸规划建设铁路通道，形成东部、中部以及西部全覆盖的铁路网络，打造时效性更强、经济性和安全性更好的跨境物流通道。策克口岸要向南积极融入西部陆海新通道。

同时，要制定分阶段物流设施规划、打通关键通道节点、建立市场化的利益共同体，形成便捷通畅的跨境物流通道网络。目前，中蒙两国政府已签署了关于建设甘其毛都—嘎顺苏海图跨境铁路桥的协议，要积极组织中俄蒙三方沟通，推动打通甘其毛都—乌兰巴托（蒙）—乌兰乌德（俄）铁路通道，助力建成中蒙俄国际运输通道。大力拓展粮、油、肉、乳等潜在市场，扩大贸易范围，打造以甘其毛都为起点，乌兰巴托为支点的甘其毛都蒙俄外贸圈。另外，要优化口岸功能产业规划布局，特别是监管仓的布局，构建从物流枢纽到口岸进出口全流程不倒装冷链多式联运体系。同时，在明确各口岸优势特色过货品种的基础上，逐步拓展口岸的过货种类，如在甘其毛都口岸围绕巴彦淖尔市特色农畜产品，拓展新的过货种类，开辟发往南戈壁、中戈壁以及乌兰巴托货运通道，更好体现物流成本、物流时效性以及农畜产品价格优势。

物流枢纽和集散中心方面：整合优化物流枢纽所在城市农牧业产业布局，完善物流枢纽的综合物流服务功能；同时，完善农畜产品物流集散中心布局，加快特色农畜产品集散中心规划建设，搭建对蒙特色果蔬出口贸易平台，实现农畜产品跨境物流与商流的高效衔接，逐步织密中蒙农牧业跨境物流服务网络。

五、搭建中蒙农牧业跨境物流信息平台，逐步打造跨境供应链信息平台

信息共享是现代物流区别于传统物流活动的本质特征，更是实现跨境物流高效运作的重要基础，能够优化资源利用率，有效降低跨境物流成本。因此，中蒙两国都应充分考虑在农牧业跨境物流高效化和便利化的建设过程中，提高物流信息的共享程度。另外，中蒙两国的物流信息录入可采取统一的物流信息识别技术，降低双方信息交互、共享的成本，减少信息识别错误。

鉴于蒙古国互联网覆盖率低，蒙古国要逐步完善信息网络基础设施，特别是要提高边境口岸所在地区的互联网覆盖率，为中蒙双方农牧业跨境物流信息平台的搭建提供重要基础。

在此基础上，为提高中蒙农牧业跨境物流效率，实现规模经济效益，需围绕中蒙农牧业跨境物流中所涉及的物流服务企业、物流需求企业、政务服务机构（包括海关、商检、税务等）、商务服务机构等物流主体（包括金融机构、保险机构等）以及跨境物流所涵盖的主要物流环节、物流作业流程等，构建中蒙农牧业跨境物流信息平台，加大对全链条物流资源整合力度，形成集干线组织、通关保税、仓储配送、区域分拨、多式联运、交易结算、冷链物流等物流服务功能于一体的综合物流信息平台。通过信息在不同供应链参与主体间的实时交互、共享，实现对国内及跨境物流业务的科学调度，如优化跨境物流路径和运输方案，从而提高物流运作效率和透明度。同时，中蒙农牧业跨境物流信息平台的建立，也有利于中蒙两国不同市场主体之间的实时对接，有利于更好提升双方的信任度，为双方信任机制的建立奠定坚实基础。除此之外，中蒙农牧业跨境物流信息平台的功能也要随着双方跨境物流需求场景的变化来逐步完善，形成物流、信息流、资金流和商流等的高效协同。

鉴于中蒙农牧业跨境供应链参与主体众多，且存在信息不对称、不透明，特别是两国市场主体存在沟通受阻、衔接不畅等问题，亟须在物流信息平台的基础上构建中蒙农牧业跨境供应链信息平台，打造共赢共生的供应链平台生态系统。此信息平台应主要包括物流信息交互功能、市场供求信息匹配功能、政策信息实时发布与共享功能、跨境交易及结算功能等。此供应链信息平台的构建可更好实现市场需求、产品规格和价格等方面的信息共享，提高畜产品流通过程中的信息透明度和物流效率，提升供应链的可视化水平，以此来实现不同主体（企业、政府、金融机构、平台服务商、客户等）之间的充分交互和高效沟通，促进农牧业跨境供应链的协同发展。

六、大力培育中蒙农牧业跨境物流人才和物流服务企业

鉴于中蒙农牧业跨境物流人才短缺的问题，要加强物流专业人才培养，特别是农牧业跨境物流和国际物流人才。要有针对性地制定国际贸易及国际物流专业人才培养方案，特别要注重理论、政策与实践的结合。同时，中蒙两国可采取"引进来"策略，制定具有前瞻性的人才引育政策，

大力引进既懂国际贸易规则又精通国际物流业务流程，同时熟悉农牧业物流特点，掌握农畜产品供应链管理理论和实践的专业化、综合型人才，支撑中蒙农牧业跨境物流的快速发展。

首先，要围绕中蒙农牧业跨境物流网络构建的需要，以中蒙农牧业跨境物流服务企业现状为基础，围绕两国农牧业跨境物流需求、经济环境、政策环境、企业经营现状、成本、利润现状、竞合现状以及市场占有率等，分析研究中蒙农牧业跨境物流服务企业的市场培育方案。

同时，中蒙农牧业跨境物流的作业需要两国相关物流企业的参与，中蒙两国应出台相关政策等鼓励企业兼并重组，或通过彼此联盟来做大做强，在更广的范围内整合资源，扩大业务规模，开展技术创新和商业模式创新，不断提高中蒙农牧业跨境物流市场集中度和物流服务质量，在满足农牧业跨境物流需求的基础上，更好引领和创造需求，逐步向提供供应链一体化服务的供应链服务集成商转变，更好地提高中蒙农牧业贸易质量和规模。

另外，由于对蒙进出口农畜产品企业大多是中小企业，也要考虑引进或培育专业的第三方农牧业跨境物流服务企业，特别是冷链物流服务企业，在现有农牧业物流业务的基础上，结合中蒙农牧业跨境贸易的特点，逐步拓宽物流业务覆盖区域、范围和物流业务功能，进而匹配多种农牧业跨境物流需求场景，实现整个跨境流通的协同化运作，逐步提高物流服务企业的跨境物流服务效益。

总之，要在中蒙双方协商和政策的大力支持下，逐步培育或引进大型跨境农牧业物流企业，实现对蒙古国国内农牧业物流体系以及我国内蒙古农牧业物流体系乃至整个农牧业供应链体系的高效整合，更好提高中蒙农牧业跨境物流组织化程度及协作效率。

七、构建中蒙农牧业跨境冷链物流作业规范

中蒙农畜产品跨境流通需要冷链物流的支撑，为保证农畜产品质量，减少损耗和浪费，提高两国农牧业跨境物流作业效率，需围绕两国农畜产品物流相关国家、地方、行业标准以及农畜产品的特点及其对跨境冷链物流的需求，同时结合农牧业物流企业产地预冷设施、仓储设施、运输车

辆、配送设施、设备以及两国边境口岸等物流设施情况，在满足两国关于农畜产品冷链物流等相关标准的基础上，构建中蒙农牧业跨境冷链物流作业规范，以实现农畜产品流通的冷链化和标准化，提高农畜产品流通质量和效率。

中蒙农牧业跨境冷链物流作业主要包括境内作业、海关作业和境外作业三大部分，具体涉及生产、加工、包装、仓储、装卸搬运、运输、通关、货物接收、配送、追溯与召回和服务等环节。在实际流通过程中，由于产品类别的差异，相应的冷链物流作业要求与规范也不尽相同。

八、提升中蒙农牧业跨境物流组织管理水平

中蒙农牧业跨境物流的运输方式主要涉及公路和铁路运输，因此首先要严格遵循国际物流运输规范和相关要求，如《集装箱运输规则》《国际货运代理业管理规则及实施细则》《国际公路车辆运输公约》《国际公路货物运输合同公约》《铁路货物运输国际公约》《国际铁路货物联运协议》等。

在此基础上，要提升两国边境口岸通关能力，特别是要针对中蒙俄经济走廊中的重要节点扎门乌德和二连浩特口岸实行全天24小时通关服务。另外，要根据各口岸的过货量、过货时间分布以及贸易企业需求等，适当延长部分口岸的开放时间，从而进一步提高口岸的通关能力，这有助于更好地加强中蒙农畜产品的贸易畅通，支撑中蒙农牧业贸易的快速发展。

其次，要充分发挥我国对蒙部分口岸中B型保税物流中心的出口通道和保税功能优势，如内蒙古西部的巴彦淖尔保税物流中心（B型）、中部的包头保税物流中心（B型）和乌兰察布七苏木保税物流中心（B型）以及东北部的赤峰保税物流中心（B型）等，推动口岸与保税物流中心的功能融合，积极完善进出口贸易、流通加工、增值服务、物流配送等功能。如提前将预出口的农副产品存放在B型保税物流中心，提前办理海关手续并进行出口申报，通过数字化实现与政府监管网的融合对接，这样有利于更好提高物流作业效率和通关便利性。同时，要依托综合保税区延伸口岸功能，可逐步拓展农畜产品"保税仓储+展销体验"的仓销一体联动模式，提高跨境物流效率和物流附加值。

另外，要积极协调蒙方同意我国物流运输企业以全流程不倒装运输方

式或在口岸监管区以集装箱体"甩挂"方式组织开展农产品跨境物流业务，通过集装箱联运实现边境口岸与国内农产品供应链体系的高效衔接，从而有效提升中蒙农牧业跨境物流效率，确保跨境物流的时效性和农副产品的抢"鲜"出口。

同时，要大力发展国际物流联运业务，支持本地运输企业获取TIR运输资质，提升跨境公路运输通关效率和便利化程度。逐步畅通甘其毛都口岸经蒙古国去往俄罗斯的国际物流大通道，相比于目前经满洲里去往俄罗斯的通道而言，此国际物流通道距离更短，物流时效性更高，有利于更好提高中蒙农牧业跨境物流质量和效益，也有利于更好拓展中蒙俄农畜产品贸易规模。

除此之外，要引导推动建立特色农畜产品冷链运输行业协会组织，引导建立科学化、规范化、国际化的农畜产品跨境物流作业行业标准以及农牧业冷链物流服务规范，形成特色农畜产品供应链一体化的现代冷链物流组织新模式，更好提升中蒙农牧业跨境物流作业效率和组织管理水平。

九、提升内蒙古农牧业物流与供应链管理现代化水平，加强与蒙古国农畜产品市场对接

内蒙古拥有长达4 221公里的边境线，其中与蒙古国的边境线长达3 103公里，是我国目前对蒙开放战略中最前沿的阵地。内蒙古历史上就是草原丝绸之路和万里茶道的重要通道，更是中蒙经济走廊的重要节点，且与蒙古国的经贸往来，人文交流和抗疫合作取得了丰硕成果。随着国家"一带一路"和中蒙俄经济走廊建设不断推进，内蒙古与俄蒙经贸合作规模不断扩大，互联互通水平不断提高，成为中国向北开放重要桥头堡。

目前，内蒙古已经获批呼和浩特、赤峰、满洲里、鄂尔多斯、包头5个国家级跨境电商综试区，获批15个国家级外贸转型升级基地和12个自治区级外贸转型升级基地，在蒙古国、俄罗斯等国家自建多个海外仓，主要经营产品涵盖农畜产品、装备制造、建材等行业领域。中蒙二连浩特—扎门乌德经济合作区建设有序推进。2020年、2022年和2023年，内蒙古西部的巴彦淖尔市、中部的呼和浩特市和东部的通辽市分别获批国家骨干冷链物流基地建设名单。

研究发现，中蒙农牧业贸易主要通过内蒙古的东、中、西部口岸完成，如东部的珠恩嘎达布其口岸、中部的二连浩特口岸、西部的策克口岸、甘旗毛都口岸等过境，即内蒙古作为国家向北开放桥头堡和中蒙贸易主体省区，处于中蒙农牧业贸易最前沿，承接大量的中蒙农牧业贸易业务（内蒙古承担了中蒙贸易95%、中俄贸易65%以上的货运量），这就迫切需要内蒙古构建完善的农牧业供应链体系，通过农商彼此互联来更好地完善农产品供应链，构建紧密的利益联结机制，加强与蒙古国农畜产品市场对接，实现优势互补，有效服务内蒙古向北开放桥头堡建设，从而更好支撑整个中蒙农牧业供应链的高效协同和高质量发展。

综上所述，必须以内蒙古为支点，围绕"通道+枢纽+网络"的物流体系构建思路，构建由"5大物流通道（东部的珠恩嘎达布其口岸、中部的二连浩特口岸、西部的满都拉口岸、甘其毛都口岸、策克口岸）+4大物流枢纽（巴彦淖尔市、呼和浩特市、二连浩特市、通辽市）"组成的中蒙农牧业跨境物流服务网络协作方案，提升内蒙古农牧业物流现代化水平，从而更好撬动和激发整个中蒙农牧业跨境物流的活力。

第六章　中蒙农牧业跨境电子商务平台构建研究

第一节　蒙古国电子商务发展情况

一、蒙古国电子商务基础设施基本情况

蒙古国互联网基础设施建设存在较大地区差异。在首都乌兰巴托和其他几个大城市，固定电话、移动电话和宽带等通信服务相对较为普及，但在偏远地区，通信网络的覆盖率仍然较低。根据蒙古国通信管理局的数据，截至 2021 年底，蒙古国的固定电话网线共有 31 万条，有线电视用户共 95.5 万，移动电话注册数 460 万，互联网注册数量 413 万，其中 95% 的用户通过手机上网。蒙古国的移动互联网已经实现了 4G 网络的覆盖，占全国人口的 90%，并且正在积极推进 5G 网络的建设，首都乌兰巴托等主要城市已实现 5G 网络覆盖。

蒙古国统计局数据显示，2021 年，蒙古国通信领域的收入达到 5.6 亿美元，同比增长 16.8%，是蒙古国增长速度较快的行业之一。乌兰巴托市内的 Wi-Fi 无线网络覆盖率较高。蒙古国主要的电信供应商包括：Mobicom、Gmobile、Skytel、Unitel 和 Mongolia Telecom。为了发展蒙古国的电子政务，建立数字蒙古和综合信息系统，实施信息安全国家行动计划，并提供蒙古国国家电子信息存储、保护、处理服务，蒙古国政府于 2009 年根据第 183 号决议，建立了国家数据中心。

二、蒙古国电子商务配套体系建设情况

从信息流层面来看,蒙古国的电商平台发展历程可谓是十分坎坷,蒙古国在1996年才开始接入互联网。2002年,班极格(Banjig)公司首次在蒙古国提供在线购买服务。由于国家社会经济转型的影响,信息技术产业的扩张直到2004年才正式启动,从此政府开始采取一系列的改革措施,以提供覆盖全国的互联网。这些措施使网络技术逐渐走向成熟,也使蒙古国跨境电子商务开始进入快速的发展阶段。从此以后,更多的公司利用互联网,为各种不同的领域提供服务。

蒙古国的电商行业近年来发展迅速,为电商平台的优化奠定了坚实的经济基础,也为信息流的畅通赋予了巨大的动能,其发展具体体现在:从2010～2018年,蒙古国电商行业对蒙古国经济的贡献发生了巨大的变化。这一时期又分为两个阶段,第一个阶段是2010～2014年,第二个阶段是2014～2018年。根据蒙古国统计局数据,2014年,蒙古国电商消费品的成交额达到1 962亿蒙图,是2010年成交额的98倍,2018年成交额达到了3 003亿蒙古图格里克,比2014年的成交额增长了53%。2014年,蒙古国电商行业的总收入达到8 570亿蒙古图格里克,比2010年总收入增加了49%,2018年又比2014年增加了26%。在电商行业的投资额方面,2014年的投资额比2010年增加了35.7%,2018年又比2014年增加了98.7%。投资力度的不断加大催生了蒙古国电商行业的繁荣发展,为劳动力市场提供了大量的就业机会,电商从业人数也在不断增加,蒙古国统计局数据显示,2014年在电商行业就业人数为16 582人,比2010年的9 256人增加了93.6%,2018年达到了28 557人,比2014年增加了72.2%。

2025年,随着拼多多海外版(TEMU)正式进入蒙古国,蒙古国电商从业人数将进一步呈现爆发式增长。作为将拼多多海外版引入蒙古国的主要发起主体,UBCab Express公司同时也是拼多多在蒙古国的重要合作商,该公司约有5万名司机提供在蒙古国内的物流配送服务;同时,MN Post公司作为另一发起主体,负责从中蒙边境到乌兰巴托海关监管区的货物长途运输工作,该公司大量员工也成为电商行业的重要从业者。因此,上述电商配套服务的开展,会极大拉动蒙古国电商从业人数的快速增长。

近年来，蒙古国通过自主建设与外部引进等多种方式积极推进电商平台建设。中国作为电商行业发展的领先国家，同时借助于和蒙古国临近接壤的地缘优势，已成为蒙古国引入电商服务的重要合作对象。2024年，中国阿里巴巴集团旗下1688平台与蒙古国电商平台Shoppy签署业务合作关系，通过该合作蒙古国买方能通过Shoppy hub以中文、蒙古语、英语和图片等多种搜索方式，进而可直接采买数百万种来自中国源头厂商的货物，极大提升了蒙古国电商平台的跨国交易水平和产品丰富度。

同时，通过整合原先分散的订单，蒙古国网购用户能够享受到更为便捷的一站式购物体验，大多数包裹预计在7~10天就能内送达客户手中。同样的，电子商务平台的建设离不开年轻的使用群体，随着互联网用户数量逐年增长，蒙古国的社交媒体用户的数量不断增加。蒙古国的商业企业家选择Facebook作为他们生意的主要广告渠道。因为Facebook、Instagram等社交媒体在蒙古国非常受欢迎。根据蒙古国银行数据，2022年，蒙古国93%的智能手机用户在金融机构拥有账户，且约有22%的用户通过手机管理其账户。2022年，蒙古国政府开通Emongolia电子服务平台，公民可获得所需政府服务。近年来，Facebook应用程序在蒙古国发展迅速，并成为蒙古国最受欢迎的社交媒体平台。根据蒙古国通信管理局数据，2022年蒙古国社交媒体用户约为220万人，其中95%的用户用手机上Facebook。从这个角度来看，对用户和商家来说，Facebook使用率非常高。从年龄上看，主要是18~34岁的年轻人使用Facebook。

从资金流层面来看，电子商务的资金流主要依托于该国的电子支付体系。而蒙古国当前的结算支付体系还不完善，主要依赖现金和银行卡。虽然近年来，蒙古国出现一些移动支付和电子钱包的服务，例如KhanBank、GolomtBank、TDBank、MostMoney、Qpay等，但是使用率和普及率还不高，而且蒙古国的电子商务网站付款系统支持国际MasterCard、VISA、Amex、Paypal、Discover、Diners和JCB信用卡在线收款。为进一步改善国内的电子支付环境，蒙古国的银行也已经开始加强银行间系统的电子交易合作。根据蒙古国央行统计数据显示，2018年底，蒙古国金融市场上，共有支付卡500万张，其中，被激活的卡数约占260万张。其中，万事达卡客户数量为21万，Visa卡用户数量为170万，MNT卡用户数量为230万，UPI卡用户数量为26万，这些卡的数量在蒙古国是比较庞大的，本应为国内电子支付提供很好的支撑,但是因为这些卡分属不同的银行,造成跨银行转移资金出现困难,因此蒙古国的跨银行合作是非常必要的。

从物流层面来看,蒙古国的物流配送体系还不发达,主要依赖公路运输。蒙古国的铁路运输和航空运输能力有限,而且成本较高。蒙古国的公路运输也面临着道路质量差、交通拥堵、安全隐患等问题。国内物流配送服务公司主要有 MongolPost、DHL、FedEx、UPS 等,提供国内商品的配送服务。这些服务的优势是能够覆盖蒙古国的大部分地区,提供相对快速和安全的配送,但服务质量和效率不稳定,价格较高,配送范围有限。蒙古国居民大多通过 Facebook 进行线上购买,而商家选择的配送方式一般选择用出租车配送,因为这种配送方式相对于其他的方式价格偏低,这在一定程度上反映出蒙古国物流配送系统还有待健全。而电商平台往往会配套物流配送服务,或者与其他配送公司进行合作,比如番茄网(tomato)是蒙古国的一个 B2C 网站,现货服务一般 3~5 日内可以送达,加急服务可以当天到货;yunden 是一个 B2B 网站,它与邮政公司签订合同,委托邮政公司送货,在乌兰巴托市内,5 日内可以交货,送往其他地方需要大约 14 日;rose 是一个综合性电子商务网站,它的送货系统仅覆盖乌兰巴托市和周围的地区、村庄。乌兰巴托市内的快递服务,如果是在当日 13 点前完成的订单,可当日送达。

综上所述,蒙古国电子商务的发展受到了电子商务相关配套设施的制约。信息流、资金流和物流三个方面都存在着不足和问题,需要进一步完善和改进。但不可否认的是,蒙古国电子商务的发展也展现了一些亮点和潜力。社交媒体、移动互联网和跨境电子商务等方面都有着较快的增长和较大的市场。蒙古国政府和社会各界对电子商务的发展给予了重视和支持,制定一些相关的政策和法规,推动电子商务的规范化和标准化。蒙古国电子商务的发展还需要与国际接轨,借鉴和学习其他国家的经验和做法,加强与其他国家和地区的合作和交流,提升自身的竞争力和影响力。只有这样,蒙古国电子商务才能更好地服务于蒙古国的经济社会发展和人民的生活水平的提高。

三、蒙古国消费者电商使用情况

为了解蒙古国消费者的电商使用情况,2023 年课题组从以下几个方面对蒙古国消费者的电商使用情况进行了问卷调研和访谈。

(一) 蒙古国电子商务平台建设情况

蒙古国本国的电子商务平台建设还处于初级阶段,蒙古国的居民基本选择通过国外电商平台进行网购,例如淘宝、Facebook 等。相关资料和问卷调研结果显示,蒙古国居民绝大多数不使用电商平台,一是因为习惯去超市买东西自己搬运回家,二是担心网上购买的货物品控不达标。而使用电商平台的群体中,对电商平台的依赖性也并没有那么强,主要是因为购买过程繁杂、运费过高等,而导致这些问题的根源依然在蒙古国电商平台的物流、资金流、信息流建设落后。所以要想推动蒙古国电商平台建设,首先亟待解决的问题是物流、资金流和信息流的优化问题。

(二) 蒙古国消费者的电商参与度和满意度

虽然蒙古国居民的购买习惯还维持在线下购买的水平,但是调研结果显示,已经有一部分居民转变了自己的消费习惯。蒙古国居民的电商消费渠道主要为 Facebook 和超市 App,调查结果显示,有48%的人表示在 Facebook 上买过东西,53%的人表示在超市 App 上购买东西。这表明蒙古国的电商发展已经有很大的进步,尽管蒙古国居民的购买习惯还停留在亲自去市场购买,但半数以上的居民已经接受了电商购物的方式。蒙古国消费者对网上购物的满意度较高,有64.5%的人表示非常愿意或比较愿意在网上买东西,只有15%的人表示比较不愿意或非常不愿意在网上买东西。这表明网上购物在蒙古国已经成为一种普遍的消费方式,具有广泛的市场潜力。

(三) 蒙古国消费者的网上购物行为和偏好

蒙古国居民的网上购买行为和偏好呈现出一定的规律。调查结果显示,蒙古国消费者的网上购物行为和偏好有以下特点:首先,大部分人的每月网上购物的次数在 0～10 次之间,每月网上购物消费的金额在 0～500 000 蒙图之间,这说明网上购物在蒙古国还没有完全取代线下购物,很多人还是会根据自己的实际情况选择合适的购物方式和金额。其次,蒙古国消费者在进行网购时最看重的因素是价格,其次是质量。这与访谈结果一致，大多数蒙古国居民会为了节约高昂的配送费而选择亲自前往线下进行购买。最后，蒙古国消费者在网上购物时，更倾向于购买日常生活用品和数码产品，这可能与他们的生活需求和消费水平有关。在访谈时，很多蒙古国居民对于中国商品的第一印象是各种小商品，这也侧面反映出中国制造业的国际化水平以及与蒙古国之间的贸易联系。文化娱乐产品和生活服务也有一定的市场需求，但不如前两类商品受欢迎。农业用品和农产品的网上购物比例较低，这可能与蒙古国的农业发展水平和农民的网上购物习惯有关，与蒙古国的生鲜电商发展的滞后也有很大的联系。

（四）蒙古国消费者在网上购物时面临的问题和挑战

调查结果显示，蒙古国消费者在网上购物时，主要存在的问题是网络速度慢、网上支付烦琐或不安全、商品种类不齐全、商品信息不准确等。这些问题精准地暴露出蒙古国电子商务当下的症结，主要体现在物流、资金流、信息流的滞后上。这些问题不仅影响了蒙古国消费者的网上购物体验，也制约了蒙古国电商市场的进一步扩大和深入。因此，建议蒙古国政府和电商企业应加强对网络基础设施、网上支付系统、商品质量和信息披露等方面——即物流、信息流、资金流等方面的投入和监管，以提高蒙古国消费者的网上购物信心和满意度，促进蒙古国电商市场的健康和可持续发展。

四、蒙古国农牧业领域电子商务发展情况

综观蒙古国，电子商务平台的普及程度尚显不足，相关文献和信息亦很少，特别是农牧业领域的电商发展更是寥寥可数。为深入探究蒙古国民众在网络平台购买农产品的实际情况，课题组于2023年7~10月在蒙古国开展了一项微观调查研究。在此期间，共发放问卷350份，回收有效问卷299份，从而对蒙古国居民对农产品的消费认知及电商平台的使用状况有了初步的了解。

课题组从多个维度对蒙古国居民使用电子商务购买农产品的情况进行了梳理，以期全面反映出蒙古国农牧业电商的发展现状。

首先，蒙古国居民在农产品线上购买行为的基本情况。根据调研数

据，仅有46%的蒙古国居民表示曾通过电子商务平台购买农产品。这一现象可能受到线上购物便利性及信任度的双重影响。一方面，虚拟市场为消费者提供了更广泛的选择余地，并有效节约了购物时间。另一方面，线上购物亦存在商品质量、安全性及售后服务等方面的风险与不确定性。通过与蒙古国居民的深入交流，发现电商平台的诸多问题，如价格偏高、买卖双方信任机制建立困难，以及传统购买习惯所导致的线下购物偏好，均会显著影响居民的使用意愿。

其次，蒙古国居民线上购买的农产品结构。调研显示，60.9%和58.7%的居民倾向于购买水果和蔬菜，表明在电商平台使用者中，这两类产品最受青睐。牛羊肉和乳制品分别以47.8%和39.1%的选择率位列其后。这一数据揭示了居民的线上购买行为与其农产品消费习惯紧密相连，以主食和牛羊肉为主，蔬菜水果为辅。值得注意的是，线上农产品的购买比例与线下购买比例呈现出完全相反的趋势，这可能源于生活水平较高的居民群体愿意为线上农产品支付额外溢价，以追求膳食结构的均衡和高质量的食品，从而形成一种与线下购买结构近乎相反的电商平台消费模式。

最后，蒙古国居民对农产品线上购买认知的情况。调研结果显示，54.3%的居民认为网上购买农产品的最大优势在于其种类的丰富性，52.2%的居民赞赏其配送的快捷性，而45.7%和41.3%的居民分别看重质量的可靠性和来源的可追溯性。然而，尽管如韩国等国家的企业运营的超市为蒙古国居民提供了多样化的农产品，蒙古国居民对线上农产品供应质量的期望仍然很高。他们期望线上购买能够实现品类繁多、配送快捷、物美价廉的理想状态，但现实情况并非如此。由于蒙古国农产品配送物流体系的不足，受限于道路状况和物流公司的落后经营模式，配送费用昂贵且效率低下，大多数超市选择摆脱第三方物流公司，自行负责配送服务，虽有所改善，但高昂的配送费仍然使许多普通家庭望而却步。此外，由于蒙古国无法完全自给自足生鲜农产品，大量农产品依赖进口，而国内供应链的不完善也无法保证农产品的质量和供应量。

综上所述，随着蒙古国居民生活水平的提高，新一代居民对电子商务农产品的期望日益增长。面对蒙古国农产品电子商务的巨大发展潜力，居民对农产品的新要求有望成为其政府改革的推动力。中国与蒙古国的合作，有望为蒙古国电商农产品的发展注入新的活力。

第二节 中国农牧业领域电子商务运用情况分析

一、中国电子商务发展情况

（一）中国电子商务基础设施发展情况

电子商务是指利用互联网等信息网络进行的商品和服务的交易活动，是现代经济社会的重要组成部分和发展方向。电子商务的发展需要依赖于一系列的基础设施，包括网络设施、物流设施和支付设施，对应着信息流、物流与资金流，这些设施的水平和质量直接影响电子商务的交易效率、交易规模、交易成本、交易安全和用户体验。本节将从电商的整体发展情况和信息流、物流、资金流三个方面对中国电子商务基础设施的发展情况进行分析，并提出一些存在的问题和改进的建议。

首先，中国的电子商务整体发展情况。电子商务的发展水平与质量，是影响其交易规模与效益的直接因素。近年来，中国电子商务领域取得显著成就。《中国电子商务报告（2021）》显示，2020 年中国电子商务交易额达到 37.2 万亿元人民币，同比增长 10.9%；网上零售额为 11.8 万亿元，同比增长 16.5%，占社会消费品零售总额的 24.9%，成为消费增长的重要推动力。网上零售市场多元化发展态势明显，新兴业态如社交电商、直播电商、视频电商等异军突起，丰富了消费者的选择与体验。网上零售用户规模扩大至 7.8 亿人，同比增长 5.9%，占网民总数的 73.6%，居全球之首。商品结构持续优化，生活服务类商品占比 28.5%，成为网上零售增长的主要动力。地域分布日趋均衡，中西部及农村地区网上零售增速超过全国平均水平，为区域协调发展与乡村振兴注入新动力。电子商务从业人员规模达 6 180 万人，同比增长 5.1%，为社会提供众多就业与创业机会。中国电商持续创新变革，以适应市场需求与环境变化。《中国电子商务创新发展报告（2020）》指出，2020 年中国电子商务创新发展指数为 133.9，同比增长 9.9%，展现出强劲的创新活力与潜力。

其次，中国的信息流发展情况。信息流的健康发展依赖于坚实的基础设施支撑，其中网络设施是电子商务发展的基石与保障。网络设施的建设水平与服务质量，直接关系到电子商务的交易效率与用户体验。根据《中国互联网络发展状况统计报告》，截至 2021 年 6 月，中国网民规模达 10.62 亿，互联网普及率为 76.6%，超越全球平均水平。手机上网用户比例高达 99.7%，移动互联网已成为主流。宽带网络用户规模为 6.6 亿，光纤接入用户占比 96.8%，4G 用户占比 83.4%，5G 用户占比 12.3%。互联网接入带宽为 1.9 亿 Mbps，同比增长 40.2%。域名总数达 5 400 万，其中".cn"域名占比 46.9%。网站总数 570 万，政府网站占比 6.1%。IPv6 地址总数为 4.9 亿，占全球 30.3%，居世界首位。

网络安全方面，根据《中国网络安全报告（2020）》，法律法规体系不断完善，标准化工作稳步推进，技术创新能力提升，产业发展态势良好，教育宣传普及，国际合作交流深化，综合治理能力显著提升。网络安全事件总体呈下降趋势，但境外威胁、隐蔽复杂的攻击手段、网络诈骗、侵权、暴力等违法犯罪活动仍突出，安全风险严峻。综上所述，中国网络设施在规模、速度、安全等方面均有显著提升，为信息流建设与电子商务发展提供坚实基础，同时也面临挑战与问题，需进一步强化建设与管理。

再次，中国的物流发展情况。物流作为电子商务不可或缺的组成部分与支撑条件，其发展水平与质量直接影响交易成本与用户满意度。近年来中国物流业快速发展。《中国物流与采购联合会物流业景气指数报告》指出，2020 年物流业景气指数为 54.9%，同比上升 1.5 个百分点，显示出强劲增长势头。物流业总收入为 11.6 万亿元，同比增长 2.8%；总费用为 14.4 万亿元，同比下降 2.6%，占 GDP 比重为 14.2%，同比下降 1.6 个百分点，反映出较高的效率水平。快递业务量达 830 亿件，同比增长 31.2%，占全球总量 63.5%，居全球首位。快递业务收入为 8 790 亿元，同比增长 14.9%。快递业务覆盖率为 99.8%，服务网点 43.8 万个，从业人员 400 万，服务能力与水平持续提升。物流业不断创新变革，以适应市场需求与环境变化。

最后，中国的资金流发展情况，即支付系统发展情况。支付系统作为电子商务交易安全与用户便利的关键，其发展水平与质量对电子商务具有深远影响。中国支付系统近年来取得巨大发展与突破。2023 年，全国银行共办理非现金支付业务 5 425.89 亿笔，同比增长 17.28%，涉及金额 5 251.3 万亿元，同比增长 9.27%；其中，电子支付业务共有 2 961.63 亿笔，涉及金额 3 395.27 万亿元，同比分别增长 6.17% 和 9.17%。同时，2023 年全国非银行支付机构处理网络支付业务 1.23 万亿笔，同比增长 17.02%；涉及金额 340.25 万亿元，同比增长 11.46%。

综上所述，电子商务基础设施是电子商务发展的重要保障和支撑，也是电子商务创新发展的重要条件和动力。由此可见，我国电子商务基础设施在近年来取得显著进步，为电子商务高质量发展奠定了坚实的基础。但我国电子商务基础设施的发展水平和质量仍然与国际先进水平存在一定差距，也与国内市场需求和消费者期待有一定差距，面临着一些问题和挑战，需要进一步加强建设和完善。

（二）中国消费者电商使用情况

随着互联网的普及和数字经济的发展，中国的电子商务市场呈现出多元化和创新化的趋势。本节旨在分析中国消费者的电商使用情况，包括在线购物用户的规模、网络购物方式的选择、网上零售额的变化等方面，以期为相关领域的研究和实践提供参考。

首先，在线购物用户的规模，根据中国互联网络信息中心的数据，截至 2022 年 6 月，中国已有 10.51 亿在线购物用户，占网民总数的 74.4%，较 2020 年底增长 4.3 个百分点。这表明网上购物已成为中国消费者的主流消费方式之一，具有广泛的市场潜力和社会影响力。

其次，网络购物方式的选择。中国消费者的网络购物方式呈现出多样化和个性化的特点，不仅包括传统的电商平台，如淘宝、京东等，还包括短视频、社交媒体、直播等新兴的电商渠道。这些新兴的电商渠道通过提供丰富的信息和产品评价，满足了消费者的信息需求和社交需求，影响了消费者的购买决策过程。根据中国产业研究院的数据，2022 年使用短视频或社交平台网购的消费者比例达 72%，同比增幅高达 6%，而同一时期传统电商平台的比例相较前一年仅增长 1%。此外，直播电商也成为中国消费者的重要网络购物方式之一，截至 2020 年，直播电商行业主播从业人数超过 120 万人，相关企业注册数达到 8 862 家，是 2019 年的 4 倍多。以淘宝平台为例，2020 年就诞生了近千个销售量过亿的直播间。在多种网络购物方式中，通过直播进行购物的人数比例达 66%，与前一年相比增长 19%，成为仅次于传统电商平台的第二大网络购物方式。

最后，网上零售额的变化。中国的网上零售额反映了消费者的电商消费情况，也是衡量电子商务市场发展水平的重要指标。根据国家统计局的数据，2023 年上半年，中国网上零售额达到 6.11 万亿元，同比增长 13.8%，占社会消费品零售总额的 27.6%，较上年同期提高 2.1 个百分点。其中，实物商品网上零售额为 5.13 万亿元，同比增长 11.8%，占社会消费品零售总额的 22.7%，较上年同期提高 1.6 个百分点。从商品类别来看，实物商品网上零售额中，吃、穿和用各类商品分别增长 8.9%、13.3% 和 10.3%。从增速看，18 类监测商品中，8 类商品增速超过两位数，其中，金银珠宝、通信器材同比增速较快，分别为 33.5% 和 23.3%。从规模看，服装鞋帽针纺织品、日用品、家用电器和音像器材网络零售额排名居前，分别占实物网络零售额的 21.3%、14.9% 和 10.8%。从地区来看，东、中、西部和东北地区网络零售额占全国比重分别为 83.6%、9.1%、5.8% 和 1.4%，同比增速分别为 13%、16.1%、11.5% 和 9.1%，比一季度分别加快 4.4、4.8、4.6 和 5.4 个百分点。

综上所述，中国消费者的电商使用情况呈现出的特点为：在线购物用户的规模不断扩大，网络购物方式的选择越来越多元化和创新化，网上零售额的增长速度和占比不断提高。这些特点反映了中国消费者的消费需求和消费习惯的变化，也为电子商务市场的发展提供了动力和机遇。

二、中国农牧业领域电子商务发展情况

农产品在人们的日常生活中发挥着至关重要的作用。随着生活水平的不断提升，价格因素已经不是消费者购买生鲜产品的首要考量，转而更加重视产品的原产地、新鲜度、营养价值等多维度信息，并愿意为此支付额外费用。这种对生鲜农产品品质的深入追求，反映了消费者健康意识的显著提高。由于生鲜农产品的易腐性，传统电商模式在物流配送方面临着巨大挑战。然而随着快递服务的持续优化，这一问题已得到有效缓解。尽管如此，单一的图文展示方式已无法满足消费者对信任度和产品认知的需求，导致他们对线上购物体验的期望值提高，从而推动了消费需求的升级。目前，线下门店的生鲜农产品价格普遍高于线上，高收入群体可能不介意线下购买的高昂价格，但中低收入群体更倾向于在线上寻找优质生鲜农产品。在消费者健康意识

和消费需求双重提升的背景下，电商的发展有望在一定程度上缓解这些矛盾。

互联网技术在民众当中的大规模普及，为"互联网+生鲜农产品"的快速发展提供了机遇。根据中商产业研究数据，2017~2021年，中国的生鲜电商市场呈现持续增长的态势，市场交易规模已经从2017年的1 308亿元扩展到2021年的5 640亿元，生鲜电商渗透率也从2017年的2.97%上升到2021年的7.91%。随着人们消费习惯变化和经济发展持续向好，我国生鲜电商市场在未来几年的发展都被持续看好，预计未来一段时间生鲜电商仍旧保持高速增长，到2024年生鲜电商行业规模将超万亿元。

根据商务大数据的数据，2023年全国农产品网络零售额达5 870.3亿元，比上年增长12.5%，呈现出东、中、西部各地区均衡发展的态势，各类农产品加速覆盖趋势明显。同时，以拼多多为代表的电商平台，有望引领中国农产品的数字化转型。随着时代的变迁和网络信息的快速发展，现阶段"80后""90后"成为电商直播消费的中坚力量，艾瑞调查显示，参与生鲜农产品电商消费的人群中，26~35岁的人群占比49.7%，36~45岁的人群占比为32%，而其他年龄段总占比情况为18.3%。可见，年轻人对生鲜农产品电商的关注度显著高于其他年龄人群，年轻群体更易接受直播带货这一新兴事物，因此可能会因为好奇或习惯等因素进行网络直播购物，通过直播不但可以更直观地了解生鲜农产品生长环境、采摘情况等，同时更有"网红经济"的带动，让年轻人短时间内接受生鲜农产品，并且年轻群体对生鲜农产品的价格敏感度相对较低，购买时更加关注生鲜农产品的品质及配送速度。因此直播已成为向线上消费者推广生鲜农产品有效的方式，年轻群体成为生鲜农产品直播消费的主力军。

第三节　中蒙两国农牧业领域跨境电子商务使用情况分析

一、中国农牧业领域跨境电子商务发展情况

数字经济作为经济学的重要组成部分，已经深入到人类社会的各方面，给世界经济格局带来深刻变革。搭乘着"数字经济"这辆顺风车，近

年我国跨境电商发展水平位居世界前列。根据全球化智库发布《B2C 跨境电商平台"出海"研究报告》，中国和美国目前是全球跨境电商的主要平台方所在国，也是全球跨境电商交易的主要市场。全球约有 26% 的企业到消费者（B2C）跨境电商交易发生在中国大陆，中国超过美国、英国、德国和日本等，排名居世界第 1 位。关于中国的农牧业跨境电子商务发展，本节将从三个方面进行介绍：

（1）中国跨境电商进出口贸易总量呈现活力大、韧性强、潜力足的态势。根据《2020 年度中国跨境电商市场数据报告》，2020 年已经达到 12.63 万亿元；从增长率上看，呈现出先上升后下降再上升的趋势。其中，2013 年为中国跨境电商的起步阶段，进出口增长率达到 50%，为十年间最高水平。此后受世界贸易形势的影响，2013～2018 年间我国跨境电商增速放缓，增长率呈现逐年下降，在这一阶段国家推出一系列政策来推动跨境电商由高速发展向高质量发展转化。2018 年起，在全球经济下行、货物贸易发展疲软的背景下，我国跨境电商仍实现了逆势增长，成为经济发展的新增长点。再分析中国跨境电商进出口的结构情况。从数值上来看，跨境电商在进口和出口方面一直保持着稳步增长的态势，且出口总量远高于进口；从比重上来看，跨境电商的出口份额在 75%～90% 之间，出口总额平均约为 20%，表明我国跨境电商进口和出口结构不平衡。两者的进出口占比差额也在逐步缩小，2011 年的 82.4% 下降至 2020 年的 55.2%，表明跨境电商出口仍占据着主导地位，进口额也在稳步上升。随着我国电商供应链建设更加完备，能够为世界各国消费者提供种类丰富且性价比高的商品；另外，我国在电商行业监管和海关报税方面制定了相应的便利化措施，进一步加大了对跨境电商的支持力度。

（2）我国农产品跨境电商发展取得了明显成效。2022 年我国农产品网络零售额达到 5 313.8 亿元，已超额完成了《2022 年数字乡村发展工作要点》的目标，发展成绩斐然。农产品跨境电商正处于持续高速增长的发展状态，2022 年我国农产品跨境电商贸易额 81 亿美元，相较于 2021 年同期增长了 25.9%，其中，出口额为 12.1 亿美元，进口额为 68.9 亿美元，2022 年，我国农产品跨境电商贸易额的增速高出跨境电商进出口额的增速约 16.1 个百分点，展现出我国农产品跨境电商发展的广阔前景。农产品贸易都是大宗商品交易，在传统贸易中主要都是 B2B 模式，而跨境电商的出现使农产品跨境交易可以实现跨境零售,将农产品直接销往 C 端市场。在进口跨境电商方面,农产品交易平台主要以天猫国际、京东国际和考拉海购等这类大型 B2C 电商平台为主,将海外优质的农产品引入国内市场,并且利用大数据、物联网等技术打造一站式农产品新零售场景。在出口跨境电商方面,主要以阿里巴巴国际站为代表的综合 B2B 电商交易平台以及速卖通为代表的 B2C 交易平台为主,借助海外仓的方式有效解决消费者个人进行跨境电商交易时的农产品海外仓储问题,推动农产品跨境电商 B2C 模式的发展。

(3) 中国的农产品跨境电商进入新一阶段。随着 2020 年脱贫攻坚的圆满结束,越来越多的农村开展了电商建设,电商扶贫也成为精准扶贫的重要手段。进入脱贫后的农村经济振兴和发展阶段,针对很多贫困村镇难以找到国内路的特色农产品,跨境电商拓宽了其市场半径,将农村电商建设进行升级更新,实现农产品海外市场的开发。许多农村电商企业引入跨境电商营销团队,入驻跨境电商平台。例如甘肃省将中草药、蜂蜜等特色农产品销往日韩等市场,广西、云南等地的芒果、荔枝等特色水果也接收到众多海外消费者的订单。因此,跨境电商越来越成为振兴农村经济的新抓手和新方向。国内电商直播的发展也带动了跨境电商直播的兴起,农产品通过引入直播的方式,将具体农产品形象地展现给海外消费者在增加销量的同时,推动了农产品品牌的国际塑造。像甘肃省为推广玉门特色农产品进行原产地全球直播,塑造其产品出自优良产地的特点,广东省设立香蕉国际网络文化节,在活动期间,多名主播开设国际直播间推广香蕉及其相关制品,打造广东省香蕉的国际声望。在进口跨境电商直播方面,各国政府的外交领事人员纷纷进入国内直播间带货,引起一阵热潮。例如泰国、智利等国家在直播间大力宣传本国的榴梿、樱桃等水果,实现海外农产品的大量进口,丰富了消费者的需求选择。

二、蒙古国农牧业领域跨境电子商务发展情况

近年来,蒙古国电子商务迅速发展,受益于互联网技术的进步和移动设备的普及。蒙古国消费者越来越倾向于通过跨境电子商务购买海外商品。但跨境电子商务作为一种新兴的贸易方式,目前在蒙古国还处于起步

阶段。由于缺乏完善的统计体系和统一的管理部门，蒙古国跨境电子商务的规模和状况难以准确直观地把握。但通过一些相关情况，可以从侧面把握蒙古国跨境农产品贸易的发展情况。

蒙古国消费者通常采用两种方式进行跨境电子商务网购：一是直接从海外电子商务平台进行交易，利用国际物流公司将商品送达。常用的平台有亚马逊、速卖通、eBay等。消费者主要购买的商品有母婴用品、鞋类、服饰、美容化妆品、儿童玩具、电子产品、厨具、户外和运动类品牌产品等。其中，美国亚马逊是最受欢迎的平台，因为它的境外扩展范围广泛，涵盖美洲、欧洲、亚洲等地区。二是通过Facebook和Instagram等社交网络工具，预定代购商所提供的商品。消费者最多购买的商品是服装、包、鞋子、化妆品和电子产品等。

蒙古国消费者对于农产品的线上购买比较少的原因有三个方面：

（1）蒙古国农产品贸易总体处于较低水平。根据美国农业部（USDA）的数据，蒙古国在2020年的农产品出口额为1.6亿美元，进口额为6亿美元。反观同年中国，根据农业农村部的数据，2020年，中国的农产品贸易额为2 468.3亿美元，其中，出口额为760.3亿美元，进口额为1 708.0亿美元。而且蒙古国2020年的电商成交额仅为1.5亿美元。由此可见，蒙古国的农产品贸易体量较小，支撑不起庞大的农产品电子商务基础设施建设费用。

（2）基础设施建设落后。受制于信息流、资金流、物流的建设落后，蒙古国电子商务的总体发展并没有呈现出强劲的势头。首先，物流方面，蒙古国位于内陆，与中国、俄罗斯接壤，没有出海口，这增加了农产品的运输成本和时间。蒙古国的气候寒冷干燥，冬季漫长，夏季短暂，农业生产受到季节性的影响，农产品的种类和数量有限。蒙古国的农产品主要是畜牧业产品，例如肉类、奶制品、皮毛等，这些产品属于生鲜产品，需要特殊的储存和运输条件，如冷链物流，否则容易变质和损失。其次，信息流方面，蒙古国的电子商务发展还处于初级阶段，网络覆盖率、网民数量、电子支付方式、电商平台等方面都有待提高，这限制了农产品的市场拓展和消费者的信任。蒙古国的农产品还缺乏品牌建设和质量认证，难以形成竞争优势和区别化。最后，资金流方面，蒙古国缺乏统一的电商结算体系，各个银行各自为战，难以形成统一的支付平台，导致消费者支付与存款时便利程度大打折扣，极大地影响了消费者的消费欲望，阻碍了电商的发展。所以加速电商平台建设、优化结算体系、完善冷链物流相关设施等一系列政策便成为推动蒙古国电商发展的重要抓手。

（3）蒙古国自身内在的局限性。蒙古国不仅相关的法律制度与政策没有得到完善，而且相关领域的人才培养也是短板之一。蒙古国还受到牲畜传染病发病率高且频繁的影响，出口受限。这些方面的局限源于蒙古国地理、经济、政治等诸多因素的影响，想要解决这些问题也并非一朝一夕。

尽管有诸多问题，蒙古国的农产品跨境电商仍然有着巨大的潜力和未来发展空间。首先，蒙古国的农畜产品具有一定的特色和优势，如天然、绿色、有机、无污染等，这符合当今消费者的健康和环保的需求。其次，蒙古国的农产品有着广阔的市场需求，尤其是在邻近的中国和俄罗斯等国家，这些国家有着庞大的人口和消费力，对蒙古国的农产品有着较高的认知和接受度。最后，蒙古国的农产品跨境电商有着良好的政策支持和合作机会，如中蒙经贸合作区、中蒙俄经济走廊、"一带一路"倡议等，这些都为蒙古国的农产品提供了便利的通道和平台。

三、中蒙两国农牧业跨境电子商务展望

中蒙两国在农畜产品领域跨境贸易规模不断扩大，贸易结构不断优化对两国来说都具有重要意义，两国在农畜产品的跨境贸易中存在着相对优势。

对中国来说，中蒙两国农畜产品跨境贸易，有利于中国优化农畜产品的供给结构，满足国内消费者的多样化和个性化需求，提高农畜产品的供给质量和效率。同时，有利于中国调整农畜产品的生产结构，发挥自身的比较优势，提高农畜产品的生产效益和竞争力。促进中国农牧业的开放型经济发展。中蒙两国农畜产品跨境贸易，有利于中国扩大农畜产品的国际市场份额，增加农畜产品的出口收入，提高农畜产品的国际影响力和话语权。同时，也有利于中国加强与蒙古国以及其他国家和地区的农牧业合作，推动"一带一路"建设，维护全球农牧业的安全和稳定。

对蒙古国来说，中蒙两国农畜产品跨境贸易，有利于蒙古国借鉴中国的农牧业发展经验，引进中国的农牧业技术和设备，提高蒙古国农牧业的

生产水平和质量标准，促进蒙古国农牧业的现代化和规模化。同时，有利于蒙古国拓展农牧业的产品种类和市场渠道，增加农牧业的附加值和竞争力，促进蒙古国农牧业的多样化和综合化。有利于蒙古国倡导和实施绿色农牧业的理念和措施，推广农牧业的循环经济和生态文明，提高农牧业的资源利用效率和环境友好性，促进蒙古国农牧业的可持续发展和环境保护。同时，也有利于蒙古国加强与中国在农牧业领域的政策沟通和协调，共同应对气候变化、草原沙化、动植物疫情等挑战，维护两国和地区的生态安全。提高国内消费者的生活质量和健康水平，促进蒙古国农牧业的民生福祉和社会稳定。

第四节　跨境电子商务发展对中蒙两国农牧业发展的影响

纵观中蒙两国跨境电子商务及农牧业发展现状，两国在产业结构以及生产资料和生产技术水平上存在一定程度的互补优势，然而，跨境电子商务在促进两国农牧业方面的潜力尚未被充分挖掘。

首先，从农牧业产业结构来看，蒙古国发达的畜牧业为其提供了成为畜产品出口国的条件，而这些产品恰为中国的主要进口商品之一。这种贸易关系在畜产品的进出口方面为两国带来互补优势。相对地，中国的蔬菜和水果出口构成了其农产品贸易的主体，而蒙古国在这一领域的发展较为滞后，大量依赖进口，从而在蔬菜水果等农产品的贸易上与中国形成互补。

其次，在生产资料和生产技术水平方面，中国畜牧业的饲料市场供需不平衡，对饲料的进口依赖程度在不断提高，蒙古国天然草牧场资源丰富，牧草资源不仅能满足国内畜牧业发展，而且能够大量出口，因此，两国在牧草等资源的进出口贸易上形成优势互补；蒙古国用于农业生产的农机设备大多老旧，且本国没有农机生产制造商，全部依赖进口，而中国相关企业生产的农机设备性能质量能满足当地需求，且具备良好的市场竞争力，因此，两国在农机设备贸易上形成优势互补；此外，蒙古国的农牧业生产技术水平较为落后，在治理草场退化、家畜品种改良、防疫以及提高资源利用效率方面缺乏相关技术，导致农业生产效率以及相关农产品的质量相对较低，而中国不论是在农业生产机械化发展方面，还是耕地使用效率提升方面都有长足的发展以及相关经验的积累，形成一套现代化的科技化的农业生产体系，在环境治理方面也积累了一定的实践经验，因此，两国在生产技术水平方面也能实现优势互补。

两国的跨境电子商务发展尚处于起步阶段。蒙古国的电子商务产业虽然具有一定规模，但由于不具备专业的电子商务平台服务体系，没有完善的结算支付体系，物流配送体系不发达，导致电子商务产业的进一步发展受到阻碍，其中生鲜电商的发展尤为滞后，线下购物仍然是蒙古国居民主流的购物方式；中国的电子商务产业发展已达到世界领先水平，是全球规模最大的网络零售市场，与之配套的支付体系以及物流体系的建设与普及也十分完善，中国的电子商务产业不断创新变革以适应新的市场环境，具有极强的活力与潜力。中蒙两国的电子商务产业发展水平有着较为悬殊的差距，且受限于资金、政策、两国基础设施建设水平等因素的影响，跨境电子商务对两国农牧业发展的促进作用还有待挖掘，目前仅有农业生产设备以及农产品的贸易能改善两国农业发展水平以及提高农民收入，不仅如此，这些农产品的贸易还受到国际市场的竞争。例如，我国向蒙古国出口的果蔬类产品受到来自日本、韩国等国家产品的竞争，农业机械设备等产品受到来自俄罗斯、美国等国家的竞争，蒙古国向我国出口的奶类产品受到新西兰等国家产品的竞争，牧草等饲料产品受到美国等国家相应产品的竞争。因此，完善中蒙跨境电子商务体系的建设将释放两国农牧业的发展潜力，从信息流、资金流以及物流三个层面对中蒙农牧业协作产生促进作用。

一、跨境电子商务对增进中蒙两国农牧业协作信息流的作用

跨境电子商务体系的完善，对促进中蒙两国农牧业协作中信息流的畅通具有重要意义。该体系在信息流层面的作用主要体现在消除信息壁垒、打通信息渠道、提升交流效率等方面，从而引导资金流、物流等资源进行最优化配置，实现效用最大化。信息流的畅通不仅对中蒙两国间的农业科技协作、农业投资协作以及农产品贸易协作起到推动作用，而且通过完善的跨境电子商务平台，两国之间的涉农产品跨境贸易将朝着透明化、便捷

化和一体化的方向发展。

首先,通过跨境电子商务平台,两国农产品贸易中的商品信息以及供求信息变得更加透明,信息壁垒将被打破,买卖双方都能更直观、更便捷地获得所需要的信息,从而交易的成本得到降低,与此同时,平台效应将会带来更多的流量,通过农产品直播带货等电子商务特有的形式,市场中供给与需求的信息会得到更加广泛的发布,由此创造更多的交易机会,因而更多的买家与卖家将进入跨境电子商务平台,加剧市场竞争,只有优质的产品能在市场竞争中生存下来,卖家将不断优化自身产品以提高竞争力,同时买家也能以更低廉的价格购买到更加优质的商品,在"看不见的手"引导下各项资源配置的利用将达到最优化。例如,中蒙俄抖音直播跨境电商产业园建成运营后,可为中蒙两国拥有的大量特色农产品直播带货,促进双边农畜产品的贸易,一些具有传统特色但在现有贸易体系下知名度不够的农畜产品可以借助此平台提升人气,增加销量,两国的消费者也能通过此平台了解更多的产品信息,挖掘更多的需求。

其次,通过跨境电子商务平台可以实现上下游产业链的信息共享,以减小信息的不对称,协调各主体之间的工作,这样有助于进行产业链内部的资源整合,从而促使农产品的生产、加工、销售等各个环节中的相关企业不再各自为战,而是通过平台进行信息共享,达成一体化的合作关系来共同面对市场,以提高各种资源的利用效率,增强产业链抗风险能力。例如,肉类产品的跨境经销商、肉类加工厂以及牧民之间可以通过跨境电子商务平台在信息流层面的作用,共享肉类供应链中的产量、需求量、价格波动等信息,供应链上下游各主体实时掌握牧民牲畜供应、肉类加工厂产量、消费者对肉类产品的需求以及肉类产品市场价格等信息的变化,进而更好地作出决策,合力应对市场变化带来的风险,实现效益最大化。

跨境电子商务体系建设还通过促进中蒙两国的农产品贸易协作的中介效应,进而促进两国的农业科技协作和农业资金协作。

一方面,随着跨境电子商务促进两国之间的农产品贸易协作,先进的农业生产设备以及新型的农业生产资料,如农机设备、良品种子、化肥等进入蒙古国,将提升当地农牧业产业的生产效率,而与之配套的农牧业先进生产方式也能借助跨境电子商务平台传入蒙古国,例如,通过互联网进行远程跨境的农机操作指导、化肥施肥技术指导等,除此之外,跨境电子商务平台不仅可以为农畜产品的贸易提供信息平台，也可以为农牧业服务提供信息平台，如远程牲畜医疗咨询服务，服务机构利用互联网平台可以跨境对牧民提供牲畜问诊、防疫指导等服务，提升牧民们的科学养殖技能，减少由于生产水平落后而造成的经济损失，此类新型服务将打破传统农牧业协作在时间和空间上的限制，做到实时合作，事事合作。这些农业科学技术以农畜产品或农牧业服务的形式通过跨境电子商务平台在两国之间进行交流，可以促进蒙古国的农牧业生产朝着机械化、现代化的方向发展。

另一方面，凭借跨境电子商务平台促进农畜产品产业链上下游实现信息共享一体化，两国农牧业产业上下游各主体可以通过加入股份等方式进行相互投资，从而进行内部资源整合，促进整个产业向前发展。这类方式拓展了中蒙两国农牧业协作的融资渠道，对两国农业资金协作起到了促进作用，例如肉类产品跨境贸易供应链中，中国的跨境经销商主体可以通过跨境电子商务平台获取肉类加工厂以及牲畜供应个体在肉类供应和加工方面的各种信息，通过综合这些信息，经销商主体可以进行融资，带动资金向该合作领域流动，并在当地投资建厂，以生产出品质更好的、符合更严苛标准的、在国际市场更有竞争力的肉类产品，这样不仅可以缓解蒙古国肉类产品面临的"羊多加工厂少"的被动局面，同时也可以为中国进口肉类市场提供更加优质的产品；同样，肉类加工厂商也可以利用跨境电子商务平台搜集跨境经销商所掌握的市场相关信息，自主投资或入股跨境分销企业，为自身产品开辟更加广阔的销路。

二、跨境电子商务对增进中蒙两国农牧业资金流的作用

推动跨境电子商务体系建设将极大拓宽中蒙两国农牧业协作的资金流渠道。跨境电子商务在资金流层面的作用是简化跨境支付流程、整合支付方式、拓宽资金流渠道，引导资金更加低成本、高效率、快节奏地在各个交易主体之间流动。跨境电子商务平台体系中的跨境支付平台建设可以对中蒙两国农牧业贸易协作产生直接的促进作用，通过贸易协作的进一步发展，吸纳更多的资金，带动两国农牧业的资金协作与科技协作共同发展。

建立跨境支付平台，可以实现两国跨境贸易的支付方式整合统一，简

化跨境支付流程，提高贸易效率，进而促进中蒙两国农牧业贸易协作向前发展。蒙古国境内有多个银行支持线上支付以及跨境结算，但这些银行之间彼此并不互通，跨行转账也有一定的复杂程度，这不仅给当地居民的日常购物消费造成了不便，更是制约了蒙古国电子商务体系的发展，对两国农牧业贸易协作的进一步深化也造成一定的困扰；反观中国的支付体系建设，已经做到银联互通，国有四大银行等众多银行皆已开通了国际金融货币结算服务，支付宝、微信支付等线上支付平台早已全国普及，移动支付的概念融入居民生活的方方面面。

为此，建立一个可靠且功能全面的跨境支付平台，一方面整合蒙古国境内的多家银行，统一支付方式，简化跨行转账流程，可以使相对复杂、烦琐的程序简便化，减少中间某些不必要的审查环节和手续，并同时防止对交易双方产生不利影响；另一方面，连接我国移动支付平台，将移动支付的成功经验传到蒙古国，普及移动支付的使用，简化外币兑换等环节，降低用户跨境支付的门槛，吸引更多的潜在用户加入跨境贸易的市场。这样可以解决两国贸易支付不便利的痛点，使两国贸易协作中的资金流渠道更加畅通、更加低成本、更加高效，从而吸引更多用户进入两国的跨境贸易市场进行商品交易，与此同时更多的资金也随之进入市场，这些资金不仅是两国贸易协作的交易资金，也可以是跨境汇兑、信贷、投资、筹资等跨境资金往来的活动，故而推动跨境电子商务体系建设也将从资金流层面带动中蒙农牧业的资金协作与科技协作。

跨境支付平台建设带来的资金流虹吸效应可以带来两个好处：一是可以为两国农牧业协作的各种项目提供资金支持，缓解由于国家对农业投资相对较少和境外农业项目融资困难所导致的相关项目资金短缺，例如，跨境支付平台可以凭借自身用户数量优势，在平台中推荐相应农牧业协作项目的基金产品，吸引用户购买，为两国农牧业协作相关项目的建设扩宽筹资渠道；二是这些资金可用于中蒙两国农牧业协作中的科技协作相关项目的建设，例如建立农业示范基地、对协作国农业生产人员进行技术培训、接收留学生进行专业培养、用于组织科技合作研究的研发经费等，由此可以看出，跨境电子商务平台建设在资金流层面对两国的科技协作的发展有着促进作用。

综上所述，跨境电子商务平台体系建设在资金流层面，凭借跨境支付平台建设对中蒙两国农牧业贸易协作的直接促进作用，带动资金流向两国的各种合作项目汇集，从而促进中蒙农牧业资金协作，进而为两国农牧业科技合作项目提供了资金支持，也就促进了中蒙农牧业科技协作，因此，跨境电子商务的运用在中蒙农牧业协作资金流层面具有重要作用。

三、跨境电子商务对增进中蒙两国农牧业物流的作用

推进跨境电子商务体系建设将极大改善中蒙两国跨境物流运输现状，促使两国协作过程中的各项商品流在交易主体之间的运输效率更加提高、损耗更加降低、流程更加简化。跨境电子商务在物流层面的作用是统筹关境内外物流资源、完善运输仓储配送链条、提升跨境物流效率，保障交易商品高效率、低损耗、简流程地在交易主体之间进行运输。跨境电子商务平台体系中的跨境物流平台集跨境运输、存储、包装、配送、搬运和加工等活动于一体，影响到中蒙两国农牧业协作的方方面面，两国农牧业贸易协作、农牧业科技协作以及农牧业资金协作都离不开跨境物流平台的建设。

蒙古国的物流基础设施比较落后，主要有以下原因：首先，受蒙古国境内基础设施建设落后的制约，蒙古国的物流配送主要依赖公路运输，铁路运输和航空运输能力有限，而且成本较高，公路运输也面临着道路质量差、交通拥堵、安全隐患等问题，导致物流配送的耗时较长；其次，物流资源主要集中在首都乌兰巴托以及其他几个重要城市，部分边远地区少有甚至没有物流服务，专业的物流公司提供的物流服务价格昂贵，因此，居民们常采用巴士或者出租车代送的原始方式进行货物流通，这类运输方式不仅效率低下，而且面临着各种各样的风险。此外，物流服务的不完善也是导致网络购物未能在蒙古国居民中普及的原因，使用电子商务服务耗时长且费用贵，居民们大多选择去线下的商场去购物，特别是水果蔬菜等无法长期储存的农产品，去线下商场购买显然是更好的选择。由此，线上购物的方式在蒙古国落后的物流体系下失去了竞争力。

反观中国的物流体系建设，发展得相对更加完善。中国已成为全球最大的快递市场，发达的海陆空运输体系为物流的发展提供了基础设施保障，不断增长的物流需求也刺激快递行业不断创新和变革，在物流速度、仓储管理、配送服务等方面已经形成一套成熟的标准体系。中蒙两国的跨

境物流平台建设可参照中国成熟的物流建设经验，整合利用中蒙两国的运输资源，提升跨境物流运输的效率，然而运输能力的提升需要完善的基础设施建设为基础，例如，发达的高速公路网络或者货运铁路网络，这些基础设施建设无疑需要大量的资金以及时间，对工业基础薄弱的蒙古国来说，建立高效的陆地物流运输体系在短时间内难以实现。

完善中蒙两国的跨境物流平台建设，将对中蒙两国农牧业协作的质量以及效率产生质的提升。因此，可以尝试优化跨境物流体系中的仓储环节，在中蒙边境的口岸城市建立跨境物流仓储转运中心，将两国农牧业协作的相关物资包括商品、器械设备、资料等集中统一储存调配，运用云计算、大数据等信息技术，综合两国的物流运输能力而对货物进行智能管理，一方面能提高物品的仓储质量，例如，水果蔬菜等生鲜农产品可以得到保鲜储藏，减小物流过程中的物品损耗；另一方面可以针对物流主体双方对物流时间的需求合理调配物流运力，将紧急程度高的物品优先运输，紧急程度低的物品进行仓储，对有限的物流运力进行最大化利用。如此不仅可以提高跨境电子商务贸易的效率，也可以提高两国农牧业科技协作相关物品资料的运输效率，商品物流所耗时间降低的同时物流费用也降低，水果蔬菜等农产品的跨境线上贸易将成为可能，蒙古国居民可以以更低廉的价格购买质量更高的中国水果蔬菜等农产品，且物流时间相较于之前大大缩短，中国居民也能购买新鲜的高质量的蒙古国肉类奶类产品，两国之间的农畜产品线上跨境贸易将更加紧密。不仅如此，两国跨境物流体系的建设将带动蒙古国境内基础设施建设的进一步完善，在此基础上，两国的农牧业科技协作也能有更好的条件进一步发展，相关物资将更好更及时地被送往农业示范基地等科研合作机构，相关科研人员也将有更好的条件进行农牧业研发工作。而完善的基础设施建设也将吸引更多的国际投资加入两国的农牧业产业协作，为中蒙两国农牧业协作的发展注入更多动力。

综上所述，跨境电子商务平台体系建设在物流层面，通过对跨境物流平台中的跨境仓储环节建设，整合利用两国现有的物流运输能力资源，优化仓储结构以及货物调配管理，可以降低仓储环节货物损失，提高物流运输效率，提高农畜产品跨境线上贸易的竞争力，从而提高中蒙农牧业贸易协作的效率，促进两国农牧业贸易协作的发展。此外，跨境物流平台建设将带动蒙古国基础设施建设的发展，从一定程度上改善了中蒙两国农牧业科技协作的科研条件，促进两国农牧业科技协作发展，也能更好地为两国农牧业协作吸纳资金，促进两国农牧业资金协作发展。

第五节 中蒙农牧业跨境电子商务发展面临的难点问题

一、基于微观视角的中蒙农产品跨境电子商务发展问题分析

（一）蒙古国居民农产品电子商务使用影响因素分析

为了解蒙古国居民的农产品电商购买的影响因素，课题组对其进行了问卷调研。

首先，价格和质量是蒙古国居民电商购买行为的重要影响因素。分别有76.5%和66.5%的居民认为价格和质量是最重要的电商购买影响因素。这一现象可能与蒙古国居民的消费观念和购买力密切相关，反映出他们在追求性价比的同时，也展现一种理性和节俭的消费心态。通过深入访谈，我们发现居民在购买决策过程中，会优先考虑线下与线上商品的价格差异，进而做出最终的购买选择。

其次，蒙古国居民对于电商购买的满意度相对一般。本次问卷调查结果显示，蒙古国居民对网上购物的满意程度总体一般，有57.5%的人表示非常或比较满意，只有15.5%的人表示不满意或非常不满意，这说明网上购物在蒙古国已经得到一定程度的认可和信赖，但也存在一些不足和问题，需要进一步改进和提高。

最后，电商购买中存在诸多问题，其中网络速度慢、网上支付烦琐或不安全是困扰消费者最多的问题。问卷调查结果显示，蒙古国居民网上购物时，主要存在的问题是网络速度慢、网上支付烦琐或不安全、商品种类不齐全、商品信息不准确、商品有质量问题、物流配送不满意、无售后服务和存在网络欺诈行为，这些选项的占比分别为37%、34.5%、32%、29.5%、28.5%、27.5%、26.5%和25.5%，是最常见的网上购物问题。

导致这些问题的原因可能有：网络基础设施不完善，导致网络速度慢，影响网上购物的体验；网上支付系统不发达，导致网上支付烦琐或不安全，影响网上购物的便利性和安全性；电子商务市场不成熟，导致商品种类不齐全、商品信息不准确、商品有质量问题、无售后服务和存在网络欺诈行为，影响网上购物的选择性和信任度；物流配送服务不便利，导致物流配送不满意，影响网上购物的及时性和满意度。这从侧面反映出蒙古国物流、资金流和信息流的落后，这也是影响蒙古国居民购买行为中亟待解决的几个关键问题。

（二）中国居民农产品电子商务使用影响因素分析

从20世纪后期至21世纪初，学者们开展了大量关于影响购买意愿因素的研究。中国对于居民农产品消费的影响因素也已经有了系统的研究成果，并且对于居民的农产品线上消费研究已经由普通的电商消费升级到电商直播消费上。在对以往文献资料进行梳理、汇总和分析后可知，消费者购买意愿的影响因素较为复杂，是由很多因素共同作用的结果，这些因素主要分为商家相关因素、产品相关因素、外部情境相关因素以及消费者相关因素。电商农产品消费影响因素的研究主要分为两个方面：

（1）消费者情感的相关研究。该方面研究探讨了消费者品牌态度、推荐意愿和消费者场景依恋等情感的影响因素。例如，从网红主播带货视角出发，验证了网红主播与消费者进行实时互动、传递产品信息和品牌形象的同时，通过增强消费者对产品的信任感，进而对消费者品牌态度产生积极的影响（杨楠，2021）；聚焦于服装类直播，研究发现直播间产品选择和主播表现对消费者推荐意愿具有正向的促进作用（叶宝文等，2021）；证实电商直播服务场景中社会线索可以通过产品信任和商业友谊的中介作用对消费者场景依恋产生影响（姚曦等，2021）。

（2）消费者行为的相关研究。该方面研究主要探讨消费者购买行为的影响因素。如直播购物平台、主播和产品等。在直播购物特征方面，直播购物的可视性、互动性、真实性和娱乐性通过对消费者感知的影响进而对消费者购买意愿产生影响（张宝生等，2021）。直播平台的可视性对产品稀缺性和错失担忧具有正向调节作用，直播平台的表达性对产品稀缺性与错失担忧具有负向调节作用（姜宁等，2023）。直播购物平台的感知体验示能性和感知实用示能性正向影响消费者购买意愿（朱永明、黄嘉鑫，2020），且直播形式也对消费者购买意愿有显著的正向影响（许贺等，2020），电商直播背景下智能购物体验对企业品牌资产价值具有显著正向影响（王迎春、韩苗苗，2023）。主播特性与主播类型也会对消费者购买行为产生影响，如主播的专业性、魅力性、互动性（赵大伟、冯家欣，2021）、真实性、知名度（赵保国、王耘丰，2021）、推荐属性和展示属性（韩箫亦、许正良，2020）都会通过改变消费者内在状态对消费者购买意愿产生影响，主播类型与产品类型的交互作用也会影响消费者购买意愿和行为（黄敏学等，2021）。在产品方面，消费者购买意愿与产品信息（许贺等，2020）有密切关系，除此之外，直播购物的特性还会通过消费者愉悦感知显著影响消费者目的性购买，其中直播购物的真实性和可视性会通过感知信任影响消费者的冲动性购买行为（刘洋等，2020），并在临场感和社会临场感对从众消费行为存在显著正向影响（谢莹等，2021）。

此外，还有部分学者研究了直播购物情境下消费者价值共创行为。例如，运用价值共创理论构建电子商务平台直播电商价值共创行为过程理论模型，从产品互动、媒介互动和人际互动来增强消费者与直播电商价值共创绩效（裴学亮、邓辉梅，2020）；从消费者增权视角出发，阐述了直播带货模式下消费者价值共创行为形成的路径，并提出企业应当积极引导消费者参与价值共创，以提升消费者的权力感知（张爱萍、王晨光，2021）。

综上所述，中国居民农产品电子商务影响因素分析涉及多个方面，包括消费者情感、消费者行为和消费者价值共创等。这些因素又与直播购物平台、主播和产品等要素相互作用，形成了复杂的影响机制。通过借鉴已有的文献研究，我们可以对这些影响因素有一个较为全面和深入的了解，从而为农产品电子商务的发展提供一些理论指导和实践建议。

（三）中蒙两国居民在农产品跨境电子商务发展中面临的主要问题

随着互联网技术的飞速发展和全球化进程的不断深入，跨境电子商务已经成为推动国际贸易的新引擎，为全球消费者提供了前所未有的商品多样性和购物便捷性。特别是在中蒙两国之间，跨境电子商务不仅促进农产品的贸易流通，也带来了一系列的挑战。

（1）跨境出口电子商务模式不明确。从目前跨境农产品出口的 B2B、B2C、C2C 等电子商务模式来看，各有优点，也各有弊端。随着互联网技术的发展和在农村的普及，许多农产品生产者都开始纷纷自建网站或者利用第三方电子商务平台开展网上销售，既可以直接销售给两国的农产品经营企业，也可以直接销售给两国终端消费者。信息技术的发展推动了电子商务的兴起，电子商务的发展又改变了传统农产品的销售渠道。由于传统农业生产的特点，农产品销售模式单一，因此需要通过多渠道融合的创新来改变这一现状。从销售渠道来看，如何让产品以最快最有效的速度到达消费者，以减少不必要的中间环节，降低经营成本，才能提高产品竞争力。以中国通过跨境电子模式出口蒙古国农产品为例，如果采用 B2B 出口模式，由于农户或中小农民合作社对蒙古国农产品需求市场信息不了解，交易频率和交易量小，必然导致交易成本上升，因此，B2B 模式的风险较大。如果采用 B2C 和 C2C 出口模式，同样存在较大的交易成本过高的风险，从中国与蒙古国双方的出口农产品结构来看，中国出口的商品主要以蔬菜、水果等农产品为主，进口则以马肉、动物皮毛等畜产品为主。其中，蔬菜、水果等农产品均需要冷链物流来配送，无论采用 B2C 或者 C2C，都会导致单次物流运输费的高成本。

（2）跨境电商农产品质量标准化较难。农产品质量的标准化问题一直是制约农产品电商发展的重要因素。虽然由于农产品交易的环节烦琐，程序复杂，交易成本较高等问题可以得到解决，给农产品电商发展带来了契机，但由于农产品在生产环节中的粗放式经营模式和技术标准规范性不够，以及在流通中的流转环节多、流通主体多和物流标准化差，尤其要经过多次的商品化处理和运输周转，从而导致农产品的质量标准化难以建立。农产品物流体系的不健全和物流标准不规范会严重影响最终达到消费终端的农产品质量，尤其对于生鲜产品的物流体系建设更为关键。同时，我国农产品的质量标准与国际的标准化要求相差悬殊，无法有效接轨，大多数农产品国标都未能达到国际标准，从而导致我国的农产品在国外市场遇冷并时而遭受退货等风险。追溯历史，我国在新中国成立初期就开始了农业标准化的工作，累计制定了 1 056 项的农业国家标准和 6 000 多项地方标准，但这些标准整体上陈旧和滞后，与市场需求脱节，与国际标准脱轨。同时由于我国自给自足农业经营模式和散户经营方式，标准的执行也存在走形式的问题。

(3) 跨境电商农产品供应链物流体系不健全。由于农村市场区域受限、出口物流配套环节不完善、农户参与度不高等因素的制约，农产品供应链的物流体系建设还不完善，农产品物流信息化水平较低，交易中众多供应链环节的存在使处于供应链两端的农户和顾客之间信息沟通不流畅，再加上农户对互联网技术的利用率不高，买卖之间的商品信息难以对称，有效的商品信息不能高效率地在供应链条上进行传递。农产品供应链物流体系主要存在物流配送效率低和物流配送质量无法保证等主要问题。物流配送效率低主要体现在当前的农产品的运输模式较为陈旧，运输方式较为单一，运输路线相对较远，从而导致农产品的物流配送时间较长、产品损耗较大，大大提高了农产品的成本。同时，由于农村的区域问题，农产品物流配送地点受限明显，会大大影响物流的配送效率。物流配送质量无法保证主要体现在农产品在运输过程中的自然损耗较高，储存水平较低，运输时间长，无法有效对运输的包裹进行全程追踪。同时，大多数农产品物流以常温物流和自然物流为主，由于冷链物流技术的落后及普遍应用度不够，很多国际物流公司难以达到农产品冷链物流的技术要求，冷链物流成本较高，在农产品的物流运输中的应用度还较低。农产品从揽件到最终货物到达最终消费者，需要经过多次转运，包裹的破损和丢失时有发生。

综上所述，中蒙两国居民在农产品跨境电子商务发展中面临的主要问题是跨境出口电子商务模式不明确、农产品质量标准化较难、农产品供应链物流体系不健全等。这些问题不仅影响了两国居民的消费体验和满意度，也制约了两国农业的竞争力和发展潜力。为了解决这些问题，需要从多方面采取措施，包括完善跨境电商的法律法规和监管机制、提高农产品的质量安全水平和标准化水平、优化农产品的物流配送网络和服务水平等。同时，需要加强两国居民之间的文化交流和信任建设，增进相互了解和理解，促进双方在农产品跨境电子商务领域的合作与共赢。

二、基于宏观视角的中蒙农产品跨境电子商务发展问题分析

（一）中蒙农产品跨境电子商务发展现状

跨境电子商务为各国居民提供了更多的商品选择和购物便利。农产品

作为重要的贸易品种之一,受到了跨境电子商务的影响和推动。本节将从 B2B、B2C 和 C2C 三个方面,对比分析中蒙两国农产品跨境电子商务的发展现状,以期为进一步深化两国农产品贸易合作提供参考。

B2B 对比分析：根据蒙古国统计局和《中国电子商务报告》的数据,2023 年,蒙古国 B2B 总成交额为 300 亿美元,同比增长了 10.5%,而中国 B2B 总成交额为 4.1 万亿美元,同比增长了 23.8%。2014~2023 年,蒙古国 B2B 总成交额的增长率并相对较低,最高仅为 10.5%,而中国的增长率最低为 19.4%,最高达到 25.6%。这说明中国 B2B 总成交额的增长速度要比蒙古国快很多。

B2C 对比分析：从两国的数据来看,2023 年,蒙古国的成交额是 0.72 亿美元,比上一年仅增长了 0.1%。中国的成交额为 7 万亿美元,比上一年增长了 32.4%。2014~2023 年,蒙古国 B2C 总成交额的增长率越来越低,从 19.9%下降到 0.1%,而中国的增长率最低为 23.8%,最高达到 64.4%。这说明中国 B2C 总成交额的增长速度要比蒙古国快很多。

C2C 对比分析：在 C2C 方面,2023 年,蒙古国 C2C 市场总交易额为 0.34 亿美元,与 2022 年相比增长了 12.7%。而中国 C2C 市场总交易额为 6 214.29 亿美元,与 2022 年相比增长了 29%。2014~2023 年,蒙古国 C2C 市场成交额的增长率虽然较高,但是同中国相比还有一定的差距。中国在 2015 年和 2017 年的增长率小于蒙古国,其他年份都大于蒙古国,从 2014~2023 年的平均增长率来看,蒙古国为 35.9%,而中国的平均增长率为 49.6%,要比蒙古国增长得快。

中蒙两国农产品跨境电子商务的发展现状存在较大的差异,中国的各类电子商务模式都要优于蒙古国,表现出较强的竞争力和发展潜力。为了促进两国农产品跨境电子商务的共同发展,需要加强政策沟通、基础设施建设、贸易便利化、市场开拓等方面的合作,实现互利共赢。

(二) 中蒙农产品跨境电子商务中存在的问题

1. 法律制度建设问题

中蒙两国作为邻国,都十分重视电子商务的法律环境的建设,但在电子商务法制方面还存在一定的差距和不足。中国的电子商务发展较早,经过多年的实践和探索,已经形成了比较完善的法律制度框架,包括专门的

《电子商务法》以及相关的业务管理办法和规范。中国的电子商务法律制度涵盖了电子商务的主体、活动、合同、纠纷、监管等方面，为电子商务的健康发展提供了法律依据和保障。蒙古国的电子商务发展较晚，虽然制定了一些激励电子商务产业发展的制度政策，但在电子商务法律制度的建设方面还存在较大的缺陷和不足。蒙古国目前还没有专门的关于电子商务方面的法律，只有一些零散的法规和条例，如《信息技术发展》条例、《无线电性质商务许可法》等，而且这些法规和条例的实施和执行效果也不理想。

蒙古国在电子商务相关业务领域的法律法规和管理措施尚未制定或仍在规划中，如网络购物法、电子银行业务管理办法等。蒙古国的电子商务法律制度不健全，导致了电子商务的支付安全、配送效率、交易监督等方面的问题，制约了电子商务企业的成长和国际电商的发展。此外，蒙古国政府在数字经济领域方面的相关机构成立也较晚。例如，蒙古国在2022年才设立电子发展和通信部，以作为其国内通信和信息技术的行政管理部门。

中蒙两国在电子商务法律制度建设方面还存在一定的差距，原因主要是电子商务发展的起步时间和经验的差异。为了促进中蒙两国的电子商务合作和发展，有必要加强两国在电子商务法律制度方面的交流和借鉴，共同完善和优化电子商务的法律环境。

2. 农畜产品出入境问题

相对于工业制品，当前的农畜产品出入境程序、手续还比较复杂。一方面，农产品尤其是生鲜农产品的跨境电商，面临着产品保质期、产品保鲜等严峻挑战，需要有完善的冷链物流做保障，还需要跨境电商打通境内外所有环节，实现快速、顺利的衔接才能使配送到消费者手中的农产品质量有保障。与国外跨境电商巨头企业相比，中国目前的第三方、第四方物流发展还不够充分，配送能力与水平还比较落后，跨境冷链物流还不完善，使中国农产品配送过程中的损耗达到15%～20%，蒙古国的跨境物流发展水平则更低。另一方面，两国在农产品检验检疫方面都非常严格，通关报检手续烦琐。虽然严格的检验检疫有利于防止物种入侵，保证产品质量，但在很大程度上增加了农产品的送达时间和交易成本，而且两国在农产品贸易、物流上的政策要求各不相同，使农产品跨境电商在物流控制力上比较低，既不利于保护消费者合法权益，也不利于保障农产品质量，这些都是农产品跨境电商需要重视的问题。

3. 电子商务支付环境问题

在电子商务支付环境建设方面,两国的政府、电子商务企业、银行对电子支付系统的安全性都十分重视,政府制定了关于支付安全的相关法律法规和管理措施,电子商务企业和银行都建立起电子支付安保系统。蒙古国目前在电子商务支付方面,主要采用银行卡支付的方式,电子钱包等电子支付平台和移动支付平台只在少部分客户中得到应用,还没有得到普及。而中国的支付宝、微信等电子支付平台得到了广泛的普及,并成为中国电子商务交易的主要支付方式。双边跨境支付方式的不一致,导致资金整合困难。

4. 人才培养问题

农产品跨境电商需要连接国内、国外两个市场,需要推介优势产品,更需要对目的地国消费者的消费偏好、政策要求有着较深的了解,对从业者有着较高的要求。从目前来看,中国农产品跨境电商企业在开拓新市场时,严重缺乏既了解农产品贸易又熟悉电商特征的综合型人才。一个优秀的农产品跨境电商人才,不仅需要了解国外市场和行业特点、跨境电商的交易方式、技术模式,还需要精通国际贸易结算特点、相关政策以及管理能力。但在近年来中国农产品跨境电商的快速发展中,这类人才恰恰还非常少,很多从业人员是从之前的国内电商转型而来,特别是一些生产企业主导型跨境电商,不少从业者是普通农民,根本无法满足跨境电商对人才的需求,而蒙古国也面临着相同的困境。两国各类教育机构人才培养方面还存在脱节现象,未能准确把握快速发展的农产品跨境电商人才培养需求,响应不及时,导致人才供给无法满足实际需要。

5. 信用体系和信息安全建设问题

与传统农产品贸易不同,农产品跨境电商涉及境内、境外,依赖互联网进行,买卖双方信息不对称是比较普遍的问题,时常会面临失信、欺骗等行为,两国对跨境电商的法律政策也各不相同,加之农产品市场历来受到各国政府的保护,容易出现贸易摩擦。一方面,由于信用体系建设落后使两国农产品跨境电商企业在对外贸易中始终面临较大的信用风险。农产品与工业制品不同,在配送过程中对时限与环境的要求都比较高,一旦因为信用问题出现等待配送的情况,不仅存储成本会迅速增加,甚至还会因腐败变质而遭受巨大损失。另一方面,信息安全建设水平不高,使农产品跨境电商企业面临风险。在当前的模式下,跨境电商企业往往并不是自己生产、加工农产品,而是由其他企业、农民承担相应环节,一旦其跨境出口遭遇波折,相关风险也会转嫁给其他企业甚至伤害到农民利益,这显然会极大地影响两国农产品跨境电商行业的发展。

第六节 农牧业跨境电子商务的国际经验

农畜产品跨境电商已经逐渐成为推动国际贸易、促进农牧业生产技术的交流与合作、加速农牧业的转型升级促进农牧业发展的重要力量。本节研究了中国与美国、韩国、日本和俄罗斯等国家农畜产品跨境电商的案例,重点关注四个方面:(1)农畜产品跨境电商的物流解决方案;(2)农畜产品跨境电商的标准化和认证体系;(3)农畜产品跨境电商的市场营销策略;(4)农畜产品跨境电商的政策环境。通过以上四个方面的深入研究,可以为中国与蒙古国农畜产品跨境电商的发展提供有益的借鉴和启示,探索一条适合中国与蒙古国的农畜产品跨境电商发展的特色之路。

一、中国—美国农牧产业跨境电商

随着全球化进程的加速和互联网技术的飞速发展,跨境电子商务已经逐渐成为全球贸易领域的新趋势。这一新型的商业模式不仅打破了地理限制,使不同国家和地区的消费者可以更加便捷地购买来自世界各地的商品,同时也为全球范围内的贸易合作和经济发展注入了新的活力。在跨境电子商务的推动下,中国和美国的农畜产品贸易得到进一步的发展。中国海关数据显示,2022年,中美两国农产品贸易额为523亿美元,同比增长12.7%。2023年,中美农产品贸易额为429.8亿美元,占中国农产品贸易额的12.9%。其中,中国对美国出口农产品100.9亿美元,占中国农产品出口总额的10.2%;进口美国农产品328.9亿美元,占中国农产品进口总额的14.1%。通过互联网平台,两国消费者可以更加便捷地买到来自对方国家的优质农畜产品。这种新型的商业模式不仅为两国消费者提供了更多的选择和便利，也为两国农畜产品出口商提供了更广阔的市场和更多的销售渠道。

（一）中国与美国农牧业跨境电子商务发展现状

中国是一个拥有悠久农牧业历史和丰富农牧业资源的国家，其农畜产品种类繁多，品质优良。近年来，随着国内电子商务的迅速发展和普及，中国农畜产品的跨境电子商务取得了长足进步。通过电商平台和现代物流体系，大量的中国农畜产品走向了国际市场，为全球消费者提供了更多选择。而美国作为全球农业科技和产业发展的领军者，其农畜产品跨境电子商务的发展同样具有很高的竞争力，借助先进的农业技术和现代化的农业管理方式，美国农畜产品在产量和质量上都保持着领先地位，同时，美国所拥有的完善的农牧业政策和金融支持体系，为农畜产品跨境电子商务的发展提供了有力保障。本节主要介绍美国的农牧业跨境电子商务发展情况。

首先，美国的农畜产品跨境电子商务主要体现在加强对欧洲和亚洲等地区市场的输出，以及引进其他国家的优质农畜产品。一些直接面向消费者的电商平台和农畜产品批发市场，通过电子商务渠道加速了农畜产品的跨境销售。美国的跨境电子商务经验表明，电商平台和现代物流系统的协同发展为农畜产品跨境贸易提供了高效的渠道和支持。在美国，大型零售商超和连锁零售企业占据主导地位，形成了以市场为主导的农业产业化经营模式。这种模式下的农业合作社和产销一体化运作方式发展得十分成熟，有效提高了农畜产品的附加值和市场竞争力。

其次，美国在农畜产品跨境电子商务方面具有较为成熟的市场和平台。一些知名的电商平台，如亚马逊、沃尔玛等都在农畜产品跨境电子商务领域有着突出的表现，这些平台通常拥有丰富的农畜产品种类，提供优质的购物体验和快速的物流配送服务。此外，美国的一些农业合作社和农业企业也积极开展跨境电子商务，通过自有平台或第三方平台进行农产品销售和推广。这些企业通常具有较为先进的农业技术和生产管理经验，能够提供高质量的农产品，满足不同消费者的需求。美国政府也非常重视农畜产品跨境电子商务的发展，通过提供各种支持和便利，鼓励农畜产品跨境电子商务的发展。例如，美国农业部与商务部、贸易代表办公室等部门密切合作，推动农畜产品跨境电子商务的自由贸易和便利化。同时，美国政府还通过各种农牧业保险和金融服务措施，为农畜产品跨境电子商务提供保障和支持。

（二）中国与美国农牧业跨境电子商务发展经验

1. 物流体系现代化，推动电商高质量发展

在物流方面，美国是全球拥有最先进、最发达物流体系的国家之一，为农畜产品跨境电子商务提供了卓越的基础设施。农畜产品与工业制品不同，在配送过程中对时限与环境的要求都比较高，一旦因为信用问题出现等待配送的情况，不仅存储成本会迅速增加，甚至还会因腐败变质而遭受巨大损失。美国的物流企业通常采用最先进的仓储、运输和配送技术，能够将农畜产品快速、准确无误地送达消费者手中。这些物流公司不仅具备高度专业化的技能和经验，还拥有一流的设备和技术，能够有效地管理货物的存储、运输和配送。此外，美国政府在物流方面也起到了积极的推动作用。他们积极与贸易伙伴签订自由贸易协定，为农畜产品跨境电子商务提供更加便利的条件。这些自由贸易协定不仅简化了贸易流程，降低了贸易壁垒，还为农畜产品跨境电子商务提供了更加稳定、可靠的市场环境。

同时，美国政府还不断加大对物流基础设施的投入，提升物流体系的效率和便利性，为农畜产品跨境电子商务的发展提供了强有力的支持。例如，2021年美国政府提出的《基础设施投资和就业法案》（IIJA）计划在未来5年内投入约1.2万亿美元。与此同时，美国相关企业也不断加大物流设施投入，例如，2022年，亚马逊在物流基础设施（包括仓储、配送中心和航空货运）上投入超过100亿美元；UPS和FedEx两家物流巨头每年在基础设施和技术上的投入均超过50亿美元。

2. 支付体系多样化，增强经济活动便利性

在支付方面，美国拥有全球发达的金融市场，为农畜产品跨境电子商务提供了多种支付方式。例如，美国的电商平台通常支持信用卡、借记卡等多种支付方式，方便消费者进行购买和支付。这些支付方式不仅安全性高，而且具有高效的交易处理能力，能够快速完成支付，减少消费者的等待时间。此外，美国政府还积极推动跨境电子商务的金融支付便利化，通

过简化支付流程、降低支付成本等方式，为农畜产品跨境电子商务提供更加便捷的支付环境。政府还与各大银行、第三方支付平台等金融机构合作，共同打造安全、便捷的支付体系，为农畜产品跨境电子商务的发展提供了强有力的支持。另外，美国的金融市场提供了高效且低成本的金融产品和服务，如信用证、托收、汇款等，为农畜产品跨境电子商务提供了更加灵活的支付选择。

3. 营销方式专业化，促进销售增长和品牌建设

在营销方面，美国农畜产品跨境电子商务展现出极高的专业水平。美国的电商平台通常会运用多种营销策略，如发放优惠券、举办促销活动、进行广告投放等，以吸引消费者的关注，并提升农畜产品的销售量。这些营销手段不仅有助于提高农畜产品的知名度和美誉度，同时也为消费者提供了更为便捷、高效的购物体验。这些营销手段的运用，使美国农畜产品在跨境电子商务领域中具有显著的优势。通过与社交媒体、搜索引擎等网络平台的紧密合作，电商平台能够精准定位目标消费者，并为其提供个性化的产品推荐。这种精准营销的方式，使农畜产品能够更直接地触达潜在消费者，从而提高了销售转化率。此外，美国电商平台还注重与供应商、物流公司等合作伙伴的协同合作，以确保农畜产品的品质和运输效率。这种全方位的营销策略，使美国农畜产品在跨境电子商务领域中具有更高的竞争力。

4. 政府支持力度大，推动农牧业电商发展

美国政府对农畜产品跨境电子商务的发展给予了大力支持，这种支持不仅体现在政策层面，还体现在资金投入和农业信息化建设等多个方面。政府通过制定一系列优惠政策，鼓励电商平台和农牧业企业开展跨境电子商务业务，为农畜产品跨境电子商务的发展提供了有力保障。政府加大对农牧业信息化建设的投入，通过推广先进的农牧业技术和信息化手段，提高农牧业信息化水平，为农畜产品跨境电子商务的发展提供了更加稳定、可靠的市场环境。此外，美国政府还积极与相关国家开展合作，共同推动农畜产品跨境电子商务的自由贸易和便利化。这种合作不仅有助于扩大农畜产品的销售渠道，还有助于提高农畜产品的质量和竞争力，为农畜产品跨境电子商务的发展提供了更加广阔的市场前景。

5. 产业链整合能力强，实现多元化经营

美国在农畜产品跨境电子商务领域展现出强大的产业链整合能力。其大型零售商超、连锁零售企业以及农业合作社和产销一体化运作方式已经相当成熟。这些企业通过精巧的产业链资源整合，成功实现了农畜产品的多元化经营。这不仅意味着他们能够提供丰富多样的农畜产品，还反映了他们在农畜产品经营方面的深度和广度。同时，美国积极引进其他国家的优质农畜产品，这种开放和包容的态度帮助其丰富自身的农畜产品种类，满足消费者日益多样化的需求。这种多元化的经营方式为农畜产品的附加值和市场竞争力提供了持续增长的动力，进一步推动了农畜产品跨境电子商务的发展。这种多元化的经营方式和开放的市场态度为农畜产品跨境电子商务的发展提供了更加广阔的市场空间。这不仅体现在农畜产品的种类和品质上，还反映在市场机会的增加和消费者需求的满足上。因此，可以说美国的农畜产品跨境电子商务产业链整合能力是其农牧业经济发展的重要推动力。

综上所述，美国在农畜产品跨境电子商务方面具有先进的物流体系、多样化的支付体系、专业的营销方式、政府的大力支持和完备的产业链等优势。这些优势为美国农畜产品在产量和质量上都保持领先地位提供了有力保障。同时，美国还通过完善的农牧业政策和金融支持体系为农畜产品跨境电子商务的发展提供了有力保障。

二、中国—日本农牧产业跨境电商

随着互联网的广泛普及和电子商务的发展，中国和日本两国的消费者已成功实现了跨越海洋的农畜产品线上交易，双方互相购买对方的农畜产品，实现了互惠互利。根据中国海关数据：2022年中日农产品贸易额为133.5亿美元，其中，中国对日本农产品出口约92.3亿美元，进口日本农产品金额约41.2亿美元。

中国与日本的电商联系紧、进展快、潜力足。中国的电商平台巨头，如京东、天猫等，积极引入日本优质的农畜产品，如大米、蔬菜、水果等，为中国消费者提供了更加丰富的餐桌选择，这些日本农畜产品以其独特的品质和口感，深受中国消费者的喜爱。同时，中国的农牧业企业也通过这些电商平台,将大豆、玉米、小麦等中国特色农畜产品销往日本市场,这些农畜产品以其丰富的营养价值和独特的体验,赢得了日本消费者的青睐。

通过电商平台,中国农牧业企业拓展了销售渠道,提高了品牌知名度,促进了中国特色农畜产品的出口。此外,随着中国经济的不断发展,消费者对高品质、多样化的农畜产品需求不断增加。而日本作为一个农牧业发达国家,拥有先进的农牧业技术和优质的农畜产品,为中国消费者提供更多的选择。电商平台在促进两国农牧业交流和贸易合作方面发挥了积极作用,为两国消费者带来了更多的选择和便利。

中日之间新型的商业模式不仅为消费者提供更加便捷的购物体验,也为商家提供了更广阔的市场空间。在亚洲地区,中国和日本作为两个重要的经济体,其农牧业跨境电子商务的发展对于促进两国之间的经贸合作具有重要意义。首先,农牧业是中日两国的重要产业之一,两国在农牧业领域有着广泛的合作。通过跨境电子商务平台,两国农牧业企业可以更加便捷地开展贸易合作,扩大市场份额,提高经济效益。其次,跨境电子商务平台为中日两国农牧业企业提供了更加广阔的市场空间。在传统的贸易方式下,农牧业企业往往受到地域、语言、文化等多种因素的限制,难以拓展海外市场。而跨境电子商务平台则打破了这些限制,使农牧业企业可以更加便捷地接触到全球范围内的消费者,扩大销售渠道。此外,跨境电子商务平台还可以为中日两国农牧业企业提供更加精准的市场信息。通过大数据分析、人工智能等技术手段,跨境电子商务平台可以分析消费者的购物习惯、需求偏好等信息,为农牧业企业提供更加精准的市场营销策略。在传统的贸易方式下,农牧业企业往往需要面对烦琐的支付和物流流程,而跨境电子商务平台则可以通过在线支付、国际物流等方式,为农牧业企业提供更加便捷的支付和物流服务,从而降低交易成本。

(一)中国与日本农牧业跨境电子商务发展现状

1. 中国农牧业跨境电子商务发展现状

近年来,中国农牧业跨境电子商务的发展势头十分迅猛,市场规模不断扩大。这一趋势的背后,一方面是中国政府出台一系列包括税收优惠、资金扶持、通关便利化等政策措施,为农牧业跨境电子商务的发展提供了有力的支持和保障。另一方面，中国农牧业企业在产品质量上严格把关，注重品牌建设和市场营销，不断提升产品的知名度和美誉度，同时他们也积极响应政府的号召，积极拓展海外市场，通过跨境电商平台将优质农畜产品销往全球。

目前，中国农牧业跨境电子商务主要集中在水果、蔬菜、肉类、水产品等农产品领域。这些产品在跨境电商平台上销售火爆，受到国内外消费者的广泛欢迎。同时，也有一些畜牧业产品通过跨境电商平台进行销售，如禽肉、禽蛋、奶制品等。例如，中国对日本出口的农产品种类主要集中在蔬菜、水产品、加工食品、水果等品种。随着中国农牧业跨境电子商务的不断发展，未来市场规模有望进一步扩大。一方面，随着中国消费者对高品质、健康食品的需求不断增加，农畜产品的市场需求将持续增长；另一方面，随着全球化的加速推进和"一带一路"倡议的深入实施，中国农牧业企业将有更多的机会拓展海外市场，实现更大的发展。

2. 日本农牧业跨境电子商务发展现状

日本作为发达国家，其农牧业跨境电子商务发展相对较早，日本跨境电商的核心贸易方向为东亚与北美市场（高琦，2020）。日本政府非常重视农牧业信息化建设，通过建立完善的农牧业信息服务平台，为农牧民提供全方位的信息服务，日本政府基于互联网信息技术发展态势，提出《全国宽带构想》和《亚洲宽带计划》，并且针对人工智能技术、5G通信技术及物联网技术等高新领域，不断布局和筹划（林炜莉，2019）。这个平台不仅提供了农牧业生产技术、市场行情等信息，还为农牧民提供了政策解读、法律咨询等服务。这些服务使日本农牧民在农牧业生产中更加便捷、高效，也促进了农牧业跨境电子商务的发展。同时，日本农牧业企业利用跨境电商平台的优势，将日本的特色农畜产品推向世界各地。例如，一些日本果农通过跨境电商平台将高品质的水果销售到海外市场，获得了良好的经济效益。

日本农牧业跨境电子商务的发展主要集中在水果、蔬菜、花卉等农产品领域。首先，日本的水果在跨境电商平台上备受欢迎。由于日本独特的自然条件和精心的农牧业管理，其水果品质优良，口感鲜美，深受消费者喜爱。例如，日本的草莓、樱桃、柑橘等水果在跨境电商平台上销量一直居高不下。其次，日本的蔬菜在跨境电商平台上表现出色。日本的蔬菜种类繁多，品质优良，而且注重绿色、有机、健康的种植方式，这也使日本的蔬菜在跨境电商平台上备受追捧。除了农产品之外，日本的畜牧业产品也在跨境电商平台上销售火爆。例如，日本的牛肉、猪肉等产品受到了海外消费者的青睐。这些产品在跨境电商平台上销售火爆，不仅因为其品质优良，口感鲜美，而且因为其价格相对较高，符合一些消费者的需求。日本对中国的出口农产品主要集中在水产品、乳制品、酒类（如清酒、威士忌等）、高端水果（如草莓、葡萄等）。

综上所述，日本农牧业跨境电子商务的发展主要集中在水果、蔬菜、花卉等农产品领域和牛肉、猪肉等畜产品领域。未来，随着全球消费者对健康、绿色、有机等食品的需求不断增加，中国与日本农牧业跨境电子商务的发展前景将更加广阔。

（二）中国与日本农牧业跨境电子商务发展经验

1. 政府支持是关键

中国和日本政府都非常重视农牧业跨境电子商务的发展，通过出台一系列政策措施给予支持和引导。例如，中国政府出台《关于加快发展跨境电子商务的指导意见》，明确提出要加快发展农牧业跨境电子商务；日本政府则通过建立完善的农业信息服务平台，为农民提供全方位的信息服务。这些政策措施为两国农牧业跨境电子商务的发展提供了有力保障。为促进中国和日本之间农畜产品跨境电子商务的健康发展，两国政府通力合作。他们共同打击假冒伪劣产品，保护消费者权益。同时，两国政府还加强了农畜产品质量监管和检验检疫等方面的合作，以确保农畜产品的质量和安全。

总的来说，一方面，中国和日本将加强在农业技术、种植和养殖技术、农畜产品加工等方面的合作，提升农畜产品的质量和附加值。同时，两国还将加强在农业科技创新和人才培养方面的合作，共同培养一批具有国际视野和现代农牧业技术的农业人才。另一方面，两国将进一步优化农畜产品跨境电子商务的流程和机制，提高农畜产品的通关效率、降低物流成本、加强质量监管等方面的合作。同时，两国还将加强在电商平台的合作，共同打击假冒伪劣产品，保障消费者的权益。

2. 企业积极参与是核心

中国和日本的农牧业企业都非常重视拓展海外市场，积极参与跨境电商平台的运营中。这些企业的积极参与为两国农牧业跨境电子商务的发展提供了源源不断的动力。日本作为世界农牧业强国之一，对于农畜产品跨境电子商务的发展也表现出极高的热情和投入，这主要体现在两个方面：

一方面，他们在中国开设实体店，不仅为中国的消费者提供了直接购买日本农畜产品的渠道，同时也为中日两国的农牧业交流和合作搭建了桥梁。另一方面，为了满足国内消费者对高品质、多样化农畜产品的需求，一些有远见的日本农牧业企业和合作社通常会精选优质的农畜产品，并将品质和口感优质的农畜产品引入到中国市场。除了实体店，这些日本农牧业企业和合作社还充分利用中国的电商平台，如京东、天猫等，将日本的农畜产品销往中国市场。这些平台为日本农畜产品提供了一个广阔的销售渠道，使更多的中国消费者可以方便地购买到正宗的日本农畜产品。同时，这也为中国的电商平台用户提供了更多元化的商品选择，丰富了他们的购物体验。

借助先进的物流系统和便捷的电商平台，日本的优质农畜产品得以快速、安全地进入中国市场，满足中国消费者对高品质、多样化农畜产品的需求。这种模式的出现，不仅推动中日两国的农牧业交流和合作，也促进了农畜产品跨境电子商务的快速发展。

3. 建立完善的供应链体系是基础

农畜产品的生产、加工、运输等环节对于建立完善的供应链体系至关重要。在农牧业跨境电子商务发展中，中国和日本都非常注重供应链体系的建立。

首先，中日两国农牧企业纷纷与物流公司展开合作，共同打造高效、精准的物流体系。这些企业利用先进的物流技术，对农畜产品进行分类、包装、运输等环节进行严格把控，确保农畜产品在运输过程中保持新鲜、安全。

其次，中日两国农牧业企业还建立了完善的物流信息平台，实现了对农畜产品运输过程的实时监控和信息共享，提高了物流效率。这些企业注重细节和服务质量，对农畜产品进行精细化管理，确保产品在运输过程中保持高品质。

最后，中日两国农牧业企业还积极引进先进的物流技术和管理经验，不断提升自身的物流水平和服务质量，这些供应链体系的建立为两国农牧业跨境电子商务的发展提供了有力保障。通过完善的物流体系，两国农牧业企业能够将优质产品快速、准确地送达消费者手中，提高了消费者的购物体验和满意度。

总之，中国和日本在农畜产品跨境电子商务领域的合作具有巨大的潜力和广阔的前景。通过加强政策沟通、设施联通、贸易畅通、资金融通等方面的合作，必将推动两国农畜产品跨境电子商务的繁荣发展，为两国农牧业产业的升级和消费者福祉的增加做出更大的贡献。同时，中国和日本还可以借鉴彼此的成功经验，共同探索更加符合市场需求和消费者偏好的农畜产品跨境电子商务模式。

三、中国—俄罗斯农牧产业跨境电商

在新的国际环境下，中俄两国建立新的国际友谊，国际合作和交流不断加强。在"一带一路"倡议下，中俄两国开展了大范围经济贸易合作（栾威，2020）。中国与俄罗斯的农畜产品跨境电商正在蓬勃发展，逐渐成为两国贸易往来的重要组成部分。随着中俄关系的不断深化，两国之间的贸易往来也日益频繁，农畜产品贸易也不例外。中国拥有广阔的农牧业资源和丰富的农畜产品种类，而俄罗斯也有广袤的土地和丰富的农畜产品，双方的农畜产品能够充分互补，这为两国之间的农畜产品跨境电商提供了广阔的市场空间。根据中国商务部数据，2023 年，俄罗斯粮食产量达 1.42 亿吨，同时出口谷物创新纪录；其中，出口小麦 5 614.8 万吨，占全球小麦市场的 26%，出口大麦、玉米和豌豆分别达到 691.7 万吨、531 万吨和 400 余万吨。目前，中国与俄罗斯的农畜产品跨境电商主要通过电商平台，如淘宝、京东等都开设了俄罗斯专区，为俄罗斯消费者提供优质的农畜产品。这些平台不仅提供了丰富的农畜产品种类，还通过各种促销活动吸引更多的消费者。同时，俄罗斯的电商平台也在积极开拓中国市场，将俄罗斯的优质农畜产品介绍给中国消费者，为两国之间的贸易往来注入了新的活力。

（一）中国与俄罗斯农牧业跨境电子商务发展现状

1. 市场规模不断扩大

近年来，中国与俄罗斯之间的农畜产品贸易额逐年增长，呈现出一种稳步增长的态势。这种增长不仅体现在数量上，更体现在质量上，两国之间的农畜产品贸易结构也得到了进一步的优化。根据中国食品农畜进出口商会数据，2023 年，中国与俄罗斯农产品贸易总额达 113 亿美元，较上一年增长 33%。中俄两国农产品贸易额占我国农产品贸易总额的 3.4%；其中，中国对俄罗斯农产品出口金额为 25 亿美元，占中国农产品出口总额的 2.5%；中国进口俄罗斯农产品金额 88 亿美元，占中国农产品进口总额的 3.8%。中俄两国间的农产品进出口总额均超过历年水平。随着互联网技术的不断发展，两国之间的农畜产品跨境电子商务交易规模也不断扩大，已经成为两国贸易的重要组成部分。这种交易方式不仅方便快捷，而且能够降低交易成本，提高交易效率，为两国之间的农畜产品贸易注入了新的活力。同时，中国与俄罗斯之间的农畜产品贸易还具有广阔的市场前景。两国之间的地理环境、气候条件、农业资源等方面具有很大的差异，这种差异为两国之间的农畜产品贸易提供了更多的机会和可能性。

2. 电商平台多样化发展

中国与俄罗斯之间的农畜产品跨境电子商务平台呈现出多样化的趋势，包括国内外知名的电商平台，如淘宝、京东、亚马逊等。这些平台为两国之间的农畜产品交易提供了便捷的渠道，促进了农畜产品的流通和贸易，为农畜产品的品牌建设和质量保障提供了更加有效的手段。

电商平台为农畜产品的交易提供了更加便捷的渠道。传统的农畜产品交易往往需要经过多个中间环节，交易效率低下，而电商平台则可以直接将生产者和消费者连接起来，减少了中间环节，提高了交易效率。同时，电商平台还提供了更加完善的支付、物流等配套服务，为农畜产品的交易提供了更加完善的保障。

电商平台促进了农畜产品的流通和贸易。在传统的农畜产品交易中，由于信息不对称和缺乏有效的流通渠道，往往出现产品滞销和价格波动等问题。而电商平台则可以通过大数据分析和精准营销等方式，帮助生产者更好地了解市场需求和价格走势，从而制定更加合理的生产和销售策略。同时，电商平台还可以为消费者提供更加多样化的选择和更加优质的服务，进一步促进了农畜产品的流通和贸易。

电商平台为农畜产品的品牌建设和质量保障提供了更加有效的手段。在传统的农畜产品交易中，品牌建设和质量保障往往需要投入大量的人力和物力资源，而电商平台则可以通过数据分析和用户评价等方式，对产品进行更加全面和客观的评价和监督，从而帮助生产者更好地了解市场需求和产品质量要求，提高产品的品牌价值和市场竞争力。

中国与俄罗斯之间的农畜产品跨境电子商务平台的多样化趋势为两国农畜产品交易提供了更加便捷、高效、安全的渠道和服务。

3. 物流体系不断完善

为了保障农畜产品的运输和储存，中国与俄罗斯之间的物流体系一直在不断完善。随着两国之间的贸易往来日益频繁，物流网络逐渐形成，为农畜产品的跨境电子商务交易提供了有力保障。

首先，中国与俄罗斯之间的物流体系在基础设施建设方面取得了显著进展。两国之间的公路、铁路和航空运输网络不断完善，为农畜产品的运输提供了更加便捷和高效的通道。此外，两国还在仓储设施方面进行了大量投入，建立了多个现代化的仓储中心，为农畜产品的储存提供了更加安全和可靠的环境。

其次，中国与俄罗斯之间的物流体系在信息技术方面取得了重要突破。两国之间的物流信息平台不断升级和完善，实现了信息的实时共享和交换，这使农畜产品的跨境电子商务交易更加便捷和高效，同时也为农畜产品的质量追溯提供了有力支持。

此外，中国与俄罗斯之间的物流体系在通关便利化方面进行了大量工作。两国之间的海关合作不断加强，通关流程不断简化，为农畜产品的跨境电子商务交易提供了更加便捷和快速的通关服务。

中国与俄罗斯之间的物流体系在基础设施建设、信息技术和通关便利化等方面取得了显著进展，为农畜产品的跨境电子商务交易提供了有力保障。随着两国之间的贸易往来不断扩大，物流体系还将继续完善和发展，为农畜产品的跨境电子商务交易提供更加优质的服务。

（二）中国与俄罗斯农牧业跨境电子商务发展经验

1. 政策推动跨境电商的发展

两国政府均高度重视农牧业跨境电子商务的发展，并出台了一系列政策来支持这一领域。

中国政府出台了《电子商务法》，为跨境电子商务发展提供了法律保障，确保了市场的公平竞争和消费者的权益。同时，中国政府还设立了专项资金，用于支持农牧业企业开展跨境电子商务，为这些企业提供了资金上的帮助。

俄罗斯政府也出台了一系列政策，鼓励农牧业企业开展跨境电子商务。这些政策包括为跨境电子商务提供税收优惠、简化审批流程等，以降低企业的运营成本，提高其竞争力。此外，俄罗斯政府还通过财政、税收等手段，为农牧业跨境电子商务提供资金支持，推动该领域的发展。

这些政策的出台为农牧业跨境电子商务的发展提供了有力的保障和支持，有助于促进两国农牧业领域的合作与交流，提高农畜产品的国际竞争力，进一步推动经济的发展。

2. 完善设施，改善居民消费条件

在互联网基础设施建设方面，中国和俄罗斯都取得了显著的进展。中国以其完善的互联网基础设施和广泛的网络覆盖面，为农牧业跨境电子商务提供了良好的网络环境。

中国的互联网基础设施已经达到了世界领先水平，中国政府在互联网基础设施建设方面投入了大量资金，建设了高速、大容量的网络，使网络覆盖面广、稳定、可靠、安全、快速。中国和俄罗斯都需要在移动支付平台技术的建设上投入巨资，以提供更安全、更方便、更快捷的支付服务（李菁，2018）。这种完善的互联网基础设施为农牧业跨境电子商务的发展提供了有力的支持。

俄罗斯也在积极推进互联网基础设施建设，致力于提高网络覆盖率和网速。为了实现这一目标，俄罗斯政府加大了对互联网基础设施建设的投入，通过加强网络基础设施的建设和升级，使网络覆盖率和网速得到了显著提升。例如，俄罗斯正在建设包括"俄罗斯互联网"（Runet），北极互联网和

卫星互联网等项目，在对其国内网络设施升级的基础上，保证在北极地区推进互联网，以及构建覆盖其全国的卫星互联网网络。这些举措为农牧业跨境电子商务的发展提供了更加稳定、快速的网络环境，为农畜产品的销售和运输提供了更加便捷的渠道。在俄罗斯政府的大力支持下，互联网基础设施建设的推进不仅提高了网络覆盖率和网速，还为俄罗斯的经济发展注入了新能量。

除了互联网基础设施建设，两国还加强了物流基础设施建设，进一步提高了物流效率。中国在物流方面具有显著的优势，其完善的物流网络和先进的物流技术为农牧业跨境电子商务提供了快速、准确的物流服务。这种服务不仅覆盖了全国范围，还延伸到了海外，为中国的农畜产品出口提供了有力的支持。与此同时，俄罗斯的物流基础设施也在不断完善，为农牧业跨境电子商务的发展提供了更好的物流保障。两国在物流基础设施建设方面的合作，不仅有助于提高物流效率，降低物流成本，还有助于推动农牧业跨境电子商务的发展。这种合作将为两国农畜产品的出口和进口提供更加便捷、高效的物流服务，进一步促进两国经济的发展和繁荣。

3. 开拓市场，丰富新型销售渠道

中俄两国在市场拓展方面展现出极高的战略眼光和务实精神，采取了一系列富有创意和实效的措施，成功扩大了农畜产品在海外的销售渠道。这些措施不仅推动了农畜产品的出口，也加强了两国之间的经贸合作，为双方带来了实在的经济利益。

中国企业通过跨境电商平台这一现代化的销售方式，将优质的产品直接推向全球市场，大大提高了产品的销售效率和覆盖面。这种模式不仅简化了销售流程，降低了交易成本，还为消费者提供了更加便捷、个性化的购物体验。

俄罗斯企业积极开拓海外市场，将本国的农畜产品销往包括中国在内的其他国家，这种多元化的市场布局不仅有助于分散风险，提高企业的盈利能力，还有助于推动俄罗斯农畜产品的品牌建设和市场推广。

在品牌建设和推广方面，中国企业在海外建立了品牌形象店和品牌体验馆，通过展示产品的生产过程、品质保证和企业文化，提升了产品的知名度和美誉度。这些形象店和体验馆成为中国农畜产品与国际消费者沟通的桥梁，有力地推动了产品的销售。同时，俄罗斯企业通过参加国际展会、举办推介活动等方式，积极推广本国的农畜产品品牌。这些活动不仅扩大了俄罗斯农畜产品的国际影响力，也为中国消费者提供了更多了解和选择俄罗斯产品的机会。

中国与俄罗斯在农牧业跨境电子商务发展方面取得了显著进展，主要得益于政策支持、基础设施建设和市场拓展等方面的努力。未来，两国应继续加强合作与交流，共同推动农牧业跨境电子商务的发展。

四、中国—韩国农牧产业跨境电商

中国与韩国之间具有广泛的农牧业协作基础，两国农产品贸易具有较大规模。2022年，中韩两国间农产品贸易总额约67.8亿美元，其中，中国对韩国农产品出口金额约45.3亿美元，中国对韩国进口农产品金额约22.5亿美元。中国和韩国在农畜产品跨境电子商务领域都取得了显著的发展。2022年，中韩跨境电商贸易额超过50亿美元，其中农产品占比逐步提升。两国在产品质量、贸易合作、商业模式和技术创新等方面都为农畜产品跨境电子商务的发展提供了良好的环境。

首先，中国和韩国在农牧业领域都有着丰富的农畜产品种类。中国是全球主要的农畜产品生产国之一，拥有着广袤的土地和适宜的气候条件，因此拥有大量的优质农畜产品，这些农畜产品种类繁多，包括粮食、棉花、油料、蔬菜、水果、肉类、禽蛋、水产品等。

其次，中国的农牧业生产技术先进，农畜产品质量高，不仅满足中国国内市场的需求，还大量出口到其他国家和地区。而韩国则以其特色的农畜产品而闻名，例如高丽参、泡菜等。高丽参是韩国的传统名贵药材之一，具有滋补强身、益气固脱、安神益智等功效，被广泛用于中医临床。泡菜则是韩国的传统食品之一，以其酸辣可口的味道和独特的制作工艺而备受人们喜爱。

因此，中国和韩国在农牧业领域都有着丰富的产品种类，两国在农牧业领域的合作也日益加强，共同推动着农牧业的发展和繁荣。

（一）中国与韩国农牧业跨境电子商务发展现状

1. 中国农畜产品跨境电子商务发展现状

中国是世界上最大的农畜产品生产国之一，其农畜产品的种类丰富，品质优良。这些农畜产品不仅满足国内消费者的需求，还成为中国对外贸易的重要组成部分。

近年来，随着互联网技术的不断发展和普及，中国农畜产品跨境电子商务发展迅速，越来越多的农畜产品通过电商平台走出国门，销往全球。这些农畜产品在电商平台上销售时，不仅需要满足消费者的需求，还需要符合相关的法律法规和标准。因此，中国政府出台了一系列政策，鼓励和支持农畜产品跨境电子商务的发展。这些政策包括提供资金支持、简化审批流程、加强质量监管等，为农畜产品跨境电子商务的发展提供了有力的保障。

但中国农畜产品跨境电子商务的发展也面临着一些挑战。例如，不同国家和地区的法律法规和标准存在差异，需要加强沟通和协调；另外，农畜产品的品质和安全也需要得到保障，需要加强质量监管和溯源管理。总之，中国农畜产品跨境电子商务的发展前景广阔，需要政府、企业和消费者共同努力，加强合作和创新，推动农畜产品跨境电子商务的健康发展。

2. 韩国农畜产品跨境电子商务发展现状

韩国在农畜产品生产方面拥有得天独厚的优势，其丰富的资源和优质的产品一直以来都是其农牧业产业的重要支撑。韩国的农畜产品种类繁多，品质优良，深受消费者喜爱。随着互联网技术的不断发展，韩国的农畜产品跨境电子商务也得到了迅速发展，许多韩国的农畜产品通过电商平台销往全球，打开了更广阔的市场，这些电商平台不仅提供了方便快捷的交易方式，还为消费者提供了更多的选择和更优质的服务。韩国政府积极推动农畜产品跨境电子商务的发展，出台了一系列政策措施，为农牧民提供更多的销售渠道，同时也加强了对农畜产品质量的监管。这些举措为韩国农畜产品跨境电子商务的发展提供了有力的保障和支持。中韩两国跨境电商的发展现状和发展趋势，总结当前韩国跨境电商发展中存在的不足，从政策、平台、支付、跨境物流法律法规、国际合作方面提出了解决方案以改善韩国跨境电商市场（李庚旼，2019）。

中国与韩国，两大亚洲璀璨明珠，携手共谱农畜产品跨境电子商务的新篇章。两国地缘相近，文化相通，使两国在农产品贸易上具有得天独厚的优势，韩国以其先进的农牧业科技、生产方式和经营管理理念，与中国丰富的农业资源和广阔的市场空间形成完美互补。

（二）中国与韩国农牧业跨境电子商务发展经验

1. 农畜产品标准化生产

韩国农牧业部门一直以来都在致力于推动农畜产品的标准化生产，以确保产品质量安全，让消费者安心。为了实现这一目标，韩国政府制定一系列严格的农牧业法规和标准，并建立了完善的农畜产品质量安全监管体系。例如，韩国在2022年修订《食品标签标准》《农药和兽药残留标准》等，2021年修订《屠宰和加工标准》《地理标志产品（GI）标准》等。同时，韩国农牧业部门还积极推广先进的农牧业技术和设备，提高农牧业生产效率和质量。

除了推动农畜产品标准化生产外，韩国政府还与中国政府签署了相关协议，进一步深化两国在农畜产品跨境电商领域的合作。这些协议为两国农畜产品贸易提供了有力的保障和支持，促进了农畜产品的流通和销售。中韩两国在农牧业领域的投资和贸易合作也在不断扩大。韩国企业在中国的农牧业投资项目涵盖了种植、养殖、加工等多个领域，而中国企业也在韩国投资建设了多个农牧业项目。这些投资合作进一步促进了中韩两国在农畜产品跨境电商领域的交流与合作，为两国农牧业的发展注入了新的动力。

韩国农牧业部门致力于推动农畜产品标准化生产，确保产品质量安全，让消费者安心。同时，中韩两国在农牧业领域的合作也在不断扩大和深化，为两国农牧业的发展注入了新的动力。

2. 新型贸易业态融合发展

近年来，随着电子商务的快速发展，中韩两国的农畜产品跨境电子商务取得了长足的发展，中韩FTA的签署和实施为中韩贸易带来了便利，两国应通过扩大双边贸易规模、加强跨境电商新型贸易方式与传统贸易方式的融合等方式深化两国贸易合作（肖维歌，2016）。这一发展不仅改变了传统农畜产品进出口贸易的方式，也推动了农畜产品生产企业与全球消费者之间的直接对接。传统农畜产品进出口贸易通常需要通过多个中间环节，如代理商、批发商等，才能将产品送达消费者手中。而借助跨境电商模式，农畜产品生产企业可以直接和全球消费者进行对接，从而缩短了交易链条，减少了中间环节。这种模式不仅优化了传统贸易流程，也降低了交易成本，提高了交易效率。

一些新型贸易业态的加入为电商发展注入了动力。例如大数据、云计算、物联网、区块链等信息技术支撑下的新零售、社交电商、直播电商等新型贸易业态的融合发展，为农畜产品跨境电商市场提供了更多的发展机遇。这些新型贸易业态通过大数据分析消费者的购买行为和喜好，为消费者提供更加个性化的购物体验。同时，通过云计算和物联网技术，可以实现农畜产品的溯源和追踪，确保产品的质量和安全。此外，区块链技术也可以为农畜产品跨境电商提供更加安全、可靠的交易保障。

3. 坚持创新商业模式

中韩跨境电商合作通过形成物流集聚效应、开通数字清关通道、加大关税减免力度等措施，取得了一系列显著成效，但也面临产品结构失衡、新监管适应度不佳等挑战（黄涛、吴劼宸，2021）。在农产品跨境电商领域，中韩两国已经形成了多种主流模式，包括B2B、B2C和B2B2C等。这些模式的应用和发展，为农畜产品的跨境贸易带来了更多的便捷和高效。

首先，B2B模式主要服务于大型农畜产品批发商和贸易商。通过线上平台，这些商家可以进行大规模的农畜产品交易，从而降低了交易成本和时间成本。同时，这种模式也使农畜产品的流通更加快速和便捷，为商家提供了更多的商机和利润。

其次，B2C模式主要服务于广大消费者。在B2C平台上，消费者可以直接购买到来自全球各地的优质农畜产品，无须经过中间商或批发商的环节。这种模式为消费者提供了更多的选择和便利，同时也为商家提供了更广阔的市场和更多的消费者群体。

此外，B2B2C模式是一种综合模式，它结合了B2B和B2C的优势。在这种模式下，商家可以进行大规模的农畜产品交易，也可以满足消费者的个性化需求。这种模式为商家提供了更多的商机和利润，同时也为消费者提供了更多的选择和便利。

除了以上三种主流模式外，中韩两国的农产品跨境电商还存在着其他模式，如B2B、C2C等。这些模式的应用和发展，为农畜产品的跨境贸易带来了更多的机遇和挑战。

总之，中韩两国的农产品跨境电商已经形成了多种主流模式，这些模式的应用和发展为农畜产品的跨境贸易带来了更多的便捷性和高效性。

五、中国—东盟农牧产业跨境电商

中国与东盟国家农作物差异大，贸易互补性强，中国与东盟的农畜产品跨境电子商务的繁荣发展，犹如一座跨越国界的桥梁，为双方丰富的农畜产品资源提供了紧密的连接。这一发展趋势不仅推动了农畜产品的贸易增长，还有利于加强双方的经济联系和深化农牧业领域的合作。跨境电子商务的基础设施建设正在中国与东盟之间逐步完善，为双方的合作提供了宽广的道路。例如，中国与东盟信息港的建设，为双方跨境电子商务的发展提供了快速通道，让信息与商品更加便捷地在两国之间流通。同时，广西、云南等省份也相继获批跨境电商综合试验区，为跨境电子商务的发展提供了更加广阔的平台。

（一）中国与东盟农牧业跨境电子商务发展现状

1. 农畜产品交易规模大，发展速度快，跨境电商交易规模增长迅速

中国海关统计资料显示，2021 年，我国与东盟货物贸易额为 8 782 亿美元，同比增长 28.1%。东盟连续两年成为我国第一大贸易伙伴。2020 年，我国同东盟农产品贸易总额达到 430.14 亿美元。2021~2022 年，我国同东盟的农产品进出口规模增长势头迅猛。2021~2022 年，我国对多个东盟国家的农产品出口类章继续增加，跨境电商 B2B 简化申报商品也有较大发展。2022 年 1~7 月，我国对缅甸出口活动物和蔬菜分别为 24 916 万元和 38 896 万元，远超 2021 年全年出口缅甸同类产品总额 16 151 万元和 21 650 万元；我国对印度尼西亚和马来西亚出口的动植物油脂分别为 19 352 万元和 104 868 万元，亦远超过 2021 年全年出口同类产品到印度尼西亚和马来西亚的 9 177 万元和 71 295 万元。跨境电商 B2B 简化申报商品，2021 年，缅甸和越南分别只有 1 万元和 29 587 万元，而 2022 年 1~7 月，两个国家的跨境电商 B2B 简化申报商品分别达到 23 万元和 47 297 万元，增幅分别达 23 倍和 59.86%（黄明智，2023）。2023 年，中国与东盟农产品贸易总额约为 600 亿美元，东盟已成为中国农产品第二大进口来源地，占中国农产品进口总值的 15.6%。

2. 跨境电商平台农畜产品种类丰富且交易活跃

在农畜产品跨境电商进口方面，主要平台包括京东国际、淘宝等。以京东国际为例，热销的农畜产品包括马来西亚和印度尼西亚的咖啡、泰国的果汁、泰国和越南的坚果、泰国的糖果、新加坡的方便面、菲律宾的鱼罐头等。

在农畜产品跨境电商出口方面，主要平台包括全球性的电商平台，如亚马逊、阿里巴巴国际站等，以及区域性的电商平台，如 Lazada 和 Shopee。我国的农畜产品供应商可以通过 Lazada 电商平台将肉类罐头和冰冻海鲜产品销售到东盟市场，也可以通过 Shopee 电商平台将面条、茶叶、零食、中药材、酱料、饮料销售到东盟市场。

3. 农产品跨境电商的交易模式十分丰富

农产品跨境电商模式主要有 B2B、B2C、C2C 等。阿里巴巴国际站是全球最大的 B2B 跨境电商网站，交易的农畜产品类目丰富，包括蛋类、豆类、新鲜蔬果、冷冻蔬果、饲料、农业废弃物等。世界排名第一的 B2C 网站是亚马逊，农畜产品供应商销售粮油食品、酱汁、冷鲜、冷冻或罐装的蔬果、冷冻或罐装的鱼类肉类等。eBay 作为世界上交易量最大的 C2C 网站，常见的农畜产品包括植物及植物种子、水果及水果罐头、粮油食品等。

（二）中国与东盟农牧业跨境电子商务发展经验

1. 政策支持促进海关畅通

中国与东盟国家在政策层面加强合作，推动农牧业跨境电子商务的发展。双方签署一系列合作协议，共同推动贸易便利化和农业投资合作，为农牧业跨境电子商务提供了良好的政策环境。海关环境一般包括货物的进出口关税、海关通关程序等方面内容。随着中国和东盟自贸区的建立，以及双方国家经济贸易的频繁往来，95%的产品已经实施零关税措施，区域全面经济伙伴关系协定（RCEP）的签署给中国—东盟跨境电商发展带来红利，破除关税壁垒和非关税壁垒（郑颖瑜，2022），所以关税对跨境电商的阻碍作用在中国与东盟的贸易往来中的作用极小，非关税壁垒对跨境电商交易的阻碍作用更值得关注。

从海关的角度来说，减少通关程序，增强贸易双方的信息共享，制定标准统一的通关手续等环节都可以减少非关税壁垒对跨境电子商务交易的阻碍。以单一窗口为例，东盟单一窗口将东盟各国在一个电子平台上进行连接整合，实现了东盟各国之间贸易信息的传递和交换，加快了货物清关的效率。

如果中国与东盟之间的信息机制更加畅通，海关程序标准更加一致，在货物进出口关境的时间会进一步缩短，从而促进中国与东盟国家跨境电子商务的发展。

2. 基础设施完备，助力经济发展

中国与东盟国家在基础设施建设方面取得了显著进展，包括交通、通信、物流等领域的设施完善。这为农牧业跨境电子商务提供了更加便捷、高效、安全的物流和信息传输条件。

以物流仓储的建设为例，2014年11月，上海海关率先启动"按货物状态分类监管"的物流仓储模式，即指允许非保税货物入海关特殊监管区域储存，与保税货物一同参与集拼、分拨，根据国内外采购订单最终确定货物实际离境出口或返回境内区外的监管制度。该模式满足了企业同时供应国内海外两个市场、同时存在多种贸易方式的需求，使原来需要存储于多个地区、多个仓库的多种物流及贸易形态可以在自贸区内的一个中心仓内一站式完成。同时，冷链物流发展不足是当前影响生鲜农产品跨境电商发展的突出问题（杨晓燕，2021），为解决这一问题，京东搭建了冷链全流程智能温控体系，海外直采的农产品通过空运到国内保税生鲜自营仓，进入冷链物流体系（李晶、韩振国，2021）。因此，在物流环节上极大地减少了中转时间和成本，加快了流转速度，提高货物的送达效率。

3. 电子商务与数据信息协同发展

电子商务水平对跨境电商的发展至关重要。一般来说，电子商务水平的评价可以从以下几方面探讨：互联网普及率、企业的营商环境、政府和企业的电子信息化程度。

从互联网普及率来看，根据谷歌和淡马锡集团的联合调查结果显示，东盟市场的互联网用户大多选择智能手机作为自己的数码装置，同时随着科技的进步，商家也增大了对零售电商应用程序的投资，让消费者能够更容易地通过智能手机进行网上购物。根据调查数据显示，东盟国家使用智能手机进行网上购物的受访者比例达到77%，超过了平板电脑的使用比例。因此，随着东盟国家手机使用人数的增多，将极大地促进跨境电商行业的发展。

从企业的营商环境来看，企业开展商业的启动成本越低，就会有越多的企业参与到跨境电子商务行业中来。同时企业也可以将更多的资金和精力放到企业的生产运营管理之中，让资金在生产销售过程中得到充分利用。对东盟国家来说，大多数参与跨境电子商务的企业为中小企业，如果企业的商业启动成本过高，很多中小企业为了应对商业启动成本就已经焦头烂额，更何况还要进行生产经营，一旦跨境电商企业经营失败，损失就相对惨重。

从政府和企业的电子信息化程度来看，以广州南沙区为例，2017年检验检疫部门以"互联网+"为理念，在全国首创"智检口岸"工作新模式并率先在广东自贸试验区南沙片区试点。"智检口岸"以信息化和智能化为手段，将商品信息、企业信息和政府监管信息全面整合在一起，几乎覆盖所有的进出口业务模式，并且充分对接国际贸易中的"单一窗口"，大力推动信息跨部门、跨区域的互通共享。通过"智检口岸"，进出口企业在任何时间、任何地点都可以在互联网上免费、无纸化申报，并且可以享受"场景式"业务办理模式。通过"场景式服务"，企业可以更容易的实现业务办理以及审批结果在线查询。通过"智检口岸"工作新模式，市场采购出口商品通检时间由2~3天缩短为16分钟，实现跨境电商平均通检时间为105秒，其中平行进口汽车口岸通检提速了3倍。事实证明，电子商务水平的提高有利于提高办事效率，从而进一步提高跨境电商的贸易水平。

4. 交通运输业促进跨境零售业蓬勃发展

货物的运输离不开交通运输业的发展。便捷的运输方式、便宜的运输价格，以及高效安全的运送环境是物流企业市场竞争的关键优势。随着数据化信息时代的来临，"互联网+"成为热门趋势，人工智能、云计算、物联网等智慧物流，为跨境物流行业带来新的动力。在"互联网+"的背景下，跨境电商企业可以通过任何一个电子商务平台对比各个港口运至世界各地的物流运费。不仅价格信息透明，跨境电商企业还可以通过比价来降低物流成本，极大地提高了贸易的便利化水平，实现利润的最大化。

中国与东盟国家的运输业已经发展得较为成熟。2017 年，为了进一步促进跨境运输的发展，重庆、广西、贵州和甘肃共同签署"南向通道"框架协议。该通道利用陆运、海运和空运等多种形式的运输方式，由中国重庆等地出发，途经广西沿海口岸，最终到达东盟国家的主要物流节点，总运行时间比经过东部地区的海运时间减少 10 天左右。截至 2019 年底，"陆海新通道"已经在东盟的新加坡、越南等地设立多个国际货物集散中心，基本形成国际铁海联运、跨境公路运输和国际铁路联运三种主要常态化物流运输形式。目前，"陆海新通道"海运目的地可以通达新加坡等 71 个国家，陆运目的地从越南、老挝等地延伸至泰国、马来西亚和柬埔寨等地区，几乎覆盖整个东盟地区。

随着交通运输业的便利化速度加快，物流效益不断显现。以中国国内跨境电商企业发往新加坡的货物为例。货物从重庆出发，通过"陆海新通道"到达新加坡的货运集散中心。从货物运输的总距离上看，比过去的江海联运缩短 950 公里，运输时间减少近 20 天，极大地提高了跨境货物的运输效率，为跨境电商企业的进一步发展提供有力的保障。

跨境零售交易由于多批次、小批量的交易方式，其对贸易便利化措施的要求会更高。2018 年，为了进一步促进东盟地区跨境电商的贸易便利化水平，东盟国家在新加坡签署了东盟电子商务协议。该协议鼓励无纸化贸易，使东盟内部的交易更加高效便捷，东盟企业之间的跨国数据传输更容易，在东盟区域内建立更加广泛的数字联通等。该协议的签署有利于促进东盟地区跨境电子商务的发展。尤其对跨境零售交易而言，便利的数据传输和高效的电子通关节省了跨境零售交易的通关压力，从而进一步释放贸易便利化对跨境电商所带来的红利。

目前，东南亚是全球增长速度最快的互联网市场，大约拥有 3.3 亿互联网用户。并且数据显示，到 2025 年东盟的互联网经济预计将达到 2 000 亿美元。而电子商务的增长将在同一年达到 880 亿美元。由此可知，东盟地区的贸易便利化发展水平越高，越有利于中国与东盟地区的跨境电商交易的发展。

贸易便利化能够对跨境电商交易产生影响，中国与东盟国家的贸易便利化水平越高，对其与中国跨境电商交易的正向作用越大。同时随着跨境电商交易规模的逐渐增大，会促进贸易便利化水平的提高。跨境电子商务的快速发展可能倒逼海关的政策手续和相关的互联网技术支持服务等方面得到进一步简化，贸易的便利性也相继提升。因此，贸易便利化水平的提高，有利于跨境电商交易规模的扩大。同时，跨境电商水平的提高也会对贸易便利化条件的进一步改善起到正向作用。

在具体的实践中，中国与东盟国家在农牧业跨境电子商务方面已经取得了一些经验。例如，双方可以通过建立跨境电商平台，实现农产品的在线交易和跨境流通；可以通过建立农产品质量追溯体系，确保农产品的质量和安全；可以通过加强农业技术创新和合作，提高农产品的生产效率和产品质量。

中国与蒙古国在农畜产品跨境电子商务领域的合作，不仅可以提升双方的贸易效率和便利性，还可以为消费者带来多元化的选择。通过借鉴国际上的成功经验，双方可以建立更加完善的农畜产品跨境电子商务平台，促进农畜产品的流通和交易。此外，双方还可以加强在物流、仓储、海关等方面的合作，为农畜产品跨境电子商务提供更加便捷、高效的服务。同时，双方还可以通过加强人才培养和交流，提高农畜产品跨境电子商务领域的专业水平和竞争力。相信在双方的共同努力下，中国与蒙古国在农畜产品跨境电子商务领域的合作一定会取得更加显著的成果。

第七节　推进中蒙农畜产品跨境电子商务发展的对策建议

中蒙两国毗邻而居，历史上长期保持着友好关系，自 2008 年以来，中国已经连续多年成为蒙古国第一大贸易合作伙伴。随着"一带一路"倡议的实施，中蒙两国经贸合作也日益密切，特别是中国"一带一路"倡议的提出，中蒙两国经济结构的互补性将为双方经贸合作提供更加广阔的空间，两国农畜产品贸易发展潜力巨大。中蒙两国农畜产品贸易是双边经贸合作的重要组成部分。近年来，中国与蒙古国之间农畜产品贸易不断发展，但由于受地理位置和人文环境等因素的限制，中蒙两国之间农畜产品贸易存在很多障碍。中国是世界上最大的农产品进口国之一，蒙古国是世界上重要的畜牧业生产国之一，中国和蒙古国农畜产品在双边贸易中所占份额较大。

一、推进中蒙农畜产品跨境电子商务发展的必要性与可行性

随着全球化的加速和互联网技术的广泛应用，跨境电商作为一种新型的商业模式，正在快速崛起。中蒙两国之间的跨境电商合作也日益紧密，成为推动两国经贸关系发展的重要平台。跨境电商为中蒙两国企业提供了更广阔的市场和更多的商机。通过跨境电商平台，企业可以跨越地域限制，直接与全球消费者进行交易，从而扩大了销售渠道和市场份额。同时，跨境电商也促进了中蒙两国之间的贸易往来，为两国企业提供了更多的合作机会。通过跨境电商平台，消费者可以购买到来自不同国家和地区的商品，丰富了购物选择。同时，跨境电商也提供了更加便捷的购物体验，消费者可以随时随地在线下单，享受快速配送和售后服务。

1. "一带一路"倡议提供了广阔的市场，为中蒙两国农畜产品贸易合作提供了新平台

随着互联网技术的不断发展和普及，跨境电子商务已经成为全球贸易的新趋势。中国与蒙古国之间的农畜产品贸易合作也受益于这一趋势，通过跨境电子商务平台，两国农畜产品实现了更加便捷、高效的流通。

"一带一路"倡议为中国与蒙古国之间的农畜产品跨境电子商务提供了广阔的市场，这一倡议不仅促进了中蒙两国之间的贸易往来，还为农畜产品的跨境电子商务提供了新的发展机遇。在"一带一路"倡议的推动下，中国与蒙古国之间的农畜产品贸易合作得到进一步加强。这种贸易模式的创新不仅促进了中蒙两国之间的经济交流，还为两国农畜产品的消费者带来了更多的选择和便利。为了进一步推动中蒙两国农畜产品跨境电子商务的发展，需要加强基础设施建设、提高物流效率、加强质量监管等方面的工作。同时，还需要加强两国之间的政策沟通和协调，为跨境电子商务的发展提供更加稳定、可靠的环境。

2. 中国农业"走出去"战略与蒙古国农业"走出去"战略的相互补充与促进

中国农业"走出去"战略与蒙古国农业"走出去"战略的相互补充与促进，不仅有助于推动两国农畜产品的跨境电子商务发展，还有助于促

进两国经济的共同发展。

首先，两国可以加强技术交流与合作，共同提高农业生产技术水平。中国在农业科技方面有着丰富的经验和优势，而蒙古国在草原畜牧业方面有着独特的优势。双方可以相互借鉴、相互学习，共同推动农业生产技术的进步。

其次，两国可以加强人才培养与交流，共同提高农业生产效率。中国在农业人才培养方面有着丰富的经验和资源，而蒙古国在草原畜牧业方面有着丰富的人才资源。

最后，两国可以加强政策沟通与协调，共同推动农畜产品的跨境电子商务发展。中国和蒙古国都是世界贸易组织（WTO）成员国，双方可以在WTO框架下加强政策沟通与协调，共同推动农畜产品的跨境电子商务发展。

3. 中蒙两国跨境电商平台的建设，拓宽贸易渠道，为市场提供便利

近年来，中蒙两国在跨境电商平台建设方面取得了重要进展，为两国企业之间的合作提供了更加便捷的渠道。通过这些平台，中国企业可以更加方便地参与蒙古国农业领域的合作中，进一步拓宽了贸易渠道，同时也为中国企业开拓蒙古国农畜产品市场提供了便利。

中蒙两国跨境电商平台的建设为两国农业领域的合作提供了更加便捷的渠道。在过去，由于地理距离、语言和文化差异等因素，两国之间的贸易合作往往受到限制。而现在，通过跨境电商平台，两国企业可以更加方便地进行沟通和交流，了解彼此的需求和供应情况，从而达成更加精准的贸易合作。蒙古国拥有丰富的农牧资源，其农畜产品在市场上具有一定价格的竞争力。在贸易合作的过程中，两国企业之间的文化交流也是非常重要的。通过跨境电商平台，两国企业可以更加深入地了解彼此的文化和传统，增进相互之间的理解和信任，为未来的合作打下更加坚实的基础。

随着中蒙两国经济发展水平的不断提高，两国已经具备开展农畜产品跨境电子商务的经济基础与条件。这一趋势不仅符合两国经济发展的需要，也有助于推动中蒙经贸关系的进一步发展。中蒙两国在农牧业领域有着广泛的合作基础。蒙古国拥有丰富的草原资源和优质的畜牧业产品，而中国则有着庞大的市场需求和先进的农业技术。通过开展农畜产品跨境电子商务，两国可以更好地实现资源互补和优势互补，促进农牧业的共同发展。

综上所述，随着中蒙两国经济发展水平的不断提高，两国已经具备了开展农畜产品跨境电子商务的经济基础与条件。这一趋势不仅符合两国经济发展的需要，也有助于推动中蒙经贸关系的进一步发展。因此，我们应该积极推动中蒙农畜产品跨境电子商务的发展，为两国经济的繁荣和人民的福祉做出更大的贡献。

二、推进中蒙农畜产品跨境电子商务发展的主要模式

中蒙两国在农牧业领域有着深厚的合作基础和广阔的发展空间，农产品跨境电子商务作为一种新兴的贸易方式，有助于促进双方的经贸往来，提高农牧业的生产效率和市场竞争力，增加农牧民的收入和福祉，推动区域一体化和可持续发展。根据不同的主体和交易方式，推进农产品跨境电子商务可以分为以下几种主要模式。

（一）C2C 模式

C2C 模式，即消费者对消费者的模式，指的是通过网络平台，个人消费者之间直接进行农产品的买卖，无须经过中间商或第三方机构的介入。这种模式的优点是可以降低交易成本，提高交易效率，满足消费者的个性化需求，增加消费者的选择范围和参与度。但是，这种模式也存在一些问题，如质量安全难以保证，物流配送不便利，缺乏有效的监管和纠纷解决机制等。在中蒙农产品跨境电子商务中，C2C 模式还处于初级阶段，主要以一些特色农产品为主，如蒙古国的奶制品、羊毛制品、手工艺品等，以及中国的一些地方特产等，但受制于基础设施、相关政策等方面，中蒙两国的 C2C 模式并未得到充分的发展，两国居民之间的农产品贸易行为多数还停留在需要入境购买的水平。

（二）B2C 模式

B2C 模式，即企业对消费者的模式，指的是通过网络平台，企业向个人消费者直接销售农产品，无须经过传统的批发和零售环节。这种模式的优点是可以提高企业的品牌知名度和忠诚度，扩大市场份额，提高产品的附加值，增加消费者的信任度和满意度。但这种模式也面临一些挑战，如

需要投入较大的资金和人力，建立完善的物流和售后服务体系，应对市场的变化和竞争，遵守不同国家的法律法规等。在中蒙农产品跨境电子商务中，B2C 模式已经取得了一定的发展，主要以一些大型的电商平台为主，如阿里巴巴、京东、苏宁、蒙古国的 E-Mongolia 等，涉及的农产品种类也较为丰富，如肉类、蔬菜、水果、粮食、茶叶、蜂蜜等，这也是两国居民的农产品购买模式中最为常见的一种。

（三）B2B 模式

B2B 模式，即企业对企业的模式，指的是通过网络平台，企业之间进行农产品的批发和采购，无须经过传统的中间商或第三方机构的介入。这种模式的优点是可以降低交易风险，提高交易效率，优化供应链管理，促进产业升级和创新，增加企业的合作机会和竞争力。但这种模式也存在一些困难，如需要建立稳定的合作关系，保证产品的质量和数量，协调不同的标准和规范，解决跨境支付和结算的问题等。在中蒙农产品跨境电子商务中，B2B 模式也有一定的规模，主要以一些专业的电商平台为主，如阿里巴巴的 1688、蒙古国的 Mongol Trade 等，涉及的农产品主要是一些大宗商品，如牛羊肉、大米、面粉等。

（四）O2O 模式

O2O 模式，即"线上到线下"的商业模式，这种模式结合线上预订和线下配送的优势，消费者可以在线上平台预订农畜产品，然后在线下实体店或指定地点取货。中国的农产品电商模式在促进农产品上行、推动农业数字化转型升级、带动农民就业创业和增收、改善提升农村风貌等方面取得了显著成效。这些成功经验不仅对中国自身的农业发展至关重要，也为蒙古国提供了可借鉴的模式。在"一带一路"倡议的背景下，中蒙两国的农产品贸易有着历史性的交易契机，这为蒙古国农牧业的发展提供了新的机遇。

此外，结合中国的产地仓直发模式，蒙古国可以建立自己的产地仓库，将农畜产品直接从生产地发往国外消费者，这样不仅可以减少中间环节，保证产品新鲜度，还能降低成本。同时，通过 O2O 模式，蒙古国的消费者可以在线上平台预订农畜产品，然后在线下实体店或指定地点取货，这样的模式结合了线上预订和线下配送的优势，既方便了消费者，也促进了本地农畜产品的销售。

（五）综合试验区模式

在推动中蒙两国农畜产品跨境电子商务发展的进程中，政府作为统领全局的"总舵手"，应积极支持国际企业间的良性互动，并在保证监管的前提下，为农牧业企业的国际合作牵线搭桥。综合试验区模式作为政府推动的重要政策工具，其核心在于通过政策支持和制度创新来促进跨境电商的高质量发展。这种模式不仅强调"跨境电商＋产业带"的发展，还突出了线上综合服务平台的建设，以及对企业的考核评估和合规经营的引导。在中蒙合作框架下，这一模式可以具体体现为以下几个方面：

首先，中蒙两国可以共同建立跨境电商综合试验区，利用双方的产业禀赋和区位优势，推动双方特色农畜产品进入对方市场。这不仅有助于提升产品的国际竞争力，还能促进地方经济的发展。其次，双方可以合作建立线上服务平台，为企业提供一站式的跨境电商服务，包括但不限于市场信息共享、在线交易、物流配送、金融支付等，以降低企业运营成本，提高效率。再次，中蒙两国政府可以共同制定跨境电商的考核评估标准，引导企业优化发展环境，提升创新能力，并培育具有国际竞争力的骨干企业。最后，两国可以共同制定跨境电商知识产权保护指南，加强知识产权保护，防控贸易风险，确保企业合规经营，维护良好的市场秩序。通过这种模式的实施，中蒙两国不仅能够加强农畜产品的贸易合作，还能够推动双方农牧业企业在跨境电商领域的深度融合，共同探索新的商业模式和发展路径，实现互利共赢。这种合作形式将有助于两国农牧业的现代化，助力农牧业企业健康发展，提高农民收入，促进乡村振兴，为区域经济的繁荣和可持续发展做出长足贡献。

综上所述，推进中蒙农产品跨境电子商务的可能可行的主要模式有C2C、B2C、B2B、O2O、综合试验区五种模式，各有优势，适用于不同的农产品和市场。为了推进中蒙农产品跨境电子商务的发展，需要根据不同的模式，制定相应的政策和措施，如加强质量安全监管，完善物流和服务体系，建立信用和评价机制，促进信息和技术交流，协调法律和税收问题，增加金融和投资支持等。同时，也需要加强双方的合作和沟通，充分发挥各自的优势和潜力，共同打造中蒙农产品跨境电子商务的品牌和市场，为双方的农牧业和经济社会发展做出贡献。

三、推进中蒙农畜产品跨境电子商务发展的措施

（一）进一步提升中蒙农产品跨境物流水平

农产品跨境物流水平的高低不仅直接决定着农产品在运输过程中的损耗率，同时还对农产品的质量安全具有明显影响，应进一步着力强化中蒙两国间的农产品跨境物流能力建设。

（1）应鼓励和引导跨境电商企业积极开展农产品物流模式创新。着眼于物流成本控制、物流过程掌控、物流服务水平等方面，突出境内外物流配送的无缝衔接，提升配送效率；在大力打造农产品海外仓、前置仓的基础上，重点延伸海外仓之后的物流配送网络建设，有效实现国内农产品能够从生产基地到国外消费者餐桌的精准有效配送。同时，通过相关标准体系，选择蒙古国具备实力的物流企业作为境外合作伙伴，对标国际标准打造跨境物流体系，实现国内外物流的有效接轨。

（2）应推进跨境电商物流一体化建设。要注重发挥行业协会功能，优化布局国内外物流配送、物流服务以及仓储中心建设，突出信息化与标准化，加速提升农产品跨境电商物流水平。通过对物流通道的优化设计，建设覆盖蒙古国全境的海外仓布局，同时考虑对周边国家的有效辐射能力，及时响应当地消费者的需求，提高跨境农产品消费者满意度。

（3）着力推进海关模式创新。应进一步提高农产品海关通关效率，不断优化海关通关服务和检验检疫程序。对于农产品跨境电商而言，相较其他环节效率的有效可控，国与国之间的通关与检验检疫往往是企业难以控制的部分。可以针对农产品跨境电商批次多、数量少的特点，创新性地实施一次检验检疫、多批次通关的模式，方便农产品跨境电商的通关检验检疫需求。

（4）进一步降低农产品跨境电商成本。重点打造公路、铁路、水运的联运网络，降低各类运输方式间的衔接成本。同时，加快推进冷链物流体系建设，实现从生产端到海关的全流程冷链物流网络，既可以降低农产品

物流配送中的损耗，也可以保障农产品质量和安全。

（二）加快提升两国农产品跨境电商信息流水平

当前国际正经历百年未有之大变局，中国农产品贸易外部环境愈发复杂多面，中国农产品跨境电商也面临着越来越大的竞争压力。因此，是要继续加快信息流渠道的建设，预防因技术壁垒、人为因素而出现的市场风险；注重发挥好跨境电商平台的大数据技术优势，有效解决电商信用等问题。

相对于传统的国际贸易，农产品跨境电商通过网络开展国际贸易，交易环境更加复杂，监管难度也更大；加之农产品通常的易腐性质，农产品国际贸易进一步复杂。而跨境电商平台大多具有较强的大数据分析能力，能够通过对相关合作对象信用信息的采集与分析，有效降低信息不对称带来的风险。同时，行业协会也可以通过这些信用信息的公开与共享，帮助农产品电商行业提高跨境交易的透明度。

此外，还可以借助大数据技术，加强对农产品跨境电商企业的监管，对存在不合格产品或不诚信行为的企业进行曝光。对于严重的违法违纪问题和侵权行为，要通过线上线下两个渠道进行严厉处罚，进而实现督促企业诚信经营的目的。在大数据分析技术下，可以有效提升监督效果，防止企业炒作等行为，进而更好地促进农产品跨境电商企业重视信用问题，努力提升其市场口碑，从而能够让中国农产品跨境电商企业在中蒙贸易新形势下，依靠良好的经营信用获得更强的市场竞争力和抗风险能力。

（三）加快提升两国农产品跨境电商资金流水平

跨境支付直接涉及消费者资金安全，不仅是消费者关注的重要问题，还是中蒙跨境农产品电商健康发展的关键。跨境支付标准的健全与完善，能够更好地规范支付方式、支付货币、支付信用服务等支付流程的运行，为跨境农产品交易提供安全便捷的资金结算体系。

由于中国与蒙古国两国间的消费习惯不同，双边跨境电商支付手段不统一，导致自贸区内跨境支付存在一定困难，易引起贸易纠纷。为了提高跨境支付效率，中国和蒙古国可加强协商，建立统一的第三方支付系统，实现两国间支付方式的兼容，通过推行统一的支付方式标准，促进双边支付手段的有效对接。

此外，中蒙之间也尚未形成类似欧元的统一支付货币，导致货币汇率兑换引发的结算汇率风险频发，同时汇率波动对两国间的农产品生产经营和销售价格等产生较大影响。因此，中国与蒙古国可效仿欧盟实行统一的支付货币标准，鼓励蒙古国引进人民币作为统一的支付货币，推动区域货币支付体系的建立。

跨境支付是建立在良好的信用基础上的，中国与蒙古国涉及双边跨境电商交易，支付信用机制尚不完善，还有待进一步构建和优化。市场支付信用机制的建设涉及多方主体、过程烦琐，更离不开顶层设计的完善，故需要中国与蒙古国政府定期会晤，商讨研制统一的支付信用服务标准。具体而言，应加强中国与蒙古国关于支付信用统计、评价指标等标准的研究和推广应用，推动建立统一的支付信用评价机制；通过磋商构建统一的支付信用信息采集与共享、支付信用等级与表示、支付信用数据查询与公布等标准，建立统一的区域社会信用体系和征信市场；推动区域内跨境电商信用服务公共平台与支付信用标准协调机构的建立，为中蒙跨境电商的发展营造良好的支付信用环境。

（四）借助农产品跨境电商平台倒逼农产品质量提升

农产品质量安全标准不高，频繁遭遇国外贸易技术壁垒和绿色壁垒，已成为困扰中国农产品跨境电商发展的突出问题，在与蒙古国进行跨境农产品贸易也会出现诸如此类的问题。应借助农产品跨境电商平台发展的有利契机，推动倒逼农产品质量提升。

一方面，政府相关部门应加快完善农产品跨境电商检验检疫、产品质量等标准，用于指导、监督农产品的生产、加工等环节。要加快农业新技术、农产品新标准的推广，加大农业科技投入，提高农产品质量水平。加强对相关区域贸易协定中有关农产品标准的条款研究，区分不同情况加以引进，从整体上提升中国农产品质量水平。在当前绿色农业发展的大背景下，尤其要重视农产品农药残留等问题，引导农民、农业合作社和农业生产企业等生产主体，积极开展绿色无污染的生产模式，从源头上确保农产品质量。

另一方面，各跨境电商企业要准确把握国际形势，注重发挥各大电商的大数据、云计算等现代信息技术优势，实现对出口农产品原产地、生产过程、产品质量的全程跟踪，确保农产品质量与安全。据此，蒙古国的消费者可以在线了解出口到当地的中国农产品的品质，从而更加信任中国农产品。对于跨境电商企业而言，也可以更好地将出口目的国有关农产品质量与安全的要求贯彻到整个农产品生产、加工、配送等全过程，在应对技术贸易壁垒上更有信心，促进农产品跨境电商的健康发展。

（五）加快农产品跨境电商人才的引进和培养

在当前复杂的国际贸易外部环境下，无论是面临的市场竞争还是市场风险，都会让农产品跨境电商感到越来越重的压力。然而，越是在这种竞争情况下，越需要有更加专业、掌握全球市场和电商特点的人才，以更好支撑起农产品跨境电商的发展。

（1）加强现有员工的培训，针对当前的新形势，重点提升员工对贸易摩擦、绿色壁垒、技术壁垒等跨境农产品交易方面知识的培训，让企业从管理者到一线员工都更加了解出口对象国家的政策、市场和消费者偏好，进而在市场营销上更具有针对性。

（2）促进高等院校和企业紧密联系，在跨境贸易人才培养中有效满足市场和企业对人才的需求，避免人才培养中的学与用环节的脱节现象。例如，可通过农产品跨境电商园区与地方政府合作办学，针对园区的服务项目开设相应专业，为园区企业提供有效人才支撑。

（3）加大高端人才引进力度，重点引进对国际农产品贸易规则有深刻了解，能够精准把握当地消费者习性，对当地法律、政策有深入研究的成熟电商管理人才。特别是要注重引进对国际贸易形势有敏锐洞察力的高端人才，更好地应对变化越来越快的农产品跨境电商形势和市场风险，保障中国农产品跨境电商行业顺利"走出去"，推进我国农产品更好地参与国际竞争与协作。

第七章 中蒙农牧业价值链分析

第一节 中蒙农牧业供应链运作现状

一、中蒙农牧业供应链运作现状与组织管理

(一) 中蒙农牧业供应链运作现状

从中蒙农牧业供应链运作情况来看，两国处于不同的发展阶段，运作情况相差较大（如图7-1所示），蒙古国以游牧、放牧为主，配合草原打草备料完成牲畜养殖。处于传统的线下交易与资源整合阶段，牛羊品种以本地传统品种为主，缺乏品牌化打造与个性化竞争，产品附加值较低。牲畜在当地活畜交易市场售卖给中间商或者消费者。收购商整合足量产品售卖给加工商进行加工，形成初级制品继续通过中间商、零售商到达消费者。从商流来看，缺乏实力强大供应链主体企业的带动，大规模、标准化、国际化运作缺乏保障，也缺乏高水平交易的品牌和信誉保证。从信息流来看，没有相应的电商平台及时发布和更新相关信息，供求信息分散在一个个小的批发市场中，缺乏更大范围市场供求整合的条件。从资金流来看，大部分使用现金交易，电子交易水平低，资金融通、品质保证、售后服务水平不高。从物流来看，物流基础设施薄弱、规模小、信息化水平低，由于缺乏电子商务运作，供应链环节收购商、加工商、中间商、零售商承担了大量的交易、仓储、发货、配送等物流职能，第三方物流的专业

化外包优势未能发挥，分散的、小规模物流运作效率有待整合提升。

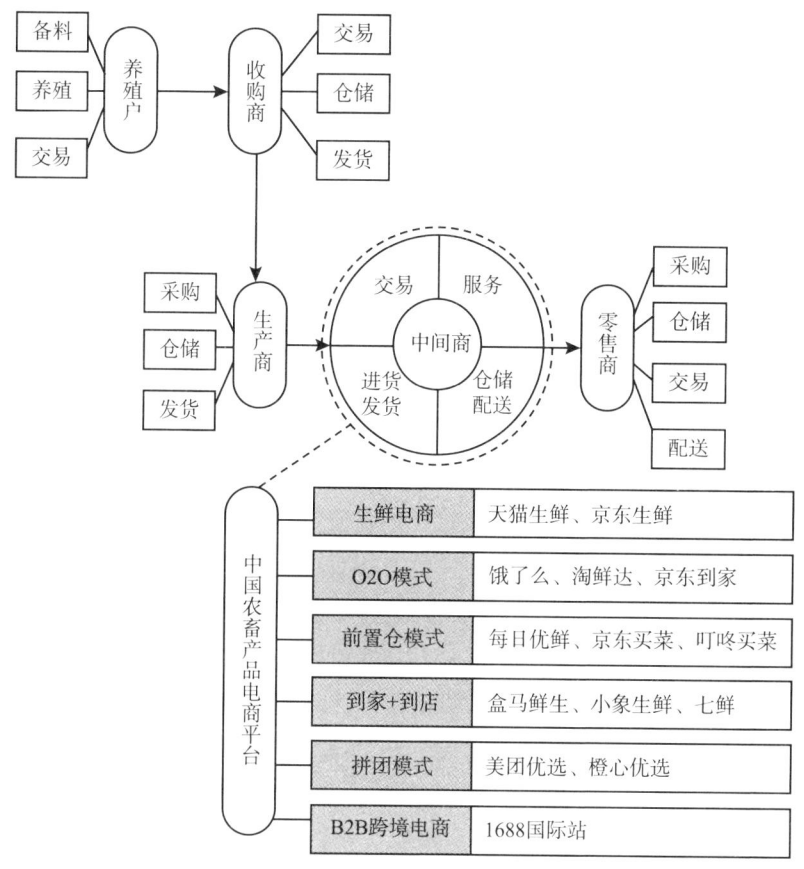

图 7-1 中蒙农牧业供应链运作现状

中国进入多模式融合的高水平数字化整合阶段。在养殖方面，中国具有农牧户散养、养殖大户大规模饲养、专门的养殖企业开办养殖基地、合作社联合养殖等多种模式，而且多种类的养殖主体都通过互联网融入产业电商。在品种方面，有传统本地多样化的品种，也有不断引入、改良的优质新品种，种类特色繁多。农牧业企业注重品牌的打造，形成了一批极具竞争力的农产品品牌，包括区域公用品牌、地理标志品牌、农产品企业品牌等。从商流来看，有一大批实力强、规模大的专业化农畜产品养殖、加工、流通企业，具有强大的信用背书与品牌保证，能够主导和带动供应链的运作。从信息流来看，中国电子商务发达，形成了一大批各具特色、高水平的农产品电商平台，囊括了信息发布、产地对接、线上交易、网络营销、客户服务、品牌宣传、电子支付、物流配送等一系列业务，电子支付十分普及。活畜物流与冷链物流完善，各类专业物流公司能够高效率完成物流配送。这种多模式融合的高水平数字化整合，极大程度地整合了仓储、交易、发货、配送资源，有效降低了物流供应链运作成本。

（二）中蒙农牧业供应链组织管理

中蒙农牧业供应链组织运作包括要素、行业和环节三个层面。从供应链要素来看，农牧业供应链运作包括土地、资本、人才、市场、信息、技术、基础设施等要素，蒙古国的土地资源和年轻劳动力资源较为丰富，而中国在金融资本、电子商务、农牧业技术、高层次人才、消费市场、基础设施建设能力方面极具优势。农牧业产业的细分行业包括农牧业科技研发，农牧业种植养殖、良种、农机、饲料行业，农牧业加工制造业，农牧业金融保险，农牧业休闲观光业，蒙古国集中在种植养殖与初级加工产业带，中国位于农牧业先进制造加工产业带，农牧业生产服务业也十分健全完善。从农牧业组织环节来看，包括农牧业生产、经营管理、服务、消费市场，两国都具备齐全的产业链环节，中国的农牧业组织环节规模更大、标准化、信息化、绿色化、品牌化、科技化程度更高。

中蒙农牧业供应链管理优化来自利益驱动、技术推动、劳动需求等方面的作用。在利益驱动方面，规模化、集约化、品牌化、标准化、科技化、国际化发展已成为农牧业发展的必然趋势，中国在这些方面有良好的基础优势并持续发展，蒙古国在三大层面的发展比较薄弱，中国可以发挥积极的引领、示范与共享作用。在技术推动方面，电子商务、数字贸易、机械化、智能化、智慧农牧业管理技术迅猛发展，中国在新兴技术产业方面优势明显，新一轮信息技术在农牧业领域正在进行深入应用与推广，这种技术的推动会极大促进中蒙农牧业供应链组织管理的优化。在需求拉动方面，消费者食品消费，从质量数量向营养健康，再到文化价值的追求，体现出了个性化、绿色化、农业文化的消费趋势，消费者的需求转变势必要拉动中蒙农牧业供应链组织管理模式的变革，以适应新的市场结构。中蒙农牧业组织管理情况如图7-2所示。

图 7-2　中蒙农牧业供应链组织管理

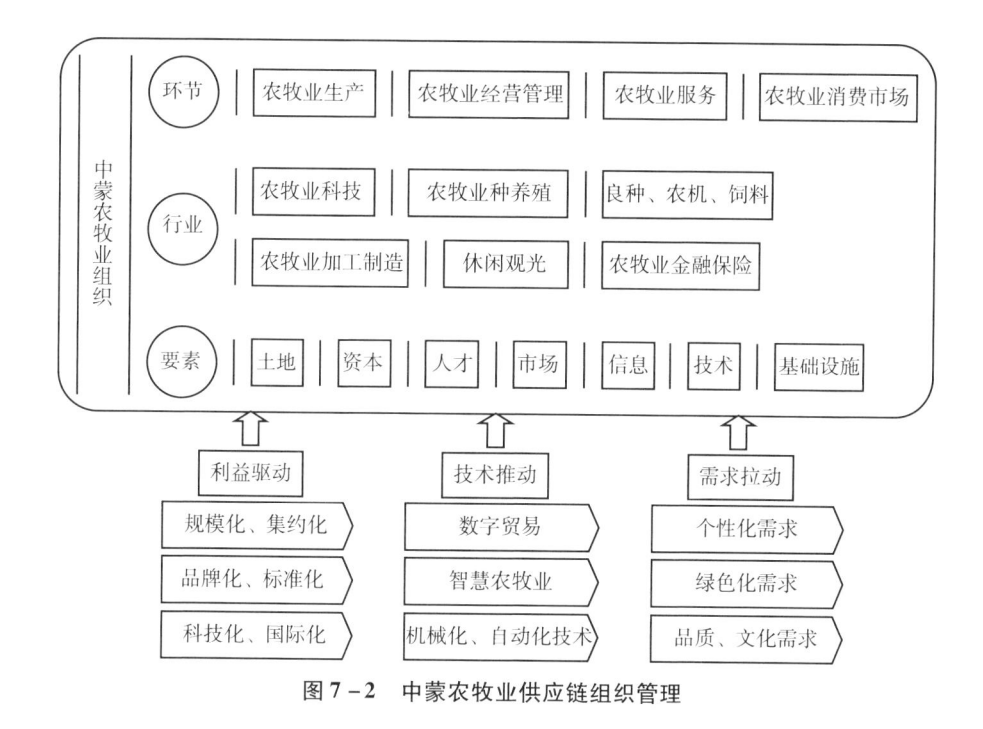

二、基于跨境电商的中蒙农牧业供应链模式与流程

（一）基于跨境电商的中蒙农牧业供应链模式构建

根据中蒙农牧业供应链运作现状与组织管理的条件，结合农牧业发展的未来趋势与市场需求，构建基于跨境电商的中蒙农牧业供应链模式。通过整合中蒙农牧业供应链优势资源，协同提升产业竞争力，优化服务本土市场，积极开拓国际市场，中蒙农牧业跨境电商供应链运作模式如图 7-3 所示。在产业运作方面，在已有跨境电商平台 1688 国际站上，或者新建中蒙农牧业跨境电商平台展开跨境电商业务。以跨境电商平台为基础，吸引农业生产加工企业、专业农产品销售企业、龙头农牧业企业、线下实体经营店铺入驻，优化同农牧户的协同联系，大力发展多种模式的 B2B、B2C 业务。推广线上采购与交易，让国际消费者、国际采购商能便捷地通过跨境电商平台购买到优质的中蒙农畜产品。在供应链监管方面，包括中蒙两国的外汇管理局、商务部、财政部、海关总署、税务局，对农畜产品

开展跨境电商贸易给予大力的支持、指导和监督,保证产品的品质、便利的通关、优惠的税率、高效的结汇、精准的统计等。在第三方服务方面,鼓励中蒙农牧业跨境电商供应链运作所需要的物流配送、科技研发、电子支付、金融保险、大数据分析等生产服务业积极入驻跨境电商平台,让跨境电商企业可以便捷选用、安全支付、保障信用。

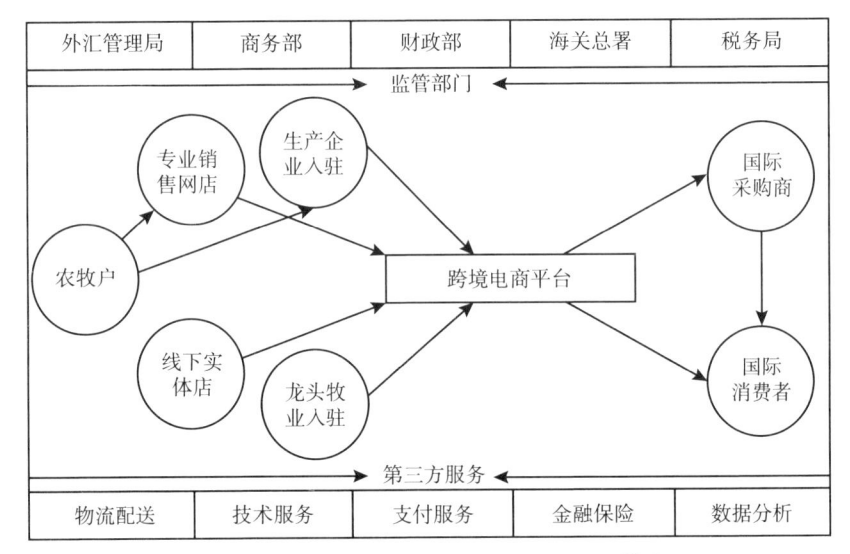

图7-3 中蒙农牧业跨境电商供应链运作模式

(二) 基于跨境电商的中蒙农牧业供应链流程优化

1. 中蒙农牧业跨境电商 SCOR 最高层

基于中蒙农牧业跨境电商供应链运作模式,构建中蒙农牧业跨境电商供应链运作参考模型,包括中蒙农牧业跨境电商 SCOR 的最高层、配置层、要素层、绩效层与人员层,指导中蒙农牧业跨境电商供应链运作,基本流程见表7-1。

表7-1　　　中蒙农牧业跨境电商 SCOR 的基本流程

基础流程	编码	含义
计划	P (plan)	按照中蒙农牧业跨境电商供应链协同战略,根据农牧业供应能力与市场需求制定供应链基本框架和运作计划

续表

基础流程	编码	含义
采购	S（source）	购买农牧业经营生产资料、初级产品、加工产品的过程，包括对供应商的评估、选择、考核，以及对采购品选择、检验与管理
加工/制造	M（make）	农畜产品的加工、生产、制造，包括制造安排、工艺流程、现场管理、质量控制、设备维护、包装入库
配送	D（deliver）	对农资产品、初级农产品、加工品的运输和配送，包括客户订单、产品出库、货物运送、配送支持
退货	R（return）	农牧业供应链中逆向运送给上级供应商的活动，主要是由原料、产品的多余、不准确或缺陷导致的
跨境电商支持	E（cross border e-commerce support）	完善高效的跨境电商平台优化供应链的运作，提供营销、交易、客服、支付、品牌、物流等综合服务
信息	I（information）	中蒙农牧业跨境电商供应链运作中信息流动，供应链节点企业的信息生成、传递、更新与共享
控制	C（control）	对农牧业供应链运作各环节的监测、监督、控制、处理，保障农产品的质量安全与交易承诺

中蒙农牧业跨境电商SCOR最高层在基础SCOR模型基础上进一步拓展，囊括了计划P、采购S、加工/制造M、配送D、退货R、跨境电商支持E、信息I、控制C八大流程（如图7-4所示），提供最基本的农牧业跨境电商供应链计划、采购、生产、配送、退货等流程类型的定义，这是供应链建模的起点，也是农牧业供应链协同发展的基础。

2. 中蒙农牧业跨境电商SCOR配置层

配置层是根据农牧业发展需求，使用多种流程类型，构造适合的供应链战略。中蒙农牧业跨境电商供应链运作SCOR配置层根据总体的供应链计划，在跨境电商平台基础上，整合农牧业产业、市场的供需资源，以更高的效率实施相关的采购、加工、配送、退货战略，并进行全程的供应链监督与控制。中蒙农牧业跨境电商供应链运作SCOR配置层的构建思路是整合供应链上各环节的资源和要素，将供应方到需求方端到端的直达化、系统化、数字化思维应用于供应链网络构建，从跨境电商国际网络化运作视角强化供应链的客户驱动、市场预见、运作协同、动态调整，见图7-5。

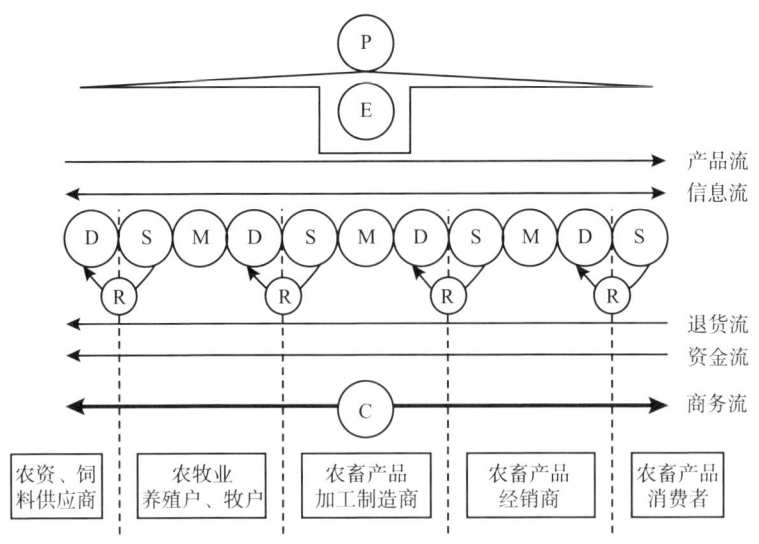

图 7-4 中蒙农牧业跨境电商供应链运作 SCOR 最高层模型

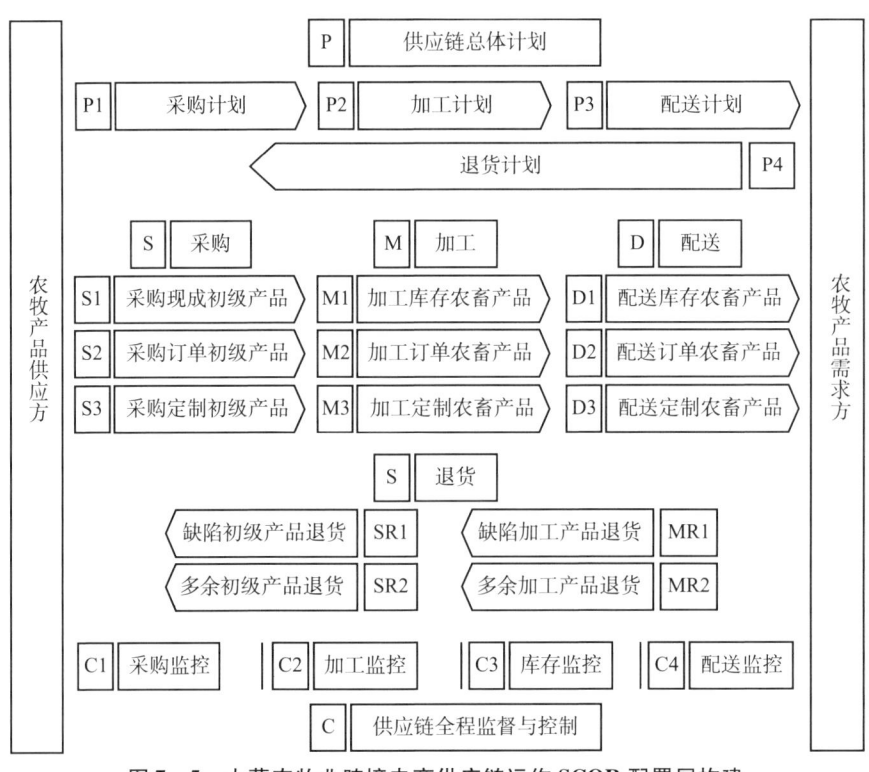

图 7-5 中蒙农牧业跨境电商供应链运作 SCOR 配置层构建

3. 中蒙农牧业跨境电商 SCOR 要素层

中蒙农牧业跨境电商 SCOR 要素层是对配置层的各流程进行细分，定义流程元素及各项要素的输入、输出，确立基本的实施方案以及支持方案实施的系统能力。

（1）中蒙农牧业跨境电商供应链运作 SCOR 计划流程要素层。计划要素层主要职能是与供应链运营计划相关的业务活动（订单、采购、制造、交付和回收），包括需求确定、资源信息收集、资源平衡以及资源能力平衡措施的制定。具体包括对供应链总供需、采购、加工、配送、退货方面的识别预测、分析评估、梳理审核、计划制定，如图 7-6 所示。

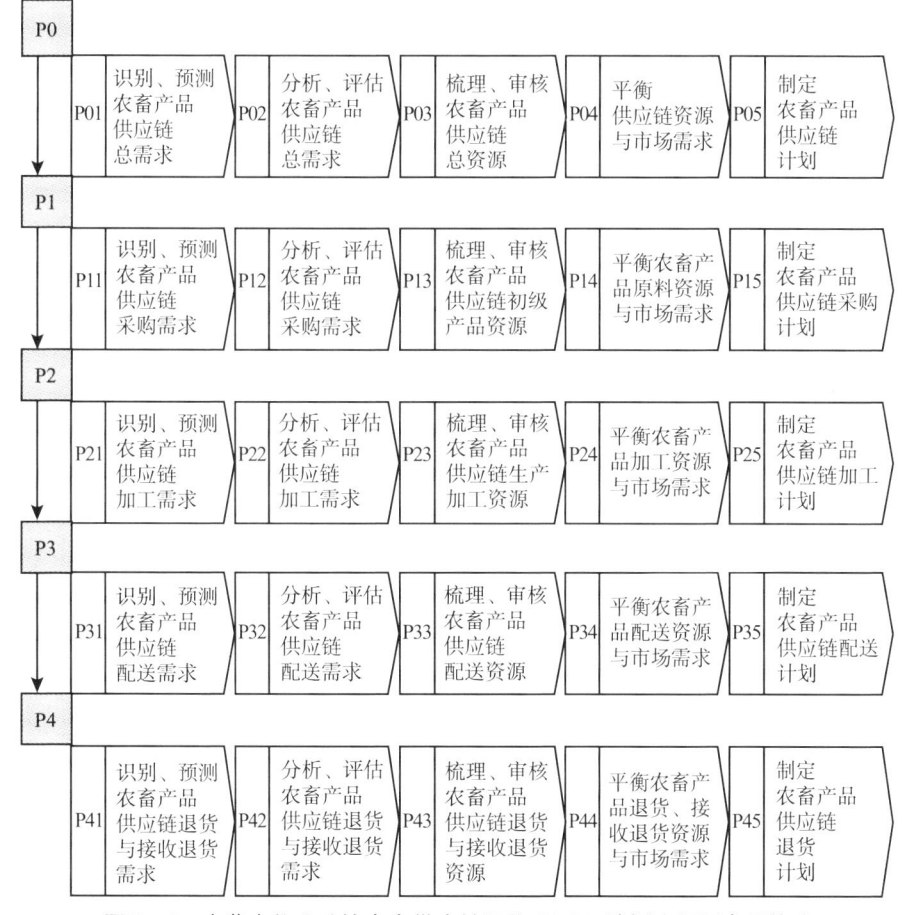

P0									
	P01	识别、预测农畜产品供应链总需求	P02	分析、评估农畜产品供应链总需求	P03	梳理、审核农畜产品供应链总资源	P04	平衡供应链资源与市场需求	P05	制定农畜产品供应链计划
P1									
	P11	识别、预测农畜产品供应链采购需求	P12	分析、评估农畜产品供应链采购需求	P13	梳理、审核农畜产品供应链初级产品资源	P14	平衡农畜产品原料资源与市场需求	P15	制定农畜产品供应链采购计划
P2									
	P21	识别、预测农畜产品供应链加工需求	P22	分析、评估农畜产品供应链加工需求	P23	梳理、审核农畜产品供应链生产加工资源	P24	平衡农畜产品加工资源与市场需求	P25	制定农畜产品供应链加工计划
P3									
	P31	识别、预测农畜产品供应链配送需求	P32	分析、评估农畜产品供应链配送需求	P33	梳理、审核农畜产品供应链配送资源	P34	平衡农畜产品配送资源与市场需求	P35	制定农畜产品供应链配送计划
P4									
	P41	识别、预测农畜产品供应链退货与接收退货需求	P42	分析、评估农畜产品供应链退货与接收退货需求	P43	梳理、审核农畜产品供应链退货与接收退货资源	P44	平衡农畜产品退货、接收退货资源与市场需求	P45	制定农畜产品供应链退货计划

图 7-6 中蒙农牧业跨境电商供应链运作 SCOR 计划流程要素层构建

(2) 中蒙农牧业跨境电商供应链运作 SCOR 采购流程要素层。采购流程要素层涉及供应链订单与采购，订单包括交付位置、付款方式、定价、订单履行状态追踪等；采购包括产品或服务的订购、安排订购、交付、接收和转移相关的活动。中蒙农牧业跨境电商供应链采购根据相关计划选择供应商，与供应商在电商平台询价与谈判，然后下单预付款，收到货物合格后确认收货付款，具体流程见图 7-7。

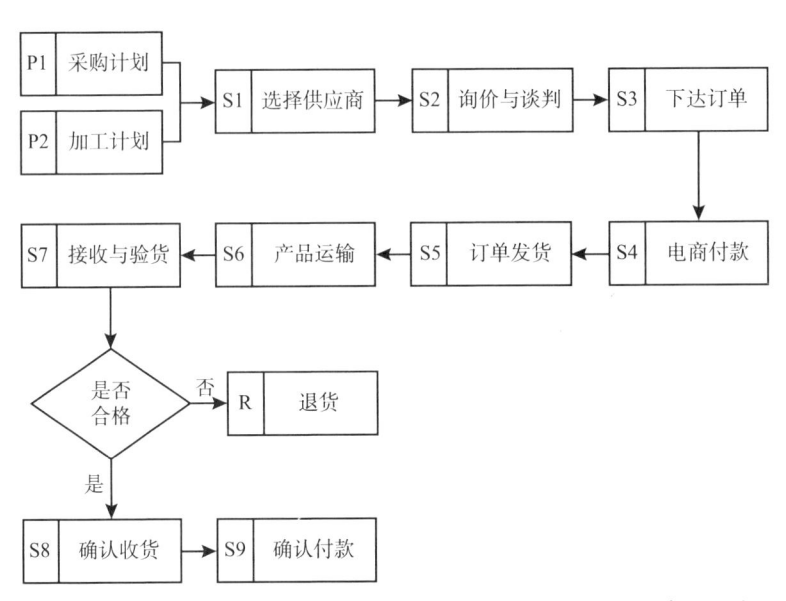

图 7-7 中蒙农牧业跨境电商供应链运作 SCOR 采购流程要素层构建

(3) 中蒙农牧业跨境电商供应链运作 SCOR 加工流程要素层。加工制造流程描述了与农畜产品生产、加工、包装相关的实施活动。首先根据加工计划、配送计划、BOM 清单、库存资源确定加工条件，及时供应原料安排生产，品质检测合格后入成品库，具体流程如图 7-8 所示。

(4) 中蒙农牧业跨境电商供应链运作 SCOR 配送流程要素层。配送流程要素层描述与履行客户订单或服务相关的拣货、分割、包装、运输、配送和开票等业务活动。按照采购计划和加工计划选择配送服务商、经过谈判签约配送、下单配送单、明确配送要求、完成配送，具体流程见图 7-9。

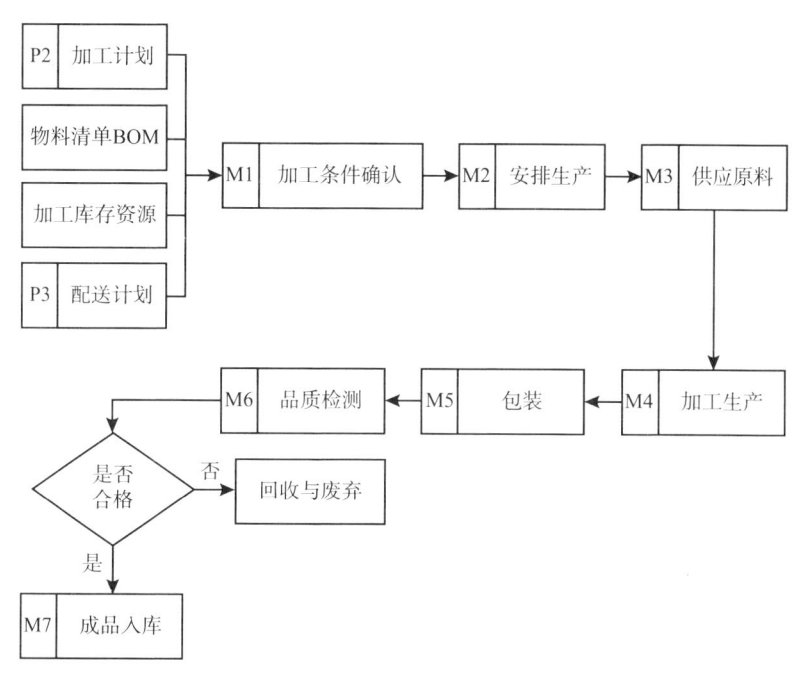

图 7-8　中蒙农牧业跨境电商供应链运作 SCOR 加工流程要素层构建

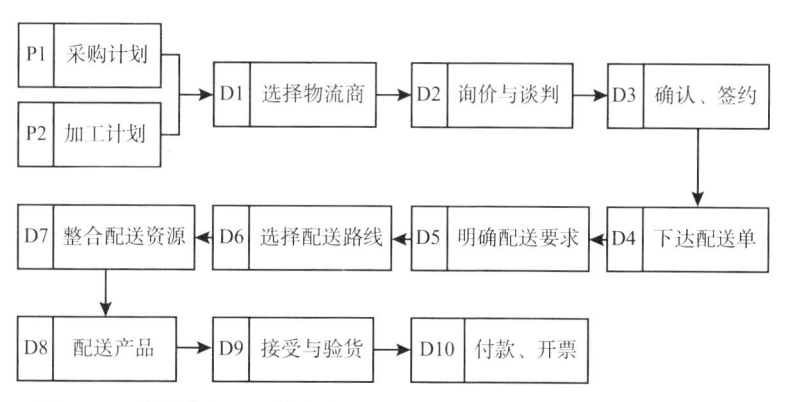

图 7-9　中蒙农牧业跨境电商供应链运作 SCOR 配送流程要素层构建

（5）中蒙农牧业跨境电商供应链运作 SCOR 退货流程要素层。退货流程是指与产品或服务由顾客端通过供应链反向流动过程相关的活动，包括情况诊断、状态评估和回收等活动。农牧业跨境电商供应链依据采购与加工计划，识别有缺陷及多余的原料及产品，经过沟通与处理方案制定，完成缺陷产品的退货与跟踪改进，详细流程见图7-10。

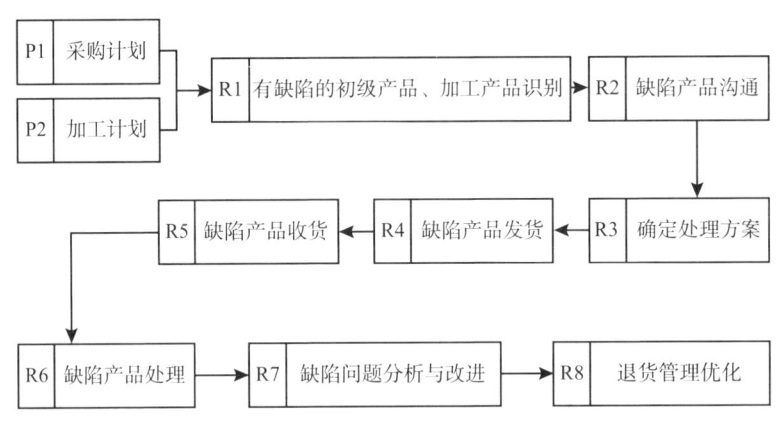

图7-10 中蒙农牧业跨境电商供应链运作SCOR退货流程要素层构建

（6）中蒙农牧业跨境电商供应链运作SCOR控制流程要素层。控制要素层是基于跨境电商平台运作的全流程、全要素监督、控制与管理。依据采购、加工、配送、退货计划展开控制活动，包括四方面的监控：一是农畜产品控制，涉及产品溯源、品牌监测、质量管理等；二是客户管理，涉及客户流量分析、客户服务、客户关系维护；三是场景控制，整合跨境电商平台、App、小程序、社交媒体引流等各类应用场景；四是业务控制，监测营销系统、支付系统、物流系统、通关检疫等的运行情况，详细流程如图7-11所示。

4. 中蒙农牧业跨境电商SCOR绩效层

绩效层明确供应链发展战略目标。中蒙农牧业跨境电商SCOR绩效层设计为外部客户、内部客户、社会责任三大层面，能够从宏观和微观、产业和市场、供给和需求等全面综合考虑供应链的发展。外部客户关注重点是可靠性、响应性和敏捷性；内部客户关注重点是成本、利润和资产；社会责任考察的重点是环境友好和包容性发展。具体指标包括交付能力、订单满足率、订单执行率、交货期、响应速度、生产柔性、供应链总成本、销售成本、增值生产率、退货成本、经营利润率、存货天数、现金周转期、资产周转率、节能、环保、员工福利与成长、产业带动与发展，见表7-2。

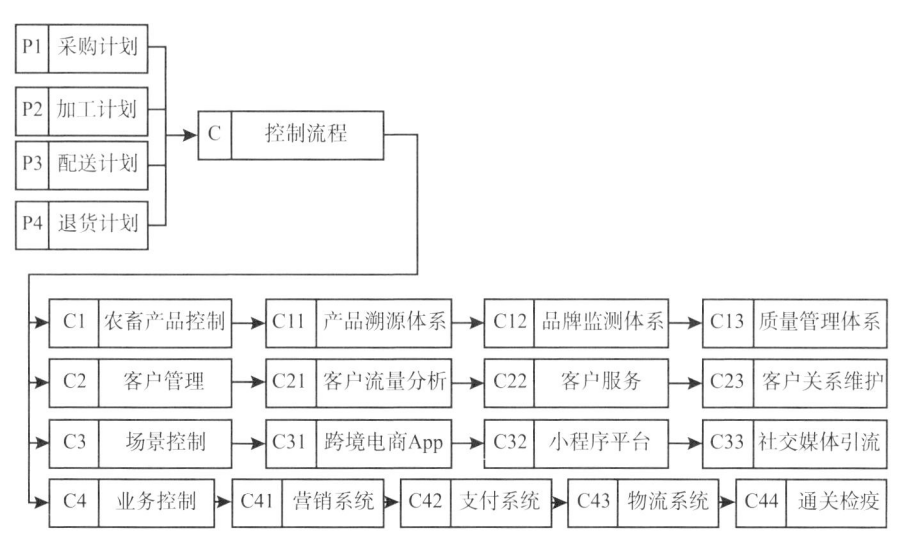

```
P1 采购计划
P2 加工计划 ──┐
P3 配送计划   ├──→ C 控制流程
P4 退货计划 ──┘
```

| C1 农畜产品控制 → C11 产品溯源体系 → C12 品牌监测体系 → C13 质量管理体系 |
| C2 客户管理 → C21 客户流量分析 → C22 客户服务 → C23 客户关系维护 |
| C3 场景控制 → C31 跨境电商App → C32 小程序平台 → C33 社交媒体引流 |
| C4 业务控制 → C41 营销系统 → C42 支付系统 → C43 物流系统 → C44 通关检疫 |

图 7 - 11　中蒙农牧业跨境电商供应链运作 SCOR 控制流程要素层构建

表 7 - 2　中蒙农牧业跨境电商供应链运作 SCOR 绩效层构建

SCOR 绩效指标	外部客户 可靠性	外部客户 响应性	外部客户 敏捷性	内部客户 成本	内部客户 利润	内部客户 资产	社会责任 环境	社会责任 社会
交付能力	○							
订单满足率	○							
订单执行率	○							
交货期		○						
响应速度			○					
生产柔性			○					
供应链总成本				○				
销售成本				○				
增值生产率				○				
退货成本				○				
经营利润率					○			
存货天数						○		
现金周转期						○		
资产周转率						○		
节能							○	

续表

SCOR 绩效指标	外部客户			内部客户			社会责任	
	可靠性	响应性	敏捷性	成本	利润	资产	环境	社会
环保							○	
员工福利与成长								○
产业带动与发展								○

5. 中蒙农牧业跨境电商 SCOR 人员层

人员是供应链发展最长久、最宝贵的基础，人员能力体现在经验和训练两个方面（如图 7-12 所示）。经验方面，根据熟悉和专业程度分为五级，包括新手（novice）：缺乏经验、未经训练的农牧业从业人员；初学者（beginner）：有一定工作经验的农牧业从业人员；能胜任（competent）：熟悉工作，能够较好完成任务；熟悉者（proficient）：非常熟练工作，能够区分目标优先级；专家（expert）：能够深化农牧业供应链管理的认识，总结经验模式应用到新情况中。培训是通过指导与培养而形成的一种技能或行为，可以通过农牧业供应链从业专业培训或关专业学历教育学习提升员工能力。

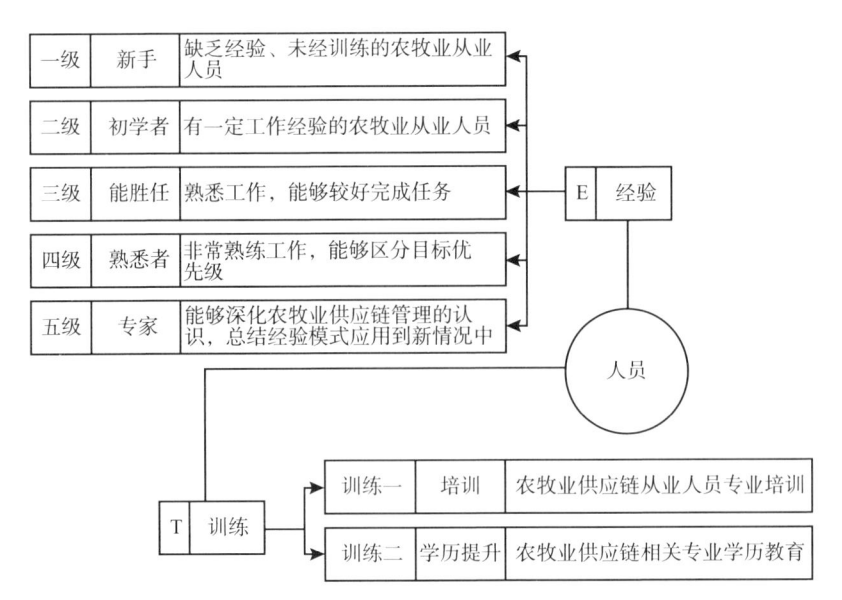

图 7-12 中蒙农牧业跨境电商供应链运作 SCOR 人员层构建

第二节 中蒙农牧业供应链节点主体行为

一、蒙古国农牧业供应链节点主体调研

项目研究选择蒙古国农牧业产业经营中的典型主体进行了深度访谈与详细调查，梳理了相关主体的经验方式及现状，剖析了存在的主要问题，如表7-3所示。

表7-3　　　　　　　蒙古国农牧业供应链主体调研

典型牧户	经营方式	养殖情况：大部分是自然放牧、选择自然草场，夏秋季打草为冬季做准备； 经营组织：以家庭为单位、一家一户作为经营主体； 经营观念：牧民们出售即将淘汰的牛羊，不舍得销售羔羊、牛犊，为完全按照市场需求与特色开展经营
	主要问题	规模小：每户饲养百头左右，难以扩大规模； 经营方式粗放：自然放牧效益不高、对生态破坏大； 存活率不高：冬季气候恶劣，寒冷天气容易导致羊群冻死冻伤； 品种老化：牧民家庭无力引进高质量的种牛种羊，牛羊品种退化严重； 牛羊多而加工流通设施少：缺乏高效畜产品物流、大规模现代化屠宰、先进加工设备、大型冷库等资源
农户个体奶制品小作坊	经营方式	制作产品：奶皮、奶豆腐、酸奶、冰激凌； 产品特色：手工制作、传统工艺、新鲜可口； 运作规模：家庭手工作坊，4~6人，规模小
	主要问题	一体化组织薄弱：缺乏供应链龙头企业、协会、平台的带动引领； 销售渠道狭窄：传统线下渠道，距离市区较远，客户订购不方便； 品牌宣传薄弱：品牌知晓度低，没有相应的宣传推广； 资金投入有限：市场规模小、运营资金少、缺乏相应的扶持帮助
蔬菜种植园	经营方式	种植作物：番茄、黄瓜； 产品特色：能够在各个季节种植新鲜的蔬菜，品种多、口感好、绿色有机产品； 运作规模：6个蔬菜大棚供应乌兰巴托餐馆与超市
	主要问题	运营成本高：培育的蔬菜成本高，比市场价格高一些，进口蔬菜比本地蔬菜价格更低； 受气候影响：气候冬季寒冷，培育成本比平时更高； 规模经济弱：小规模的种植，在市场采购、物流配送、机械化运作方面缺乏整合优势

续表

农牧业职业培训学校	经营方式	培训内容：农畜产品加工、农牧业经营管理； 培训方式：针对青年人群的职业技术培训； 运作规模：近千名学生，以操作应用为主，配备相应的实习设备
	主要问题	产业协同水平不高：与相关企业合作培养模式还不广泛，需要根据企业需求订单式培养； 培训技术有待提升：培训的技术不够先进，需要应用和推广更多先进制造与信息化管理技术
活畜交易市场	经营方式	服务方式：服务周边的露天肉羊交易集市； 市场特色：采购商、消费者直接购买，价格便宜
	主要问题	信息化水平低：肉羊的信息、交易、支付、检验、服务均需要亲临现场，在线下完成，效率较低，只能在开市的时候购买，无法显示24小时全天候便利化电商采购； 专业物流缺失：大部分是自己准备车辆把肉羊运来集市，购买者买后也是通过自有车辆运走，缺乏专业的物流公司，运输配送效率限制了交易的发展
蛋鸡养殖公司	经营方式	主营业务：现代化蛋鸡养殖公司； 产品特色：从蛋鸡孵化、培育、饲养、产蛋、包装、市场销售一条龙服务； 运作规模：主要供应乌兰巴托城市的鸡蛋消费市场，建立了自有品牌，国内有一定知名度，公司机械化、现代化水平较高
	主要问题	价格问题：本地养殖比俄罗斯进口鸡蛋略贵； 饲料问题：养鸡饲料也需要中国进口，成本比较高； 品相问题：鸡蛋个头不大，市场品相不佳
集市和超市	经营方式	水果、蔬菜价格是中国2~5倍，牛羊肉价格较为便宜，约为10元人民币每斤
	主要问题	蒙古国冬天温度低，温室种植果蔬成本太高，果蔬大多依靠进口； 中国出口的果蔬质量好，占蒙古国果蔬食品进口总量的90%以上； 中国出口蒙古国的果蔬公司是昊罡公司，它是二连浩特市唯一一家有果蔬类农产品出口资质和海关入驻（监管）的企业。果蔬年均出口量达12万吨左右
羊绒衫企业	经营方式	主营产品：蒙古国EVSEG是仅次于GOBI的第二品牌，生产羊绒衫、羊绒围巾以及相关的配饰和服装； 产品特色：纯羊绒制作，天然亲肤、保暖时尚； 销售范围：除了蒙古国之外，产品还远销至中国、欧美地区、日本以及韩国等多个国家和地区
	主要问题	品牌宣传不够：品牌的国际化经营和宣传不足，品牌形象和知名度不高； 线上销售不完善：虽然在亚马逊、速卖通等跨境电商平台能够看到一些EVSEG品牌产品，但销量很小，亟待建立卓越的电商销售体系； 原料供应链受影响：受草原退化影响，优质羊绒原料减少，影响公司的正常经营与发展

续表

科研人员	研究技术	蒙古国生命科技大学科研人员研究牛皮、羊皮的加工制作技术,产品款式丰富,外观更美观、更健康、保暖、轻盈
	主要问题	研究协作不足:需要强化技术交流、加强研究协作,需要经费的支持,进一步展开深入研究; 产业融合不够:与企业的合作研发水平低,需要产学研协同创新战略联盟; 技术转化不畅:已积累一部分技术专利,找不到合适的转让企业,期待能把技术专利转化为市场效益
农牧业管理局	基本情况	产出情况:肉蛋奶产量持续增加,出口情况近3年发展滞缓; 进口情况:鸡肉、猪肉、水果、蔬菜、砂糖等主要依靠进口,进口需求大; 季节性强:畜牧业生产具有很强的季节性,通常集中在9~10月
	主要问题	养殖集约化:传统放牧养殖占比99%,集约化饲养占比1%,为保护草原生态,未来计划集约化养殖占10%以上; 加工制造能力不高:牛羊皮在国内加工能力不足,计划新建加工企业; 草原超载:草原超载严重,需要加强环境与生态保护,促进产业的科技化、增值化发展,建设沿边绿色带,养殖绿色农畜产品,引进新品种、提升肉质; 机械化设备:手工作业比例高,需要小马力种植机械、羊绒羊毛梳剪机器; 基础设施薄弱:蒙古国与中国交界沿线地区的产业集群以及铁路、公路、通信、园区等基础设施相对较为薄弱,有待进一步发展和完善; 资金投入有限:需加大招商引资的力度,并积极寻求在农牧业领域的全方位合作机会
蒙古国海关	基本情况	总体上蒙古国农产品出口比重较低,主要是矿产品出口; 蒙古国全面支持畜产品出口工作,向中方申请更多的出口许可
	发展思路	准备建设和完善扎门乌德牛羊肉出口仓库,建立检验检疫实验室; 深化同中国的合作,引进中资企业进入市场,增加出口的种类,提升中蒙贸易额; 全面推进中蒙口岸的建设,在发展好二连浩特—扎门乌德口岸的基础上,计划在新疆、甘肃加强中蒙口岸建设的调研,推动满都拉和策克口岸相关的合作

二、中蒙农牧业供应链节点主体诉求及收益

访谈与调研发现,蒙古国农牧业供应链节点主体数量多、类型广、发展相对滞后。主要农牧业供应链主体包括农资、农机企业,养殖户、牧

民，初级产品销售市场，加工企业，销售企业，物流企业，消费者，跨境电商平台，相关管理部门等，各自面临的困境与合作诉求存在差异，具体如表7-4所示。

表7-4　　　　　　　　　农牧业经营主体行为分析

参与主体	面临困境与合作诉求
农资、农机	市场购买力弱、科技化程度低
养殖户、牧民	资金短缺、规模有限、劳动力不足、价格不稳定
初级产品销售	市场变动大、抵押贷款少、损耗大
加工企业	需求不稳定、品牌化薄弱、供应链条长
销售企业	市场范围小、运营水平低、信息不对称、牛鞭效应大
物流企业	业务规模小、不稳定、利润低、成本高、流通环节多
消费者	品牌知名度、宣传度、吸引力不足，正品识别难、购买渠道不健全
跨境电商平台	贸易的规模和合作的力度不够大，专门的平台或产业电子交易未建立，检验检疫、通关一体化、信息化尚需推进，大数据分析指导决策不足
管理部门	协同扩大贸易市场，规划需要完善可持续、标准不健全、补贴不配套、基础设施不完善

从中蒙农牧业供应链收益来看，通过上游的养殖，到中游的分销，再到下游的零售和消费，产业链完成了收益的增值。中蒙农牧业上游养殖包括牧户、养殖户、养殖大户，除此之外，中国还有农牧业合作社，以及企业养殖基地。中游包括产地农贸市场、产地经纪人、产地批发商、销地批发商、生鲜批发商等。下游包括超市、农贸市场、生鲜店、生产加工企业采购、餐厅、消费者等，除此之外，我国的农产品和生鲜电商十分发达，具有很强创新能力和主导作用。粗略估计，在上游环节农畜产品实现加价率（增值率）12%左右，在中游环节农畜产品实现加价率（增值率）15%左右，在下游环节农畜产品实现加价率（增值率）35%左右。同时，不同环节的损耗也不同，上游环节农畜产品损耗率约2%，中游和下游环节农畜产品损耗率约8%，如图7-13所示。

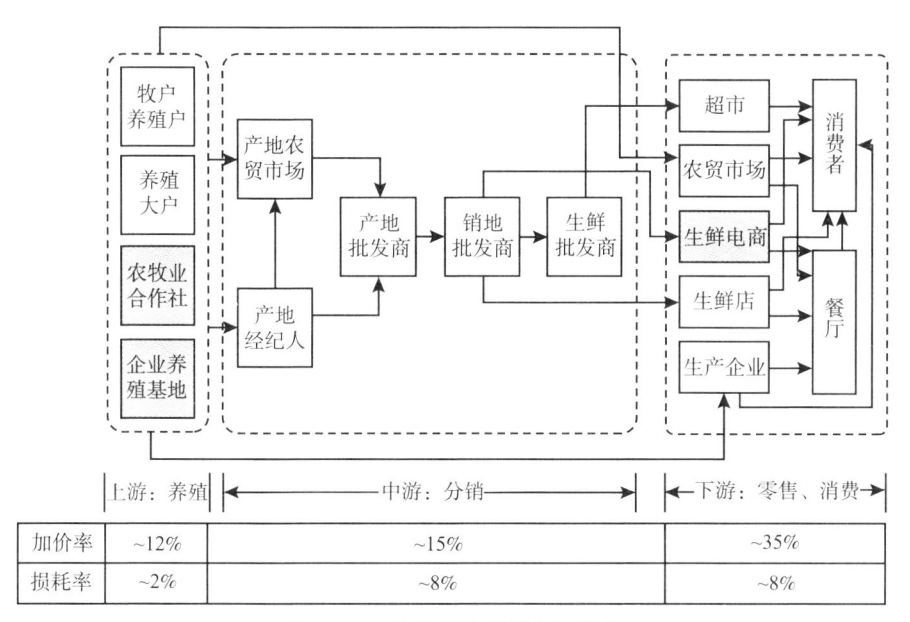

图 7-13 中蒙农牧业供应链收益

	上游：养殖	中游：分销	下游：零售、消费
加价率	~12%	~15%	~35%
损耗率	~2%	~8%	~8%

注：图中灰色部门是中国农牧业供应链所具备的主体。

三、中蒙农牧业供应链主体协同决策驱动

中蒙农牧业供应链实现协同合作、协同决策必须有强的驱动力。这种协同决策驱动可以分为协同驱动、协同过程和协同绩效。协同驱动是推动供应链合作的主要力量，从中蒙农牧业发展实际来看，可以形成四种类型的协同驱动力，包括：大型养殖户驱动、大型生产者驱动、批发流通企业驱动、卓越电商平台驱动。协同过程是供应链运作优化的关键目标，中蒙农牧业供应链高质量运作必须在产业的专业化、品牌化、数字化、科技化四大层面通力协作，提升产业核心竞争力。协同绩效是供对应链运作结果的评估考核，高质量中蒙农牧业供应链协同要实现什么样的驱动绩效，四个方面是重点评估和考核的要素：一是产业成长；二是就业机会；三是收入增长；四是环境优化。协同驱动、协同过程、协同绩效三个方面相互匹配，才能形成齿轮式良性合作循环机制，如图 7-14 所示。

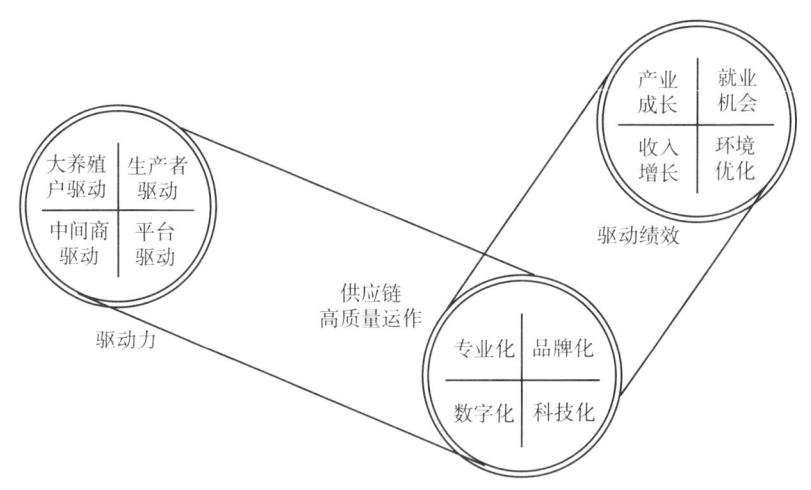

图 7-14 中蒙农牧业供应链主体协同决策驱动机制

四、中蒙农牧业供应链主体协同决策影响因素

在大量的宏微观事实调研基础上，把中蒙农牧业供应链主体协同决策影响因素分为宏观环境、供方情况、需求市场、交易配送四个方面（如图 7-15 所示）。这些因素影响和制约了中国农牧业供应链高水平协同合作发展，是亟待突破的关键点。

主要内容	● 战略支撑 经济政策 合作战略 贸易协定 ● 信用因素 财务回款 经营稳定 道德风险	● 自然条件 气候温度 自然灾害 ● 要素条件 要素保障 经营水平 ● 产业集群 规模、结构 一体化水平	● 消费需求 消费市场规模 消费能力 消费习惯与偏好 消费文化	● 品牌竞争力 电子商务水平 国际贸易能力 冷链物流情况 交通基础设施
影响因素	宏观环境	供方情况	需求市场	交易配送

图 7-15 中蒙农牧业供应链主体协同决策影响因素

宏观环境分析：一方面，需要稳定的战略支撑。双方持续深入推进中蒙农牧业合作，保障经济政策、合作战略的可持续性，不断深化完善贸易协定，提供最优惠的贸易条件和便利措施。另一方面，需要强大的信用保障。保障双方合作过程中财务回款、结算交易的安全快捷，规避道德风险，给供应链节点企业稳定经营强大背书。从供方情况来看：（1）自然条件，恶劣天气和自然灾害对农牧业生产经营有重大影响，直接关系到供应的水平和能力，因此提供相关规避措施与保险服务。（2）要素条件，中蒙两国农牧业发展水平、规模差异大，各自具有优势，要在合作要素上能够互相匹配，优势互补，能够把中国先进的农牧业经济管理理念和方式传递给合作企业。（3）产业集群，中蒙农牧业养殖的品种、结构、方式不同，协同运作需要统一化、标准化，在养殖标准、安全认证、运输标准、品牌建设等方面提升一体化水平。需求市场因素，考虑到中国以至国际市场的消费需求情况，分析全球消费规模与结构，消费习惯与偏好，准确定位农畜产品开发。在交易配送方面，为了更大规模、更高水平展开农牧业国际贸易，必须建设强大的品牌竞争力、提升协同的电子商务水平，提高农牧业国际贸易能力，加强冷链物流体系建设，夯实国内交通基础设施。

第三节　中蒙农牧业价值链分析与提升

一、中蒙贸易情况分析

（一）蒙古国贸易情况

1. 进出口贸易

根据世界贸易组织公布数据，2021年，蒙古国出口总额达105亿美元，成为世界第95大出口国。在过去5年的报告期内，蒙古国的出口额增加了46.7亿美元，从2016年的57.9亿美元增加到2021年的105亿美元。2021年出口主要是铜矿（29亿美元）、煤炭（27.4亿美元）、黄金（21.1亿美元）、铁矿石（9.45亿美元），以及羊绒（3.25亿美元）。蒙古国最常见的出口目的地是中国（76.4亿美元）、瑞士（19.7亿美元）、新加坡（2.55亿美元）、韩国（2.21亿美元），以及俄罗斯（1.14亿美元）。

世界贸易组织发布数据显示，2021年，蒙古国进口68.2亿美元，成为世界第129大贸易目的地。在过去5年的报告中，蒙古国的进口额从2016年的38.4亿美元增加到2021年的68.2亿美元，增加了29.8亿美元。2021年的进口主要来自精炼石油（10.1亿美元），汽车（4.2亿美元），送货卡车（3.03亿美元），拖车和半挂车，非机械驱动车辆（2.04亿美元）以及电流（1.61亿美元）。蒙古国最大的进口伙伴是中国（25亿美元）、俄罗斯（18.1亿美元）、日本（4.84亿美元）、韩国（3.66亿美元），以及德国（1.99亿美元）。

2. 经济复杂性

蒙古国经济复杂性指数从无排名到第117名，蒙古国经济复杂性指数见图7-16。

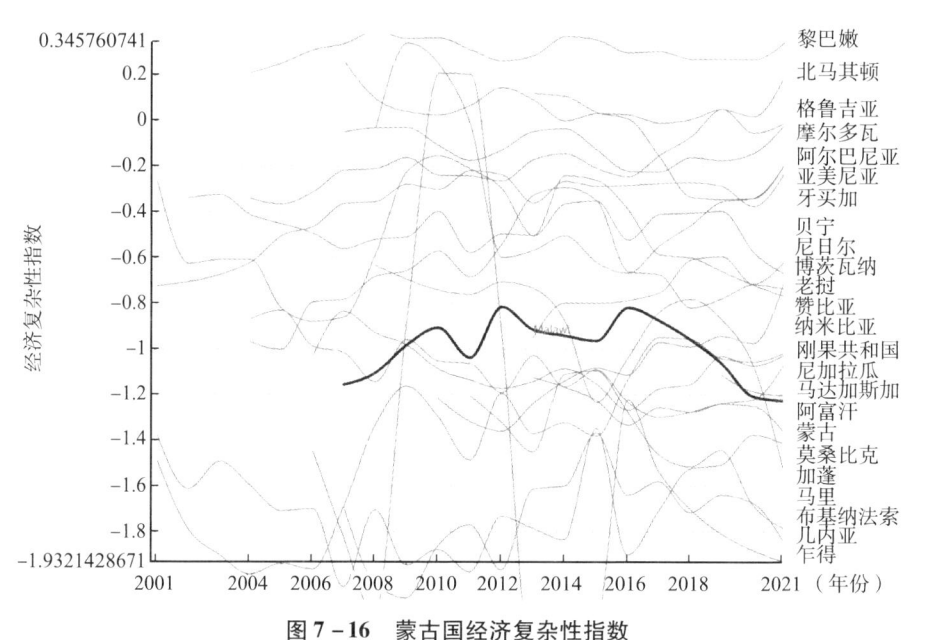

图7-16 蒙古国经济复杂性指数

资料来源：世界贸易组织，http://www.wto.org。

3. 自由贸易区

（1）阿拉坦布拉格自由贸易区。该区位于蒙古国色楞格省蒙俄边境地区，此地历史上曾是中俄贸易的重要口岸，有"茶市"的美称，该区占地

500公顷。对在该自由贸易区投资基础设施建设的投资者，免征所得税；对投资设立贸易企业者，除前5年免征所得税、接下来的3年减半征税以外，还按照国际惯例对该企业运入自由贸易区的货物免征关税。2014年6月，该自由贸易区开始试运营。

（2）扎门乌德自由经济区。该区位于扎门乌德西南1公里处，占地900公顷，由工商贸易区、旅游娱乐区和国际机场3个部分组成。是蒙古国境内面积最大、功能最全的自由经济区，受蒙古国中央政府垂直管理，行政长官由总理直接任命，也是蒙古国"境内关外"形式运行的单独保税区。外商进入该区享受免除关税等优惠政策，中国公民可以凭护照（免签证）或本国身份证自由出入。目前，中蒙两国政府正在推动建设中蒙—二连浩特—扎门乌德跨境经济合作区。

（3）蒙古国规划建设赛音山达重工业园区。2010年5月，蒙古国政府成立了由时任总理巴特包勒德为首的赛音山达重工业园区建设筹备委员会，并初步提出园区发展规划和投资方向。园区重点发展的项目主要有：洗煤炼焦、炼钢、炼油、铜冶炼等矿产资源加工。生产出的产品除通过中国二连口岸销往中国内地市场外，还将通过俄罗斯远东海参崴港口出口到日本、韩国、印度和中国台湾等国家和地区。目前赛因山达工业园尚未启动大规模建设。

（4）查干诺尔自由贸易区。蒙古国的查干诺尔自由贸易区由于远离主要市场并缺少现成的交通运输基础设施，将其建成贸易自由区的难度是很大的。而且目前蒙古国也没有制定相关的法律法规。以上4个经济区现均处于起步或规划阶段，目前尚无中资企业入驻。此外，蒙古国还欲在天津建立专属经济区，同时打通乌兰巴托到天津港的出海通道。

4. 口岸

蒙古国与俄罗斯接壤的29个口岸，与中国接壤13个。分为以下类型：

边境口岸——边防机关对出境的旅客、车辆、货物、牲畜、动植物及其衍生原料和产品进行检查的专门指定场所；

口岸基础设施——用于通过边境口岸运输旅客、车辆、货物、牲畜、动植物、原材料及其产品的公路、铁路和航空运输基础设施，边境管制机构正常运作的条件，设立符合安全要求的边境口岸工程基础设施；

国际港口——根据蒙古国的国际协议，旅客、车辆、货物、牲畜、动植物、原材料及其产品的过境港口，不分国籍；

永久运营港口——根据蒙古国国际协议规定的时间表永久运营的港口；

临时运营港口——根据蒙古国港口问题缔结的国际协议临时运营的港口；

双边口岸——根据蒙古国与周边国家关于边境口岸问题的国际协定，供来自蒙古国和周边国家的旅客、车辆、货物、动物、植物、原材料和产品通行的口岸。

5. 检验、检疫、税率

蒙古国国家技术监督总局将边境卫生、传染病研究部门，边境兽医、植物检疫部门，边境质量、标准监督等部门整合建立了边境技术监督局。进出口商品检验检疫需遵循的主要法律法规有：《边境法》《动植物及制品进出境检验检疫法》《卫生法》《牲畜基因库及健康保护法》《反烟毒害法》《标准、规范评估法》《食品法》《植物保护法》《反酗酒法》《反艾滋病法》《国防法》《作物种子法》《化学有毒物质防护法》《药品法》《健康法》《麻醉药物、刺激神经物质流通监督法》《免疫法》。

中国国家质量监督检验检疫总局与蒙古国食品农牧业部于2005年5月24日签署《关于向中国出口马肉的检验检疫兽医卫生要求议定书》和《关于向中国出口羊毛、羊皮、牛皮、马皮的检疫卫生要求议定书》，2008年6月19日签署《关于中国向蒙古国输出牛冷冻精液的兽医和卫生要求议定书》《关于中国向蒙古国输出牛的兽医和卫生要求议定书》《关于相互输出种用比赛用及过境马的兽医和卫生要求议定书》《关于相互输出屠宰马的兽医和卫生要求议定书》。

蒙古国海关管理的主要依据是《海关法》和《海关税率关税法》。进口商品的海关税率分为一般税率和特别优惠税率，一般税率是特别优惠税率的1倍。蒙古国大部分商品的一般进口关税税率为5%，对汽柴油和汽车等产品依据进口数量和使用年限等征收不同比例特别关税。主要商品的税率见表7-5。

表 7-5　　　　　　　　　　蒙古国主要商品关税税率

商品名称	关税税率	商品名称	关税税率
活畜、活动物、皮革	5%	塑料制品	5%
肉及食品副产品、蔬菜、粮食	5%	丝绸、毛料制品、棉花、织毯、机织或手工布	5%
土豆、葱、白菜、胡萝卜	5%或15%（当年8月至次年4月）	鞋帽	5%
烟草及其替代品	5%	玻璃及其制品	5%
电力	5%	铁或钢、铜、铝、锌及其制品	5%
药品	5%	信息加工机器及其配件	0%
各种工业品	5%	家具	5%

数据来源：作者调研整理。

（二）中国贸易情况

1. 肉类进出口情况

中国海关总署数据显示：2022年中国肉类进口总体下降，但牛肉和禽肉进口增长显著。出口方面，受国际市场竞争和国内需求影响，肉类出口量小幅下降。

猪肉进口量约为176万吨，同比下降52.6%。主要原因是国内生猪产能恢复，供应充足。牛肉进口量约为269万吨，同比增长15.3%。牛肉需求持续增长，进口量稳步上升。羊肉进口量约为36万吨，同比下降13.2%。禽肉进口量约为133万吨，同比增长7.5%。

2022年中国肉类及杂碎出口量约为47万吨，同比下降5.6%。其中，猪肉出口量约为21万吨，同比下降10.2%。牛肉出口量约为5.5万吨，同比增长3.8%。禽肉出口量约为15万吨，同比下降6.3%。

2. 经济复杂性

中国经济复杂性指数从53名上升到25名，中蒙经济复杂性ECI指数见图7-17。

图 7-17 中蒙经济复杂性 ECI 指数

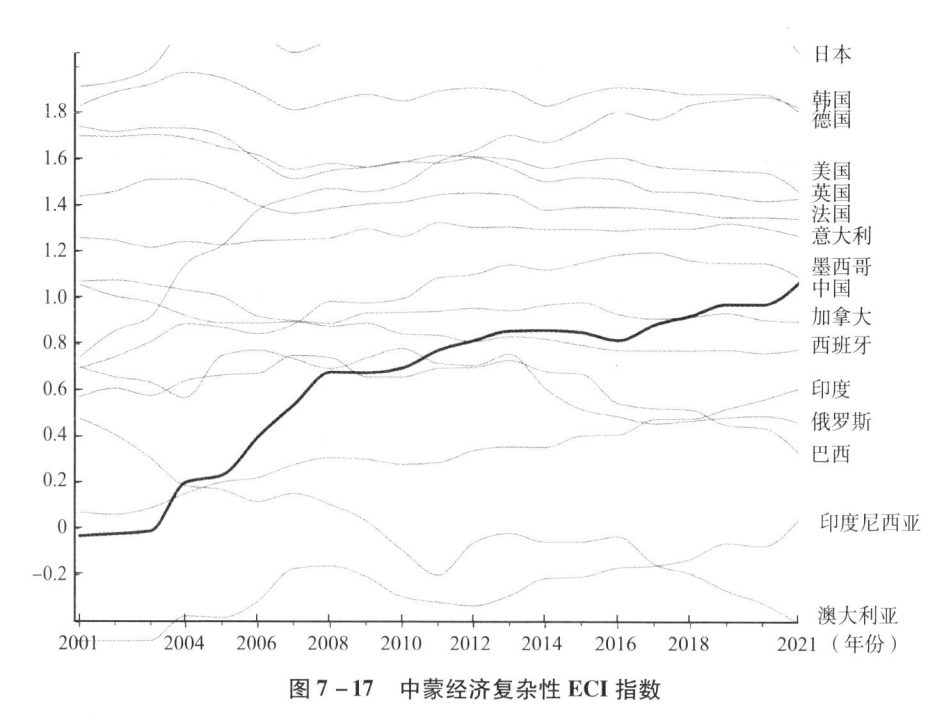

资料来源：世界贸易组织，http://www.wto.org。

3. 自贸区

中国目前共有 22 个自贸区，包括上海、广东、天津、福建、辽宁、浙江、河南、湖北、重庆、四川、陕西、海南、广西、云南、黑龙江、江苏、北京、湖南、安徽、新疆等自贸区。这些自贸区是中国为了促进经济发展和改革开放而设立的。它们通过降低关税、放宽外资准入、优化营商环境等措施，吸引大量国内外投资和优质资源，促进了贸易和产业的发展。

4. 口岸

内蒙古三大口岸功能组团分别是以满洲里口岸为核心，形成以国际贸易、商贸服务和跨境旅游为主导的东部口岸功能组团；以二连浩特口岸和呼和浩特航空口岸为核心，打造国际贸易、国际物流、加工制造、生产性服务、商贸服务为主导的中部口岸功能组团；以策克、甘其毛都公路口岸为核心，打造以能源和矿产品进口加工为主导的西部口岸功能组团。

5. 跨境电商综合试验区

跨境电商作为数字化+外贸的新业态与新模式，是我国外贸增长的新动力，也是内蒙古外贸发展的重要机遇。2018年以来，内蒙古陆续获批呼和浩特、赤峰、满洲里、鄂尔多斯、包头、二连浩特6个跨境电子商务综合试验区，获批数量在全国排名第11位，在华北、西北地区排名第1位。

6. 税率

除进口蒙古国熟制牛羊肉产品外，2023年中国海关发布《关于进口蒙古国屠宰用绵羊和山羊检疫卫生要求的公告》，允许符合相关要求的蒙古国输华屠宰用绵羊和山羊进口。2018年7月，熟制牛羊肉进口关税下调至5%。

（三）中蒙贸易分析

1. 中国是蒙古国最重要的贸易伙伴

2023年1~9月蒙古国外贸总额为181亿美元，同比增长28亿美元，涨幅18.1%。出口额113亿美元，同比增长26.6%；进口额68亿美元，同比增长6.3%。在蒙古国对外贸易中，中国既是蒙古国货物的第一出口国，也是蒙古国的第一进口国。2023年前9个月，蒙古国与中国贸易额为130亿美元，占蒙古国对外贸易总额的72.3%。对华出口额达103.2亿美元，占出口总额的91.3%；从中国的进口额达27.3亿美元，占进口总额的40.5%。煤炭出口占对华出口货物的61.7%，铜精矿占19.4%。[①]

2. 两国贸易复杂性比较

从两国贸易、技术和关联机会的复杂性指数来看，中国排名全球前列，蒙古国排名落后，具体详见表7-6。

表7-6　　　　　　　　两国贸易复杂性指数

国家	贸易		技术		关联机会	
中国	指数	1.07	指数	0.81	指数	-0057
	排名	25/131	排名	29/96	排名	64/140

[①] 资料来源：呼和浩特海关. 中国是蒙古国第一贸易伙伴国，前9个月煤炭占对华出口的61.7%［EB/OL］. 2023-11-06.

续表

国家	贸易		技术		关联机会	
蒙古国	指数	-1.32	指数	-1.74	指数	-1.04
	排名	117/131	排名	93/96	排名	120/140

资料来源：世界贸易组织，http://www.wto.org。

二、价值链现状分析

(一) 价值链运作情况

从农牧产业发展情况来看，其价值链运作可以分为产业价值链和全球价值链进行分析。产业价值链注重国内价值链分析，包括供应链主体的企业价值链以及由此配合协作形成的产业协同链。结合中蒙农牧业产业价值链模型（见图7-18）分析，主要活动包括要素供应、养殖加工、市场营销、物流配送、客户服务等。辅助活动包括国际结算、人力资源开发、研究开发、大数据分析。在要素供应方面，中国的农机、饲料、种子的生产、研发水平高，体系健全，蒙古国主要优势体现在牧草生产与供应上；在农畜产品加工方面，中国具有集约化养殖、高水平深加工优势，蒙古国传统牧养占主要地位，初级加工比重大；在市场营销方面，中国形成一大批农畜产品品牌、区域公用品牌、地理标志品牌、绿色有机品牌，政府和企业合力推广力度大，蒙古国农牧业知名品牌较少，营销力度小；在支付交易方面，中国电子商务与电子支付普及，蒙古国使用传统线下交易，支付以纸币与刷卡较多；在物流配送方面，中国国内、国际物流发达，运作效率高、成本低，运力资源充足，基础设施健全，蒙古国在基础设施、物流企业发展、物流设备、运力资源明显不足；在客户服务方面，中国已经形成了完善的线上、线下服务体系，能够高效率解决售后问题，蒙古国在客户服务、客户关系管理领域刚刚起步。在国际结算方面，中国形成了全球领先的跨境电商平台与众多便捷支付结算体系，国际化运营、推广、服务人才集聚，农牧业新技术、新品种、新产品、新服务创新研发力强，大数据分析与人工智能广泛应用于商业领域；蒙古国在价值链形成的辅助活动方面还十分滞后。从两国农牧业国内价值链的运作来看，发展的规模、质量、水平差异较大。

国际结算					
人力资源管理					
研究开发					
大数据分析					
要素供应	养殖加工	市场营销	物流配送	客户服务	价值形成
饲料 农机	种养殖 生产加工	品牌推广 交易支付	报关报检 国际物流	客户维护 售后服务	

图 7-18 中蒙农牧业产业价值链分析模型

以蔬菜产业价值链为例，该产业价值链通常涵盖从生产到消费的多个环节，涉及种植、加工、流通和销售等。中国蔬菜价值链中，农户或合作社负责蔬菜种植，温室大棚、无土栽培等技术及先进设备的推广提升了蔬菜产量、质量，蔬菜品种丰富。蒙古国蔬菜产业大多由小型和家庭农户负责种植，生产规模较小，技术水平较低，品种以耐寒蔬菜如土豆、白菜等为主。在采收及初加工环节，中国部分使用机械化采收，效率较高，清洗、分级、包装等初加工环节完善。蒙古国主要依赖人工采收，蔬菜加工阶段不发达，设施不足，采收及初加工水平较低，损耗率较高。流通环节，中国物流网络发达，冷链运输普及，覆盖范围广。蒙古国物流基础设施薄弱，冷链运输不足，覆盖范围有限，中部地区、东部地区和乌兰巴托市缺乏储存设施。销售环节中，中国有多元化销售渠道，包括农贸市场、超市、社区生鲜店和电商平台。蒙古国分销渠道有限，根据项目组调研发现：在鄂尔浑和色楞格省，超过80%的土豆和90%的蔬菜在市场上销售，约36%~39%的土豆和蔬菜由生产者自行销售。乌兰巴托市约45%的土豆和蔬菜由生产者自行销售。肯特省超过70%的土豆和超过60%的蔬菜供应市场。超过60%的土豆和蔬菜由生产者自行销售。地处偏远的科布多省销售渠道更受限制，约75%的土豆和蔬菜由生产者直接零售。在辅助环节上，蒙古国政策支持有限、金融服务不足、质量监管薄弱、技术推广缺乏，中国在此类环节表现明显优于蒙古国。

对于蒙古国蔬菜价值链各阶段单位产品回报率，处于关键阶段（如产品开发和市场/销售）的参与者，如制造商和批发中心，获得的收益最高。种植阶段的参与者获益最少，其中，个体农民和初级合作社在价值链中获益少于公司和二级合作社。蔬菜种植者的生产成本为每公斤土豆870.2蒙图至890.3蒙图，出售价格仅900蒙图至1 050蒙图。加工/产品开发阶段，小型作坊生产/加工产品种类较少，单位边际贡献率为29.5%，而加工厂的单位边际贡献率为41.4%。① 在销售阶段，大型连锁商店的蔬菜销售单位边际贡献率低于贸易中心和批发市场。

中国蔬菜自给率保持较高水平，蔬菜产品不仅可以满足国内需求，还能向国外出口。蒙古国蔬菜产业尚不能完全满足国民需求，具体来说，每10个人中有2人无法获得足够的蔬菜，剩下的8人中有3人需依赖于国外蔬菜。蒙古国国内生产的蔬菜仅能满足约60%的蔬菜需求。

全球价值链注重分析农牧业价值链在全球的地位，关注国内价值链融入全球价值链并提升价值链的途径（见图7-18）。农牧业价值链运作中，相对来说放牧养殖、加工生产处于价值链的低端，价值链的高端包括研发设计与营销服务（见图7-19）。从两国的全球价值链地位来看，蒙古国处于较低的价值链地位，主要以放牧养殖和农畜产品的初级加工为主。中国处于全球价值链的中上游地位，除了集约化养殖与高水平加工外，中国农牧业科技研发实力日趋增强，设计、服务、文化创意能力不断提升，数字化和国际市场开拓能力国际领先，品牌营销、数据分析、生产服务业水平大幅提升。

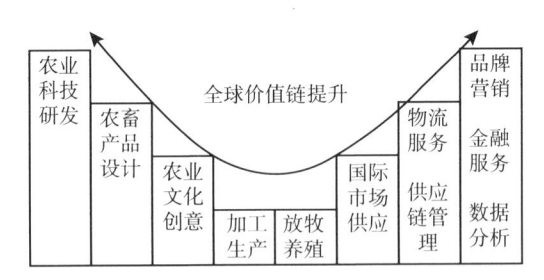

图7-19 中蒙农牧业全球价值链分析模型

---

① 资料来源：蒙古国项目成员调研。

（二）价值链竞争优势

价值链竞争优势一般使用竞争优势指数进行分析，该指数也称作贸易竞争力指数，是指一国进出口贸易的差额占其进出口贸易总额的比重。TC 指数 =（出口 – 进口）/（出口 + 进口）。指数越接近于 1 表示竞争力就越大，等于 1 时表示该产业只出口不进口；指数越接近于 – 1 表示竞争力越弱，等于 – 1 时表示该产业只进口不出口；等于 0 时表示该产业竞争力处于中间水平。按照中国农畜产品进出口贸易差额占其进出口贸易总额比重来看（见表 7 – 7），牛产品、羊产品、乳品竞争力指数分别为 – 0.9459、– 0.9492、– 0.9303，竞争力较弱；骆驼产品竞争力指数为 – 1，骆驼产品只有进口没有出口。

表 7 – 7　　　　　　中国 2018 年农牧业 TC 指数变化

类别	出口额（百万美元）	进口额（百万美元）	进出口总额（百万美元）	顺差额（百万美元）	TC 指数
牛产品	14 409.7	518 329	532 739	– 503 919.3	– 0.9459
羊产品	3 429.04	131 505	134 934	– 128 075.96	– 0.9492
乳品	36 743.1	1 018 230	1 054 970	– 981 486.9	– 0.9303
骆驼产品	0	135.22	135.22	– 135.22	– 1.0000

资料来源：《中国统计年鉴》。

按照蒙古国食物及活动物进出口贸易差额占其进出口贸易总额比重（见表 7 – 8），2017 年、2018 年、2019 年、2020 年、2021 年竞争力指数分别为 – 0.5229、– 0.4807、– 0.5512、– 0.6564、– 0.6639，竞争力不高。

表 7 – 8　　　　　蒙古国 2017～2021 年农牧业 TC 指数变化

年份	食物及活动物出口额（百万美元）	食物及活动物进口额（百万美元）	食物及活动物进出口总额（百万美元）	顺差额（百万美元）	TC 指数
2017	131.1	418.5	549.6	– 287.4	– 0.5229
2018	189.1	539.2	728.3	– 350.1	– 0.4807
2019	144.4	499.1	643.5	– 354.7	– 0.5512

续表

年份	食物及活动物出口额（百万美元）	食物及活动物进口额（百万美元）	食物及活动物进出口总额（百万美元）	顺差额（百万美元）	TC 指数
2020	109.3	526.9	636.2	-417.6	-0.6564
2021	155.8	771.4	927.2	-615.6	-0.6639

资料来源：《蒙古国统计年鉴》。

（三）畜牧产品价格

以 2024 年部分月份的价格指数为例，两国畜牧产品价格情况见表 7-9、表 7-10。

表 7-9　　　　内蒙古、东北地区 12 月 6 日羊肉价格

临河屠宰场		赤峰屠宰场		鄂托克前旗屠宰场		吉林地区屠宰场	
公羔一等羊	25~26 元/斤	公羔一等羊	25.8 元/斤	阿尔巴斯山羊、羯山羊 35~46 斤	39.5 元/斤	扒皮羊腔 40 斤以内	28 元/斤
公羔二等羊	23~23.5 元/斤	母羔一等羊	24.3 元/斤	阿尔巴斯山羊、羯山羊 46~52 斤	37.5 元/斤	扒皮羊腔 40~50 斤	27 元/斤
						褪毛蒙羊	23 元/斤
						褪毛寒羊	22 元/斤

资料来源：实地调研整理。

表 7-10　　　　　　　　牛肉价格

西门塔尔育肥公牛	内蒙古自治区	13 元/斤 + 补贴
	吉林省	13.7 元/斤 + 补贴
	辽宁省	13.7 元/斤

资料来源：实地调研整理。

蒙古国出口羊肉或者活羊到中国，活羊需要在二连浩特屠宰后销往全国，2023 年 7 月在蒙古国调研的农产品价格见表 7-11。

表7-11　　　　　　　　蒙古国羊肉价格

活羊	3元左右/斤
羊白条	7元左右/斤
羊肉	10元左右/斤

资料来源：实地调研整理。

蒙古国出口的牛肉产品都是熟制的牛肉产品，包括水煮牛肉、牛肉干、酱牛肉、卤牛肉等。活牛、冷冻的生牛肉不可以出口。价格见表7-12。

表7-12　　　　　　　　蒙古国牛肉价格

黄牛四分体	9元左右/斤
牛肉零售价	10元左右/斤

资料来源：实地调研整理。

三、中蒙价值链关联效应分析

（一）研究设计

1. 对三区域投入产出分解模型的拓展

区域间的乘数、溢出与反馈效应可以很好地体现不同区域的产业关联与经济影响，是多区域经济研究的一项重要内容。米勒（R. E. Miller, 1963）最先提出运用投入产出分析技术研究不同区域间经济影响的反馈与溢出效应；潘文卿和李子奈（2007）对上述三大效应的计算方法进行了改进，并利用该方法对中国沿海与内陆地区间的溢出和反馈效应进行了测度；吴福象和朱蕾（2010）则进一步将两区域投入产出分解模型拓展至三区域，研究了我国东、中、西部地区间的产业关联及其溢出和反馈效应。在贸易的规模效应带来的经济影响方面，潘文卿（2012）将最终需求分解为国内最终需求和出口需求，重新审视了中国沿海与内陆地区的溢出效应；王连和董志兴（2019）首次关注了增加值贸易的经济影响，研究了中国与43个国家（地区）之间增加值贸易的关联效应。

为了研究中蒙农畜产品双边增加值贸易的关联效应，本书建立拓展的中蒙三区域投入产出分解模型：

$$\begin{pmatrix} A_{11} & A_{12} & A_{13} \\ A_{21} & A_{22} & A_{23} \\ A_{31} & A_{32} & A_{33} \end{pmatrix} \begin{pmatrix} X_1 \\ X_2 \\ X_3 \end{pmatrix} = \begin{pmatrix} Y_{11} + Y_{12} + Y_{13} \\ Y_{21} + Y_{22} + Y_{23} \\ Y_{31} + Y_{32} + Y_{33} \end{pmatrix} \quad (7-1)$$

式（7-1）中，A_{ij} 为区域内或区域间直接消耗系数矩阵，X_i 表示 i 国总产出，Y_{ij} 表示由 i 国生产并由 j 国消费的最终产品。$i,j \in \{1,2,3\}$ 分别表示中国、蒙古国、世界其他国家（地区）。为了简化计算，我们先使用拓展前的三区域投入产出分解模型：

$$\begin{pmatrix} A_{11} & A_{12} & A_{13} \\ A_{21} & A_{22} & A_{33} \\ A_{31} & A_{32} & A_{33} \end{pmatrix} \begin{pmatrix} X_1 \\ X_2 \\ X_3 \end{pmatrix} = \begin{pmatrix} Y_1 \\ Y_2 \\ Y_3 \end{pmatrix} \quad (7-2)$$

根据吴福象和朱蕾（2010）的研究，对上述方程进行求解，以中国为例，可得：

$$X_1 = L_{11}Y_1 + D_{12}L_{22}Y_2 + D_{13}L_{33}Y_3 + (F_{11}-I)L_{11}Y_1 \\ + (F_{11}-I)D_{12}L_{22}Y_2 + (F_{11}-I)D_{13}L_{33}Y_3 \quad (7-3)$$

式（7-3）中，$L_{11} = (I-A_{11})^{-1}$，为中国国内里昂惕夫逆矩阵，用来表示中国国内乘数效应，$D_{12}L_{22}$ 和 $D_{13}L_{33}$ 分别表示蒙古国和世界上其他国家（地区）对中国的溢出效应，后三项测度区域间反馈效应。中国的反馈效应来自三个方面：第一方面是由本国最终产出变化引发的；第二方面是由蒙古国最终产出变化引发的；第三方面是由其他国家（地区）最终产出变化引发的，本书主要讨论第一方面的反馈效应，由 $(F_{11}-I)L_{11}$ 测度。X_2 和 X_3 也有类似的分解式。上式表明，在三区域投入产出分解模型中，中国的总产出 X_1 由两大部分组成，一是由 Y_1 产生的乘数效应和反馈效应，二是 Y_2 和 Y_3 的溢出效应。

由式（7-1）、式（7-2）可知：$Y_1 = Y_{11} + Y_{12} + Y_{13}$、$Y_2 = Y_{21} + Y_{22} + Y_{23}$、$Y_3 = Y_{31} + Y_{32} + Y_{33}$，其中，中蒙最终产品用于双边贸易的部分分别为 Y_{12} 和 Y_{21}。代入式（7-3）可知，中国最终产品出口蒙古国（Y_{12}）通过乘数效应和反馈效应对中国总产出产生影响，测度表达式为：

$$(F_{11}-I)L_{11}Y_{12} + L_{11}Y_{12} \quad (7-4)$$

蒙古国最终产品出口中国（Y_{21}）通过蒙古国对中国的溢出效应对中

国总产出产生影响，测度表达式为：
$$D_{12}L_{22}Y_{21} \qquad (7-5)$$

以上分析表明，一国用于出口的最终品通过乘数和反馈效应对本国经济产生影响，通过溢出效应对出口国经济产生影响。

2. 双边贸易增加值分解

双边贸易增加值分解的计算方法源自库普曼等（Koopman et al.，2014）构建的贸易增加值分解框架，可以完全核算一个国家的总出口，包括各种增加值和重复计算的组成部分，王直等（2015）进一步将一国总贸易流分解法扩展到部门、双边和双边部门层面的研究。以中蒙三区域投入产出模型为例，中国出口蒙古国贸易总额 E_{12} 可以表示为：

$$E_{12} = A_{12}X_2 + Y_{12} \qquad (7-6)$$

式（7-6）中，$A_{12}X_2$ 表示中国出口蒙古国的中间品，Y_{12} 表示中国出口蒙古国的最终品，按照王直等（2015）的研究，Y_{12} 可以被分解为三部分：

$$Y_{12} = (V_1L_{11})'\#Y_{12} + (V_2L_{21})'\#Y_{12} + (V_3L_{31})'\#Y_{12} \qquad (7-7)$$

式（7-7）中，V_1 为中国增加值系数矩阵，L_{11}、L_{21}、L_{31} 分别为中国国内、中蒙、中国同世界其他国家（地区）的里昂惕夫逆阵，$L_{ij} = (I - A_{ij}) - 1$，上标"'"为转置，"#"表示矩阵点乘。

三个部分具有不同的经济含义。第一项为最终品出口的国内增加值，该项是中国在向蒙古国最终出口中的实际贸易利得；第二项为中国最终品出口蒙古国隐含的蒙古国增加值。如果中国出口到蒙古国的最终产品中使用了蒙古国的原材料，这些蒙古国原材料中包含的增加值就属于该项；第三项为中国最终品出口蒙古国隐含的其他国家增加值，这意味着在出口产品的价值链中，除了直接的出口国和进口国，还有其他国家的参与，这些国家的生产活动也为最终出口产品贡献了增加值。基于此，在考虑中蒙双边贸易实际规模的大小，即中蒙双边贸易的规模效应时，不应该使用贸易总值 Y_{12} 和 Y_{21}，而应该使用第一项最终品出口的国内增加值与第二项最终品出口中隐含的出口国增加值。

3. 数据来源与处理

本书使用的数据来源于 2013~2023 年亚洲开发银行的《多区域投入产出表》，该表细分为 35 个产业。为测度中蒙农畜产品最终品贸易增加值的乘数、溢出与反馈效应，对"多区域投入产出表"的数据进行处理：首先，对35个产业进行分类，将c1产业农林牧渔业单独归类，将c2~c18归类为工业，将c19~c35归类为服务业。其次，保留中国与蒙古国的原始数据，将其他60个经济体及世界其余地区合并为其他区域，并指定区域1代表中国，区域2代表蒙古国，区域3代表世界其他国家（地区）。

（二）实证分析

1. 中蒙双边农畜产品最终品贸易增加值

中蒙农畜产品最终品贸易增加值存在数值差距与结构差异。国内增加值方面，如图7-20所示，2013~2023年中国出口蒙古国农畜产品最终品国内增加值和蒙古国出口中国农畜产品最终品国内增加值的数值均呈现上升趋势，中国国内增加值从2013年的2.91百万美元增长到2023年的26.74百万美元，经计算增幅为919%，蒙古国国内增加值从2013年的8.47百万美元增长到2023年的315.91百万美元，经计算增幅为3630%。其中，蒙古国国内增加值在2021年和2023年有大幅增长，相比之下，中国增加值一直维持在相对较低的水平，中国对蒙古国开始出现明显的农畜产品最终品增加值贸易逆差，这与中蒙双方最终消费市场的量级有关。

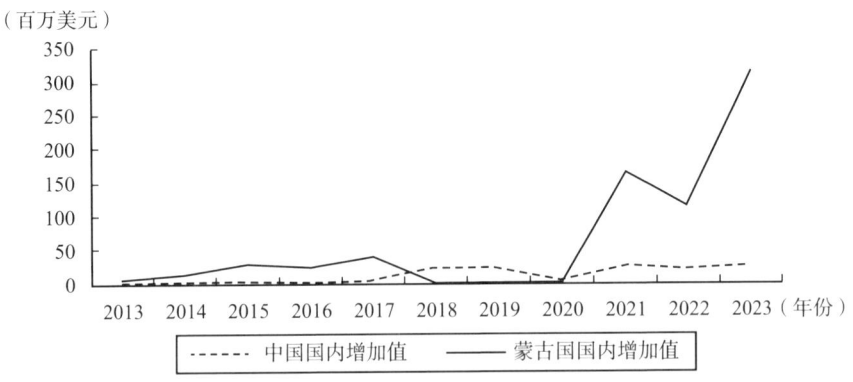

图7-20 2013~2023年中蒙双边农畜产品最终品贸易国内增加值

资料来源：2013~2023年亚洲开发银行的《多区域投入产出表》。

最终出口中隐含的出口国增加值见图7-21，蒙古国出口中国农畜产品最终品隐含的中国增加值较高，且增长趋势与蒙古国国内增加值的增长趋势几乎完全相同。2023年蒙古国出口中国农畜产品最终品隐含的中国增加值约为9.90百万美元，占蒙古国对中国农畜产品最终品出口总值的3%；而中国出口蒙古国农畜产品最终品中隐含的蒙古国增加值非常低，2023年只有约6 000美元，占当年中国对蒙古国农畜产品最终品出口总值的0.02%。这意味着蒙古国对中国农畜产品最终品出口在一定程度上比较依赖中国的原料或生产资料，而中国出口蒙古国的农畜产品最终品几乎不依赖蒙古国。

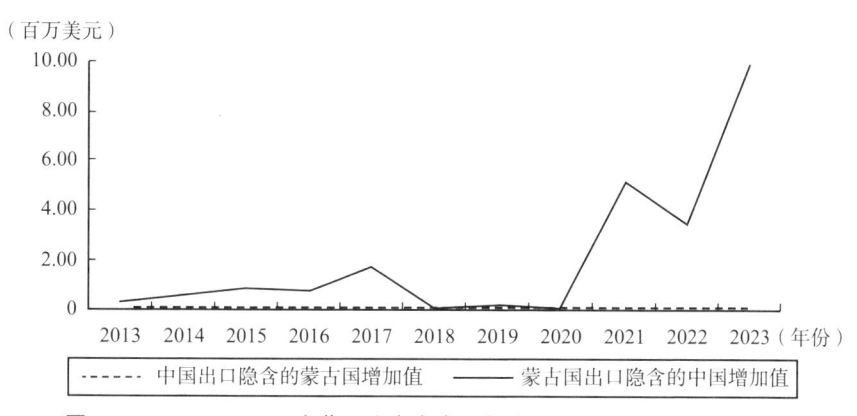

图7－21　2013~2023中蒙双边农畜产品最终品贸易隐含的对方增加值

资料来源：2013~2023年亚洲开发银行的《多区域投入产出表》。

2. 乘数效应

中国农畜产品最终品贸易增加值乘数效应高于蒙古国，但不足以弥补实际贸易的国内增加值差距带来的经济影响差距。如图7－22所示，2013~2023年间，中蒙农畜产品最终品贸易增加值乘数效应无明显变化，中国平均维持在1.95的水平，而蒙古国平均维持在1.31的水平上，这意味着当中国出口蒙古国农畜产品最终品贸易增加值增加1亿美元时，总产出平均增加约1.95亿美元，而蒙古国只增加1.31亿美元，体现出中国产业间更强的关联效应。虽然中国农畜产品最终品贸易增加值乘数效应高于蒙古国，可以看出，2021年以后，中蒙双边农畜产品最终品贸易国内增加值差距被迅速拉大，2023年，蒙古国出口中国农畜产品最终品国内增加值是中国出口蒙古国的11.81倍，乘数效应实际产生的经济影响为410.72百万美元，是中国的8.32倍。乘数效应测度的是一个国家或地区不同产业相互作用促进经济增长的能力。以上测度结果表明，2013~2023年间，中国用于出口蒙古国的农畜产品最终品对本国的经济带动能力更强，但不足以与2021年后蒙古国迅速增长的规模效应相抗衡。

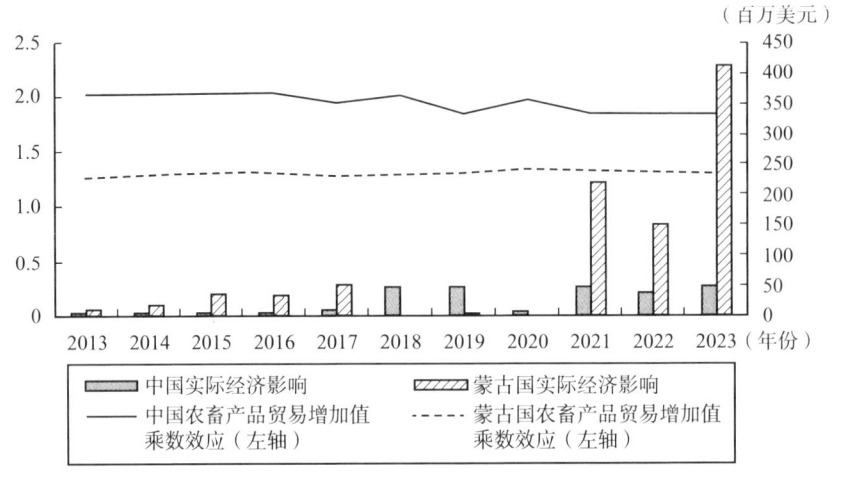

图7-22 中蒙农畜产品最终品乘数效应及贸易增加值实际经济影响

3. 溢出效应

蒙古国农畜产品最终品对对方的溢出效应与贸易增加值产生的实际经济影响均高于中国（见图7-23、图7-24），中蒙双边农畜产品最终品贸易增加值对彼此的溢出效应差距很大。2013~2023年间，蒙古国对中国的溢出效应平均约为0.09，且呈下降趋势，而中国对蒙古国的溢出效应平均约为0.0003，并逐年增高。此测度值意味着，如果蒙古国出口中国农畜产品增加1亿美元时，中国总产出平均会增加约900万美元，而中国出口蒙古国农畜产品最终品贸易增加值增加1亿美元时，蒙古国总产出平均只增加约3万美元。实际经济影响的差距更大，2023年蒙古国农畜产品最终品出口中国隐含的中国增加值产生的实际经济影响约为0.78百万美元。由于中国出口蒙古国农畜产品最终品中隐含的蒙古国增加值非常低，2023年产生的实际经济只有约2.65美元，几乎可以不计。

以上测度结果表明，蒙古国出口中国的农畜产品最终品对中国的溢出效应较高，主要原因是中国在蒙古国的农牧业产业链中占有比较重要的位置，蒙古国农畜产品最终品的生产依赖中国原材料和化肥、机械等生产资料。因此，蒙古国农畜产品最终品贸易增加值的出口增加会通过供应链引发连锁反应，增加中国所有相关产业的生产活动；而中国由于农牧业生产几乎不使用蒙古国中间品和生产资料,因此出口中包含的蒙古国增加值低,对蒙古国的溢出效应也低,实际经济影响更低。使用双边贸易增加值分解与区域间溢出效应测度这两种投入产出分析方法对中蒙农畜产品最终品贸易进行分析,得出相似的结论,体现了这两种之间存在共性。

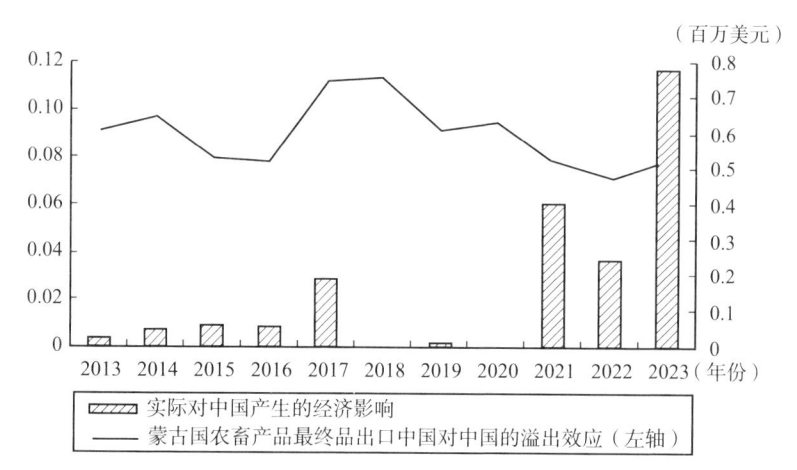

图7-23 蒙古国农畜产品最终品对中国溢出效应及贸易增加值实际经济影响

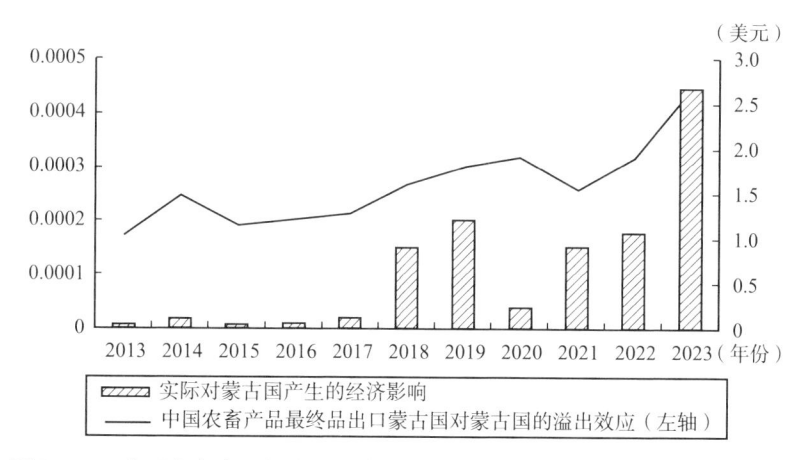

图7-24 中国农畜产品最终品对蒙古国溢出效应及贸易增加值实际经济影响

4. 反馈效应

中国农畜产品最终品反馈效应与贸易增加值所产生的实际经济影响均高于蒙古国(见图7-25、图7-26),中蒙农畜产品最终品反馈效应波动较大，在观察期内平均约为 0.002，而蒙古国农畜产品最终品的反馈效应平均只有 0.000005，是中国的 1‰，意味着如果中国出口蒙古国农畜产品最终品增加 1 亿美元时，通过拉动包括蒙古国在内的世界各国经济增长，又通过溢出效应反过来使中国总产出增加 20 万美元，而蒙古国出口中国农畜产品最终品贸易增加值增加 1 亿美元时，总产出通过反馈效应只增加 500 美元。以 2023 年为例，当年中国出口蒙古国农畜产品最终品的国内增加值因为反馈效应实际产生的经济影响约为 78 万美元，而蒙古国出口中国农畜产品最终品的国内增加值因为反馈效应实际产生的经济影响只有大约 2 000 美元。反馈效应是在溢出效应的基础上形成的，中国与世界其他国家对蒙古国较小的溢出效应是蒙古国反馈效应较小的主要原因。

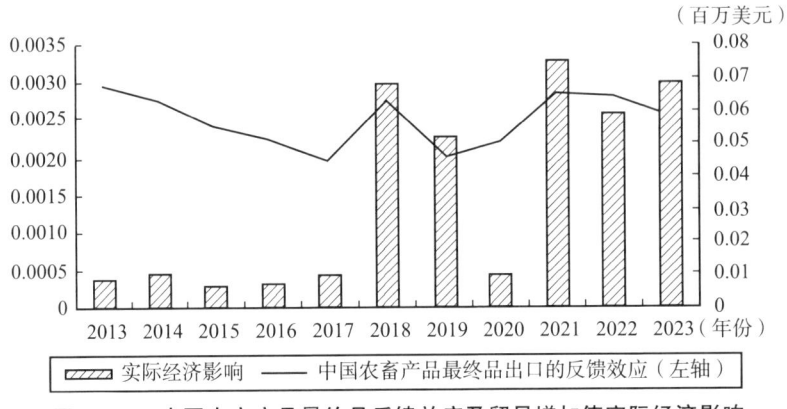

图 7-25 中国农畜产品最终品反馈效应及贸易增加值实际经济影响

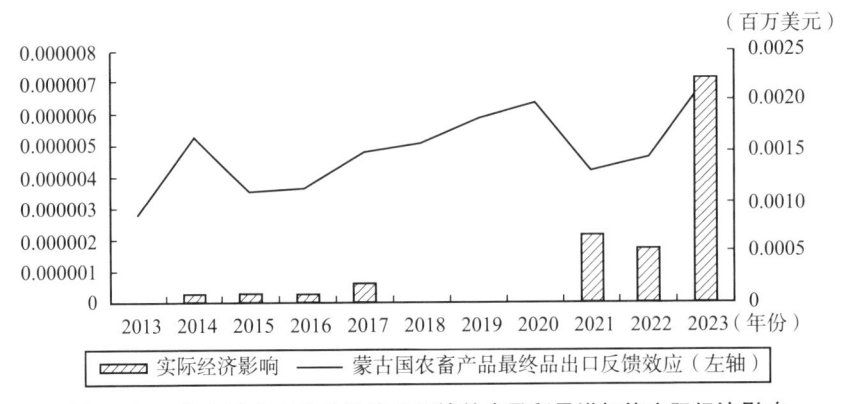

图 7-26 蒙古国农畜产品最终品反馈效应及贸易增加值实际经济影响

5. 实证结论与政策建议

本书基于拓展的中蒙三区域投入产出分解模型，利用亚洲开发银行2013~2023年的"多区域投入产出表"数据，通过对中蒙农畜产品最终品贸易的增加值分解与乘数效应、溢出效应和反馈效应的测算，研究中蒙农畜产品双边贸易增加值的关联效应。主要结论有：（1）通过对三区域投入产出分解模型拓展发现，一国用于出口的最终品通过乘数和反馈效应对本国经济产生影响，通过溢出效应对出口国经济产生影响；（2）贸易增加值分解结果表明，中蒙农畜产品最终品贸易增加值存在数值差距与结构差异，近年来，蒙古国出口中国的农畜产品最终品国内增加值明显高于中国，但也隐含着更高的中国增加值；（3）乘数效应测度发现，中国农畜产品最终品乘数效应高于蒙古国，但不足以弥补增加值贸易逆差带来的实际经济影响差距；（4）溢出效应的测度发现，蒙古国农畜产品最终品对中国的溢出效应与贸易增加值产生的实际经济影响均高于中国；（5）反馈效应测度发现，中国农畜产品最终品反馈效应与贸易增加值所产生的实际经济影响均高于蒙古国。基于以上分析结果，形成如下政策建议：

第一，提高出口蒙古国农畜产品最终品贸易增加值。通过对中蒙农畜产品最终品贸易的增加值分解发现，中蒙双方在全球供应链中的地位和贡献不同，存在一定的互补性，鉴于近年来中国对蒙古国存在农畜产品最终品增加值贸易逆差，中国应通过技术创新和产业升级，提高产业链的附加值，特别是在农畜产品加工和出口环节，以提高国内增加值的比例，从而促进国内经济增长和国际贸易平衡。

第二，保持并进一步增强国内产业的乘数效应和反馈效应。在国内国际双循环的新发展格局下，增强乘数效应和反馈效应能够促进国内外产业的联动发展，提升产业链的稳定性和竞争力，增强经济的内生增长动力。可以通过促进双边投资，鼓励中国企业对蒙古国的农牧业进行投资，加强供应链协作，提升产业链的整合效率，同时，优化国内产业结构，加强与蒙古国产业链上下游的协同，提高产业链的整体竞争力。

第三，利用好蒙古国对中国较高的溢出效应。推动中蒙进出口农畜产品检验检疫标准对接，降低贸易壁垒，提高贸易便利化水平。通过进口蒙古国的优质农畜产品，不仅可以满足中国市场的需求，还可以通过技术转移和产业升级，提升中国农畜产品的质量和生产效率，从而增强中蒙农畜产品贸易的互补性，实现互利共赢。

四、价值链存在问题

（1）产业结构与规模方面：中蒙农牧业供应链协作主要以畜牧业和种植业为主。目前，蒙古国牛、羊、马较多，而中国除了牛、马、羊之外，猪、禽、蛋、奶的产量也较大。种植业方面，两国在气候、土地、种植品种等因素上存在较大差异，中国种植种类繁多，蒙古国由于区位和自然条件，种植业规模较小。

（2）技术水平方面：中国的农牧业技术相对较为先进，有成熟的农牧业科研体系和产业化推广经验。相比之下，蒙古国的农牧业技术水平有待提高。蒙古国工业基础薄弱、门类不多、技术水平较低、产业链条短，现代服务业配套不够，对农牧业发展的带动有限，对中蒙双方农牧业供应链深化合作造成了一定的制约。

（3）产业链条方面：蒙古国农牧业的价值链关系较为单一，且大多数处于初级阶段，缺乏整个产业链的全面协同发展能力。生产环节存在着生产技术水平低、设备落后、高水平经营管理人才不足等问题。加工环节缺乏标准化、规模化生产，产品质量难以保证。运输环节存在着成本高、时间长等问题。销售环节缺乏创新，渠道狭窄。而中国面临着向加工高级化、产业多元化、品牌国际化发展的制约，存在发展模式多、水平参差不齐、不均衡，农牧业养殖小户主体小、散、乱，养殖水平不高等问题。

（4）增值性方面：蒙古国许多农畜产品附加值低，利润空间小。产品品质参差不齐、供应水平不稳定，难以满足消费者需求。生产、加工、运输等环节效率低下，损耗大、成本高。品质和安全监控、监管不够严格，标准化程度低。中国品质和安全管理健全，标准化方面仍然需要深度建设。品牌化方面取得巨大的进步，但知名品牌比例还不高。产品的品质、安全、品牌是国际市场进入门槛，中蒙两国农牧业在这方面仍有很大提升空间。

（5）供应链短板问题：蒙古国农牧业没有形成完善、高效的产业链，从原料到成品的环节存在短板，这种缺陷会限制农牧业的产能增加和效率提升，加大农产品的损耗，不利于国际市场竞争力的提升。中国农畜产品进口量大，反映出国内市场需求巨大，同时国内农牧业供应链的效率有待提升。

（6）智慧农牧业发展水平不高：蒙古国信息技术水平不高、现代运营管理等方面的专业技能不足限制了蒙古国农牧业的进一步发展。中国信息技术、电子商务、智能制造发达，但相对工业而言，智慧农牧业的建设仍然任重道远。

（7）产业联动协调机制不健全：中蒙双方在农牧业发展规划、政策制定、管理沟通方面缺乏充分的协调，民间经贸联盟、境外行业协会、企业联盟也比较薄弱，项目的开发、落地、转化受到限制。产业园区与基础设施不完善。从目前国际趋势来看，境外产业合作园区、保税园区、加工园区、海外仓、展览示范区作用巨大，但中蒙合作产业园区建设滞后。中蒙农牧业供应链协作的交通、道路尚需优化，跨境运输时间和成本仍然较高，国际道路运输便利化水平需要进一步提升。

五、基于跨境电商的中蒙农牧业价值链运作机理

（一）中蒙农牧业双边价值链共协同生运作模式

以跨境电商数字化高质量整合消费电商与产业电商协同运作的理念，构建中蒙农牧业双边价值链协同共生运作模式（如图 7 - 27 所示）。蒙古国农牧户、农场生产的初级农产品，经过跨境电商平台销售给中国，或销售给本国的农产品加工企业，加工后通过经销商、零售商，供应给中国及蒙古国消费市场。同时，中蒙农产品加工制造企业生产的产品通过跨境电商平台销售到国际市场。中蒙农牧业双边价值链的协同一方面促进了双方消费市场的共生，推动两国农畜产品市场的融合与国际化发展；另一方面加快了研发技术的共生，双方实现农牧业技术、信息技术、电子商务技术、大数字技术、移动支付技术、人工智能技术等全面在农牧业中的应用与共享；带动了双方的产业共生，在种植养殖标准、加工、经营管理、现代流通、物流配送等层面都密切了产业的合作，助推产业良性互动发展。

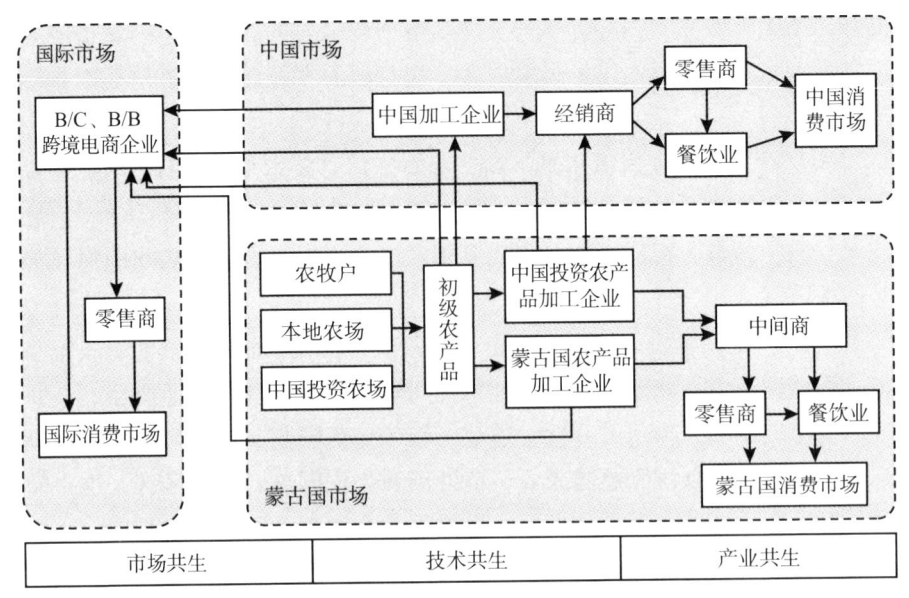

图 7-27 中蒙农牧业双边价值链协同共生运作模式

(二) 基于跨境电商的中蒙农牧业价值形成机理

基于跨境电商的中蒙农牧业跨境电商协同发展在八个方面促进了产业的增值和价值的形成。(1) 在农牧业农资供应方面, 种子饲料、农药化肥、农机农具企业都可以实现在线销售, 农牧业生产主体可以通过电商平台, 在更大的范围、以更优惠的价格, 便捷地购买到需要的产品, 享受到高水平的售后服务, 也带动农资供应公司的国际化发展。(2) 在农产品加工方面, 企业可以在线购置机器设备、获得优质的安装和维修服务, 农产品加工企业可以把工厂搬到线上, 接受来自全球客户的订单, 促进工厂的在线化与数字化发展。(3) 在农产品跨境电商服务方面, 跨境电商平台整合物流与供应链资源、金融保险资源, 让卖家可以在线选用有平台担保的优质服务, 交易、理赔均在线化完成, 无须双方线下见面签约, 通关、检验检疫也由平台认证的专业代理机构完成, 大大提升交易效率。(4) 在跨境销售方面, 跨境电商让中蒙农畜产品可以在更大范围的国际市场销售, 推动企业积极参与国际竞争, 在国际化过程中学习国际化, 适应市场的需求, 不断挖掘新的商机。(5) 在农牧业生产性服务业方面, 跨境电商促进了相关企业的服务内容与方式的创新, 推动了在线运作与高效率服务, 农牧业生产性服务企业更容易找到和匹配服务对象、开拓市场，相应的政策支持能够便捷地通过跨境电商平台完成。(6) 在农牧业科技创新方面，政府的科技推广战略、企业的主导研发地位、市场的推广应用转化可以在跨境电商平台得到更有力的实施，在线沟通、交流、交易可及时转化和落地新技术，协同推动技术创新。(7) 在农牧业品牌营销方面，跨境电商平台通过平台营销推广让更多的在线客户了解和购买产品，通过大数据智能分析，为农牧业电商企业精准推荐客户，利用国际社交媒体各类网红博主的直播、短视频营销为农牧业品牌引流与宣传。(8) 在农畜产品贸易便利化方面，跨境电商平台省去了诸多中间环节，降低了贸易成本，提升了贸易效率，畅通了贸易渠道，实现了农牧业贸易数字化、智能化的高层级跃升。八个方面的影响对农牧业提升企业价值链、优化产业价值链、嵌入全球价值链起到了巨大作用（见图7-28）。

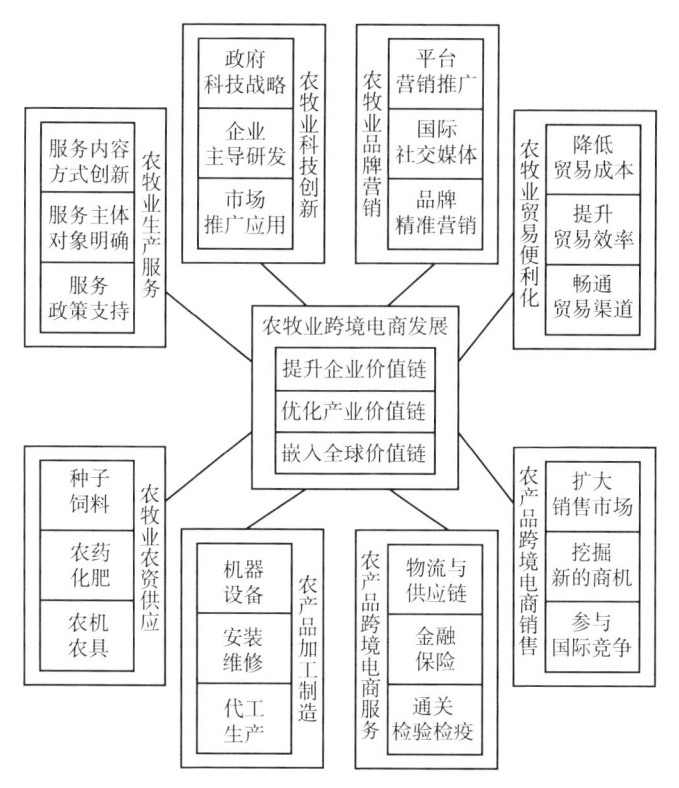

图7-28 基于跨境电商的中蒙农牧业价值形成机理

（三）要素融合推动的中蒙农牧业产业链延伸机制

农牧业产业链延伸是价值提升的重要方式，中蒙农牧业产业链延伸需要相关要素的高度融合与匹配，为提升价值链奠定基础。（1）人才融合。人才融合是保证持续发展的核心动力，中蒙农牧业相关人才要具备良好的语言沟通能力、洞察市场需求与文化偏好、了解发展趋势、掌握技术动态、熟悉业务操作与运营管理，能够良好地协同决策、研发与作业。（2）投资融合。资本的融合是重要的、长久合作激励机制，双方投资的融合能够更有效地推动投资的本土化发展，调动双方合作的积极性。（3）市场融合。市场融合是标准化与规模化的基石，这种融合要求中蒙农牧业生产运作制定遵守这种通行的准则开展生产，降低了交易成本，提高标准化程度，提供双方市场共同认可的产品，为进一步实现产品国际化奠定基础。（4）技术融合。太大的技术差距不利于双方的供应链合作与发展，技术融合包括种植养殖技术、加工技术、信息技术、管理技术等全方位融合，通过这种融合缩小双方经营运作的差距，不断提升供应链运作水平。（5）设施融合。农牧业基础设施融合包括道路交通、园区场地、通信通讯、通关检疫等方面的融合，通过这些基础设施的融合让双方供应链合作的信息传递更加方便、产业园区共享共建、物流配送高效便捷、通关检疫协同快速。

中蒙农牧业产业链延伸包括产品创意设计延伸、产品营销延伸、产品体验延伸与旅游开发延伸。产品创意设计延伸方面包括共同设计新的包装、新的形象；研发新的、美味可口的食品；融合中蒙传统文化与研发牛、羊、马、骆驼等相关的保健品与化妆品。产品营销延伸涉及借助跨境电商网络平台展开站内营销，形成网红主播对接机制；整合中蒙农产品相关网络自媒体资源，强化品牌宣传与推广；在具有一定消费规模的城市开设线下体验店与实体店，通过多种店仓、O2O、线下提货点等方式发展实体渠道。产品体验延伸与农畜产品紧密结合，提供展览观赏、休闲观光、度假疗养等深度附加体验服务，实现产品+服务的增值。旅游开发延伸，深度挖掘农牧业产业资源与历史文化资源，进行整合创新、优化设计，开发新的旅游产品与服务；设立精品餐饮、酒店、民宿，设计图书、文具、服装饰品、影视作品等文创产品；规划景点与娱乐项目、完善交通基础设施。具体见图7-29。

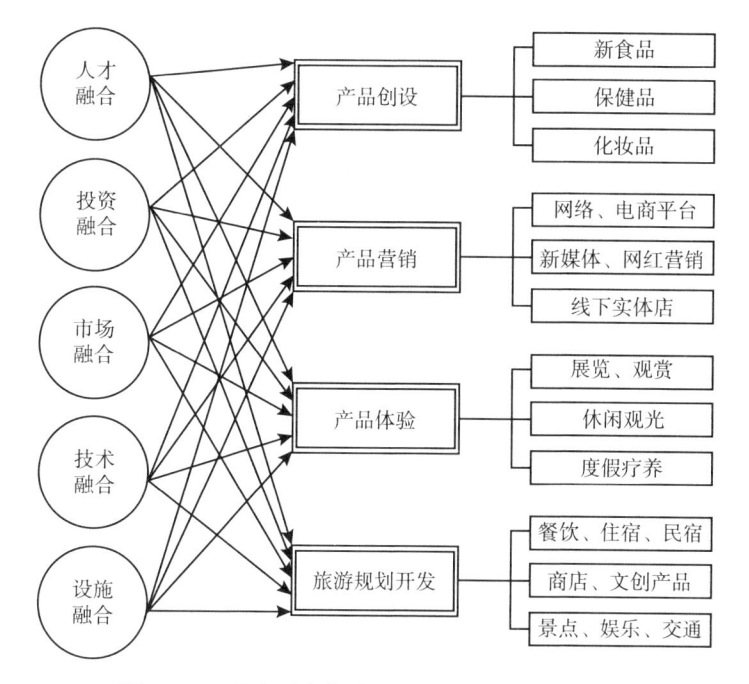

图 7-29　要素融合推动的中蒙农畜产品延伸机制

六、价值链升级策略

(一) 中蒙农牧业价值链升级机制

基于跨境电商的中蒙农牧业供应链运作促进了价值链的升级，首先，在品质提高、渠道融通、市场扩大、品牌建设、资源整合、物流强化、创新推动、后劲增强等方面提升了效能。其次，效能的发挥进一步助推了管理标准化、渠道的优化、销售的全球、品牌的国际化、生态重构及物流的升级、知识的共享、人才的培育等。效能的持续发挥促进了农牧业的集聚发展以及集群效应、集约化、规模化的提升，有利于各类农牧业产业园区、现代化农场牧场、农畜产品加工产业园、现代农业电商园、农牧业文化创意园、现代农牧业服务园、农牧业科技产业园、现代农业物流园、农牧业休闲体验园的建设和完善，有利于凝聚产业发展的要素，提升产业发展的质量。

在效能发挥与要素集聚的状态下，价值链实现在种植养殖、加工、功能、产业四方面的跃升。首先，在种植养殖升级方面，促进优良品质培育和创新，强化养殖的标准化、机械化、规模化、绿色化，节约人力劳动，保护养殖环境，提升养殖户和企业收入。其次，在加工升级方面，不断研发生产新产品、新食品，提升产品的品质和竞争力，持续发展先进加工制造，提升加工制造流水线快捷化程度与智能化水平。再次，在功能升级方面，逐步剥离和优化低价值环节，摆脱对简单人力劳动的依赖，提升劳动技能与素质，融入农牧业文化资源，强化品牌建设与客户服务。最后，在产业升级方面，在第一、第二产业发展的基础上，拓展农牧业相关的新行业，例如保健品、化妆品、旅游产业、影视、文创业，促进一二三产业的协同发展，见图 7-30。

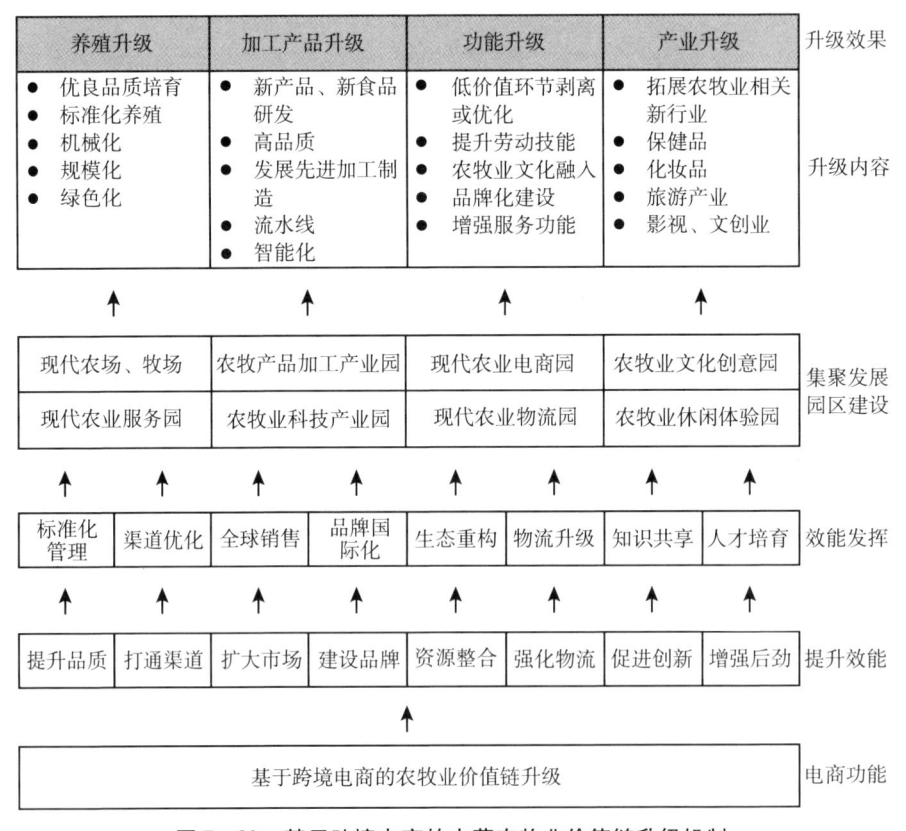

养殖升级	加工产品升级	功能升级	产业升级	升级效果
• 优良品质培育 • 标准化养殖 • 机械化 • 规模化 • 绿色化	• 新产品、新食品研发 • 高品质 • 发展先进加工制造 • 流水线 • 智能化	• 低价值环节剥离或优化 • 提升劳动技能 • 农牧业文化融入 • 品牌化建设 • 增强服务功能	• 拓展农牧业相关新行业 • 保健品 • 化妆品 • 旅游产业 • 影视、文创业	升级内容
↑	↑	↑	↑	
现代农场、牧场	农牧产品加工产业园	现代农业电商园	农牧业文化创意园	集聚发展园区建设
现代农业服务园	农牧业科技产业园	现代农业物流园	农牧业休闲体验园	
↑ ↑	↑ ↑	↑ ↑	↑ ↑	
标准化管理	渠道优化	全球销售	品牌国际化	生态重构	物流升级	知识共享	人才培育	效能发挥
↑	↑	↑	↑	↑	↑	↑	↑	
提升品质	打通渠道	扩大市场	建设品牌	资源整合	强化物流	促进创新	增强后劲	提升效能
			↑					
基于跨境电商的农牧业价值链升级								电商功能

图 7-30 基于跨境电商的中蒙农牧业价值链升级机制

(二) 中蒙农牧业价值链升级路径

从中蒙农牧业价值链运作现状来看，蒙古国处于初级产品提供阶段，而中国处于先进制造阶段。因而下一阶段的升级目标为蒙古国农牧业由初级产品提供向初级加工升级；中国农牧业由先进加工向创新活动升级。具体的升级路径从要素禀赋、市场规模、基础设施、互联互通体制四个方面进行（见图7-31）。要素禀赋路径上，蒙古国要加强三个方面的措施：（1）做好投资承接，吸引和承接来自中国的输入资本，改善农牧业经营环境；（2）推动融资扩大，不断拓宽金融机构农牧业融资渠道；（3）用工规范化，农牧业劳动力使用合规化、市场化，促进劳动力要素的顺畅流动。中国需要注重三个方面的建设：（1）加大直接投资，做好引导措施，以龙头企业为主体带动引领中国向蒙古国进行农牧业投资；（2）提升高级技能，通过学历教育、职业培训、联合培训、代训等方式提升中蒙两国农牧业从业人员的高级技能与职业资格水平；（3）提高研发水平，强化政产学研用的协同，大力提升农牧业科技研发投入与成果转化。

市场规模路径上，蒙古国关注三个方面建设：（1）便利要素获取，加大力度方便农牧业生产要素的获得，降低关税和流动障碍；（2）推动市场准入，加强疫病防控，建立无规定疫病农畜产品产区，从中国获得市场准入资格，获取更大的进口配额，使农畜产品能够顺利进入中国市场；（3）促进技术提升，蒙古国需要积极学习和引入中国先进农牧业技术，缩短与中国农牧业发展的差距。中国首先要提升标准化管理水平，主导、协调和统一中蒙农牧业行业标准或者制定相互可以接受的准则，使供应链协作更为顺畅；其次要不断深化贸易合作，通过传统贸易、跨境电商等方式积极开拓国际市场，与国际主要消费国家深化农畜产品电子贸易规则与协定。

基础设施路径上，蒙古国一方面需要夯实贸易基础设施，不断提升海关通关效率与检验检疫效率，加快各类电商园区、产业园区、贸易园区建设，完善物流运输基础设施；另一方面需要加强电子商务建设，推动网络全面覆盖与网速提升，促进电子商务的推广与应用，强化支付体系的数字化建设。中国首先要打造先进农畜产品物流，在强大物流体系基础上打造先进的农牧业及农畜产品冷链物流体系和高效配送体系；其次要发展农牧业先进信息技术，利用先进信息技术预测和识别农牧业市场需求、挖掘商机、识别风险、提升农牧业智慧化水平。

	升级路径	要素禀赋	市场规模	基础设施	互联互通体制
中国	创新活动 ↑ 先进制造	• 直接投资：以龙头企业为主体带动引领农牧业投资 • 高级技能：通过学历教育、职业培训等方式提升 • 研发水平：大力提升农牧业科技研发投入与成果转化	• 标准化管理：统一农牧业行业标准或者制定相互可以接受的准则 • 深化贸易：开拓国际市场，深化农畜产品电子贸易规则与协定	• 先进物流：在强大物流体系基础上打造先进的农牧业及农产品冷链物流体系 • 先进信息技术：利用先进信息技术预测和识别农牧业市场需求、挖掘商机、识别风险、提升农牧业智慧化水平	• 治理：增强农牧业行业发展的洞察力和预见性，深化贸易协定与供应链协议 • 合约：强化合约的执行 • 知识产权：深化知识产权保护，为创新保驾护航
蒙古国	初级制造 ↑ 初级产品	• 投资承接：承接中国输入资本，改善农牧业经营环境 • 融资扩大：拓宽金融机构农牧业融资渠道 • 劳动力：农牧业劳动力使用合规化、市场化	• 要素获取：便利农牧业生产要素的获得，降低关税和流动障碍 • 市场准入：获得市场准入资格，产品能够便捷进入中国市场 • 技术提升：积极学习和引入中国先进农牧业技术	• 贸易基础设施：提升海关效率，加快贸易园区建设，完善运输基础设施 • 电子商务：推动网络覆盖与网速提升，促进电子商务的推广与应用，强化支付的数字化建设	• 治理：保障农牧业发展政策稳定、连续 • 标准认证：推进农牧产品的标准化认证

图 7-31　基于跨境电商的中蒙农牧业价值链升级路径

互联互通体制路径上，蒙古国首先要保障农牧业治理环境，保障农牧业发展政策的稳定、连续，使农牧业发展在较长时间能够可持续推进；其次积极推动标准认证，推进农畜产品的标准化认证，按照国际通行标准进行生产销售，甚至制定更高的执行标准。中国需要强化三个方面的管理：（1）强化贸易治理，增强农畜产品国际市场的洞察力和预见性，深化贸易协定与供应链协议；（2）保障合约执行，通过一系列法规、战略，强化中蒙农牧业合约的执行；（3）加强知识产权保护，不断深化知识产权保护，为农牧业科技创新保驾护航。

第四节　中蒙农牧业供应链协同合作机制

依托中蒙农牧业供应链合作与发展的跨境电商模式、平台和环境，从组织运营、创新决策、分配激励、标准化、风险管理、贸易促进等方面提出保障供应链顺畅运作的协同合作机制。

一、健全组织运营

组织运营是供应链内部各节点企业的协同运作机制以及与外部环境的互动能力。组织运营能力代表供应链运作效率以及面对外部环境变化的应变能力。中蒙农牧业供应链的顺畅运作，必须依靠良好的组织管理和高效的运营机制，形成完善的供应链体系和优化的供应链结构。

（一）完善供应链组织管理

中蒙农牧业供应链的产品主要以粮食制品、谷物、畜产品、蔬菜和水果等为主，这些农畜产品交易具有季节性、时鲜性、不稳定性、地域性和品质差异性的特点，供应链需要及时了解市场的需求和供应情况，并且对外在环境的变化及时做出反应和调整。根据这一特点，中蒙农牧业供应链的组织运营结构应该尽量扁平化，尽量压缩管理层级和精简管理环节。

供应链一般包括物资流通、商业流通、信息流通、资金流通四个流程，四个流程有各自不同的功能以及不同的流通方向。相应地，中蒙农牧业供应链的组织运营结构应该围绕这四个流程匹配、健全相应职能和管理部门。物资流通管理主要负责农牧业产品的有序流通，管理维护供应链中从上游到下游的产品运输渠道，确保供应链中每个环节的高效运转和顺利衔接。中蒙两国相关管理部门加快推进物流枢纽城市和物流枢纽体系建设，依托中蒙农牧业供应链合作与发展的跨境电商模式，积极实现跨地区以及跨境的物流基础设施互联互通。

商业流通管理主要负责贸易交易过程，服务中蒙农牧业供应链中各企业签收订单、签订合同等商业流程。为农牧业供应链中各企业及相关利益方提供接触、沟通、合作的机会，协调帮助供应链中各企业和相关利益方达成合作意向，并作为第三方监督各企业及相关利益方履行义务的情况，仲裁调解相关利益方的冲突和矛盾。信息流通管理主要完成商品交易信息、物流信息的统计以及相关商业情报的收集。及时提供中蒙农牧业合作信息对于把握对整个供应链的正常运转至关重要。资金流通管理保障农牧业供应链中交易支付的高效、及时、安全，为农牧业供应链中有资金需求的企业对接金融服务，对供应链上企业间贸易提供安全交易监管。

（二）优化供应链管理制度

管理制度是供应链运营的基本规则，包括供应链运作的规章制度、流程、标准等。中蒙农牧业供应链组织运营管理制度应该遵循三大原则：第一，为供应链服务，高效率地解决问题。第二，公平、公正、平等地对待供应链上的每一个企业。第三，加强沟通，保障供应链各节点之间高效交流，提升执行效率与解决问题能力。人力资源体系是供应链组织运营的动力源泉，中蒙农牧业供应链的活力在于加强农牧业供应链管理人才的引进和培育。在人才的引进方面，执行好现有的人才引进计划，提供好的福利，关注、吸引、招聘具有战略性思维的农牧业供应链管理人才扎根北疆，服务中蒙农牧业供应链建设。在人才的培育方面，鼓励中蒙农牧业相关企业和各大高校和科研机构联合培养供应链领域的专业人才，除了加强供应链管理基础人才的培养之外，还需培养专门针对中蒙农牧业合作发展的高级供应链管理人才。

（三）加强供应链信息管理

供应链管理需要对各环节的信息进行精确的掌握，及时地发现问题、处理问题，并且快速对外部环境的变化做出相应的决策。中蒙农牧业供应链的信息管理关注三个方面：第一，消费者市场的变化。供应链管理是以最终客户为中心，以最终消费者为经营导向，以满足最终消费者和客户来生产和供应，这是供应链管理思想先进性的体现。要密切关注国际农牧业消费市场的消费现状与发展趋势，以需求为导向完善中蒙农牧业供应链管理，提升国际市场竞争力和客户消费体验。第二，物流信息的系统。供应链管理的重点是要确保"正确的产品"在"正确的时间"按照"正确的数量""正确的质量"和"正确的状态"送达到"正确的地方"，中蒙农牧业供应链以龙头企业或者行业为主导，协调信息系统的对接与信息资源的传递，保障产供销物流信息的统一集成和无缝衔接。第三，蒙古国原材料生产源头分布情况。蒙古国畜牧业生产方式以粗放的游牧为主，牛羊养殖牧场普遍存在规模小、地域分散的情况，建立农牧业资源管理平台来合理计划统筹生产和供应，及时掌握蒙古国的农畜产品生产供应情况。

二、强化创新决策

在激烈的国际竞争环境中，创新是保障供应链管理稳步前进、取得成功的重要内容。创新决策涉及组织创新、技术创新、管理创新、战略创新等方面，是供应链竞争的核心。

（一）突出技术创新

突出技术创新主要体现在：(1) 农牧业生产技术的创新。促进中蒙供应链加工企业生产装备与工艺智能化，开发先进的农牧产品生产技术和生产装备，将中国先进的农牧产品生产加工制造技术与蒙古国相关企业分享。(2) 物流运输技术的创新。引入智慧物流技术，依靠智能技术，大数据分析，提高供应链物流决策的科学性。由于中蒙农牧业贸易产品种类的季节性、时鲜性、不稳定性，运输过程中引入中国先进的冷链运输技术，确保供应链中各环节产品的新鲜程度和质量。同时，支持和鼓励企业在中蒙两国及国际市场合理设计和布局农牧产品存储仓库，提升供应链运作效率与消费者消费体验。

（二）关注管理创新

关注管理创新主要体现在：(1) 落实数字化管理，推进供应链全链条管理数字化，支持核心企业加强全链条数据管理，实现供应链信息透明，支持牛肉、羊肉、蔬菜水果等重点行业打造供应链数字创新中心，为行业提供监测分析、大数据管理、质量追溯、标准管理、库存仓储等公共服务。通过供应链的数字化管理实施，各节点企业之间实现信息共通、风险共担、利益共享。各个企业成员对市场信息及时收集与反馈，面对意外情况做到快速反应，降低企业损失，从战略的高度来推动各企业自身利益和供应链整体利益的统一。（2）推进平台化管理，建设中蒙农牧业供应链互联网管理平台，分类整理供应链各节点企业信息，为供应链各成员企业提供产业升级、贸易合作、金融支持等服务，统筹规划供应链运作的各项事务。借助方便快捷的平台化管理更快速地发现问题、解决问题、提高管理效率，推动供应链快速发展。

（三）布局战略创新

中蒙农牧业供应链战略管理目标是增加产量、提升质量、优化供应链成本、改善利润率和投资回报率、提升产业竞争力。中蒙农牧业供应链战略创新决策在于服务好广大成员企业，为成员企业的可持续成长发展保驾护航。中蒙农牧业供应链发展战略的核心是围绕先进物流体系的建设、先进培育和制造技术的发展、先进营销体系的构建三个方面进行。物流战略要关注物流枢纽城市的选择，关键物流园区的设立，运输方式的选择，自营或外包的物流模式的规划。生产制造方面要注重两国适合的育苗育种技术研发、核心生产制造技术的攻关、现代先进生产设备的更新，以及绿色制造水平的提升。信息战略要强化对智慧物流技术、云计算技术、大数据分析技术的利用，进行更加高效、准确的决策。营销创新对中蒙农牧业供应链发展也是至关重要，依托中国发达的社交媒体平台，利用短视频展示和电商直播的形式对中蒙农牧业供应链企业及其产品进行品牌营销推广，吸引广大的客户和消费者，建立产品和品牌的粉丝群体，开拓出稳定且不断增长的消费者市场。

三、完善分配激励机制

中蒙农牧业供应链分配激励主要包括合理的分配和恰当的激励两个方

面。合理的分配保证了供应链的各企业的利益公平,恰当的激励可以使整个供应链充满活力。

(一) 制定合理的分配政策

中蒙农牧业供应链是由两国分布在上下游中许多财务独立、类型不同的企业组成的,由于各个成员企业都是独立的利益主体,各自都在努力追求自身利益的最大化,因此,各个成员企业相互间不可避免会存在冲突和矛盾。且在通常的情况下,也很难保证成员企业的利益目标与供应链整体的利益目标完全一致。这种不同利益主体之间产生利益冲突的情况会导致供应链系统的低效。制定合理的分配激励政策让供应链各企业都从供应链合作中受益,各企业自觉维护供应链的整体利益,保证供应链的健康运行,提高供应链的整体利益。

在目前的供应链分配激励方法中,"供应契约"是最为有效的方法之一。供应契约的方法是通过合理地设计契约,减少供应链中合作企业间的机会主义行为,促进供应链中各节点企业的紧密合作。中蒙农牧业供应链通过设计有效的供应契约来确保交易双方高效完成订单交付,保证交易质量,提高用户满意度,降低供应链成本,提高供应链的绩效及每一个成员企业的绩效。中蒙农牧业供应链契约的设计,首先要考虑企业是否拥有良好的协调条款和利润分配条款,是否提高供应链的利润;另外,还要了解供应契约是否易于管理和方便操作。

(二) 设计恰当的激励体系

中蒙农牧业供应链的重点激励对象是供应链中做出较大贡献的企业。对于链中的重点企业要帮助和扶持他们发展核心技术、提高自主创新能力、打造知名品牌、开拓营销网络,加强他们对供应链上下游资源的整合能力,加快成为中蒙农牧业供应链的"链主"企业。这些核心企业会成为中蒙农牧业供应链的"主心骨",使整个供应链充满活力,而且更加稳定。对那些尚在发展阶段但具有发展潜力的中小企业和个体户进行技术、政策、资金等相关方面的扶持,保证这些中小企业和个体户的生存和健康发展,会使供应链的基础更加扎实,发展更加稳健和长久,形成集约式、包容式与可持续的高质量发展模式。

四、推动标准化建设

在一定的范围内获得最佳秩序，对实际的或潜在的问题制定共同的和重复使用的规则的活动，称为标准化。标准化的重要意义是改进产品、过程和服务的适用性，防止贸易壁垒，促进技术合作。中蒙农牧业供应链标准化主要从三个方面进行研究。

（一）销售选品的标准化

基于中蒙农牧业供应链的跨境电商发展涉及一个很重要的内容是"选品"。合适产品的选择，对于中蒙农牧业跨境电商的发展至关重要。选品的标准化要注意三个方面：（1）产品的消费市场是否足够多大；（2）产品的目标消费群体是否容易获取；（3）产品自身的品质和特点与同类型产品相比是否拥有明显的优势，对消费者是否拥有足够的吸引力。蒙古国是以畜牧业为主的国家，蒙古国的肉类和乳产品品质好、价格低，"绿色生产"是蒙古国农牧业最大的亮点。蒙古国还是世界上的羊绒生产大国，羊绒年产量约占全球的21%。蒙古国羊绒以天然的优良纳米结构著称，所生产出来的羊绒纱线质量极高。中蒙农牧业跨境电商的发展可以充分考虑和聚焦蒙古国肉类、乳品和羊绒方面的优势产品。

（二）产品质量的标准化

质量是争夺市场最关键的因素，精益求精保证品质才能让产品在竞争中取胜。追求完美品质，要从细节做起，做好细节。中蒙农牧业供应链中，从材料供应、产品初加工、成品制造每一个细节都需要严格把关。为保证最终产品的质量、安全和可追溯性，产品生产的每一道工序都需要制定符合国际要求和认可的标准并且做好相应的记录。

（三）物流运作的标准化

物流运营管理体系是供应链发展的"加速器"，是整个供应链的动力系统。中蒙农牧业供应链物流运营管理体系标准化建设主要涉及库存和运输两个方面。需要针对中蒙农牧业产业发展需求：一方面，对农牧产品运输配送的车辆、路线、规格、要求、人员素养、作业规范、外部标识、规划调度等进行标准制定与执行；另一方面，对农牧产品的仓库的选址、规模、吞吐量、配套设施、信息化系统、人员素养、作业规范等进行统一规划与运作指导，促进物流资源的高效衔接与有效利用。

五、优化风险管理

（一）完善供应链风险管理的组织架构

供应链风险是指对一个或多个供应链成员企业产生不利影响，降低了供应链的运行效率，甚至导致供应链出现中断和失败的不确定性因素或意外事件。不确定性和传递性是供应链风险的基本特征。供应链风险的不确定性是无法准确判断风险会在何时何地以何种形式出现以及其后果如何；供应链风险的传递性是指风险因素不只是影响单个企业。由于供应链上的企业关系紧密，它会给上下游企业造成损失，影响整个供应链的正常运作。中蒙农牧业供应链各成员企业为有效防范风险，需要建立专门的风险管理部门，畅通各单位的沟通渠道，统筹规划管理供应链风险。要根据农牧业供应链运营的实际流程，梳理和明确风险管理与控制方案，对风险识别、评估、监控和应对等各个环节的具体步骤和工作责任进行细化，各成员企业要制订动态采购计划和全过程管理制度。动态化的采购计划要根据实际需求和市场变动及时进行调整和优化。实现供应链可视化和实时追踪，掌握物资的流向，及时发现和解决潜在的风险和问题，确保供应链的稳定和可控性。各成员企业要加强供应商管控与审核。建立完善供应商资质评估和综合筛选机制，评估供应商的财务状况、生产能力、产品质量、产品价格和交付时效等多元指标，确定主要供应商和备选供应商，从而预留风险应对空间。

（二）制定供应链风险管理流程

供应链风险分为外部风险和内部风险。外部风险的来源有：自然和社会灾害（如地震、火灾、禽流感等）、政治因素（如国家贸易政策的改变等）、经济环境因素（如经济危机等）、社会因素（如社会信任机制缺失等)。内部风险的来源有：企业内部各环节的不确定性（如劳动力、财务、采购、生产、销售、运输等）、战略风险（如职能战略和总体战略不匹配等）、道德风险（如合作伙伴之间的欺诈行为、为了自身企业的短期利益而损害供应链整体利益等）。中蒙农牧业供应链要强化风险识别，相关企业、管理部门和研究机构要分析供应链的各个过程环节、每个参与主体及其所处的环境，找出可能影响供应链的风险因素，掌握每个风险事件的特征，确定风险源及相互关联，估计风险的性质，确定风险事件发生的概率及其后果的大小。有效评价风险对供应链的总体影响，以及企业对风险的承受能力，制定良好的风险规划，规避和应对农牧业供应链风险。强化对中蒙农牧业供应链风险的控制，实时监视供应链运行状态，捕获对供应链有影响的突发事件，及时发现和预测供应链偏离预定计划目标的程度，积极采取合理的控制措施。

(三) 加强供应链各节点企业的合作

促进中蒙农牧业供应链成员的密切合作，通过行业协会、联谊交流、共同研发、人才培训等方式，加强成员企业间的沟通和彼此信任，推动供应链变得更加稳固，有效应对各种风险。中蒙两国的文化习俗不同，在供应链合作与贸易过程中，会存在因语言不同、习俗不同造成的沟通障碍，本着尊重、宽容、友善、耐心的态度深化合作交流，处理好因文化差异导致的矛盾和冲突，降低这方面带来的风险。

六、促进贸易发展

(一) 强化经济外向型发展

依托内蒙古的产业、地缘、语言等先天优势，积极组织中国企业赴蒙古国开展商务洽谈、寻找合作，促进中蒙农牧业供应链的稳步运行，加强经济外向型发展力度。定期联络国内相关企业和商业协会，组成考察团队针对蒙古国进行实地考察，建立两国企业稳定的合作沟通渠道和机制，切实探索合作机会、把握行业市场动向、制定未来发展的新规划。

（二）举办跨境电商展会

中蒙农牧业供应链可以通过跨境电商展会的形式吸引跨境电商卖家、农牧行业企业、第三方电商代运营机构，整合关于跨境电商的信息咨询、物流仓储、人才招聘等服务商资源，对接跨境电商平台（主流平台、新兴平台）、直播平台、跨境电商产业园区等。举办跨境电商展会的意义在于整合供应链的企业资源，及时沟通市场信息，完善中蒙农牧业供应链的跨境电商模式，促成相关企业间的合作。

（三）提升金融服务能力

在金融服务方面，为中蒙农牧业供应链设立金融机构及投资基金，投资供应链的基础设施建设，为供应链成员企业或个体户提供贷款服务，加快供应链金融创新发展，助推中蒙农牧业供应链快速发展。

（四）注重供应链数字化建设

利用当前新兴的数字技术，如云计算、大数据分析、人工智能、区块链等，为中蒙农牧业供应链实现数字化创造条件。以客户需求驱动的实时在线的供应链形态，通过多渠道实时获取数据，实现供应链端到端可视，并最大化利用数据，为智慧决策提供依据。并且利用数字化优化供应链的物流体系，降低供应链的物流成本，提升供应链的物流效率。

第八章 提升中蒙农牧业供应链协作的解决方案

中蒙农牧业供应链是实现中蒙农畜产品贸易的重要载体,需要供应链上各参与主体充分协调合作,从而更好地提高中蒙农畜产品贸易效率和质量,更好地促进两国贸易长期繁荣发展,因此,中蒙农牧业供应链的关键在于协作。协作是供应链发展的必然趋势,打造稳定、安全、衔接高效的中蒙农牧业供应链协作体系,将成为中蒙两国农畜产品贸易升级发展的重要保障。

第一节 构建中蒙农牧业供应链协作的理论框架

结合供应链协作理论以及中蒙农畜产品贸易的特点,围绕中蒙农牧业供应链协作目标、中蒙农牧业供应链协作的基础条件、中蒙农牧业供应链协作机制以及中蒙农牧业供应链协作模式四个方面,构建中蒙农牧业供应链协作三角形理论分析框架(见图8-1)。

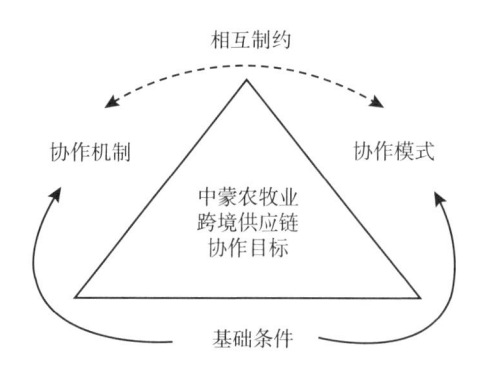

图8-1 中蒙农牧业供应链协作理论框架

其中，中蒙农牧业供应链协作目标是核心，协作的基础条件是前提，协作机制是关键，协作模式是手段。中蒙农牧业供应链协作的基础条件是解决两国农牧业供应链协作的必要性问题，协作机制是解决两国农牧业供应链协作的内在作用机理问题，而协作模式是解决两国农牧业供应链如何协作的问题，三者共同服务于协作目标这个核心，形成相互制约、相互影响、互促共融的完整理论框架。

一、中蒙农牧业供应链协作目标

在中蒙农畜产品贸易中，中国从蒙古国进口的主要是畜产品，包括熟牛肉、熟羊肉、冷冻马肉、毛、绒以及活畜（主要是屠宰用绵羊和山羊）等，也有部分少量的农产品，主要是亚麻籽、油菜籽、坚果等。中国向蒙古国出口的主要是水果、蔬菜和谷物等农产品。

中蒙农牧业供应链协作包括中国向蒙古国出口果蔬等农产品供应链协作以及中国从蒙古国进口畜产品的供应链协作两种类型。此两种类型的跨境供应链协作目标是一致的，即在中蒙农畜产品贸易政策的支撑下，通过中蒙农牧业供应链中核心企业的资源整合、流程优化、战略规划和价值提升等，高效链接供应链上的节点企业，达成物流、信息流、商流和资金流的高效协同，实现中蒙农牧业供应链的供需匹配、信息共享、设施互联、政策互通、风险共担、利益共享，进而提高两国农畜产品贸易规模和质量，更好促进两国农牧业经济高质量发展和民生的持续改善。

二、中蒙农牧业供应链协作机制

结合农牧业跨境供应链的特点，本书构建了中蒙农牧业供应链协作机制，包括组织机制与行为机制两个方面。其中，组织机制包括委托代理机制、沟通机制和信任机制；行为机制包括整合机制、决策机制和反馈机制。组织机制是协作的前提和基础，行为机制是协作的支撑和手段。组织机制和行为机制相互作用、相互约束，共同支撑中蒙农牧业供应链的长期协作（见图8-2）。在组织机制中，委托代理机制是协作的前提，沟通机制是协作的基础，信任机制是协作的关键；在行为机制中，整合机制是实现协作的重要支撑，决策机制是实现协作的重要手段，而反馈机制则是提升供应链协作绩效的重要依据。

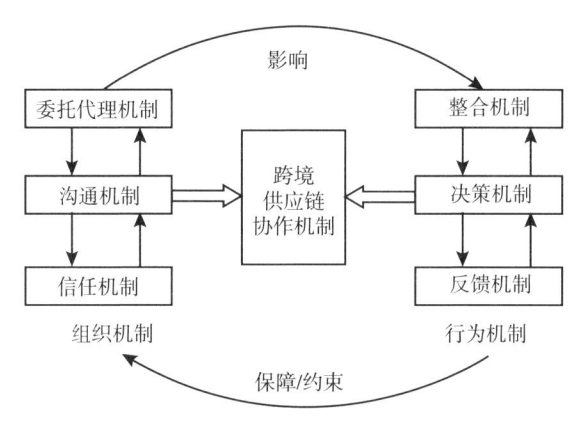

图 8-2 中蒙农牧业供应链协作机制

（一）中蒙农牧业供应链协作的组织机制

中蒙农牧业供应链是由上下游多环节、多市场主体组成的，其本质上是基于委托代理机制来构建的，更需要完善的委托代理机制来保证整个供应链组织的稳定和健全；在此基础上，需要沟通机制的介入，协作沟通程度是供应链协作水平高低的重要指标。沟通机制可使供应链上的企业紧紧黏合在一起，是提高供应链运营绩效与伙伴间关系的重要途径。对于中蒙农牧业供应链而言，其上游均是由分散的农牧户构成的，组织化程度相对较低、信息化水平不足，孤岛效应及跨境沟通的存在增加了沟通成本和时效成本。同时，中蒙农畜产品跨境贸易也存在来源地分散、信息不对称、监管不到位、贸易屏障多等问题。因此，对于中蒙农牧业供应链协作机制而言，需要健全和完善沟通机制来消除制度、价值观念、经营理念、商业环境、语言文化、信息技术等方面的差异以及信息不对称等对整个跨境供应链协作的负面影响。

（二）中蒙农牧业供应链协作的行为机制

中蒙农牧业跨境供应链组织机制构建目标是提高整个供应链的协作效益，提高各参与主体的利益，实现多赢，强调各主体之间不是利益冲突的竞争对手，而是一个组织有序、结构严谨的协同体系，但这不可能自发实现，需要通过行为机制来约束和保障供应链组织机制的顺畅运行。如果供应链的参与主体无法在需求预测、信息共享、流程设计、业务重组和战略规划等方面进行有效整合，供应链这种组织结构的优势就无法充分发挥。因此，资源整合是发挥供应链优势的重要途径，特别是对于中蒙农牧业供应链而言，资源整合的需求，尤其是上游分散农牧户资源整合的需求更加迫切，需要依托中蒙农牧业跨境供应链的核心企业，围绕供应链参与主体的特点、类型和资源状况等，高效规划战略、整合资源、优化流程、创新模式和技术，提高企业、产业和中蒙两国区域间的协同发展能力，进而提高整个中蒙农牧业跨境供应链的运营效率。

在中蒙农牧业供应链整合机制构建的基础上，为统一供应链上各参与主体的认识和行动，提高供应链的效益，需要制定决策机制，主要包括决策的方式（集中决策、分散决策）、决策的目标、决策的主体、决策的顺序、决策的变量、决策的前置条件等，从而更好实现整个供应链的协作目标。衡量中蒙农牧业供应链协作目标是否实现，需要通过反馈机制来验证。反馈机制应从中蒙农牧业供应链各参与主体的供需匹配情况、利益分配情况、整个跨境供应链的协作绩效存在问题角度出发，为供应链协作的完善和改进提供可靠依据。

三、中蒙农牧业供应链协作模式

结合国内外关于跨境供应链协作模式相关研究成果，在实地调研的基础上，系统归纳和凝练出4种中蒙农牧业跨境供应链协作模式。

（一）大型贸易企业主导的跨境供应链协作模式

大型贸易企业主导的跨境供应链协作模式是指在整个中蒙农牧业跨境供应链中，由从事中蒙农畜产品贸易的大型企业主导整个供应链的运营（见图8-3）。蒙古国果蔬等农产品进口量的约80%来自中国，中国果蔬产品的出口贸易主要由位于内蒙古自治区二连浩特市的大型果蔬贸易企业二连浩特市昊罡果蔬粮油进出口园区有限责任公司（以下简称昊罡公司）来主导和运营。昊罡公司是二连浩特市唯一一家具有果蔬类农产品出口资质和海关入驻监管的企业，同时也是集仓储、加工、包装、报关、报检、运输为一体的新型贸易企业，其果蔬年均出口量达到12万吨左右。

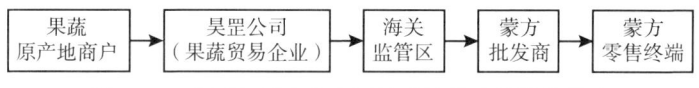

果蔬原产地商户 → 昊罡公司（果蔬贸易企业）→ 海关监管区 → 蒙方批发商 → 蒙方零售终端

图 8-3 大型贸易企业主导的跨境供应链协作模式

昊罡公司从北京、山东、福建、浙江、山西等种植和流通枢纽基地采购果蔬。这些基地均须通过海关认定，且全程通过冷链的方式将果蔬运往其位于二连浩特市的仓储基地和海关监管区。其与下游蒙古国的批发商有固定的合作关系，在海关监管区通过海关查验后，由蒙方车辆将其集中运往位于蒙古国乌兰巴托的大型批发市场，再通过分散的零售商、大型超市等零售终端向蒙古国的其他城市和零售网点辐射，从而满足蒙古国消费者对果蔬等农产品的需求。

为提高果蔬等农产品的出口通关效率，昊罡公司联合海关开辟了果蔬等农产品绿色通道，实现了果蔬类产品出口的快速查验放行。同时，联合海关对果蔬类产品的出口监管方式进行创新，如部分果蔬可在原产地（如山东、北京等）办理备案手续，实现监管前置，提高果蔬类产品的通关便利性。昊罡公司主导整个果蔬跨境供应链上游的采购环节、中间的仓储、监管、流通环节，同时也整合下游的销售环节，有效把控整个果蔬跨境供应链的渠道和协作的主动权。

（二）平台企业主导的跨境供应链协作模式

平台企业主导的跨境供应链协作模式是指在整个中蒙农牧业跨境供应链中，由提供供应链集成服务的平台企业来主导整个供应链的运营（见图8-4）。蒙古国出口中国的畜产品主要有冷冻马肉、熟制牛羊肉（水煮型、卤制型以及成品丸子等）、皮革、驼毛绒、羊毛绒等畜产品大多通过位于二连浩特市的平台企业，即汇通国际物流有限责任公司（以下简称汇通国际）来全程服务和运营。汇通国际作为第三方平台企业，本身不涉足畜产品跨境贸易业务，主要作为二连浩特公路口岸海关监管场所指定运营企业，为待清关货物提供装卸、配合查验、中转、仓配、冷链物流以及报关等一站式供应链集成服务，保障畜产品跨境供应链的高效运营。目前，入驻汇通国际的企业200余家，涵盖贸易企业、报关企业、货代企业以及物流企业等。

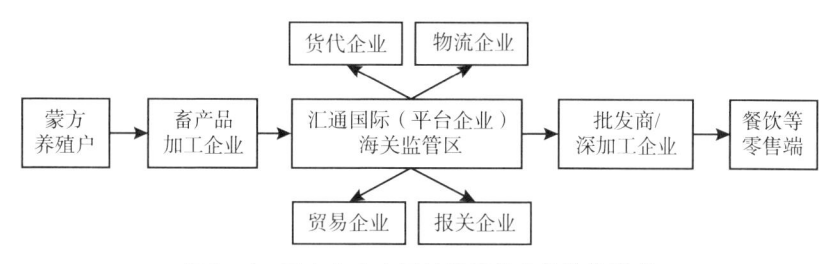

图 8-4 平台企业主导的跨境供应链协作模式

此种模式下的畜产品跨境供应链运营流程为：入驻汇通国际的贸易企业收购蒙方养殖户的活畜并进行屠宰和初加工，或者直接从蒙方的畜产品初加工企业收购符合进口标准的畜产品；之后通过跨境物流运往位于二连浩特公路口岸的汇通国际（海关监管区），经海关查验及汇通国际提供一站式综合供应链集成服务后，贸易企业与下游的批发商或深加工企业经销，进而延伸至国内的餐饮、超市等零售终端，满足消费者对高品质畜产品的需求。

（三）品牌商主导的跨境供应链协作模式

品牌商主导的跨境供应链协作模式是指在整个中蒙农牧业跨境供应链中，由具有一定品牌知名度、消费忠诚度和溢价增值能力的品牌商来主导整个供应链的运营（见图8-5）。蒙古国出口中国的屠宰用绵羊和山羊主要通过位于二连浩特市从事活羊进口贸易的内蒙古英菲蒂克食品有限公司（以下简称英菲蒂克）来主导和运营的。英菲蒂克是我国唯一一家拥有活羊进口资质的企业，其在蒙古国境内和中国二连浩特市均配备获得认证的国际标准动物检验检疫隔离场，能够同步实现境内外隔离，确保进口活畜无疫病，保证食品安全。

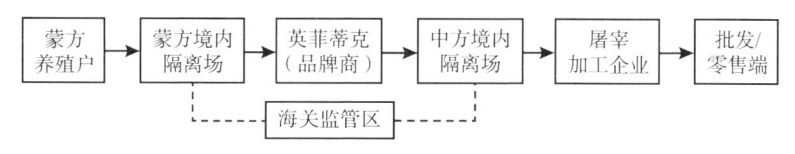

图 8-5 品牌商主导的跨境供应链协作模式

此种模式下的活畜跨境供应链运营包含六大环节,即:(1)活畜收购:英菲蒂克与蒙古国东戈壁省的合作社与牧户等进行合作,达成交易,由合作社与牧户自行将活畜运往英菲蒂克位于蒙古国扎门乌德市的隔离场。(2)境外隔离:英菲蒂克在蒙古国扎门乌德市建有占地6平方公里的检疫隔离场,可一次隔离活羊30万只,每批羊需隔离30天以上,避免疫情传播。(3)海关报关:隔离到期的活羊经检验合格后进行报关并由企业自行运输至国内的隔离场。(4)境内隔离:活羊入关后,需在二连浩特市的隔离场进行境内隔离,此隔离场占地10万平方米,一次可隔离活羊5 000只,隔离期为12小时至14天。(5)屠宰加工:境内隔离并检验合格后,活羊可分批次进入企业的屠宰场进行屠宰加工。(6)畜产品销售:屠宰加工后的胴体由企业委托第三方物流公司通过冰鲜和冷冻等冷链方式批量销往深圳、海南、上海等南方市场。

英菲蒂克于2020年顺利承接了"蒙古国友好捐赠我国3万只羊"的过境通关、屠宰加工、冷链物流等系列工作,得到两国相关部门和消费者的一致好评,积累了较好的品牌效应。作为品牌商,英菲蒂克主导了整个活畜进口供应链的运营、流通和协作,在满足客户需求的基础上为供应链的参与主体创造了价值。

(四)核心企业主导的全产业链协作模式

核心企业主导的全产业链协作模式是指在整个中蒙农牧业跨境供应链中,由规模实力较强的、可实现全产业链运营的企业来主导整个供应链运营和协作的模式(见图8-6)。二连浩特市金秋食品有限公司(以下简称金秋食品)是我国主要从事全产业链的活畜收购、畜产品初加工、畜产品进口贸易、畜产品深加工、畜产品流通及线上线下销售等业务。

蒙方养殖户 → 畜产品初加工企业 → 海关监管区 → 金秋食品(核心企业) → 批发商/深加工企业 → 餐饮等零售端

图8-6 核心企业主导的全产业链协作模式

此种模式下的畜产品进口供应链运营流程为:金秋食品在蒙古国建立境外公司,负责在蒙古国的活羊收购;收购的活羊由蒙古国牧民运输至金秋食品在蒙古国的加工厂，将羊肉去骨并加工八成熟后，进入冷库进行冷冻储存。冷冻熟肉通过蒙古国当地具备运输资质的企业以冷链物流方式运输至国内，经海关查验合格后，一部分冷冻熟肉进入金秋食品位于二连浩特市的食品加工厂，进行深加工；另一部分则经销到其他批发商或食品深加工企业，最终通过线下的餐饮店、超市或线上进行销售，同时金秋食品与快递企业进行长期合作，保障线上销售的顺利进行。

金秋食品作为全产业链运营企业，是整个畜产品进口供应链的核心企业，较好地把控了整个供应链的活畜收购、初加工、流通、深加工以及销售等环节，降低了供应链的协作风险，保证了畜产品的品质。

第二节 加强政策沟通与机制建设，构建协同发展框架

中蒙两国农牧业供应链具有较大协作潜力，双方消费市场对农畜产品需求旺盛，有必要在共建中蒙俄经济走廊框架下协同发展。农产品贸易关系到国家粮食安全和人民福祉问题，是国家宏观经济调控的重要组成部分。但中蒙两国在农牧业的合作机制仍存在不足。首先，缺乏高层次的协调机制，导致合作项目的推进效率不高。其次，政策沟通不畅，贸易壁垒和技术标准不统一，影响了贸易便利化。最后，信息共享不足，企业和农户难以获取及时、准确的市场信息，制约了合作的深入发展。因此，以贸易提升为主要特征的中蒙农牧业供应链协同需要双方政府加强沟通，开展机制建设。

一、签署中蒙农牧业供应链协同发展合作协议

中蒙农牧业供应链协作需要顶层设计和持续性的政策干预，避免政策碎片化造成的协作效率损失，最终建成"资源互补、风险共担、利益共享"的中蒙农牧业供应链。因此，从国家层面签署中蒙农牧业供应链协同发展合作协议，秉持以企业为主体、政府提供支持，互利共赢，标准统一的合作原则，兼顾政策协同、资源整合与可持续发展，为深度协作提供法

律约束力和行动纲领。

中蒙农牧业供应链协同发展合作协议的内容应全面覆盖农牧业供应链的各个环节，明确贸易规模和合作重点项目，涉及政策协调与机制建设、基础设施与物流网络建设、技术合作与产业链整合、绿色与可持续发展、金融与风险保障、信息共享与数字化等内容，确保双方在农牧业生产、加工、贸易、物流等领域的深度合作与协同发展。

二、建立中蒙农牧业合作部长级会议制度

在两国政府顶层合作的基础上，建立中蒙农牧业合作部长级会议机制。建立部长级会议机制，可以将中蒙农牧业供应链协作提升到国家战略层面，增强合作的系统性和协调性。通过高层定期会晤，两国可以就重大合作项目和政策进行深入探讨，确保合作项目的顺利实施。

该机制可效仿中俄总理定期会晤机制下的中俄农业合作委员会制度。中俄总理定期会晤机制是中国对外合作中规格最高、组织结构最全、涉及领域最广的磋商机制，在此机制下设立多个委员会，涉及领域广，能够推动各个领域全面、深入的合作。截至2024年，中俄总理定期会晤委员会农业合作分委会已召开第十一次会议。多年来稳定的深度交流合作，中俄农业合作不仅限于粮食生产和贸易，还涵盖了技术交流、农业投资、气候变化应对等多方面内容，成为中蒙农牧业合作可以借鉴的模板。

同时，课题组认为，中蒙农牧业合作部长级会议制度可以依托中蒙俄经济走廊建设，建立在成熟的中俄农业合作体系内，形成中蒙俄三方的协同发展制度。由三国农业（农村）部部长共同主持，通过高层定期会晤，高效协调政策，推动项目落地，促进信息共享，提升人才培养水平商讨合作战略、政策和重大项目，协调解决合作中的重大问题。

1. 会议组织架构

（1）联合委员会：由三国农业（农村）部部长担任联合委员会主席，负责总体协调和决策。

（2）工作小组：设立多个工作小组，分别负责贸易合作、技术交流、基础设施建设、政策协调等具体领域。

（3）秘书处：设立秘书处，负责会议的组织、筹备和日常联络工作。

2. 会议运行机制

（1）定期会议：每年召开一次部长级会议，必要时可召开临时会议。

（2）议题设置：会议议题由双方共同商定，涵盖农牧业合作的各个方面。

（3）决策程序：会议决策采取协商一致原则，重大事项需经双方部长共同批准。

（4）成果落实：会议成果以联合声明或协议形式确定，明确责任分工，确保落实到位。

（5）农牧业合作论坛：邀请各国农业部门的高级官员、专家学者、企业代表等，对当前存在的主要问题进行阐述和讨论，确保各方利益得到充分体现，讨论形成次年会议主题建议。

三、成立中蒙农牧业合作联合工作组

为进一步落实部长级会议的战略部署，中蒙两国成立联合工作组，联合工作组由两国相关部门官员和专家组成，负责制定中蒙农牧业协同发展中长期规划和工作计划，明确各项目责任人和时间节点，按照计划完成合作协议的落实、项目的推进和日常沟通协调。同时，联合工作组定期组织召开会议，邀请第三方评估机构对项目进行综合评价，评估合作进展并解决重大问题。

明确内蒙古在推动中蒙农牧业供应链协作中扮演的重要角色地位。近年来，内蒙古积极推动与蒙古国地方政府和企业的合作，落实国家"一带一路"倡议与蒙古国"发展之路"战略的对接，通过政策支持和战略对接，为中蒙农牧业供应链协作提供了良好的政策环境。此外，内蒙古积极参与和推动中蒙农牧业合作机制的建设，如中蒙政府间经贸科技联委会等。同时，通过举办各类农牧业推介会等活动，搭建了中蒙农牧业合作的平台。

四、建设中蒙农牧业合作信息共享平台

建设中蒙农牧业合作信息共享平台是推动两国农业产业协同发展的重

要一步。通过构建开放、透明的信息交流环境，为中蒙双方在农畜产品等领域的生产、加工和供应链管理提供支持，促进高效合作与技术创新。

首先，平台需要设立数据交流模块，允许中蒙双方分享市场需求预测、原材料采购信息、质量控制标准以及生产工艺流程等关键数据。通过实时数据共享，供应链企业可以更精准地制订生产计划，优化资源配置，提升效率。其次，平台需要配备技术互通模块，提供标准化接口和 API，方便不同系统之间的数据交互与集成。例如，中方企业可通过平台接入蒙方原料供应链信息，蒙方企业也可通过平台接入中国市场信息，这有助于提升供应链各环节无缝衔接。最后，平台还需要包含供应链管理模块，整合生产计划、物流安排和质量监控等功能。通过智能化算法分析和 AI 技术，平台可以提供供应链优化建议，帮助双方在运输路线、仓储管理和成本控制方面实现协同效益。

此外，用户角色划分与权限管理是平台建设的关键环节。政府部门作为主导者，可拥有全面访问权限，用于监督合作进展和政策执行；企业用户则根据其在项目中的具体职责享有一定范围内的信息查看和操作权限；科研机构可通过平台获取最新的市场和技术数据，为合作提供支持。

第三节　优化贸易结构，提升供应链效率

一、深入推动中蒙农畜产品绿色通道建设

通过建设中蒙农畜产品绿色通道，缩短通关时间，进而降低企业的物流成本。由于农畜产品鲜活、易腐的特点，为了减少损耗，使农产品享受快速通关便利，应在边境口岸部署建设专用通道，简化通关手续，提高通关效率，降低物流成本。

当前，二连浩特口岸已经自 2018 年开通了中蒙农产品出口的"绿色通道"，截至 2024 年 3 月累计出口果蔬 57.4 万吨，供应着蒙古国 80% 的蔬菜水果需求。尽管如此，单一的口岸通道在一定程度上限制了通道畅通，不利于提升供应链韧性。因此，建议加快开放策克—西伯库伦口岸

鲜活农畜产品"绿色通道",探索对鲜活易腐农食产品实行"抽样后放行"措施。

二、构建"两体系－平台"新型合作架构

以共建"一带一路"倡议和蒙古国"草原之路"发展战略对接为指引,聚焦农畜产品跨境贸易关键环节,构建新型合作架构,即:形成标准化质量安全监管体系、智能化物流服务体系,打造跨境贸易数字服务平台和产业合作示范平台,构建常态化双边协调机制。

(一)标准化质量安全监管体系

标准化质量安全监管体系主要为:(1)开展标准对接工程。成立中蒙农产品技术标准联合委员会,联合制定大宗商品质量分级规范;(2)构建"1+N"认证互认模式。以 HACCP 认证为基础,覆盖有机食品、地理标志产品的专项互认,策动马铃薯、亚麻籽等产品检验结果直接采信;(3)实行动态目录管理,每季度更新高风险产品负面清单,应用风险分级管控矩阵;(4)推进溯源闭环管理,推进"草原码"区块链追溯系统,部署场、屠宰场、海关监管仓等关键节点,记录兽药使用记录、冷链温控曲线等数据字段;(5)建设跨境追溯数据中心,在乌兰巴托、二连浩特等节点城市建设跨境追溯数据中心,采用物联感知设备实时回传数据;(6)构建智能监管网络,通过智能化和数字化赋能,在主要口岸配置 AI 检疫机器人,基于深度学习算法实现病害特征识别准确率≥98%;(7)建立"双随机＋大数据"联合抽查机制,整合商品申报数据、物流轨迹、企业信用档案,生成动态风险预警图谱,降低贸易风险。

(二)智能化物流服务体系

构建"一网三链多节点"的智能化物流服务体系,其中一网,即:覆盖中蒙主要农牧产区的跨境物流信息交互主干网,实现全链路数据联通;三链,即:冷链物流技术链、通关协作链、应急保障链;多节点,即:在二连浩特、扎门乌德、乌兰巴托等枢纽布局智慧物流综合体。通过基础设施智能化升级、数据互联互通及多技术融合,系统性提升跨境物流效能。

（1）协商推动两国口岸的智慧化升级，实现基础设施智能化。在策克—西伯库伦口岸、二连浩特—扎门乌德口岸等地区部署智能化检验检疫设备；在内蒙古建设国家重要能源和战略资源基地的发展定位指引下，提前规划布局光伏矩阵，适时推进光伏直驱冷库建设项目，确保农畜产品贮存保鲜；推进智能仓储项目，实现货物的自动存储、检索和分拣，提高仓储空间利用率和作业效率。（2）共同推进口岸运输智能化。通过智能交通系统（ITS）、自动驾驶技术、车联网技术等，实现运输过程的实时监控、路径优化和智能调度，推动绿色新能源低碳冷链车辆的使用，降低污染。应用车货智能匹配系统，通过云端算法将返程空载率显著降低，降低运输成本和时间。（3）共同联合促进物流信息数字化。利用物联网传感器、RFID标签等技术，实时采集物流过程中的各类数据，并通过大数据平台进行存储和管理。

（三）跨境贸易数字服务平台

建设集成跨境贸易服务平台、区域金融服务平台、多式联运服务平台、国际供应链集成平台、数智口岸服务平台、"中欧班列直营快通"平台的一体化信息系统，组建跨境枢纽综服平台专业运营主体，提升跨境枢纽公共服务水平，提供进出口贸易、国际转口贸易、国际跨境物流、跨境贸易人民币结算等。

三、推动中蒙农牧产品标准互认

建立统一的基础质量指标框架，在农药残留、兽药使用、添加剂限量、微生物污染等方面制定动态调整阈值，尤其针对两国高贸易依存度的肉类、乳制品、粮油及特色农产品（如蒙古羊绒、中国茶叶等），需结合双方消费习惯和技术水平制定差异化兼容标准；同步协调检验流程，在策克—西伯库伦口岸、二连浩特—扎门乌德口岸等地区推动引入国内具有资质的检验检测认证机构，推动与蒙方相关机构进行技术交流合作。实现实验室资质互认、检测结果跨境采信和风险预警数据共享，减少重复通关检测成本，例如，通过电子证书交换系统实现动物检疫证明、原产地标识的数字化互认；在生产环节嵌入共同规范，如蒙古国传统畜牧业与中国集约化养殖在饲料配比、疫病防控、屠宰加工流程中的技术对接，需联合设计覆盖牲畜福利、抗生素使用限制、有机认证的标志体系，并通过跨境追溯平台确保全链条透明；在包装、储运标准中引入统一的冷链保鲜技术规范和环境友好型材料要求，解决蒙古国高寒地区物流适配性问题；加强法律法规配套，针对转基因标识、地理标志保护、知识产权归属等敏感议题形成一致表述，建立定期磋商机制化解标准冲突。最终通过标准互认降低技术性贸易壁垒，提升产业链韧性。

四、支持企业在对方国家建设仓储物流中心

支持企业在对方国家建设仓储物流中心主要表现在：（1）优先在交通枢纽、边境口岸或经济特区布局，嵌入陆港、空港联运网络，通过双边协定保障土地产权稳定性、用工灵活性及税收优惠，例如，利用中蒙俄国际运输走廊节点（如二连浩特、扎门乌德）搭建"前置仓+保税仓+中转分拨中心"的多级仓储体系，降低跨境运输成本；（2）统一仓储基建标准，推动两国在库房建设规格（如抗震防火等级、货架承重参数）、冷链技术（温湿度分层控制）、自动化设备（AGV机器人、智能分拣系统）和数据接口协议上对接，尤其需兼容蒙古国高寒气候下的新能源储电系统与中国智慧物流技术；（3）构建本地化运营框架，联合开发双语仓储管理系统（WMS），设立跨境仓单互认机制，引入区块链溯源技术实现货物从生产端到消费端的状态透明，并针对蒙古国地广人稀特征设计"中心仓+卫星仓+移动配送站"的弹性布局；（4）强化政策协同，简化报关、质检流程，推动电子关锁、AEO认证互认，协调两国在仓储消防安全、劳工权益保障、环保排放等监管规则，建立争议仲裁绿色通道。最终通过"仓配一体化+数据互联"模式，形成区域供应链"集散枢纽"。

五、共同推进多模式跨境电商新业态发展

中蒙双方共同推进多模式跨境电商新业态发展，拓展销售渠道，提升产品附加值。构建"区块链溯源+AI质检+智能合约"的全流程信任链条：开发中蒙双语跨境农畜区块链平台，将每只蒙古草原羊的耳标芯片数

据（包括放牧轨迹、草料检测、疫病防控记录）与加工厂视频监控、冷链运输温湿度日志上链，生成不可篡改的"数字身份证"，中国消费者通过支付宝或蒙古 LendMN 应用扫码，即可获取从牧场到餐桌的全息信息；创新"跨境云仓+本地化分销"模式：在呼和浩特、乌兰巴托布局智能前置仓，通过大数据预测中国华东地区的草原羊肉周消费量，蒙古国供应商可提前备货至保税云仓，依托本地生活平台实现"线上下单—边境仓极速报关—城市冷链配送"12 小时直达服务；反向构建"中国农资—蒙古牧场"B2B 垂直平台，支持蒙古国牧民通过 TikTok 小店直播采购山东大棚蔬菜种子、内蒙古优质苜蓿草料，探索"人民币计价、图格里克结算"的农资跨境电商支付试点。营销创新应打造沉浸式跨境数字营销生态：利用元宇宙技术创建跨境购物空间，中国消费者可通过 VR 头盔参与蒙古牧民秋季围猎直播，实时竞拍刚屠宰的整羊并一键锁定冷链物流档期。

第四节 深化科技合作，提升供应链价值

一、加强科技创新合作，共同攻克农牧业产业发展掣肘

共建中蒙农牧业联合实验室，开展联合研发，攻克关键技术，提升两国农牧业科技水平，促进科技成果转化。加强中蒙农牧业科技创新合作应聚焦"关键技术联合攻关、数字生态共建共享、全链创新系统集成"三大维度，构建"实验室共研—技术转移—产业孵化—标准互认"的全链条创新体系，着力突破畜牧育种、畜种改良、疫病防控、智慧牧场等制约产业升级的关键瓶颈。在基础研究领域，推动中蒙科学院共建"草地生态与牧业技术国际联合实验室"，设立跨境牧草种质资源基因库，联合开展耐寒耐旱畜种 CRISPR 基因编辑研究，重点攻克蒙古高原冷季饲草短缺难题；针对蒙古国口蹄疫、布鲁氏菌病高发问题，依托中国农科院技术优势，合作研发快速检测试剂盒与多联亚单位疫苗，联合搭建覆盖蒙古国 21 省的家畜疫病实时监测平台，实现偏远牧场异常病例的即时预警。例如，优良品种培育、疫病防控、农产品加工等。

二、因地制宜推广先进适用技术

利用中国在现代农业建设的先发经验，与蒙古国协商后因地制宜引进中国成熟的种植、养殖、加工技术，援助蒙古国进行现代农业改造，提升集约化、规模化水平。例如，节水灌溉技术、设施农业、机械化养殖、现代农机具等，在环境承载力范围内提升蒙古国农牧业生产水平和生产效率，提高原材料供给能力。帮助蒙古国打造产业链和供应链，提升产业链价值，增加农牧民收入水平和福祉。推进共同建设中蒙农牧业科技示范园区，展示先进技术和管理模式，带动周边地区发展，促进区域农牧业发展。在蒙古国开展农牧业技术培训，提升蒙古国农牧民技术水平，促进农牧业可持续发展。

第五节 加强金融合作，提供资金保障

一、设立中蒙农牧业合作基金

中蒙农牧业合作基金的设立是深化双边产业链协同发展的战略性举措，应秉持"政府引导、市场化运作、风险共担、利益共享"原则，由中国丝路基金、蒙古国发展银行联合亚投行等多边机构共同发起，采用"母基金+专项基金"框架，母基金直接部分注资，剩余通过发行优先级债券或引入社会资本撬动。实施"双盲评审"机制遴选优质项目，主要用于基础设施建设、技术研发、畜产品精深加工等合作领域。

二、鼓励金融机构提供跨境金融服务

构建"本币结算+数字金融+供应链融资"三位一体的服务体系。(1) 推动人民币与图格里克直接结算，在中蒙边境口岸城市（如二连浩特、扎门乌德）设立离岸结算中心，对跨境饲料采购、活畜贸易等高频场景适当减免收货币转换费。(2) 开发专属金融产品,中国农业银行与蒙古国银行联合推出"草原振兴贷",采用区块链技术实现活畜资产链上确权,牧民凭电子耳标数据可申请授信,并通过智能合约自动触发还款。(3) 推广跨境供应链金融平台,实现对供应商、经销商、终端客户等各方的金融需求对接。

三、探索开展农牧业保险合作

建立制度性框架,双方签署专项协议并成立联合监管委员会,依托跨境数据共享平台统一草原灾害风险评估标准,配套建立一定规模的共保资金池及国际再保险分担机制,破解传统保险跨境操作瓶颈;开发全链条风险覆盖产品体系,创新"气象指数+NDVI植被监测"干旱保险、疫病防控联动险及畜产品价格期货对冲工具,针对蒙古国东方省等高危区域实施差异化费率,并在中蒙边境试点"区块链+电子耳标"的智能核保系统,实现牲畜生物体征数据链上存证与无人机精准定损;构建双语移动端服务平台,牧民可基于北斗定位动态投保;同时强化实施保障,建设跨境保险数据中心打通农牧业产业发展数据流。

第六节 加强基础设施建设,提升流通效率

推动"一带一路"倡议与蒙古国"草原之路"计划对接,加强两国在基础设施建设领域的合作,促进区域互联互通,提升供应链效率。实现规划和完善中蒙农牧业跨境物流大通道,投资和改善跨境物流运输设施,包括铁路、公路、口岸基础设施等,构建以铁路、公路和边境口岸为主体的中蒙跨境基础设施联通网络。特别是铁路通道,要在内蒙古西部策克口岸、甘其毛都口岸以及东部珠恩嘎达布其口岸等中蒙边境口岸规划建设铁路通道,形成东部、中部以及西部全覆盖的铁路网络,打造时效性更强、经济性和安全性更好的跨境物流通道。形成二连浩特口岸为主轴,策克口岸、甘其毛都口岸、珠恩嘎达布其口岸为从轴的中蒙农畜产品贸易通道格局。向北接入蒙古国规划中的公路网络,向南对接中国的几大城市群和经

济圈，面向中国更为广阔的市场。

第七节 加强风险管理，保障供应链稳定

保障供应链稳定主要体现在：（1）签署《中蒙农牧业供应链危机联合处置协议》，设立"中蒙应急联合指挥中心"，制定《跨境供应链中断分级响应预案》，明确两国在极端气象灾害、跨境动物疫病暴发、陆路通道受阻等突发事件下的协同行动规则。（2）构建"跨境农牧业风险动态监测平台"，整合中蒙两国草原火灾遥感卫星数据、动物疫情监测系统以及口岸物流实时动态，在二连浩特、扎门乌德等关键节点部署 5G 物联网基站，采集土壤墒情、牲畜存栏量、仓储温湿度等供应链数据，运用 AI 算法生成多维度风险热力图。（3）制定《中蒙农牧业供应链风险评估指标体系》，将草原退化率（以 NDVI 植被指数为基准）、极端天气频率（如蒙古国冬季暴雪天数）、跨境运输滞留率（口岸通关效率）、疫病跨境传播风险（基于非洲猪瘟历史数据建模）等核心指标纳入量化评估框架，两国联合专家组每季度开展供应链韧性评级。（4）建立中蒙边境"风险哨点监测网络"，在锡林郭勒盟、蒙古国东方省等农牧业主产区设立智能化监测站，通过无人机巡场、北斗定位项圈和 RFID 耳标实时追踪草场承载力和牲畜健康状况，一旦发现载畜量超阈值或 NDVI 指数低于设定数值的草原退化预警，自动触发跨境通报机制。（5）开发"全链条风险仿真模型"，搭建跨境数字孪生系统，模拟蒙古国突发沙尘暴导致口岸公路关闭、中国境内饲料加工厂原料断供等多场景风险演化路径，为供应链节点脆弱性排序提供算法支持。

第八节 促进人文交流，夯实合作基础

中蒙农牧业供应链协作不仅是经济领域的合作，更是两国人民友谊与互信的体现。通过加强人文交流，可以增进双方的相互了解和信任，为农牧业供应链协作提供坚实的社会基础和文化支撑。

一、教育合作与人才培养

教育合作与人才培养主要表现为：（1）深化学术交流与合作。推动内蒙古的高校与蒙古国的高校建立合作关系，开展学术交流、联合研究、学生交换等项目。例如，内蒙古农业大学、内蒙古师范大学等高校可以与蒙古国的相关高校合作，开展农牧业、畜牧业、生态学等领域的研究项目，共同培养专业人才。（2）举办学术研讨会。定期举办中蒙农牧业学术研讨会，邀请两国的专家学者共同探讨农牧业领域的前沿问题和发展趋势，促进学术交流与合作。（3）共同开展职业技能培训。组织农牧业技术培训项目，邀请蒙古国的农牧民到内蒙古参加培训，学习先进的农牧业生产技术和管理经验。同时，也可以派遣技术专家到蒙古国进行实地培训和技术指导，帮助蒙古国提升农牧业生产水平。（4）探索联合职业教育培训模式。在内蒙古和蒙古国的边境地区设立联合职业教育中心，开展农牧业、畜牧业、物流等相关专业的职业教育，为中蒙农牧业供应链协作培养实用型人才。

二、旅游合作与民间交流

旅游合作与民间交流表现在：（1）深化旅游线路开发。开发中蒙跨境旅游线路，设计包括内蒙古和蒙古国的旅游景点和文化体验项目。例如，推出"草原丝绸之路"旅游线路，让游客在内蒙古欣赏草原风光、体验民俗文化后，前往蒙古国感受异国风情。（2）策动旅游合作项目。推动内蒙古的旅行社与蒙古国的旅行社建立合作关系，共同开发旅游产品，提升旅游服务质量。同时，加强旅游基础设施建设，改善边境地区的交通、住宿等条件，为跨境旅游提供便利。（3）推动友好城市活动。加强内蒙古与蒙古国友好城市的交流与合作，开展城市间的文化交流、经济合作、民间往来等活动。通过友好城市活动，增进两国人民的友谊和互信。（4）鼓励两国的民间组织、社团等开展交流活动。通过这些活动，促进两国人民的相互了解和友谊，为农牧业供应链协作创造良好的社会氛围。

三、媒体合作与宣传

媒体合作与宣传力求做到：(1) 策划媒体合作项目。推动内蒙古的媒体与蒙古国的媒体合作，联合制作关于中蒙农牧业合作、文化交流等方面的节目。通过电视、广播、网络等多种媒体形式，向两国人民传播合作的成果和意义。(2) 推进媒体交流活动：定期举办中蒙媒体交流活动，邀请两国的媒体记者进行互访和交流，增进双方的了解和合作。同时，建立中蒙媒体合作机制，加强信息共享和新闻报道的协调。

参 考 文 献

[1] 조성제, 박현희. A Review of International Agricultural Cooperations between Korea and Tunisia [J]. The Journal of Eurasian Studies, 2009, 6 (2): 1-21.

[2] 白世贞, 黄绍娟. 数字经济赋能农产品供应链管理转型升级 [J]. 商业经济研究, 2021 (19): 137-140.

[3] 包维林. 价值链视角下的我国农业产业发展研究 [J]. 农业经济, 2021 (11): 9-11.

[4] 宝音都仍, 其勒格尔. 基于空间经济学的蒙古国农业产业集聚与区域差异 [J]. 内蒙古社会科学（汉文版）, 2017, 38 (1): 184-189.

[5] 宝音都仍, 伊达木, 甘南. 蒙古国山羊绒、羊毛生产及中蒙贸易 [J]. 中国畜牧杂志, 2015, 51 (18): 31-33, 39.

[6] Bianca（比安卡）M E. 全球价值链中的融合、适应与发展 [D]. 北京: 北京科技大学, 2023.

[7] 蔡进. 我国物流业 2024 年发展回顾与 2025 年展望 [J]. 中国流通经济, 2025, 39 (3): 3-8.

[8] 策仁米达格, 刘艳, 武儒力. 中国和蒙古国农业合作问题研究 [J]. 现代农业, 2022 (5): 81-83.

[9] 陈国权. 供应链管理 [J]. 中国软科学, 1999 (10): 101-104.

[10] 陈洁梅, 林曾. 中国农业循环经济高质量发展水平测度及驱动因素分析 [J]. 经济问题探索, 2023 (10): 85-97.

[11] 陈梦, 夏淑雅, 周清凌. 共享经济背景下农产品供应链模式创新研究 [J]. 商业经济研究, 2019 (14): 127-129.

[12] 陈彤, 道格尔, 洪格尔, 等. 蒙古国农牧业及中蒙自由经济区合作研究 [J]. 亚太经济, 2020 (5): 60-68.

[13] 陈伟生，关龙，黄瑞林，等．论我国畜牧业可持续发展 [J]．中国科学院院刊，2019，34（2）：135－144．

[14] 陈祥新，梁丹辉．中国与东盟农业合作研究现状及展望 [J]．农业展望，2016（7）：67－71．

[15] 陈秩分，钱静斐．"十四五"中国农业对外开放：形势、问题与对策 [J]．华中农业大学学报（社会科学版），2021（1）：49－56，175－176．

[16] 陈玉杰，刘学军．农产品供应链模式、市场力量和效率 [J]．商业经济研究，2021（23）：125－128．

[17] 程慧锦，丁浩，马有才．基于改进 SCOR 的外向型企业供应链风险评价及应用 [J]．企业经济，2020，39（1）：80－89．

[18] 邓红星，Munkhtuul Jargalsaikhan，刘敏．基于 DEA－Malmquist 的中蒙公路口岸物流效率分析 [J]．重庆理工大学学报（自然科学版），2021，35（4）：224－230．

[19] 邓蚋，薛晓钰．白俄罗斯加入上海合作组织的动因、合作偏好及影响 [J]．俄罗斯东欧中亚研究，2025（2）：45－66，161－162．

[20] 电子商务法起草组．中华人民共和国电子商务法条文释义 [M]．北京：法律出版社，2018：884．

[21] 董云祺．蒙农业合作模式研究 [D]．呼和浩特：内蒙古财经大学，2022．

[22] 杜春晶．吉林省农产品跨境电商发展问题研究 [J]．税务与经济，2022（5）：108－112．

[23] 杜志平，贡祥林．国内外跨境物流联盟运作机制研究现状 [J]．中国流通经济，2018，32（2）：37－49．

[24] 杜志平，区钰贤．基于 CiteSpace 的国内外跨境物流研究现状、热点与趋势分析 [J]．价格月刊，2021（4）：77－86．

[25] 杜志平，吴畔溪，潘菁菁．我国与"一带一路"沿线国家跨境物流协作探讨 [J]．对外经贸实务，2019（7）：89－92．

[26] 段彩泉，姚锋敏，夏莹，等．不同秸秆回收补贴制度下可持续农产品供应链网络均衡 [J]．中国管理科学，2025，33（2）：308－319．

[27] 鄂立彬，黄永稳．国际贸易新方式：跨境电子商务的最新研究

[J]. 东北财经大学学报，2014（2）：22-31.

[28] 付豪. 农产品供应链治理优化[D]. 郑州：河南农业大学，2020.

[29] 付娜. 国内外农产品供应链管理研究综述及展望[J]. 农业展望，2019，15（1）：113-116.

[30] 高齐圣，袁震，欧阳道中. 基于LDA-fsQFD的农产品供应链风险预警信息识别[J/OL]. 情报杂志，1-10 [2025-04-18].

[31] 高琦. 日本跨境电子商务发展的特征及借鉴[J]. 价格理论与实践，2020（5）：57-60.

[32] 高越，徐邦栋. 中国农产品加工业价值链分工地位研究[J]. 农业技术经济，2016（5）：110-121.

[33] 葛若凡."双碳"目标下绿色农业产业链发展的内在机理与实施策略[J]. 农业经济，2023（10）：20-22.

[34] 顾昱. 建筑供应链管理战略研究[J]. 宏观经济管理，2020（10）：77-83.

[35] 郭呈宇，张凤英，刘志萍，等. 蒙古国农牧业生产概况分析与合作展望[J]. 大麦与谷类科学，2021，38（6）：48-55.

[36] 郭海玲，马红雨，朱嘉琪. 跨境电商信息服务生态系统构成要素与概念模型研究[J]. 商业经济研究，2021（19）：92-95.

[37] 郭茹. 中国农业企业面向中东欧国家"走出去"战略决策研究[D]. 北京交通大学，2022.

[38] 郭晓合. 中国（上海）自由贸易试验区建设与发展[M]. 北京：社会科学文献出版社，2016：554-555.

[39] 国家市场监督管理总局. 物流术语：GB/T 18354-2021 [S]. 2021.

[40] 国务院办公厅关于积极推进供应链创新与应用的指导意见[EB/OL].（2017-10-13），https：//www.gov.cn/zhengce/content/2017-10/13/content_5231524.htm.

[41] 韩琪. 对中国农业对外投资规模状况的分析与思考[J]. 国际经济合作，2010（10）：13-17.

[42] 韩箫亦，许正良. 电商主播属性对消费者在线购买意愿的影响——

基于扎根理论方法的研究[J]. 外国经济与管理, 2020, 42 (10): 62-75.

[43] 何广文, 潘婷. 国外农业价值链及其融资模式的启示[J]. 农村金融研究, 2014 (5): 19-23.

[44] 何亚良, 霍萌, 唐媛媛. 基于SCOR模型的卷烟工业企业供应链管理优化研究[J]. 财会通讯, 2022 (16): 141-145.

[45] 胡剑. 中蒙口岸体系与物流基础设施对接研究[D]. 呼和浩特: 内蒙古财经大学, 2017.

[46] 胡森森, 周林媛, 解婷. 农产品供应链区块链技术采纳决策[J]. 科技管理研究, 2023, 43 (7): 205-212.

[47] 胡颖, 熊显鑫, 陈洁筠. 依托市场规模破解全球价值链低端锁定困局——基于中国咖啡产业的案例研究[J]. 南方经济, 2025 (3): 117-141.

[48] 黄英来, 黄鹤林, 谷训开, 等. 一种面向农产品供应链信息管理应用的改进PBFT算法[J/OL]. 重庆理工大学学报(自然科学版): 1-9 [2023-12-13].

[49] 黄敏学, 叶钰芊, 王薇. 不同类型产品下直播主播类型对消费者购买意愿和行为的影响[J]. 南开管理评论, 2023, 26 (2): 188-198.

[50] 黄明智. RCEP背景下中国—东盟农产品跨境电商发展研究[J]. 时代经贸, 2023, 20 (8): 14-17.

[51] 黄涛, 吴劲宸. 数字中国视域下中韩跨境电商合作的优势、挑战及应对策略[J]. 对外经贸实务, 2021 (8): 18-21.

[52] 黄先军, 李羚锐. 中国"信息流—物流—资金流"一体化发展的省际差异[J]. 安庆师范大学学报(社会科学版), 2023, 42 (2): 69-80.

[53] 计明军, 田爽, 施运发, 等. 中蒙跨境电商与国际物流协同发展演化分析[J]. 铁道运输与经济, 2022, 44 (2): 16-24.

[54] 计明军, 徐高宇, 韩提提, 等. "一带一路"倡议下中蒙跨境物流体系构建研究[J]. 现代商业, 2022 (4): 62-65.

[55] 佳格 (Magsar Bayarjargal). 中蒙农业合作影响因素分析[D]. 哈尔滨工业大学, 2020.

[56] 贾双文,籍凤英,蒋柠,等. 蒙古国标准化现状及内蒙古开展蒙古国标准化研究思路分析 [J]. 中国标准化,2016 (4):111-113.

[57] 贾双文. 推动标准互认促进贸易畅通(节选)[J]. 大众标准化,2023 (17):5-6.

[58] 姜宁,郭青青,顾锋,等. 直播购物中产品稀缺性对冲动购买意愿的影响研究——直播平台和主播特质的调节作用 [J]. 工业工程与管理,2023,28 (4):1-8.

[59] 蒋诗云,吴敬."一带一路"倡议下中老铁路跨境物流通道发展对策探讨 [J]. 铁道运输与经济,2022,44 (11):106-111.

[60] 蒋云,李巍. 跨境生鲜农产品供应链:生产决策,税收补贴与社会福利 [J]. 系统工程理论与实践,2023,43 (12):3587-3607.

[61] 金虹,林晓伟. 我国跨境电子商务的发展模式与策略建议 [J]. 宏观经济研究,2015 (9):40-49.

[62] 金夷. 农业国际合作模式研究 [D]. 北京:对外经济贸易大学,2022.

[63] 九三学社北京市委员会. 关注跨境电子商务发展 [J]. 北京观察,2012 (11):28-29.

[64] 开放风帆劲,发展正当时——聚焦第四届中蒙博览会高质量共建"一带一路"系列报道 [EB/OL]. (2023-09-05) [2024-03-20]. https://www.nmg.gov.cn/zwgk/zcjd/plwz/202309/t20230905_2372907.html.

[65] 来有为,王开前. 中国跨境电子商务发展形态、障碍性因素及其下一步 [J]. 改革,2014 (5):68-74.

[66] 黎峰. 中国国内价值链是怎样形成的?[J]. 数量经济技术经济研究,2016,33 (9):76-94.

[67] 李庚吱. 中韩跨境电商比较研究 [D]. 杭州:浙江大学,2019.

[68] 李国辉. 日本与非洲的国际农业合作及其启示 [J]. 世界农业,2023 (9):45-54.

[69] 李婕,王玉斌,程鹏飞. 中国农业全要素生产率的时空演变差异及内源构成 [J]. 中国农业大学学报,2023,28 (2):240-252.

[70] 李菁. 中俄跨境电商发展对农产品进出口的影响 [J]. 现代商业,2018 (32):25-26.

[71] 李晶，韩振国. 我国跨境电商农产品贸易的现状、模式与展望 [J]. 农业经济，2021 (7)：113-115.

[72] 李连成. 交通强国：从"交通强"到"强国家" [J]. 宏观经济管理，2025 (2)：18-24，42.

[73] 李龙，蒋苑苑. 乡村振兴与农村跨境电商产业集聚效应 [J]. 中国农业资源与区划，2021，42 (11)：23，31.

[74] 李秋香，马草原，黄毅敏，等. 区块链赋能供应链研究动态：视角、脉络、争鸣与盲区 [J]. 系统工程理论与实践，2024，44 (6)：1965-1986.

[75] 李如潇，杨阳. 中国农业高质量发展水平测度 [J]. 统计与决策，2023，39 (14)：99-103.

[76] 李瑞峰. 中蒙跨境物流便利化的障碍及破解思路 [J]. 对外经贸实务，2020 (11)：93-96.

[77] 李瑞峰. 中蒙跨境物流便利化现状分析与政策建议 [J]. 北方经济，2018 (10)：38-41.

[78] 李瑞峰. 中蒙跨境物流运输便利化创新路径研究 [J]. 技术经济与管理研究，2017 (11)：124-128.

[79] 李瑞峰. 中蒙两国交通物流合作探析——以中蒙集装箱过境运输为例 [J]. 北方经济，2023 (3)：33-35.

[80] 李旭东，王耀球，王芳. 区块链技术在跨境物流领域的应用模式与实施路径研究 [J]. 当代经济管理，2020，42 (7)：32-39.

[81] 李雪，薛晓芳，李晓智. 基于SCOR和CPFR的跨境电子商务物流协同发展研究 [J]. 价格月刊，2016 (3)：59-63.

[82] 李艳华. "中蒙俄经济走廊"经济效应影响因素及贸易潜力分析 [J]. 统计与决策，2019，35 (3)：154-156.

[83] 李耀波，常虹，焦朝霞. 双循环背景下跨境物流绩效对农产品外贸影响的机理 [J]. 商业经济研究，2024 (20)：123-126.

[84] 李政. 中国式现代化背景下畜牧业产业链韧性提升策略 [J/OL]. 饲料研究，2023 (22)：194-197.

[85] 李治，王东阳，胡志全. "一带一路"倡议下中国农业企业"走出去"的现状、困境与对策 [J]. 农业经济问题，2020 (3)：93-101.

[86] 林炜莉. 对日跨境电商出口平台的选择及分析 [J]. 对外经贸实务, 2019 (5): 37-40.

[87] 刘桂艳. 中蒙畜产品跨境物流网络化协作服务体系构建 [J]. 物流技术, 2019, 38 (7): 20-24, 38.

[88] 刘小军, 张滨. 中国与"一带一路"沿线国家的跨境物流协作——基于物流绩效指数 [J]. 中国流通经济, 2016, 30 (12): 40-46.

[89] 刘洋, 李琪, 殷猛. 网络直播购物特征对消费者购买行为影响研究 [J]. 软科学, 2020, 34 (6): 108-114.

[90] 龙云安, 陈国庆, 王辉艳. 中国农业产业发展不充分与农业科技创新补齐机制研究 [J]. 农业经济, 2018 (7): 14-16.

[91] 卢琰, 杨程方. 改革开放以来我国农业对外合作发展与展望——以农业农村部对外经济合作中心变革与发展为例 [J]. 世界农业, 2024 (8): 141-144.

[92] 芦佳. 中蒙俄区域物流能力评价研究 [D]. 长春: 吉林大学, 2020.

[93] 吕成成, 种道清, 刘向东. 农产品供应链组织模式的创新研究 [J]. 生产力研究, 2021 (12): 56-61.

[94] 栾威. "一带一路"倡议下中俄农产品跨境电商发展思路探讨 [J]. 山西农经, 2020 (3): 52, 54.

[95] 骆庆国, 王瑛. 中国—东盟跨境物流法律问题研究 [J]. 广西社会科学, 2024 (1): 70-76.

[96] 马述忠, 梁绮慧, 张洪胜. 消费者跨境物流信息偏好及其影响因素研究——基于1372家跨境电商企业出口运单数据的统计分析 [J]. 管理世界, 2020, 36 (6): 49-64, 244.

[97] 马晓蕾. 中蒙农业合作问题研究 [D]. 长春: 吉林农业大学, 2018.

[98] 毛太乐. 加快国家农业对外开放试验区建设 构建"一带一路"农业国际合作新高地 [J]. 江苏农村经济, 2019 (8): 23-24.

[99] (蒙古标准化体系研究) 课题组. 蒙古国标准化体系研究"一带一路"沿线国家和地区技术性贸易措施与标准研究 [J]. 中国标准化, 2017 (23): 106-111.

［100］孟寒. 以跨境电商促进农业国际合作［J］. 中国外资，2023（15）：21-23.

［101］米娜（BOLDBAATAR MYADAGMAA）. 中蒙两国物流协同评价体系构建研究［D］. 大连：东北财经大学，2019.

［102］米娜. 中蒙两国物流协同评价体系构建研究［D］. 大连：东北财经大学，2019.

［103］牟艳军. "一带一路"战略下中蒙俄物流一体化建设研究［J］. 物流科技，2016，39（9）：96-98，102.

［104］Munkhtuul Jargalsaikhan. "一带一路"背景下中蒙公路口岸物流效率评价与发展策略研究［D］. 哈尔滨：东北林业大学，2021.

［105］倪国华，张璟，郑风田. 对农业"走出去"战略的认识［J］. 世界农业，2014（4）：15-18，203.

［106］裴学亮，邓辉梅. 基于淘宝直播的电子商务平台直播电商价值共创行为过程研究［J］. 管理学报，2020，17（11）：1632-1641，1696.

［107］彭聪. 基于DEA和灰色关联模型的跨境物流通道竞争力研究［J］. 价格月刊，2020（2）：67-72.

［108］齐俊妍，强华俊. 数字服务贸易限制措施影响服务出口了吗？：基于数字化服务行业的实证分析［J］. 世界经济研究，2021（9）：37-52，134-135.

［109］钱芙蓉. 全球价值链嵌入的影响因素及创新效应研究［D］. 合肥：中国科学技术大学，2022.

［110］乔婷，赵海东. 构建中蒙牛羊肉贸易新格局与对蒙畜牧业技术援助［J］. 科学管理研究，2022，40（6）：164-172.

［111］秦佳良，张玉臣，贺明华. 促进产业价值链迈向中高端：演化路径和政策思考［J］. 企业经济，2018，37（8）：46-53.

［112］邱丹阳，刘大地. "一带一路"倡议下中蒙经济合作面临的难题与对策研究［J］. 经济纵横，2021（7）：73-78.

［113］冉淑青，王建康，曹林. 中国与上海合作组织国家农业合作逻辑、现状与对策［J］. 俄罗斯研究，2025（1）：125-144.

［114］茹慧超，邓峰. 流通网络布局与全国统一大市场建设——基于供需双重视角［J］. 中国流通经济，2025，39（4）：15-29.

[115] 沙威, 顾青. 基于 SCOR 成本理念的卓越供应链提升管理 [J]. 企业管理, 2016 (S2): 260-261.

[116] 山红梅, 程梦珍, 王晓燕, 等. 平台生态系统赋能供应链协同机制研究——以恒盛集团为例 [J]. 北京交通大学学报 (社会科学版), 2024, 23 (4): 106-115.

[117] 商务部国际贸易经济合作研究院. 对外投资合作国别 (地区) 指南——蒙古国 (2020 年版) [EB/OL] (2021-08-19) [2023-07-15]. www.swjmpt.com/html/wlian/detail.html? n = 101.

[118] 商务部国际贸易经济合作研究院. 对外投资合作国别 (地区) 指南——蒙古国 (2023 年版) [EB/OL]. (2024-04-01) [2024-07-10]. https://www.mofcom.gov.cn/dl/gbdqzn/upload/mengguguo.pdf.

[119] 上海社会科学院经济研究所课题组, 石良平, 汤蕴懿. 中国跨境电子商务发展及政府监管问题研究——以小额跨境网购为例 [J]. 上海经济研究, 2014 (9): 3-18.

[120] 申凯红, 潘彪, 刘丽佳. 中蒙牛羊肉贸易的发展机遇与制约因素 [J]. 中国畜牧业, 2018 (20): 38-41.

[121] 申凯红, 赵金鑫, 田志宏. 蒙古农产品对外贸易及中蒙双边贸易分析 [J]. 世界农业, 2018 (4): 17-22, 195.

[122] 沈厚才, 陶青, 陈煜波. 供应链管理理论与方法 [J]. 中国管理科学, 2000 (1): 1-9.

[123] 师超. 中美贸易下我国农产品跨境电商的破局之举 [J]. 中国农业资源与区划, 2021, 42 (10): 185, 196.

[124] 施玮, 刘彦, 黄森慰. 共建"一带一路"沿线境外农业合作园区建设路径研究 [J]. 亚太经济, 2024 (6): 167-181.

[125] 舒畅. 双循环新发展格局下我国跨境电商与跨境物流协同发展研究 [J]. 党政研究, 2021 (2): 121-128.

[126] 宋蕾. 农业对外合作 40 年: 积极成效、当前挑战、发展机遇 [J]. 世界农业, 2025 (4): 142-144.

[127] 宋燕平, 范祥祺, 王欣. 中国畜牧业高质量发展的技术优化 [J]. 华中农业大学学报 (自然科学版), 2022, 41 (3): 87-95.

[128] 宋玉阳, 耿元芳, 卢旭, 等. 中老铁路跨境物流货源组织策略

与运作模式研究 [J]. 铁道运输与经济, 2023, 45 (4): 14-19.

[129] 宋则. 完善生鲜农产品供应链的理论和政策研究 [J]. 中国流通经济, 2024, 38 (4): 38-43.

[130] 苏日妮, 修长百, 斯钦孟和. "一带一路"背景下中国与蒙古农业合作研究 [J]. 现代农业, 2022 (2): 61-64.

[131] 苏珊珊, 文倩. 中国与"一带一路"参与国粮食安全合作成绩、网络问题及发展路径 [J]. 对外经贸实务, 2022 (10): 89-94.

[132] 孙文婷, 彭红军. 电商助农背景下农产品生产与销售策略研究 [J]. 中国管理科学, 2024, 32 (7): 181-189.

[133] 孙相军, 戴晓晴, 杨伯. 东北亚陆路跨境物流通道发展现状与展望 [J]. 公路, 2021, 66 (4): 211-215.

[134] 孙研, 王钶茗. 新发展理念下农业产业高质量发展的实证研究 [J]. 西安财经大学学报, 2021, 34 (5): 52-61.

[135] 谭涛, 朱毅华. 农产品供应链组织模式研究 [J]. 现代经济探讨, 2004 (5): 24-27.

[136] 谭砚文, 李丛希, 宋清. 区块链技术在农产品供应链中的应用——理论机理、发展实践与政策启示 [J]. 农业经济问题, 2023 (1): 76-87.

[137] 汤晓丹, 冷雪莉. "一带一路"倡议下中蒙经贸物流发展的机遇与挑战 [J]. 物流科技, 2017, 40 (6): 109-111, 116. DOI: 10.13714/j.cnki.1002-3100.2017.06.031.

[138] 唐旭, 杨维东. 中国农业现代化建设的困境摆脱与推进方略 [J]. 改革, 2023 (8): 101-110.

[139] 唐忠, 李晶. 跨境电商对我国农产品出口的影响分析——基于贸易成本的视角 [J]. 贵州财经大学学报, 2023 (3): 7-17.

[140] Tumurkhorol B. 中蒙畜牧业产品贸易现状及影响因素研究 [D]. 浙江海洋大学, 2023.

[141] 王芳, 于寒冰, 杨云燕, 等. 对农业农村领域国家标准制定工作的思考 [J]. 农产品质量与安全, 2023 (6): 40-42.

[142] 王建伟, 马姣姣. 中国与"一带一路"沿线东南亚国家跨境物流协作——基于物流绩效指数 (LPI) [J]. 长安大学学报 (社会科学

版），2017，19（4）：56-63.

[143] 王缙，宾厚. 长江经济带农产品供应链韧性的区域差异、时空演进及障碍因子［J/OL］. 长江流域资源与环境，1-16［2025-04-20］.

[144] 王岚. 融入全球价值链对中国制造业国际分工地位的影响［J］. 统计研究，2014，31（5）：17-23.

[145] 王亮. 全球价值链视角下的中国农业价值链研究［D］. 北京：中国农业科学院，2021.

[146] 王攀先，尹立军. "一带一路"倡议下中蒙农产品贸易发展新格局研究［J］. 呼伦贝尔学院学报，2025，33（1）：17-22.

[147] 王倩倩. 中国手机产业价值链的时空演化研究［D］. 上海：华东师范大学，2019.

[148] 王瑞荣. 数字贸易推动浙江省制造业高质量发展的对策建议［J］. 现代管理科学，2021（1）：114-120.

[149] 王兴华，武舜臣，赵敏，等. 中国农产品的全球价值链参与度及其对国际竞争力的影响——基于企业微观数据的证据［J］. 中国农业资源与区划，2022，43（12）：93-102.

[150] 王迎春，韩苗苗. 电商直播背景下智能购物体验对企业品牌资产价值的影响［J］. 商业经济研究，2023（3）：88-91.

[151] 王子卓，张玲玲，王明征. 合作社介入对农产品供应链合作的影响研究［J］. 管理工程学报，2024，38（4）：182-195.

[152] 魏惠兰. 集群视域下艺术产业价值链的演化路径研究［D］. 武汉：武汉理工大学，2020.

[153] 温柔，宝斯琴塔娜，代征远. 中蒙俄贸易对内蒙古物流业发展的影响研究——基于传统引力模型实证分析［J］. 商展经济，2023（8）：72-75.

[154] "我国农业供给侧结构性改革重大问题研究"课题组，詹琳，王福强，等. 创建"一带一路"下农业国际合作新格局［C］//中国国际经济交流中心. 中国智库经济观察（2018）. 社会科学文献出版社·皮书出版分社，2019：4.

[155] 吴军，巴依勒，孙李傲，等. 新冠肺炎疫情背景下农产品供应链的中断与恢复策略研究——以冷鲜肉为例［J］. 管理评论，2023，35

(9): 236 - 251, 261.

[156] 吴淼, 张小云, 郝韵, 等. 深化面向中亚农业合作的对策研究 [J]. 世界农业, 2017 (11): 27 - 33.

[157] 吴畔溪, 劳健. 中哈跨境物流协作对物流绩效影响的系统动力学仿真分析 [J]. 经济与社会发展, 2020, 18 (1): 34 - 40.

[158] 吴强, 谢思. 我国跨境电商的主要模式、存在的问题及创新路径 [J]. 商业经济研究, 2018 (24): 87 - 90.

[159] 席颖. 物流绩效指数视角下中国跨境物流协作研究 [J]. 商业经济研究, 2017 (22): 102 - 104.

[160] 向云, 李芷萱, 陆倩. 中国农业经济高质量发展的空间非均衡及收敛性 [J]. 中国农业大学学报, 2022, 27 (11): 305 - 316.

[161] 肖维歌. 贸易便利化背景下中韩贸易发展展望 [J]. 价格月刊, 2016 (9): 55 - 59.

[162] 谢莹, 崔芳, 高鹏. 网络直播情境下共在临场感与社会临场感对从众消费的影响 [J]. 商业经济与管理, 2021 (2): 68 - 79.

[163] 熊学振, 熊慧, 马晓萍, 等. 中国畜牧业高质量发展水平的空间差异与动态演进 [J]. 中国农业资源与区划, 2022, 43 (12): 113 - 125.

[164] 徐佳利, 魏田军, 宛虹翔, 等. 基于SWOT分析的大湄公河次区域农业合作探究 [J]. 世界农业, 2024 (12): 136 - 139.

[165] 徐宣国, 刘飞, 王云飞. 基于SCOR的制造企业生产物流模型构建及其应用 [J]. 科技管理研究, 2013, 33 (13): 233 - 237.

[166] 徐艳. 跨境电子商务支付的影响因素分析 [J]. 改革与开放, 2021 (2): 1 - 6.

[167] 许传坤, 董美玉, 段钢. "一带一路"背景下中老现代农业产业合作对策研究 [J]. 中国经贸导刊 (中), 2019 (7): 4 - 6.

[168] 许贺, 曲洪建, 蔡建忠. 网络直播情境下服装消费者冲动性购买意愿的影响因素 [J]. 东华大学学报 (自然科学版), 2021, 47 (5): 111 - 120.

[169] 许红梅, 高博, 乔光华. 蒙古国畜牧业、电商和物流系统耦合协调对中蒙畜产品贸易的影响研究 [J]. 黑龙江畜牧兽医, 2024 (20):

1-10, 17.

[170] 许楠, 毛奕欢, 刘浩. 经营预算信息链式传递与供应链长鞭效应——基于信息溢出与风险自治的视角 [J]. 金融研究, 2024 (11): 38-56.

[171] 闫晗, 高聪. 中国跨境电商供应链风险因素研究 [J]. 南方经济, 2023 (6): 104-121.

[172] 颜光耀, 陈卫洪, 钱海慧. 畜牧业机械化对畜牧业产出的影响 [J]. 中国农机化学报, 2023, 44 (11): 239-249.

[173] 燕艳华, 王亚华, 云振宇, 等. 新时期我国农业标准化发展研究 [J]. 中国工程科学, 2023, 25 (4): 202-213.

[174] 杨春, 朱增勇, 刘治. 中国区域畜牧业全要素生产率分析 [J]. 统计与决策, 2019, 35 (16): 91-94.

[175] 杨洁辉, 王笑, 程秀娟. 要素配置视角下农产品供应链组织模式选择 [J]. 商业经济研究, 2022 (6): 148-151.

[176] 杨洁静, 刘志刚. 中国式现代化下畜牧业高质量发展路径探索 [J]. 饲料研究, 2023, 46 (11): 191-194.

[177] 杨楷钰. 中国—东盟跨境物流协作法律机制完善 [D]. 南宁: 广西大学, 2023.

[178] 杨楠. 网红直播带货对消费者品牌态度影响机制研究 [J]. 中央财经大学学报, 2021 (2): 118-128.

[179] 杨晓燕. 生鲜农产品跨境电子商务发展的制约因素与进阶路径 [J]. 农业经济, 2021 (5): 133-135.

[180] 杨扬, 赵以诺. 跨境物流效率与外贸经济耦合协调研究——以云南省陆路口岸为例 [J]. 管理现代化, 2022, 42 (5): 27-36.

[181] 杨易, 张倩, 王先忠, 等. 中国农业国际合作机制的发展现状、问题及政策建议 [J]. 世界农业, 2012 (8): 41-44, 61.

[182] 杨勇. 服务投入与我国农业全球价值链位置权利 [J]. 中南大学学报 (社会科学版), 2020, 26 (5): 95-106.

[183] 杨正璇, 胡志华, 刘婵娟. "一带一路" 背景下中国与东盟国家贸易及跨境物流协作潜力分析 [J]. 计算机应用与软件, 2019, 36 (2): 1-6, 107.

[184] 姚曦，张梅贞．电商直播服务场景社会线索与消费者场景依恋研究——认同感和商业友谊的中介作用［J］．湖北大学学报（哲学社会科学版），2021，48（2）：154－163．

[185] 姚毓春，张艳敏，李冰．俄罗斯农业改革与中俄农业合作［J］．东北亚论坛，2024，33（5）：111－126，128．

[186] 叶宝文，朱奕，陈彩霞．服装类电商直播对消费者推荐意愿的影响［J］．毛纺科技，2021，49（6）：36－40．

[187] 尹朝静，高雪，杨坤．中国农业高质量发展的区域差异与动态演进［J］．西南大学学报（自然科学版），2022，44（12）：87－100．

[188] 于浩淼．加强中蒙农业合作的思路探析［J］．世界农业，2014（11）：73－75，93．

[189] 于亢亢．农产品供应链信息整合与质量认证的关系：纵向一体化的中介作用和环境不确定性的调节作用［J］．南开管理评论，2020，23（1）：87－97．

[190] 于丽娜，张国锋，贾敬敦，等．基于区块链技术的现代农产品供应链［J］．农业机械学报，2017，48（S1）：387－393．

[191] 曾祥强．供应链运作参考模型［J］．企业管理，2013（9）：60－61．

[192] 张爱萍，王晨光．直播带货模式下的消费者增权及实证检验［J］．中国流通经济，2021，35（9）：43－52．

[193] 张宝生，张庆普，赵辰光．电商直播模式下网络直播特征对消费者购买意愿的影响——消费者感知的中介作用［J］．中国流通经济，2021，35（6）：52－61．

[194] 张海庆．中蒙经贸背景下物流产业对区域经济格局影响研究［J］．物流科技，2017，40（6）：120－122．DOI：10.13714/j.cnki.1002－3100.2017.06.034．

[195] 张合成．治理价值冲突，建设农业农村现代化产业体系［J］．农业经济问题，2024（1）：9－15．

[196] 张建军，赵启兰．新零售驱动下流通供应链商业模式转型升级研究［J］．商业经济与管理，2018（11）：5－15．

[197] 张建军，赵启兰．中蒙农牧业跨境供应链协作理论框架及实现

路径 [J]. 中国流通经济, 2024, 38 (1): 55-67.

[198] 张琦, 丁子辰, 苏布道. 浅析蒙古国相关国家政策法规——以标准化和知识产权的视角 [J]. 中国标准化, 2023 (7): 233-237.

[199] 张爽, 张哲, 辛灵, 等. 长三角一体化与"一带一路"融合发展: 现状、问题与对策 [J]. 国际贸易, 2025 (3): 32-42.

[200] 张喜才. 农产品供应链安全风险及应对机制研究 [J]. 农业经济问题, 2022 (2): 97-107.

[201] 张喜才. 中国农产品供应链演变机理、发展困境及应对策略 [J]. 经济学家, 2024 (5): 118-128.

[202] 张夏恒. 跨境电商类型与运作模式 [J]. 中国流通经济, 2017, 31 (1): 76-83.

[203] 张夏恒. 跨境电子商务支付表征、模式与影响因素 [J]. 企业经济, 2017, 36 (7): 53-58.

[204] 张夏恒, 马天山. 中国跨境电商物流困境及对策建议 [J]. 当代经济管理, 2015, 37 (5): 51-54.

[205] 张夏恒, 肖林. 元宇宙跨境电商信息生态系统: 模型构建与治理思路 [J]. 电子政务, 2023 (3): 85-94.

[206] 张小雪. 跨境物流系统数字化转型协作机制研究 [J]. 商业经济研究, 2022 (19): 111-114.

[207] 张晓晨, 祁晓慧, 乔光华. 中蒙农畜产品贸易潜力研究——基于随机前沿引力模型 [J]. 黑龙江畜牧兽医, 2020 (12): 1-7, 25, 158.

[208] 张晓东, 何攀, 乔光华, 等. 基于 SCOR 模型的中蒙农牧业跨境电商供应链运作研究 [J]. 供应链管理, 2024, 5 (11): 38-59.

[209] 张晓雨. 中蒙农业合作研究 [D]. 呼和浩特: 内蒙古大学, 2012.

[210] 张雅红. "万里茶道"背景下中蒙农牧业贸易合作的困境与对策 [J]. 对外经贸实务, 2021 (6): 32-35.

[211] 张遥. 蒙古国畜牧业转型升级和科技创新 [J]. 科学管理研究, 2020, 38 (2): 164-168.

[212] 张永旺, 高强, 张寒. "一带一路"框架下中国农业国际合作

的成效、挑战与对策 [J]. 国际贸易, 2024 (7): 78-85.

[213] 张芸, 张斌. 农业合作: 共建"一带一路"的突破口 [J]. 农业经济, 2016 (8): 3-5.

[214] 张紫璇, 杨昊楠, 李洁泓, 等. 基于绩效指数的中国—东盟跨境物流协作研究 [J]. 广西职业师范学院学报, 2022, 34 (3): 1-7, 79.

[215] 赵保国, 王耘丰. 电商主播特征对消费者购买意愿的影响 [J]. 商业研究, 2021 (1): 1-6.

[216] 赵大伟, 冯家欣. 电商主播关键意见领袖特性对消费者购买的影响研究 [J]. 商业研究, 2021 (4): 1-9.

[217] 赵明霞. 中蒙俄经济走廊贸易潜力测度研究 [J]. 时代经贸, 2023, 20 (5): 78-81.

[218] 赵其波, 胡跃高. 中国农业国际合作发展战略 [J]. 世界农业, 2015 (6): 178-184.

[219] 赵霞, 陈新玲. 中蒙畜产品跨境物流服务网络构建的创新路径 [J]. 对外经贸实务, 2020 (4): 89-92.

[220] 赵晓飞, 鲁楠, 李明. 农产品供应链数字化转型: 理论框架与实现路径 [J]. 云南社会科学, 2022 (6): 59-67.

[221] 赵晓飞. 我国现代农产品供应链体系构建研究 [J]. 农业经济问题, 2012, 33 (1): 15-22.

[222] 赵跃龙, 石彦琴. 中国农业工程建设标准体系概述 [J]. 中国农学通报, 2017, 33 (20): 128-132.

[223] 郑楠, 黄卓. 中蒙俄跨境物流运输便利化的合作机制探析 [J]. 对外经贸实务, 2018 (11): 84-87.

[224] 郑颖瑜. RCEP背景下中国—东盟跨境电商创新发展路径探析 [J]. 对外经贸, 2022 (1): 55-59.

[225] 中国标准化发展年度报告 (2022年) [J]. 中国质量与标准导报, 2023 (2): 12-17, 20.

[226] 中华人民共和国农业部. 中国农业年鉴 [M]. 北京: 中国农业出版社, 2022.

[227] 中华人民共和国商务部. 2022年蒙古国国民经济运行情况

[EB/OL]. (2023 - 02 - 02) [2023 - 07 - 19]. http: //mn. mofcom. gov. cn/article/jmxw/202302/20230203382052. shtml.

[228] 中蒙博览会成为中蒙经贸往来和人文交流重要平台 [EB/OL]. (2023 - 09 - 11) [2023 - 09 - 12]. https: //baijiahao. baidu. com/s? id = 1776726167660248182&wfr = spider&for = pc.

[229] 周宝刚. 突发事件下生鲜农产品供应链应急决策研究 [J]. 海南大学学报（人文社会科学版），2024，42（4）：182 - 192.

[230] 周静. 中蒙俄经济走廊的产业效应分析 [J]. 边疆经济与文化，2017（10）：14 - 15.

[231] 周礼南，周根贵，郑健壮，等. 考虑消费者异质性偏好的定制绿色农产品供应链均衡研究 [J/OL]. 中国管理科学，1 - 14 [2025 - 04 - 18].

[232] 朱嘉琪. 基于协同理论的跨境电商信息服务体系构建 [J]. 图书情报导刊，2021，6（5）：32 - 37.

[233] 朱婷，夏英. 农业数字化背景下小农户嵌入农产品电商供应链研究 [J]. 现代经济探讨，2022（8）：115 - 123.

[234] 朱永明，黄嘉鑫. 直播带货平台感知示能性对消费者购买意愿的影响研究 [J]. 价格理论与实践，2020（10）：123 - 126.

[235] 邹磊. 农业旅游视角下农产品价值链流量提升的路径研究 [J]. 农业经济，2022（11）：137 - 138.

[236] 邹幸居. 我国农业出口跨境电商本地化策略研究 [J]. 农业经济，2020（9）：127 - 128.

[237] Barrett, Christopher B, Thomas Reardon, Johan Swinnen, and David Zilberman. "Agri-food Value Chain Revolutions in Low-and Middle - Income Countries. " Journal of Economic Literature, 2022, 60 (4): 1316 - 1377.

[238] Bergen M V, Steeman M, Reindorp M et al. Supply Chain Finance Schemes in the Procurement of Agricultural Products [J]. Journal of Purchasing and Supply Management, 2018, 25 (2).

[239] Chen X, Kim M H. Antecedents and Consequence of the Consumer's Psychic Distance in Cross - Border E - Commerce [J]. International Trade, Politics and Development, 2021, 5 (2): 156 - 173.

[240] Christian B, J H P S. Press Freedom, Market Information, and International Trade [J]. European Journal of Political Economy, 2023, 76.

[241] Fabio C, Francesca M. Cross-border E – Commerce As a Foreign Market Entry Mode Among SMEs: the Relationship Between Export Capabilities and Performance [J]. Review of International Business and Strategy, 2022, 32 (2): 267 – 283.

[242] Giuffrida M, Jiang H, Mangiaracina R. Investigating the Relationships Between Uncertainty Types and Risk Management Strategies in Cross – Border E – Commerce Logistics [J]. The International Journal of Logistics Management, 2021, 32 (4): 1406 – 1433.

[243] Gomez – Herrera E, Martens B, Turlea G. The Drivers and Impediments for Cross – Border E – Commerce in the EU [J]. Information Economics and Policy, 2014: 2883 – 2896.

[244] Greenville J, K Kawasaki and R Beaujeu. "How Policies Shape Global Food and Agriculture Value Chains", OECD Food, Agriculture and Fisheries Papers, No. 100, OECD Publishing, Paris, 2017.

[245] Hofmann J, Tuul D, Enkhtuya B. Agriculture in Mongolia under Pressure of Agronomic Nutrient Imbalances and Food Security Demands: A Case Study of Stakeholder Participation for Future Nutrient and Water Resource Management [J]. Integrated Water Resources Management: Concept, Research and Implementation, 2016: 471 – 514.

[246] Hu S, Huang S, Qin X. Exploring Blockchain – Supported Authentication Based on Online and Offline Business in Organic Agricultural Supply Chain [J]. Computers & Industrial Engineering, 2022.

[247] Koopman R, W Powers, Z Wang, S J Wei. Tracing Valueadded and Double Counting in Gross Exports [J]. NBER Working Paper No. 18579, 2012.

[248] Kumari S, Bharti N, Tripathy K K. Strengthening Agriculture Value Chain through Collectives: Comparative Case Analysis [J]. International Journal of Rural Management, 2021, 17 (1_suppl): 40S – 68S.

[249] Li Xiawei, Zhu Xiaochun, Su Budao. Analysis of Mongolia's

Standardization Development in 2022: Focusing on Fields and Quantities of Standards [J]. China Standardization, 2023 (3): 62 – 65.

[250] Mishra P K, Dey K. Governance of Agricultural Value Chains: Co-ordination, control and safeguarding [J]. Journal of Rural Studies, 2018: 64.

[251] Olena S. Agricultural Cooperation: Experience of Foreign Countries for Ukraine [J]. Baltic Journal of Economic Studies, 2020, 6 (1): 118.

[252] Pal D, Sharma L. Agricultural value chain: Concepts, Definitions and Analysis Tool [J]. International Journal of Commerce and Business Management, 2018, 11 (2): 184 – 190.

[253] Ronaghi M H. A Blockchain Maturity Model in Agricultural Supply chain [J]. Information Processing in Agriculture, 2020.

[254] Yazdani M, Gonzalez E D R S, Chatterjee P. A Multi – Criteria Decision – Making Framework for Agriculture Supply Chain Risk Management under A Circular Economy Context [J]. Management Decision, 2021, 59 (8): 1801 – 1826.

[255] Zejian L, Guangrong G, Xiong X, et al. Factors and Formation Path of Cross – Border E – Commerce Logistics Mode Selection [J]. Sustainability, 2023, 15 (4): 3685.

[256] Zhao G, Liu S, Lopez C, et al. Risk Analysis of the Agri – Food Supply Chain: A Multi – Method Approach [J]. International Journal of Production Research, 2020 (1): 2020. DOI: 10.1080/00207543.2020.1725684.

[257] Zhi-peng Huang, Yi Huang, Quan-jun Yang, Chao Xia, Yan Zhang. The Grassland Agriculture of Mongolia and Its Capacity to Inform Development in China [J]. Acta Pratacculturae Sinica, 2023, 32 (6): 1 – 15.